Wolfgang Kawollek
Das praktische Bonsai-Buch

Wolfgang Kawollek

Das praktische Bonsai-Buch

Anzucht, Gestaltung
und Pflege winterharter Gehölze

Zweite, verbesserte Auflage
72 Farbfotos
60 Schwarzweißfotos
196 Zeichnungen

VERLAG
EUGEN
ULMER

Die Deutsche Bibliothek – CIP-Einheitsaufnahme

Kawollek, Wolfgang:
Das praktische Bonsai-Buch : Anzucht, Gestaltung und Pflege
winterharter Gehölze / Wolfgang Kawollek. – 2., verb. Aufl. –
Stuttgart : Ulmer, 1992
ISBN 3-8001-6477-9

© 1987, 1992 Eugen Ulmer GmbH & Co.
Wollgrasweg 41, 7000 Stuttgart 70 (Hohenheim)
Printed in Germany
Einbandgestaltung: A. Krugmann mit einem Foto
von Wolfgang Kawollek
Lektorat: Agnes Pahler / Sabine Reh
Herstellung: Otmar Schwerdt
Satz: Typobauer, Scharnhausen
Druck und Bindung: Friedrich Pustet, Regensburg

Vorwort

Meiner Frau Elfi gewidmet

Seit vielen Jahrhunderten erfreuen sich Pflanzen, die der Zierde von Haus und Hof dienen, der besonderen Wertschätzung durch die Menschen. Es wird viel Mühe und Aufmerksamkeit darauf verwendet, das Alltagsleben durch Pflanzen schöner und angenehmer zu gestalten. Die Beschäftigung mit Bonsai bietet eine besonders reizvolle Abwechslung zu der sonst üblichen Art des Umgangs mit Pflanzen. Zu Bonsai gibt es inzwischen eine Menge Literatur: über ihren kulturellen Hintergrund, ihre fernöstliche Tradition, über Gestaltungsformen usw. Was ist neu an diesem Buch? Es ist, wie schon der Titel zum Ausdruck bringt, ein praktisches Buch. Es ist das Ergebnis einer über fünfzehnjährigen intensiven Beschäftigung mit der Kultur und der Gestaltung von Bonsai.

Wenn auch die besonderen Methoden von Aufzucht, Gestaltung und Pflege bei den einzelnen Bäumen sehr verschieden sein können, so gibt es doch eine große Zahl allgemeingültiger Grundregeln. Diese erläutert nun das vorliegende Buch. Es ist für alle gedacht, die gern mit der Bonsaigestaltung und -pflege beginnen möchten, sowie auch für jene, die schon etwas Erfahrung auf diesem Gebiet haben. Aber ich hoffe, auch dem Spezialisten Einzelheiten für seine Arbeit aufzeigen zu können. Das Buch soll zum Ausprobieren auch ohne kostspielige Neuanschaffungen anregen und dem Bonsai-Hobby ein wenig vom Odium des Exklusiven nehmen.

Neben der Bonsaivermehrung, der Bonsaigestaltung und der Bonsaipflege liegt das Schwergewicht des Buches auf den speziellen Kultur- und Gestaltungsempfehlungen für 56 Pflanzengattungen, die zur Bonsaigestaltung geeignet sind. Gerade dieser Teil des Buches, der fast die Hälfte des Umfanges ausmacht, unterscheidet sich wesentlich von den bisher erschienenen Büchern. Die beschriebenen Gattungen und deren Arten habe ich sorgfältig ausgewählt. Dabei habe ich besonderen Wert auf die einheimischen Gehölze gelegt, ohne die in Japan zur Bonsaigestaltung verwendeten Pflanzenarten zu vernachlässigen. In die Darlegungen sind viele Erfahrungen anderer Bonsaifreunde miteingeflossen, die sie mir bei meinen Vorträgen, auf Ausstellungen und den vielen Zusammenkünften mitteilten.

Die Methode der Vermehrung, der Bonsai-Erziehung und der Bonsaipflege werden anhand zahlreicher Zeichnungen beschrieben, die Herr Dietrich Bornhalm mit sehr viel Sachverstand und Einfühlungsvermögen anfertigte. Dafür und für die angenehme Zusammenarbeit möchte ich mich herzlich bedanken.

Schließlich ist auch dem Verlag Eugen Ulmer dafür zu danken, daß dieser Titel mit einer so reichen Zahl von Fotos und Zeichnungen ausgestattet werden konnte. Den Mitarbeitern des Verlages gebührt mein Dank für die angenehme Zusammenarbeit. Danken möchte ich aber auch ganz besonders meiner Frau Elfi und meinen Kindern Mario und Marco, ohne deren Rücksicht und Unterstützung es mir nicht möglich gewesen wäre, dieses Buch zu schreiben.

Wolfgang Kawollek

Inhaltsverzeichnis

Ist Bonsaikultur in Europa möglich?

Im Mittelpunkt der Bonsaikultur steht der Baum. Der japanische Begriff Bonsai bedeutet soviel wie Baum im Topf. Er bezeichnet die ästhetische Einheit von beiden und ist Fachausdruck für die nach altüberlieferter Technik in Japan in Töpfen oder Schalen gezogenen, in der Regel holzigen Pflanzen. Das sind meist Bäume, seltener Sträucher, die man aus der freien Natur als ganz normale Gehölze kennt. Ein Bonsai ist aber nicht einfach ein Baum in einem Blumentopf. Seine Formung stellt einen fortdauernden Prozeß dar, der nie endgültig zu einem Abschluß kommt.

Man weiß nicht genau, wann die – sehr alte – Geschichte des Bonsai begann. Man weiß nur soviel, daß als erste die Chinesen naturgewachsene Zwergformen von Bäumen in Schalen pflanzten, die sie von extremen Standorten holten. Erst später fanden auch die Japaner Gefallen an der eigenartig gedrungenen, knorrigen Schönheit dieser Bäume. Die Japaner waren es dann auch, die die Kunst, Bonsai zu kultivieren und zu gestalten, vervollkommnet haben. Die geistige und kulturelle Voraussetzung, Bäume in Schalen heranzuziehen, schufen ihre Religionen, die ein inniges Verhältnis zur Natur, als deren Teil sich der Mensch begreift, predigen.

Was ist aber der Bonsai für uns Europäer ohne den geistigen und kulturellen Hintergrund. Ist es nur eine Modeerscheinung oder ist es mehr? Dies läßt sich nicht genau beantworten. Manche verstehen Bonsai als Kunst, für andere ist es ein Hobby, ihnen bereitet die Pflege und Erziehung ganz einfach Freude. Andere sehen durch Bonsai die Möglichkeit, ein innigeres Verhältnis zur Natur zu bekommen.

Für viele Europäer bilden heutzutage Bonsai einen Bestandteil ihres täglichen Lebens. Die Beschäftigung mit Bonsai ermöglicht es ihnen, selbst in beengten Raumverhältnissen mit der Natur in engem Kontakt zu bleiben. Unsere Kulturgeschichte beweist, daß auch der Europäer schon immer eine Beziehung zum Baum hatte. Die Beschäftigung mit Bonsai ist eine Möglichkeit, diese Beziehung neu zu entdecken.

Menschen der westlichen Welt können viel von Bonsai lernen. Die Geduld zum Beispiel, die beim Umgang mit den kleinen Bäumen unabdingbar ist. Man findet innere Ruhe und Ausgeglichenheit. Die Anfangsschwierigkeiten, die deutsche Bonsaifreunde hatten, sind weitgehend überwunden. Denn mit den ersten Erfolgserlebnissen bei Gestaltung und Pflege kam auch die Selbstsicherheit.

Häufig wird die Frage gestellt, ob wir nicht irgendwann zu einem deutschen oder europäischen Bonsai kommen werden, der sich von dem japanischen Bonsai unterscheidet. Ich meine nein! Die ungeheure Vielfalt an Baumformen, denen wir auf unserer Erde begegnen, basiert auf nur wenigen Grundformen (s. auch Seite 85 ff.). Wenn wir zum Beispiel eine einheimische Ulme betrachten, werden wir feststellen, daß sich ihre typische Wuchsform in irgendeiner Baumart wiederfindet, die vielleicht in Japan oder Amerika heimisch ist. Wenn es stimmt, daß für Bonsai die Natur das Material und die Vorbilder liefert, können wir gar nicht zu einem anderen Bonsai kommen. Der Unterschied zwischen den Deutschen, den Japanern, den Chinesen, den Nordamerikanern und den vielen anderen Ländern, in denen Bonsai gestaltet werden, wird allein darin bestehen, daß wir vorwiegend unsere einheimischen Bäume in den für unseren Klimabereich typischen Baumformen als Bonsai gestalten.

Bei der Gestaltung sind uns die traditionellen Bonsaiformen der Japaner und auch ihre Gestaltungsregeln sehr hilfreich. Die Betonung liegt auf »hilfreich«, sie sind kein Dogma. Würde man diese Gestaltungsregeln kleinlich genau befolgen, hätte deren Nichteinhaltung die völlige Entwertung des Bonsai zur Folge, denn es gäbe nur noch Bonsai, die wie ein Ei dem anderen glichen.

Mit der Frage nach dem europäischen Bonsai ist gleichzeitig eine andere Frage beantwortet, die ebenso häufig gestellt wird: Ist ein Bonsai nur dann Bonsai, wenn die Bäume aus Japan kommen oder zumindest ganz streng nach bestimmten Regeln gestaltet werden? In diesem Zusammenhang bietet es sich an, einen der größten japanischen Bonsaimeister, Saburo Kato, den Präsidenten der Nippon Bonsai Association, zu zitieren, der bei seinem Deutschlandbesuch 1985 in einem Interview sagte: »So kann Bonsai zu einem Teil der Weltkultur werden, indem eben in jedem Land die eigenen Baumarten verwendet werden und die für den Klimabereich typischen Baumformen gestaltet werden.«

Welche Voraussetzungen muß man nun mitbringen, um die Bonsaikultur zu betreiben? Allgemein eine innere Beziehung zu Pflanzen, geduldiges Warten und ein wenig Geschick im Umgang mit Pflanzen.

Die Wege zu einem Bonsai sind vielfältig. Der Grundstein zu einer Bonsaisammlung wird in der Regel ein gekaufter, »fertiger« Bonsai sein, oder zumindest eine Pflanze, die erste Gestaltungsmaßnahmen erfahren hat. Dies ist auch richtig so. Für den Anfang sind Bonsai, die die ersten Entwicklungsstadien bereits hinter sich haben, reizvoller. Sie ermutigen zu eigenen Experimenten, und der Anfänger hat Gelegenheit, sich mit den wichtigsten Kulturmaßnahmen vertraut zu machen. Früher oder später kommt dann aber der Wunsch zum eigenen Gestaltenwollen. Dann will man seinen Bonsai von klein auf selbst heranziehen und gestalten, sei es durch Zukauf von Baumschulpflanzen, Aussaat, Stecklinge, Ausläufer, Ableger, Anhäufeln, Abmoosen, in Ausnahmefällen auch durch Veredlung.

Der Bonsaifachhandel bietet Jungpflanzen als Ausgangsmaterial für die Bonsaigestaltung an. Das Bild zeigt 4 Jahre alte Hainbuchen, Carpinus betulus.

Bonsai aus Baumschulpflanzen

Baumschulpflanzen bieten die Möglichkeit, schnell zu einem ansehnlichen Bonsai zu kommen. Wer Baumschulpflanzen zu Bonsai gestalten möchte, findet im Bonsaifachhandel, in Gärtnereien, Gartencentern und Baumschulen ein reichhaltiges Sortiment an einheimischen und außereuropäischen Pflanzenarten gemäßigter Gebiete.

Häufig entdeckt man in Baumschulen Pflanzen, die sich nicht für den Verkauf als Gartengehölz eignen, da sie den Qualitätsnormen nicht entsprechen, krumm und schief gewachsen oder einzelne Äste abgebrochen sind. Gerade diese Pflanzen eignen sich zur Bonsaigestaltung besonders gut. Gesund müssen sie allerdings sein.

Die für den Bonsaigärtner interessanten Baumschulpflanzen lassen sich in vier Gruppen einteilen:

Jungpflanzen. Als Jungpflanzen bezeichnet der Baumschulgärtner ein- bis dreijährige Sämlinge, bewurzelte Stecklinge und Steckhölzer sowie einjährige Handveredelungen. Sie werden in großer Stückzahl in den Baumschulen herangezogen, leider häufig auch nur in großen Stückzahlen angeboten. Aber es ist absehbar, daß auch Baumschulen und Gartencenter vor Ort Jungpflanzen in ihr Sortiment aufnehmen, die

Ein besonders reichhaltiges Sortiment an einheimischen und außereuropäischen Gehölzen, die sich für die Bonsaigestaltung eignen, findet man in den örtlichen Baumschulen.

Baumschulpflanzen.

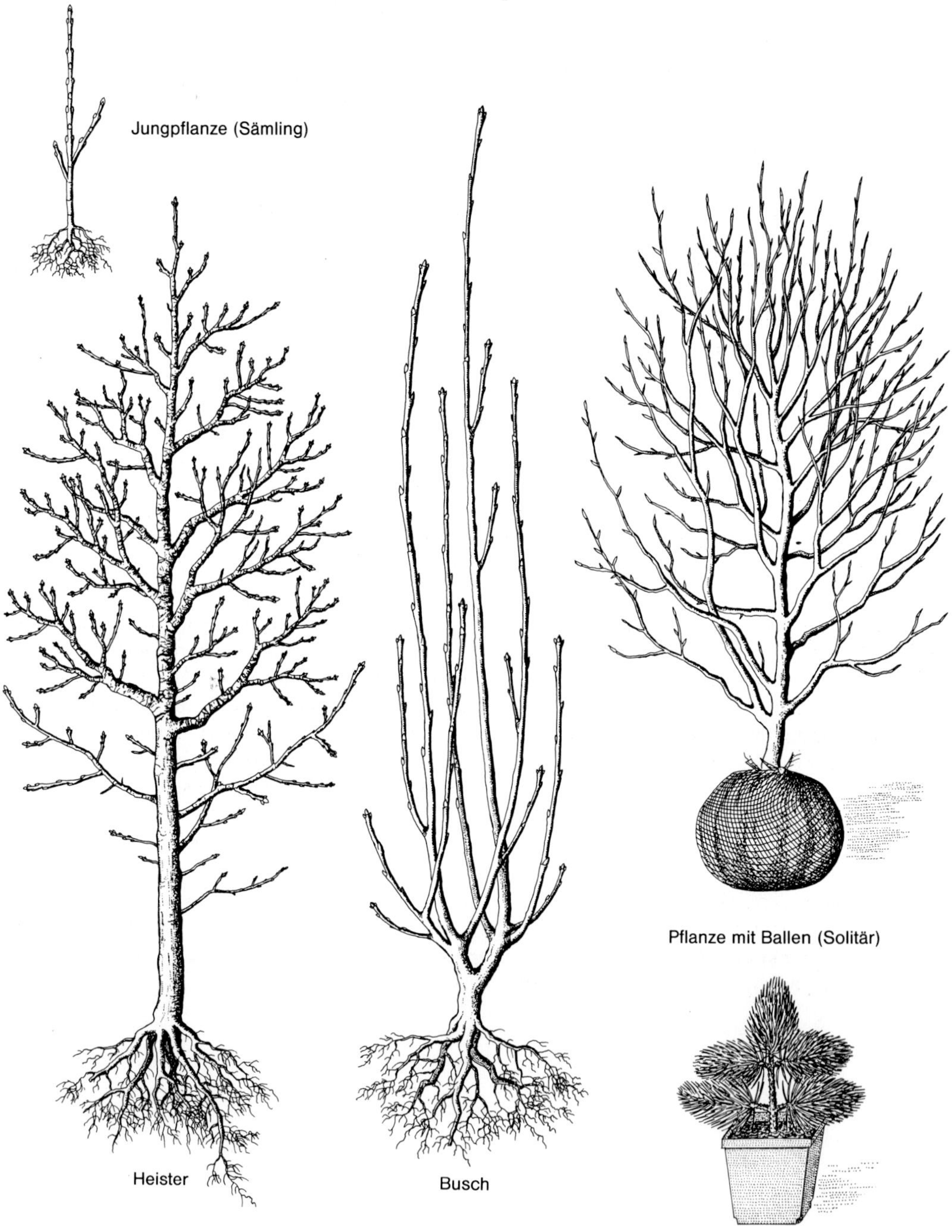

Jungpflanze (Sämling)

Heister

Busch

Pflanzen ohne Ballen

Pflanze mit Ballen (Solitär)

Containerpflanze

12

der Bonsaihandel heute schon anbietet. Diese jungen, geschmeidigen, leicht zu formenden Pflanzen eignen sich vorzüglich für die Gestaltung von Wäldern, Miniaturbonsai oder zur Weiterkultur zu größeren Einzelbonsai.

Pflanzen ohne Ballen. Eine Reihe von Gehölzen, die dem Jungpflanzenstadium entwachsen sind und die beim Verpflanzen ohne große Schwierigkeiten weiterwachsen, werden ohne Ballen in den Handel gebracht. Um ein sicheres Anwachsen zu gewährleisten, wurden die Pflanzen in der Baumschule mehrmals verpflanzt. Das Angebot an Pflanzen ohne Ballen beschränkt sich im wesentlichen auf Laubgehölze, insbesondere auf Ziersträucher.

Pflanzen mit Ballen. Als Pflanzen mit Erdballen werden immergrüne Laubgehölze und Nadelgehölze angeboten. Der Ballen garantiert erhöhte Sicherheit beim Anwachsen, da die Wurzeln vom Erdreich umgeben sind, nicht austrocknen und auch während des Verpflanzens Feuchtigkeit aus der Erde entnehmen können. Bei Pflanzen mit Ballen bleibt auch die teilweise vorhandene Mykorrhiza (s. Seite 167) erhalten, was bei den stark mykotrophen Gehölzarten von Bedeutung sein kann. Mit Ballen werden all die Gehölze verkauft, die sich auf andere Weise nur schwer umpflanzen lassen. Ballenpflanzen sind ein gutes Ausgangsmaterial für größere Einzelbonsai.

Container-Pflanzen. Container-Pflanzen, also Pflanzen in Töpfen (in der Regel Kunststofftöpfe), bieten die besten Voraussetzungen für die Bonsaikultur, denn sie sind bereits an einen begrenzten Wurzelraum gewöhnt. Dies erleichtert sowohl die Reduktion des Wurzelballens als auch die Anpassung der Pflanzen an die Bedingungen der Bonsaischale. Da das Wurzelsystem beim Verkauf oder Versand nicht beschädigt wird, lassen sich in Container gezogene Pflanzen während der gesamten Vegetationszeit verpflanzen. Man ist also nicht auf die Frühjahrs- und Herbstmonate angewiesen. Selbst ein Umpflanzen in ein Bonsaigefäß ist möglich, wenn sich die Reduzierung der Wurzelmasse in Grenzen hält. Auf jeden Fall kann aber, und dies ist ein großer Vorteil, praktisch zu jeder Jahreszeit mit der Gestaltung begonnen werden.

Wer sich aus dem riesigen Angebot der Baumschulpflanzen Bonsaianwärter auswählt, sollte lernen, die Pflanzen kritisch auf ihre Gestaltungsmöglichkeiten hin zu beurteilen. Merkmale, nach denen man suchen sollte, sind ein kräftiger unterer Stammteil mit gefälliger Linienführung. Eine Verjüngung des Stammes ist in allen Fällen wünschenswert. Wenn man mit den Fingern die Erde um den Stamm herum etwas wegkratzt, kann man prüfen, ob der Stammansatz wirklich schön ist und sich nach oben hin verjüngt, keine Biegung und keinen Knick hat, denn bei stark verholzten Baumteilen läßt sich häufig eine Korrektur der Form nur mit Mühe vornehmen. Man achte auf kräftige, markante Äste. Kleine Wachstumslücken sind aber kein Grund, eine Pflanze als ungeeignet abzulehnen.

Die Höhe der Pflanze spielt bei der Auswahl nicht die entscheidende Rolle. Das heißt, man sollte bei der Auswahl eine Pflanze nicht vorschnell als ungeeignet betrachten, nur weil sie zu groß ist. Bei der Gestaltung besteht schließlich die Möglichkeit, den abgeschnittenen Stammabschnitt effektvoll als abgestorbene Spitze (Jin) zu gestalten (s. Seite 136) oder einen Seitenast als Stammspitze umzufunktionieren.

Die Vermehrung der Pflanzen

Bei der Vermehrung der Pflanzen unterscheidet man zwischen der generativen oder geschlechtlichen Vermehrung (Vermehrung durch Aussaat) und der vegetativen oder ungeschlechtlichen Vermehrung (unter anderem durch Stecklinge, Abmoosen, Teilung, Ablegen und Absenken sowie durch Veredlung).

Die generative Vermehrung ist sehr langwierig, bei einigen Pflanzenarten dauert es von der Aussaat bis zur Keimung 18 Monate und länger (so z.B. beim Mädchenhaarbaum *Ginkgo biloba*). Dagegen führen die verschiedenen vegetativen Vermehrungsmethoden schneller zum Erfolg. Voraussetzung für die vegetativen Vermehrungsmethoden ist allerdings, daß entsprechendes Vermehrungsmaterial (Mutterpflanzen) zur Verfügung steht und in der Regel auch ein Garten.

Verglichen mit europäischen Kiefern-Arten sind die Samen der Mädchenkiefer ungewöhnlich groß.

Bonsai aus Samen

Die Vermehrung durch Samen stellt die natürliche Vermehrungsweise aller höheren Pflanzen dar. Auch 300jährige und noch ältere Bonsai, die wir auf Abbildungen und in Ausstellungen bewundern können, sind einmal aus einem Samenkorn hervorgegangen. Die Anzucht eines Bonsai aus Samen erfordert viel Geduld. Sieht ein Baum in der freien Natur erst nach 10 Jahren wie ein Baum aus, so gilt dies auch für den Bonsai. Allerdings lohnt der hohe Zeitaufwand, da man die Entwicklung der Pflanzen von Anfang an beeinflussen und sie Schritt für Schritt in die für sie ausgewählte Form bringen kann.

Immer wieder wird die Frage gestellt, ob es Bonsaisamen gibt. Die geschlechtliche Vermehrung beruht auf einer Befruchtung, bei der es in den Samenanlagen der Blüten zur Verschmelzung eines weiblichen und eines männlichen Geschlechtskerns kommt. Aus dieser Verschmelzung entwickelt sich im Laufe der Zeit der Samen. Dieser Samen trägt in den Erbanlagen die Eigenschaften seiner Eltern. Dies hat zur Folge, daß z.B. aus einem Kiefernsamen immer wieder eine Kiefernpflanze wächst. Die Erbsubstanz allein bestimmt jedoch nicht die endgültige Gestalt einer Pflanze. Denn sie ist nicht nur von den vererbten Anlagen abhängig, sondern auch von den Einflüssen der Umwelt. Dazu zählen unter anderem klimatische Einflüsse und Einflüsse von Mensch und Tier (Wildverbiß) sowie der Standraum der Pflanze (Standort und Bodenverhältnisse).

So sieht eine Kiefer im Hochgebirge einer Kiefer der gleichen Art im Tal nicht sehr ähnlich. Eine Buche im Wald entwickelt aufgrund des geringen Standraumes eine ganz andere Baumkrone als im Freistand. Und eine durch

Bei den Samen von Quercus robur, der Stieleiche, hat die Keimung schon begonnen, nun ist es höchste Zeit zum Aussäen.

Wildverbiß geschädigte Pflanze wird niemals ihre typische Wuchsform zeigen können.

Solche Abwandlungen als Folge äußerer Einflüsse bezeichnet man als Modifikation. Wichtig zu wissen ist in diesem Zusammenhang aber, daß das typische Baumuster der Pflanze in den Erbanlagen unverändert erhalten bleibt und so auch weitervererbt wird. Ein Beispiel soll dies verdeutlichen: Zwei Kiefern, eine im Park ausgepflanzt, 30 Jahre alt, 10 m hoch, die andere als Bonsai gezogen, 30 Jahre alt, nur 50 cm hoch, hatten beide die gleichen Eltern. Sie vererben ihre von den Eltern mitgegebenen Eigenschaften weiter auf ihre Nachkommen. Erntet man nun von der als Bonsai gezogenen Kiefer Samen, hat man zwar Samen von einem Bonsai, aber keinen Bonsaisamen. Sät man diesen Samen aus und läßt die Pflanzen normal heranwachsen, entwickeln sich aus ihnen wieder Bäume in der Größe ihrer Artgenossen in der freien Natur. Den Bonsaisamen, aus dem automatisch ein Bonsai heranwächst, gibt es nicht. Ein Bonsai entsteht vielmehr durch die Anwendung bestimmter Techniken. Diese Technik läßt sich nicht in eine Samentüte packen. Das heißt, auch in einem Tütchen mit der Aufschrift »Bonsaisamen« und mit dem Bild einer 300jährigen Zelkove befindet sich ganz normaler Samen.

Am Anfang der Vermehrung durch Samen steht die Beschaffung von keimfähigem Saatgut. Daß dies nicht immer ganz einfach ist, wird jeder bestätigen können, der sich mit der Vermehrung durch Samen befaßt hat.

Man hat einmal die Möglichkeit, den Samen käuflich im Bonsaifachhandel, in Gärtnereien, Gartencentern, von fliegenden Händlern auf Floh- und Wochenmärkten oder im einschlägigen Samenhandel zu erwerben.

Beim Kauf des Saatgutes sollte man jenes bevorzugen, welches in Keimschutzpackungen verpackt ist. Leider ist es bei Gehölzsaatgut noch nicht üblich, das Jahr der Ernte und das ungefähre Verfalldatum auf den Samentüten anzugeben. Dies wäre ein großer Fortschritt, denn die Lebensfähigkeit der Samen, selbst bei optimaler Lagerung, hält bei den einzelnen Gehölzarten recht unterschiedlich lang an. Einige bleiben nur wenige Wochen, andere jahrzehntelang keimfähig. Aber der Kauf von Saatgut stellt ja nur eine Möglichkeit dar. Eine andere, sicherlich interessantere ist, den Samen selbst zu sammeln.

Einheimische, aber auch fremdländische, bei uns eingebürgerte Gehölze (z.B. *Ginkgo biloba*), die sich zur Bonsaigestaltung eignen, bilden auch in Mitteleuropa reichlich Samen aus. Wenn die Naturschutzgesetze beachtet werden, läßt sich gegen die Ernte von Samen in der freien Natur nichts einwenden. Bei der Ernte in Parks, öffentlichen Anlagen, Botanischen Gärten und Hausgärten ist der Besitzer selbstverständlich um Erlaubnis zu fragen.

Nun erscheint das Ernten von Samen nicht nur interessant und macht Spaß, es gibt zwei gewichtige Gründe, die für die eigene Samenernte sprechen: Zum einen ist gewährleistet, daß das Saatgut frisch ist, und zum anderen stammt der Samen von Gehölzen, die sich unseren Klimaverhältnissen angepaßt haben. So kann ein aus einheimischen Samen gezogener Ginkgo frosthärter sein als ein Ginkgo, dessen Samen in Japan geerntet wurde.

Samenernte

Damit möglichst viele Samen keimen, spielt schon die Saatguternte eine wichtige Rolle. Ausschlaggebend ist der Reifegrad der Samen bzw. der Frucht.

Bei einigen Gehölzarten ist es sinnvoll, vor der sogenannten Vollreife zu ernten. Die Samen vollausgereifter Früchte unter anderem von *Carpinus betulus* (Hainbuche), *Juniperus communis* (Wacholder) und *Acer campestre* (Feldahorn) liegen bis zur Keimung 1 Jahr über. Vor der Vollreife geerntete Samen keimen dagegen bereits im Jahr der Aussaat. Im allgemeinen wartet man aber das Abfallen der vollreifen Früchte oder Samen ab, da die Wanderung von Nährstoffen

aus Wurzel, Sproß und Frucht in das Samenkorn solange anhält, bis die Verbindung mit der Mutterpflanze unterbrochen und das Stadium der Vollreife erreicht ist. Birkensamen reagiert sehr empfindlich gegen verfrühtes Ernten und wird erst bei beginnender Braunfärbung und Aufplatzen der Zäpfchen gesammelt.

Samen in trockenen Früchten kann man in der Regel über den Grad der Vollreife hinaus an der Mutterpflanze belassen. Aber es gibt auch Ausnahmen. Bei Arten aus der Familie der Zaubernußgewächse *(Hamamelidaceae)* heißt es aufpassen. Hier springen die reifen Kapseln bei Vollreife plötzlich auf und schleudern die Samen heraus. Außerdem muß man aufpassen, daß nicht schon vor der Ernte Vögel oder andere Tiere die Samen oder Früchte wegfressen.

Besondere Aufmerksamkeit erfordert die Ernte der Samen von Nadelgehölzen. So fallen die Zapfen der Tannen *(Abies)* bei Vollreife auseinander und geben die Samen frei. Ähnlich verhält es sich bei Fichte *(Picea)* und Kiefer *(Pinus)*. Hier öffnen sich bei sonnigem Wetter die Zapfen und entlassen die Samen, allerdings ohne daß der Zapfen auseinanderfällt. In den genannten Fällen wird vor der Vollreife geerntet.

Während der größte Teil der Gehölzarten im Herbst–Winter reift und dann geerntet wird, gibt es auch eine Reihe von Gehölzen, deren Samen schon wesentlich früher reifen. Verschiedene Ahorn-Arten, Weide *(Salix)* und Pappel *(Populus)* reifen schon im Mai und werden nach der Ernte sofort ausgesät. Es ist nicht möglich, die Reifemerkmale allgemeinverbindlich zu beschreiben und damit den Erntetermin festzulegen. In den Kultur- und Gestaltungshinweisen finden sich bei den einzelnen Gehölzarten nähere Angaben zu den ungefähren Erntetermien.

Behandlung der Samen

Im Samen sind die Lebensvorgänge auf ein Mindestmaß reduziert. Erst die Zufuhr von Wasser beendet dieses Ruhestadium, so daß die Keimung einsetzen kann. Die Keimung erfolgt aber nur, wenn in den ruhenden Samen die innere Bereitschaft zum Keimen vorliegt. Dies

Das Bild zeigt eine einfache Methode, um die Samenschale aufzurauhen. Mit Hilfe des Brettchens und mit kreisenden Bewegungen wird die Samenschale aufgerauht.

heißt, selbst bei guten Außenbedingungen, wenn also günstige Temperatur- und Feuchtigkeitsverhältnisse vorliegen, kommt es nur dann zur Keimung, wenn zu diesem Zeitpunkt der Samen auch keimwillig ist.

Es gibt viele Samen, die sofort nach der Reife keimen können, man kennt aber bei den Gehölzen nicht wenige, deren Saatgut erst ein kürzeres oder längeres Ruhestadium durchmachen muß. Sie erreichen die volle Keimfähigkeit erst durch einen Nachreifeprozeß, der je nach Gehölzart unterschiedlich lange dauert; wenige Tage oder mehrere Monate. Im letzteren Fall liegt eine Keimhemmung, auch Keimruhe genannt, vor, für die verschiedene Ursachen verantwortlich sein können:

– eine harte, wasserundurchlässige Samenschale
– eine unvollständige Ausbildung des Keimlings (Embryo)

– ein Kältebedürfnis der Samen oder
– keimungshemmende Stoffe im Fruchtfleisch oder in der Samenschale.

Die Aufbewahrung und Behandlung des Saatgutes von der Ernte bis zur Aussaat richtet sich danach, zu welcher der obengenannten Gruppen die betreffende Samenart gehört.

Samen mit harter Samenschale. Viele Samen besitzen eine so starke Samenschale, daß die notwendige Wasseraufnahme für die Keimung nicht erfolgen kann. Die Samenschale ist hart und wasserundurchlässig. Eine Keimung ist nur möglich, wenn ein mechanischer oder ein mikrobieller Abbau die Samenschale porös und wasserdurchlässig macht. In der freien Natur besorgen dies in der Regel Mikroorganismen. Eine relativ langwierige Angelegenheit, ist doch die Aktivität der Bakterien und anderer Bodenorganismen weitgehend abhängig von der Tem-

Stratifikation. Links im Bild der Samen, rechts Sand als Substrat. Beides muß innig miteinander vermischt werden.

peratur. Um nicht wertvolle Zeit zu verlieren, gibt es mehrere Möglichkeiten, diese Form der Keimruhe zu brechen. Für kleinere Samenmengen empfiehlt sich das Anfeilen oder Aufrauhen, eine einfache, dabei sichere Methode. Große, mit den Fingern faßbare Samen feilt man einzeln mit einer feinen Metallfeile an. Bei Samenschalen von kleinen, feinen Samen behilft man sich mit Glaspapier oder Sand.

Das Aufrauhen mit Hilfe von Glaspapier ist nicht schwierig. Der Boden einer Kiste oder ein anderes Gefäß wird mit einem Blatt Glaspapier ausgelegt. Das zweite Blatt Glaspapier wird mit Reißnägeln an einem kleinen Brettchen befestigt. Der Samen wird auf das Glaspapier in die Kiste gelegt und unter Druck wird die Samenschale mit kreisenden Bewegungen des Brettchens aufgerauht. Den gleichen Effekt kann man erzielen, wenn man den Samen mit scharfem Sand vermischt und zwischen zwei Brett-

chen reibt. Andere Verfahren, wie die Behandlung mit Säuren, sind zu gefährlich und nicht zu empfehlen. Unsicher und riskant erscheint die häufig empfohlene Behandlung mit heißem Wasser.

Samen mit unvollkommen entwickelter Keimlingsanlage. Bei vielen Pflanzenarten sind die Keimlinge (Embryonen) in den Samen zur Erntezeit noch sehr klein und unterentwickelt und werden erst nach Ablösung von der Mutterpflanze vollständig ausgebildet. Eine sofortige Keimung nach der Ernte ist nicht möglich.

Alle Samen, die zu dieser Gruppe gehören, dürfen nicht trocken lagern, da die Keimanlage sich nur weiterentwickelt, wenn der Samen die notwendige Feuchtigkeit erhält. Bei einer trokkenen Lagerung ruht die Weiterentwicklung und die Keimlingsanlage stirbt ab. Für viele Samen aus dieser Gruppe sind zur Brechung der

Keimruhe darüber hinaus niedrige Temperaturen erforderlich. Die Überwindung der Keimruhe bei niedrigen Temperaturen und Feuchtigkeit bezeichnet man als Stratifikation. Während man früher das Saatgut schichtweise in feuchtigkeitshaltende Materialien wie Sand oder Torf einlegte, eine Schicht Sand – eine Schicht Samen usw., wird heute der Samen dem feuchten Substrat einfach untergemischt. Es hat sich gezeigt, daß die gleichmäßigsten Keimergebnisse bei einer innigen Vermischung von Saatgut und Substrat erzielt werden, außerdem handelt es sich hier um die einfachere Methode.

Neben den schon erwähnten Materialien Torf und Sand (Estrichsand in der Körnung 0 bis 2 mm) kann man auch Sägespäne oder Komposterden verwenden.

Obwohl man ebenso ganze Früchte stratifizieren kann, ist es sinnvoller, den Samen vorher vom Fruchtfleisch zu befreien (s. Seite 20). Ein Schutz vor pilzlichen Krankheiten durch Beizen des Saatgutes vor dem Einlagern ist ratsam. Als Behälter geeignet sind insbesondere Blumentöpfe aus Ton, aber auch Kunststofftöpfe.

Die wirkungsvollste Stratifikationstemperatur liegt zwischen + 2 ° und + 8 °C, Temperaturen unter dem Gefrierpunkt sind in der Regel wirkungslos. Dies zu wissen ist wichtig, werden doch solche Samen häufig als Frostkeimer bezeichnet. Daß Temperaturen unter dem Gefrierpunkt ohne Wirkung sind, erscheint im Grunde verständlich, da die zur Weiterentwicklung benötigte Feuchtigkeit bei Frost nicht verfügbar ist.

Die Stratifikation kann unter den Witterungsbedingungen des Freilandes oder im Kühlschrank ablaufen. Die Kühlschrankstratifikation hat den Vorteil, daß man weitgehend unabhängig von der Jahreszeit ist. – Ein unschätzbarer Vorteil, wenn man auf gekauftes Saatgut angewiesen ist. Im Freien werden die Stratifiziergefäße geschützt vor Mäusen (die Gefäße sind mit dichtmaschigem Drahtgeflecht zu umgeben) in den Gartenboden oder offenen Frühbeetkasten eingegraben. Eine Kiste, mit Torf oder Erde gefüllt, eignet sich ebenso. Regen, Schnee, Wärme und Kälte müssen voll auf die Samen einwirken können.

Die Stratifiziergefäße sind ständig zu kontrollieren, gegebenenfalls wird das Substrat angefeuchtet. Dies ist besonders bei einer Stratifikation im Kühlschrank zu beachten, denn das Substrat darf niemals austrocknen.

Die Zeit, die der Keimling zu seiner Entwicklung benötigt, also die Dauer der Stratifikation, variiert je nach Gehölzarten. Einige Arten benötigen nur 1 bis 2 Wochen, andere mehrere Monate, manche 1 bis 2 Jahre. Ausgesät wird, sobald sich die ersten Wurzelspitzen zeigen. Wartet man mit der Aussaat zu lange, bekommen die Keimlinge krumme Wurzelhälse und die Jungpflanzen haben später Schwierigkeiten, normal aufzuwachsen.

Sinnvollerweise werden die Samen zusammen mit dem jeweiligen Stratifiziersubstrat ausgesät, da andernfalls die Samen ausgesiebt werden müssen. Lassen ungünstige Witterungsbedingungen eine sofortige Aussaat nicht zu, hat man die Möglichkeit, die Samen bei −2 ° bis −4 °C zwischenzulagern. Innerhalb dieses Temperaturbereiches wird das Keimlingswachstum eingestellt. Bei günstigeren Außenbedingungen kann dann sofort ausgesät werden.

In die Gruppe, die von der Ernte bis zur Aussaat nicht trocken lagern darf (eine Vermischung mit feuchtem Sand und Torf ist möglich), weil andernfalls der Keimling abstirbt, gehören unter anderem die Eiche *(Quercus)* und die Buche *(Fagus)*. Allerdings vertragen diese Samen keinen Frost, daher kommt eine Lagerung im Freien in der Regel nicht in Frage. Die günstigsten Lagerungstemperaturen liegen für diese Samen bei + 2 ° bis + 4 °C.

Bei anderen Gehölzarten, unter anderem bei der Esche *(Fraxinus)* und einigen Rotdorn-Arten *(Crataegus)*, haben sich zur Aufhebung der Keimhemmung Wechseltemperaturen bewährt. Man spricht hier auch von einer Warm-Naß-Behandlung oder Warmstratifikation. Bei diesen Samen wird zunächst eine Behandlung bei 20 bis 25 °C durchgeführt (in der Wohnung oder im Heizungsraum), anschließend die übliche Kaltstratifikation.

Wie man bei kleinen Samenmengen die Stratifikation mit der Aussaat verbinden kann, ist auf Seite 24 beschrieben.

Bei Samen, die von Fruchtfleisch umgeben sind, werden die Früchte zerdrückt (links) und mit Wasser übergossen. Man läßt die Masse rotten und abgären (rechts). Das Fruchtfleisch wird

dabei mürbe und kann schon bald unter fließendem Wasser im Sieb leicht vom Samen getrennt werden.

Keimungshemmende Stoffe. Zur Keimung benötigt der Samen Wasser. Warum keimen aber dann Samen, die von wasserreichem Fruchtfleisch umgeben sind, nicht schon an der Pflanze? Die Erklärung ist darin zu sehen, daß das Fruchtfleisch, zum Teil auch die Samenschale, keimhemmende Stoffe enthält. Sie müssen zunächst abgebaut werden, bevor die Einleitung des eigentlichen Keimprozesses beginnt.

Bei der natürlichen Verbreitung durchwandert der Samen in vielen Fällen den Tiermagen, wo er vom Fruchtfleisch getrennt wird, oder die Frucht fällt zu Boden und das Fruchtfleisch mit den keimungshemmenden Stoffen wird von Mikroorganismen abgebaut. Dieser Vorgang läßt sich durch Auswaschen des Saatgutes nachvollziehen.

Die Früchte werden zerrieben oder zerstampft, gute Hilfe leistet bei größeren Mengen ein elektrisches Mixgerät. Der entstehende Brei wird mit reichlich Wasser aufgerührt und über einem Sieb abgegossen. Sitzt das Fruchtfleisch besonders fest am Samen, erleichtert ein kurzes Rotten oder Angären den Säuberungsvorgang.

Ernte von Nadelgehölzsamen

Es wurde schon darauf hingewiesen, daß die Ernte der Samen von Nadelgehölzen besondere

Aufmerksamkeit erfordert (s. Seite 16). Die Zapfen müssen im geschlossenen Zustand, das heißt vor der Vollreife geerntet werden. Um die Samen aus dem Zapfen herauszulösen, bedarf es eines Vorgangs, der als Ausklengen (oder Darren) bezeichnet wird. Darunter versteht man das Öffnen der Zapfenschuppen durch warme und trockene Luft.

Man legt die Zapfen in flache Kisten und stellt diese im Heizungskeller oder in der Nähe eines Heizkörpers auf. Die Temperatur darf dabei 45 °C nicht übersteigen, da sonst die Samen geschädigt werden. Schon bald öffnen sich die Zapfen – meist schon nach wenigen Stunden – und nach einem kräftigen Durchschütteln fallen die Samen heraus.

Auch bei einigen Laubgehölzen mit holzigen Früchten (z.B. bei *Hamamelis*) wendet man das Klengen an, um die Samen aus der Frucht zu befreien.

Die Aussaat

Ein Samenkorn ist nicht unbegrenzt lebensfähig. Die Samen der meisten Gehölzarten überdauern noch nicht einmal ein halbes Jahrzehnt, einige bleiben nur wenige Tage keimfähig. Aber selbst frisches Saatgut keimt nie zu 100 Prozent, Ahornsamen keimen z.B. nur zu 30 bis 70 Pro-

Aussaat.

Füllen der Schale. Die Ränder leicht andrücken.

Abstreichen der überschüssigen Erde.

Breitsaat feinkörniger Samen direkt aus der Tüte.

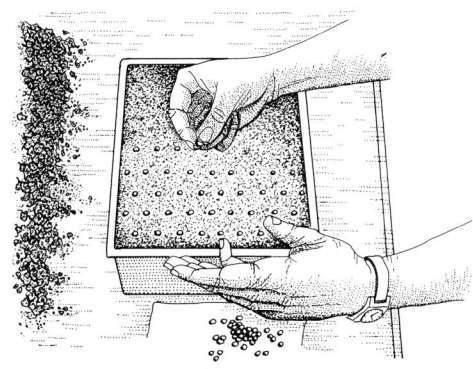

Einzelkornaussaat grobkörniger Samen.

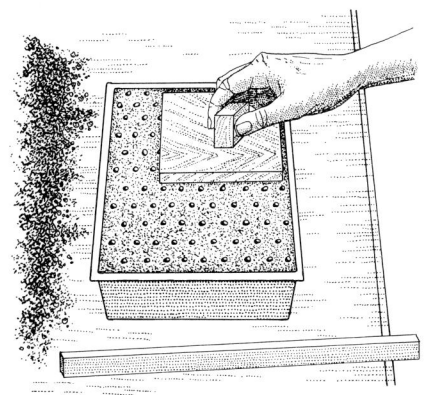

Andrücken der Samen.

Absieben in drei- bis vierfacher Samenkornstärke.

21

Sämlinge der Berg- oder Krummholzkiefer, Pinus mugo ssp. mugo. Zwei Monate sind seit der Aussaat vergangen.

zent, bei der Kiefer liegt die Keimquote bei 70 bis 100 Prozent, für Tanne und Fichte häufig nur bei 30 Prozent.

Was es mit der Keimwilligkeit auf sich hat, wurde in den vorigen Abschnitten schon ausführlich beschrieben. Das heißt, die Keimung erfolgt nur, wenn im ruhenden Samen die innere Bereitschaft dafür vorliegt. Wenn die äußeren Bedingungen stimmen, kann die Aussaat und damit die Keimung erfolgen.

Als Aussaatort kommt für die Mehrzahl der Gehölze nur die Aussaat im Freien in Frage. Dies kann eine Aussaat auf Beete im Garten (nur bei größeren Mengen sinnvoll) oder in Schalen und Töpfe sein, die der Gartenbesitzer an geschützter Stelle im Freien oder im Frühbeetkasten, der Nichtgartenbesitzer auf dem Balkon aufstellt.

Die Aussaat in Gefäße hat den großen Vorteil, daß man von der Jahreszeit und Witterung weitgehend unabhängig ist. Ein Garten erscheint also nicht unbedingt erforderlich, um Gehölze heranzuziehen, was für viele Bonsaifreunde nicht unwichtig ist. Empfindliche oder besonders wertvolle und sehr feine Samen sät man grundsätzlich unter Glas aus. Ideal erscheint in diesen Fällen ein Kleingewächshaus, hat man dafür keine Möglichkeiten, tut es auch ein Platz am Zimmerfenster.

Stratifiziertes Saatgut wird im allgemeinen ab Ende Februar–Anfang März ausgesät. Bei trocken gelagertem Saatgut von Laubgehölzen und bei allen Nadelgehölzen wartet man mit der Aussaat bis Anfang April, da die Keimlinge sehr frostempfindlich sind.

Früh reifende Samen wie Weide *(Salix)* und Pappel *(Populus)* werden gleich nach der Reife ausgesät. Zu den Arten, die ebenfalls keine Lagerung vertragen und gleich nach der Reife ausgesät werden müssen, dabei sofort keimen, gehört unter anderem die Ulme *(Ulmus)*.

Da eine Aussaat auf Beete nur bei größeren Samenmengen in Betracht kommt, der Bonsaifreund aber in der Regel nur kleine Mengen aussät, wollen wir hier nur auf die Technik der Aussaat in Gefäßen eingehen.

Als Aussaatgefäße eignen sich Pikierkisten, die auch der Gärtner verwendet. Es gibt sie in unterschiedlichen Abmessungen und Qualitäten. Bei nur wenigen Samen sind Kunststoff-Vierecktöpfe ideal, wie sie zum Topfen von Kakteen üblich sind.

Bei trocken gelagertem Saatgut empfiehlt es sich, den Samen vorzukeimen, um den Keimvorgang zu beschleunigen. Der Samen wird mit feuchtem Sand vermischt, für 48 Stunden warm (bei Zimmertemperatur) aufgestellt und anschließend zusammen mit dem Sand ausgesät.

Man kann den Samen auch in ein Leinensäckchen oder einen Perlonstrumpf füllen und für 24 Stunden in einen Topf mit Wasser hängen. Nach kurzem Abtrocknen wird sofort ausgesät, weil mit der Quellung des Samens der Keimvorgang einsetzt und sich nicht mehr rückgängig machen läßt.

Als Aussaatsubstrat wird spezielle Aussaaterde verwendet, man erhält sie im Handel oder beim Gärtner. Nicht geeignet sind Bonsaierden oder sonstige Blumenerden. Die Aussaat selbst erfolgt breitwürfig (Breitsaat) oder in Reihen (Reihensaat). Grobkörniges Saatgut wird man einzeln in Reihen aussäen, während man feinkörnigen Samen direkt aus der Samentüte gleichmäßig über die Fläche verteilt.

Nach der Verteilung bzw. dem Auslegen der Samen wird die Aussaatfläche mit einem Brettchen so angedrückt, daß der Samen innigen Kontakt mit dem Substrat bekommt. Schließlich wird der Samen in drei- bis vierfacher Samenkornstärke abgedeckt.

Je Gefäß wird nur eine Art ausgesät, um Verwechslungen zu vermeiden. Dadurch schließt man auch aus, daß schnellkeimende und langsamkeimende Samen in ein Gefäß kommen.

Anschließend werden die Aussaatgefäße angefeuchtet. Man gießt sie entweder mit einer feinen Brause an oder stellt das Aussaatgefäß in ein anderes Gefäß mit Wasser. So kann sich die Erde von selbst mit Wasser vollsaugen.

Der Aufstellungsort richtet sich (wie schon beschrieben) nach der Empfindlichkeit der Samen. Empfindliche Sämereien stellt man unter Glas auf, weniger empfindliche im Freien, wobei man allerdings für einen Schutz vor Vogel- und Mäusefraß sorgen muß.

Bis zur Keimung und dem Durchbrechen der ersten Keimlinge beschränken sich die Pflegemaßnahmen in der Hauptsache auf die Bewässerung. In den ersten 2 Wochen nach der Aussaat muß die Aussaaterde ständig feucht sein, damit der Quellvorgang der Samen ohne Unterbrechung vor sich geht. Trocknet die Erde auch nur einmal aus, ist der Keimerfolg in Frage gestellt. In dieser Zeit ist für die empfindlichen Sämlinge auch ein Schutz vor direkter Sonne erforderlich.

Nach und nach durchbrechen die Kiefern-Keimlinge die Erdoberfläche.

Die Stratifikation bedeutet für viele Bonsaifreunde ein Buch mit sieben Siegeln. Erfahrungsgemäß treten nach erfolgter Stratifikation immer wieder Schwierigkeiten auf, den richtigen Zeitpunkt für die Aussaat einzuhalten. Mit dem Beginn des Keimprozesses muß schließlich ausgesät werden.

Um diesen Schwierigkeiten aus dem Wege zu gehen, empfiehlt sich für kleine Samenmengen folgende Methode: Das zu stratifizierende Saatgut wird direkt in ein Aussaatgefäß gesät. Das Gefäß kommt bis zum Keimbeginn in einen Kühlschrank. Beginnt der Samen zu keimen, wird das Gefäß bei günstigen Temperaturen ins Freie, bei ungünstigen Außenbedingungen in einem kühlen Zimmer an einem Fenster aufgestellt. Fällt die Aussaat in die Herbst- und Wintermonate, können die Aussaatgefäße zur Stratifikation selbstverständlich auch im Freien stehen.

Vegetative Vermehrungsmethoden

Um Gartenformen und Varietäten zu vermehren oder wenn für die Art kein Saatgut zur Verfügung steht, bedient man sich der vegetativen Vermehrung. So lassen sich die Muschel-Scheinzypresse (*Chamaecyparis obtusa* 'Nana Gracilis'), *Juniperus chinensis* 'Blaauw' oder die für Waldpflanzungen so beliebte *Juniperus chinensis* 'Monarch', die Zierkirschen, die vielen Formen des Fächerahorn *(Acer palmatum)*, sortenecht nur vegetativ vermehren. Dies gilt auch für die so beliebten blauen Formen der Mädchenkiefer *(Pinus parviflora)*.

Vegetative Vermehrungsmethoden können aber auch bei der Vermehrung der reinen Arten interessant sein. Zeitlich gesehen sind vegetativ vermehrte Pflanzen gegenüber den durch Samen vermehrten im Vorteil, da sie zum Zeitpunkt der Vermehrung schon eine gewisse Stärke und Länge haben und daher schneller eine gewisse Gestaltungsreife erlangen.

Zur vegetativen Vermehrung benutzt man entweder Vermehrungsorgane, welche die Pflanze selbst ausbildet, wie Ausläufer, oder man reißt, bricht oder schneidet Pflanzenteile

ab und bringt sie zum Bewurzeln, z.B. Triebspitzen (Kopfstecklinge) oder auch verholzte Triebe wie Steckhölzer, Abrisse oder Ableger.

Bonsai durch Stecklinge

Stecklingsvermehrung der Laubgehölze. Die Vermehrung der sommergrünen Laubgehölze durch Stecklinge wird zum frühestmöglichen Zeitpunkt durchgeführt, damit die Jungpflanzen genügend ausreifen können und den Winter sicher überstehen. Begonnen werden kann im Juni, um sie je nach Pflanzenart bis in den August fortzusetzen.

Den richtigen Zeitpunkt für den Schnitt des Stecklings zu erkennen ist nicht ganz einfach und erfordert eine gewisse Erfahrung. Der Steckling darf weder zu hart, noch zu weich, noch bereits zu stark verholzt sein. Ist der Steckling noch zu jung, dann fault er leicht, ist er

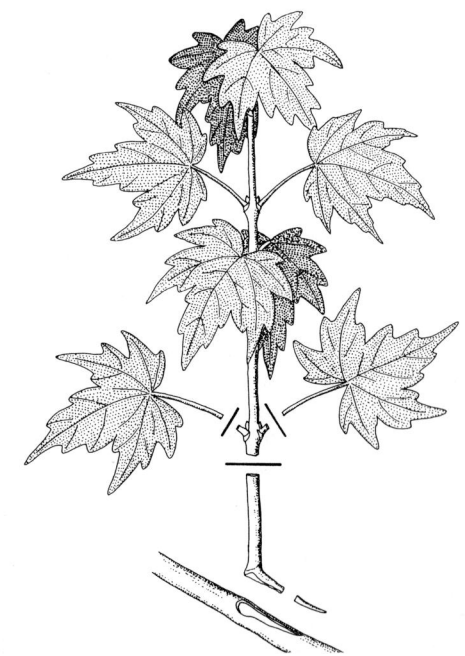

Stecklingsschnitt bei Laubgehölzen. In der Regel wird der Steckling kurz unter einem Nodium geschnitten (oben). Beim Fächerahorn ist zu empfehlen, den Steckling mit einem Stück Rinde vom alten Holz abzureißen und die Rindenzunge bis auf einen kleinen Rest einzukürzen (unten).

Bevorzugter Ort der Wurzelbildung sind die Blattansatzstellen (Nodien). Bei großblättrigen Stecklingen empfiehlt es sich, die Blätter einzukürzen.

dagegen schon zu hart, das heißt zu stark verholzt, ist eine Wurzelbildung in Frage gestellt.

Dem Schnitt selbst wurde früher eine große Bedeutung beigemessen. Der Schnitt durfte nur mit einem scharfen Messer und zudem nur waagerecht ausgeführt werden. Wissenschaftliche Versuche haben nachgewiesen, daß der Schnitt mit einer Schere (gut geeignet ist eine scharfe Bonsaischere), selbst wenn er schräg ausgeführt wird, keinen nachteiligen Einfluß auf das Bewurzelungsergebnis hat. Auch ist es nicht unbedingt notwendig, unmittelbar unter dem Knoten (= Blattansatz oder Nodium) zu schneiden. Es gibt eine große Anzahl von Pflanzenarten, die zwischen den Knoten ebensogut Wurzeln bilden. Allerdings bilden Stecklinge an den Knoten die meisten Wurzeln aus.

Die Länge des Stecklings richtet sich nach dem Abstand der Knoten (Nodien) und beträgt je nach Pflanzenart zwischen 5 und 15 cm. Die unteren Blätter werden entfernt. Einmal lassen sich die Stecklinge dann besser stecken, zum anderen würden die beim Stecken ganz oder teilweise mit Erde zugedeckten Blätter der Bildung von Pilzkrankheiten Vorschub leisten. Bei einigen Gehölzarten kann man aus einem Trieb mehrere Stecklinge schneiden. Die Triebspitze ergibt den sogenannten Kopfsteckling. Stecklinge ohne Triebspitzen bezeichnet man als Teil- oder Triebstecklinge. Wie oft ein Trieb geteilt werden kann, hängt besonders vom Grad der Verholzung ab. Kopfstecklinge haben in der Regel den Vorteil, daß sie sich etwas schneller bewurzeln und eher durchtreiben.

Im Anschluß an die Vermehrung der laubabwerfenden Laubgehölze folgt von August bis Oktober die Vermehrung der immergrünen Laubgehölze, wie zum Beispiel die immergrünen Berberitzen *(Berberis)*, Rhododendron-Arten und die Ölweide *(Elaeagnus)*.

Im Gegensatz zu den laubabwerfenden Gehölzen sollten die Stecklinge gut ausgereift, das heißt mehr oder weniger stark verholzt sein. Da die meisten Stecklinge dieser Pflanzengruppe bis zum Winter noch keine Wurzeln gebildet haben (nicht selten dauert die Bewurzelung bis zum nächsten Sommer) ist eine frostfreie Überwinterung notwendig. Bei Temperaturen über 10 °C bewurzeln die Stecklinge schon im Verlauf der Wintermonate.

Ein frisch geschnittener Steckling verfügt, da die Wurzeln ja erst noch gebildet werden müssen, über keine wasseraufnehmenden Organe. Die Wasserverdunstung bleibt aber die gleiche wie bei einer intakten Pflanze mit Wurzeln. Man kann nun die Verdunstungsfläche einschränken, indem man die Blätter teilweise entfernt bzw. einkürzt. Allerdings wird durch das Entfernen der Blattmasse der Steckling um einen Teil seiner Assimilationsfläche und damit um einen Teil wurzelbildender Stoffe beraubt. Versuche haben eindeutig bewiesen, daß Stecklinge, deren Blätter nicht eingekürzt waren, denen mit gestutzten Blättern in der Bewurzelungsschnelligkeit, der Bewurzelungsintensität und auch in der Wuchsleistung nach der Wurzelbildung überlegen waren. Lediglich bei besonders großlaubigen Stecklingen ist es wegen der Platzeinsparung sinnvoll, die Blätter einzukürzen.

Stecklingsvermehrung der Nadelgehölze. Mit wenigen Ausnahmen lassen sich alle Nadelgehölze durch Stecklinge vermehren. Allerdings dauert die Bewurzelung bei den Arten einiger Gattungen sehr lange. Zu diesen Gattungen gehören unter anderem *Cedrus* (Zeder), *Ginkgo biloba* (Mädchenhaarbaum) und *Taxodium* (Sumpfzypresse), bei denen das Bewurzeln bis zu 2 Jahre dauern kann. Alle anderen Nadelgehölze bewurzeln sich mehr oder weniger leicht. Besonders gut gelingt es bei den Arten und Formen der Gattungen *Thuja* (Lebensbaum), *Chamaecyparis* (Scheinzypresse) und *Juniperus* (Wacholder).

Über den günstigsten Zeitpunkt für die Vermehrung bestehen unterschiedliche Ansichten. Sowohl die Vermehrung von Juli bis August als auch die Wintervermehrung von Oktober bis Januar und die Vermehrung kurz vor dem Austrieb kann gute Ergebnisse bringen.

Bei schwerwurzelnden Gehölzen empfiehlt sich, wie hier beim Fächerahorn, die Anwendung von Wuchsstoffen (siehe Text Seite 29).

zen Ruck abreißen. Eine andere Methode ist der Schnitt auf Astring. Hierbei wird der Steckling nicht gerissen, sondern scharf entlang des alten Holzes abgeschnitten. Spitzentriebe sind im Ansatz des diesjährigen Triebes zu schneiden.

Nadelgehölzsteckling, auf Astring geschnitten.

Links: Nadelgehölzsteckling, von der Pflanze abgeschnitten. Mit einem kurzen Ruck wird der Steckling abgerissen. Die Rindenzunge wird bis auf einen kurzen Rest abgeschnitten (unten).

Stecklinge von Nadelgehölzen müssen an der Basis ausreichend verholzt sein, denn nicht verholzte (krautige) Triebe faulen restlos weg. In der Regel verwendet man den diesjährigen Trieb in seiner ganzen Länge mit einem Ansatz des alten Holzes. Je nach Triebstärke der einzelnen Arten ergeben sich so recht unterschiedliche Stecklingsgrößen. Man schneidet Stecklinge von Zwergkoniferen auf eine Länge von 2 bis 4 cm, dagegen können Stecklinge von *Chamaecyparis* (Scheinzypresse) und von *Juniperus* (Wacholder) 15 bis 20 cm lang sein. Besonders üppige, starke und sehr saftreiche Triebe sollten nicht verwendet werden, da sie sich nur schlecht oder überhaupt nicht bewurzeln.

Nadelgehölzstecklinge werden gerissen oder so geschnitten, daß immer ein Teil des alten Holzes am Steckling verbleibt (s. Abb.). Beim Reißen wird der Trieb mit einem kurzen Ruck von der Mutterpflanze abgerissen, die verbliebene Rindenzunge (Bart) bis auf einen kurzen Rest abgeschnitten. Dies ist wichtig, sonst kann der Steckling mitunter nicht gesteckt werden. Man kann aber auch mit dem Messer kurz unterhalb des Triebansatzes einen Einschnitt vornehmen und dann den Steckling mit einem kur-

Die Basis des Stecklings wird vor dem Stecken von den Nadeln befreit, um einen engen Kontakt zum Substrat zu gewährleisten. Lediglich bei besonders kurzen Stecklingen, etwa von Zwergkoniferen, kann man die Nadeln belassen.

Bei schwerwurzelnden Arten empfiehlt es sich, die Rinde der Stecklinge an der Basis zu verwunden. Dazu wird auf einer Seite des Stecklings ein etwa zwei bis 3 cm langer Rindenstreifen bis auf das Kambium entfernt.

Bei überlangen Stecklingen, z.B. von *Thuja* (Lebensbaum) und *Chamaecyparis* (Scheinzypresse) werden die krautigen Spitzen eingekürzt.

Stecklingssubstrate. Der Erfolg der Vermehrung hängt nicht unwesentlich von den verwendeten Substraten (Erden) ab. Stecklingssubstrate dienen dem Steckling in erster Linie als Standort und haben weniger die Aufgabe, Nährstoffe zu liefern. Ein Stecklingssubstrat muß daher nährstoffarm (nicht zu verwechseln mit nährstofffrei) und wegen der Anfälligkeit der Stecklinge für Krankheiten absolut keimfrei sein. Je nährstoffreicher ein Vermehrungssubstrat, desto schlechter die Bewurzelung. Ein Steckling

Als Stecklingssubstrate eignen sich Grodan Vermehrungswürfel (links), Oasis Vermehrungswürfel (Mitte) und Jiffy 7 (rechts).

in einem relativ nährstoffreichen Substrat hat es nicht nötig (wenn es überhaupt zur Bewurzelung kommt), viel Wurzeln auszubilden, da ihm genügend Nährstoffe zur Verfügung stehen. Eine Pflanze in einem nährstoffarmen Substrat muß dagegen auf der Suche nach den wenigen Nährstoffen viele Wurzeln ausbilden. Später, nach dem Verpflanzen in ein nährstoffreiches Substrat, ist eine solche Jungpflanze aufgrund ihres großen Wurzelvolumens schneller in der Lage, Nährstoffe aufzuschließen und aufzunehmen. Bezüglich der Wachstumsgeschwindigkeit und dem Aufbau organischer Substanz haben diese Pflanzen erhebliche Vorteile gegenüber einer Pflanze mit wenig Wurzeln. Daher sind auch normale Blumenerden oder Bonsaierden, wie sie im Handel erhältlich sind, ungeeignet. Diese relativ nährstoffreichen Erden sind nur zum Umpflanzen von gut bewurzelten Pflanzen gedacht.

Ein altbewährtes Substrat, das all diese Voraussetzungen erfüllt, ist ein Torf-Sand-Gemisch im Verhältnis 1:1. Der Sand muß frei von Beimengungen (Ton, Eisen, Kalk), das heißt gewaschen sein. Ideal erscheint Flußsand oder gewaschener Kiessand (Estrichsand) in der Körnung 0 bis 3 mm. Anstelle von Sand als Zuschlagstoff eignen sich auch Perlite, Styromull oder feiner Blähton.

Ein ideales Stecklingssubstrat, mit dem der Verfasser gute Erfahrungen gemacht hat, ist Vermiculit. Vermiculit wird aus einer magnesiumhaltigen Glimmerart hergestellt. Ursprünglich wurde es einmal als Wärmedämmstoff entwickelt, heute setzt es der Gartenbau auch als Stecklingssubstrat ein.

Das Stecken der Stecklinge. Die Form der Gefäße – Schalen, Kisten oder Blumentöpfe – hat nur untergeordnete Bedeutung. Wichtig ist ein ausreichender Wasserabzug, und daß die Gefäße sauber sind. Schon einmal benutzte Gefäße werden desinfiziert. Für kleine Mengen sind Kunststoff-Vierecktöpfe (Kakteentöpfe) ideal.

Grundsätzlich wird so flach wie möglich gesteckt. Neben der Standfestigkeit muß eine ausreichende Sauerstoffzufuhr an der Schnittstelle gewährleistet sein, denn die beste Wurzelbildung erfolgt in der obersten luftnahen Zone. Bei feintriebigen Stecklingen ist es sinnvoll, die Löcher mit Hilfe eines Hölzchens vorzustechen. Beim Stecken von Teilstecklingen (Triebstecklingen) muß man darauf achten, daß das ursprünglich untere (basale) Ende auch nach unten kommt, da ein Steckling Wurzeln immer basal – unabhängig von der Lage zur Erdbeschleunigung – ausbildet, während an der Spitze (apikal) Seitenknospen zu neuen Trieben austreiben.

Die Abstände von Steckling zu Steckling richten sich nach der Blattgröße der Arten. Um die Vermehrungsgefäße optimal zu nutzen, sollte in der Regel so gesteckt werden, daß sich die Blätter der Stecklinge berühren. Bei schwer wurzelnden und stark verholzten Stecklingen empfiehlt sich die Anwendung von Wuchsstoffen, z. B. Wurzelfix oder Seradix.

Vermehrungseinrichtungen. Ein Steckling ist von der Wasserzufuhr abgeschnitten, die Verdunstung läuft aber weiter. Da die Schnittstelle nur wenig Wasser aufnimmt, muß die Verdunstung eingeschränkt werden. Der Steckling entnimmt seinen Wasserbedarf vorwiegend der Luft. Aus diesem Grund soll die relative Luftfeuchtigkeit der Umgebung so hoch wie möglich gehalten werden. Verbraucht ein Steckling mehr Wasser, als er aufnehmen kann, beginnt er zu welken. Die Spaltöffnungen, über die der Gasaustausch erfolgt, schließen sich. Mit dem Schließen ist eine Einschränkung der CO_2-Aufnahme verbunden. Der Steckling kann keine Photosynthese mehr betreiben, hat keinen Stoffgewinn und bildet keine zur Wurzelbildung benötigten Wuchsstoffe.

Vermehrungseinrichtungen für Stecklinge müssen deshalb möglichst dicht gegenüber der Außenluft abschließen, damit im Inneren eine möglichst hohe relative Luftfeuchtigkeit erreicht wird. Für weniger empfindliche Stecklinge genügt ein Abdecken mit dünner Polyethylen-Folie von 0,05 mm Stärke. Diese dünne Folie läßt einen Luftaustausch zu, ohne daß die Feuchtigkeit verlorengeht. Sie wird sofort nach dem Angießen aufgelegt und allseitig gut schließend angebracht. Bei empfindlicheren Stecklingen ist es besser, wenn zwischen Stecklingen und Abdeckung ein größerer Luftraum vorhanden ist. Hier leisten größere Einweckgläser gute Dienste, die man über die Vermehrungsgefäße stülpt oder Folie, die auf einem Gerüst aus gebogenen Stahl- oder Bambusstäben befestigt wird. Für größere Vermehrungseinheiten eignet sich ein aus Latten und Folie gebauter Vermehrungskasten, der sich immer wieder verwenden läßt. Ideal sind sogenannte Zimmergewächshäuser (auch unter der Bezeichnung Anzuchtkästen, Anzuchtgewächshäuser, Mini-Treibhäuser, Saatanzuchtbeete im Handel) mit Bodenheizung.

Bei kleinen Vermehrungseinheiten sorgt ein übergestülptes Glas für gespannte Luft.

Für den, der häufig vermehrt, lohnt sich die Anschaffung eines heizbaren Vermehrungsbeetes. Es eignet sich sowohl für die Stecklings- als auch für die Aussaatvermehrung.

Als Standort für all diese Einrichtungen eignet sich ein Kleingewächshaus (ideal), im Zimmer ein Fensterplatz an einem Ost- oder Westfenster, im Garten auch ein Frühbeetkasten. Die Vermehrungseinrichtungen jeglicher Art sind vor direkter Sonnenbestrahlung zu schützen, um eine übermäßige, pflanzenschädliche Erwärmung des Innenraumes zu verhindern. Kleinere Vermehrungseinrichtungen deckt man bei direkter Sonnenbestrahlung einfach mit Zeitungspapier ab. Auf den Bewurzelungserfolg hat nicht zuletzt die Temperatur, insbesondere die Bodentemperatur, einen großen Einfluß. Für eine schnelle, gleichmäßige, optimale Bewurzelung sind Bodentemperaturen von 20 bis 25 °C ideal. Die Lufttemperatur kann niedriger sein als die Bodentemperatur. Solch optimale Bodentemperaturen ermöglichen beispielsweise die obengenannten Zimmergewächshäuser mit Bodenheizung.

Pflege der Stecklinge. Neben der Temperatur hat die Wasserversorgung eine besondere Bedeutung. Alle Pflegemaßnahmen müssen darauf abgestimmt sein, die Verdunstung der Stecklinge herabzusetzen. Erste Voraussetzung sind dicht schließende Vermehrungseinrichtungen. Die Stecklinge werden täglich kontrolliert, doch ist in der Regel ein Wässern nur in größeren Abständen notwendig. In den relativ dicht schließenden Vermehrungskästen mit geringem Luftraum kann die Luftfeuchtigkeit kaum entweichen. Die Stecklinge werden weitgehend aus dem Verdunstungswasser wieder versorgt. Sind die Blätter mit einem Feuchtigkeitsfilm überzogen und keine Welkerscheinungen zu erkennen, hat man die optimalen Bedingungen für einen Bewurzelungserfolg, und die Stecklinge benötigen keine zusätzlichen Wasserabgaben. Zu hohe Wassermengen im Vermehrungssubstrat führen zu einer Reduzierung des Sauerstoffs und damit im günstigsten Fall nur zu einer verzögerten Wurzelbildung.

Mit Beginn der Wurzelbildung wird langsam mit dem Lüften begonnen. Die Wurzelbildung hat eingesetzt, wenn die Spitzen anfangen zu wachsen. Dies ist an neuen hellgrünen Blättern zu erkennen. Man lüftet immer stärker, bis sich die Schutzhaube, das Einweckglas, die Folie, der Folienkasten oder die Abdeckung des Zimmergewächshauses erübrigen. Man beachte, daß in diesem Stadium der Wasserbedarf immer mehr ansteigt.

Die zur Wurzelbildung benötigte Zeit variiert von Pflanzenart zu Pflanzenart. Leicht verholzte Stecklinge bewurzeln sich oft schon nach 3 bis 4 Wochen, stark verholzte Stecklinge (vor allem Nadelgehölze und immergrüne Laubgehölze) benötigen mehr Zeit.

Sind die Stecklinge ausreichend bewurzelt, werden sie entweder einzeln in Töpfe oder zu mehreren in Kisten gepflanzt und bleiben zunächst noch am Vermehrungsort (Kleingewächshaus, Frühbeetkasten, Fensterplatz). Um schnell starke Pflanzen zu erhalten, kommt es sehr darauf an, daß sie immer im Wachstum bleiben. Ein Wachstumsstillstand kommt einem Triebabschluß gleich. Erst nach und nach sollen sich die Pflanzen an die freie Luft gewöhnen (abhärten) und kommen schließlich ganz ins Freie.

Bonsai durch Steckholz

Im Vergleich zur Stecklingsvermehrung läßt sich die Steckholzvermehrung leicht ausführen, man benötigt keine besonderen Vermehrungseinrichtungen. Einige für die Bonsaigestaltung wichtige Arten lassen sich durch Steckholz vermehren, unter anderem die Ulme *(Ulmus)*, einige Kirsch-Arten *(Prunus)*, Liguster *(Ligustrum)*, Flieder *(Syringa)*, Weide *(Salix)* und Zierquitte *(Choenomeles)*. Bei Nadelgehölzen spielt die Steckholzvermehrung praktisch keine Rolle, allein die sommergrüne *Metasequoia* (Urweltmammutbaum) läßt sich mit gutem Erfolg durch Steckholz vermehren.

Steckhölzer werden nach dem Laubfall im Herbst, vor Einsetzen stärkerer Fröste geschnitten. Man verwendet kräftige einjährige, gut ausgereifte (verholzte) Triebe (s. Abb.). Die obersten, schwachen, kaum ausgereiften Triebspitzen sind nicht geeignet. Die Länge eines Steckholzes richtet sich nach dem Abstand der Knoten (Nodien = ehemalige Blattansätze) und

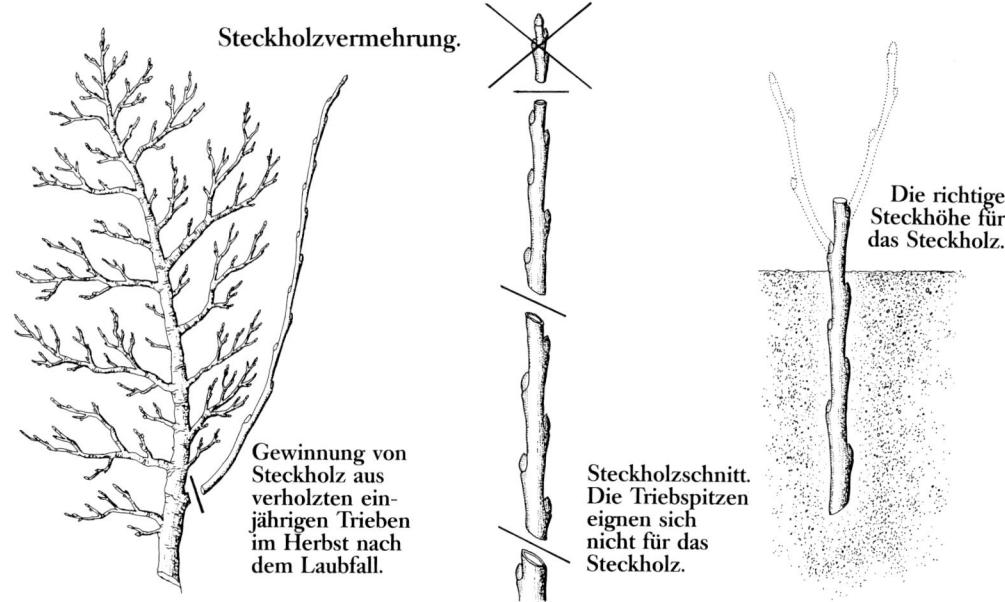

Steckholzvermehrung.

Gewinnung von Steckholz aus verholzten einjährigen Trieben im Herbst nach dem Laubfall.

Steckholzschnitt. Die Triebspitzen eignen sich nicht für das Steckholz.

Die richtige Steckhöhe für das Steckholz.

Eine Steckholzvermehrung ist auch im Container möglich.

Bewurzeltes Steckholz im Frühjahr mit ausgetriebenen oberen Seitenknospen.

ist abhängig von der jeweiligen Pflanzenart. Üblich ist eine Länge von 15 bis 30 cm. In der Regel genügt es, wenn zwei gute Augen bzw. Augenpaare vorhanden sind.

Geschnitten wird mit einer Schere. Am unteren Ende sollte der Schnitt etwa 3 mm unterhalb eines Auges (Knoten) verlaufen. Über dem Auge beläßt man ein etwa 1 bis 2 cm langes Stück, um ein Austrocknen des Auges zu verhindern.

Ob der Schnitt gerade oder schräg ausgeführt wird, ist für den Bewurzelungserfolg unerheblich. Allerdings empfiehlt es sich, das obere oder untere Ende schräg zu schneiden, um später beim Stecken zu wissen, was oben und unten ist. Denn Steckhölzer wie auch Stecklinge weisen eine festgelegte und nicht umkehrbare Polarität auf. Das heißt, sie bilden Wurzeln immer basal, also am ursprünglich unteren Ende ganz unabhängig von der späteren Lage zur Erdbeschleunigung.

Nach dem Schneiden werden die Steckhölzer gebündelt und bis zum Stecken im Frühjahr frostfrei eingeschlagen. Die Steckhölzer müssen vollständig mit Einschlagsubstrat bedeckt sein. Als Einschlagort eignen sich frostfreie kühle Keller, Schuppen, Gartenhäuser, Garagen oder ein geschützter Ort im Freien. Im letzten Fall deckt man die Bündel zusätzlich noch mit einer Laubschicht ab.

Im Einschlag muß es lange kühl bleiben, damit die Steckhölzer nicht vorzeitig austreiben. Temperaturen über + 5 °C könnten zu dem notwendigen Anreiz führen.

Möglich ist auch eine Lagerung in einem Kühlschrank bei Temperaturen von − 1 bis + 3 °C. Um Verdunstungsverluste zu vermeiden, wird das Steckholz zuvor in Folie gepackt. In diesem Fall macht man sich weitgehend von dem durch die Witterung bestimmten Stecktermin frei.

Das Stecken der Steckhölzer erfolgt im zeitigen Frühjahr, wenn keine starken Fröste mehr zu erwarten sind (etwa ab Mitte März), auf gut vorbereiteten, humusreichen und tief gelockerten Gartenboden. Eine Anwendung von Wuchsstoffen (Seradix oder Wurzelfix) bringt auch hier Vorteile.

Gesteckt wird in Reihen mit einem Reihenabstand von 15 bis 25 cm, in der Reihe mit 3 bis 5 cm Abstand. Man steckt senkrecht und so tief, daß das oberste Auge oder Augenpaar noch aus dem Boden schaut. Anschließend das Steckholz gut andrücken, damit es allseitig mit Erde umgeben ist.

Im allgemeinen wird ins freie Land gesteckt, aber es ist auch möglich, Steckhölzer in hohe Blumentöpfe oder andere hohe Gefäße zu stecken.

Nach dem Stecken wird ausreichend gewässert. Trocknet der Boden auch nur kurzfristig aus, ist die Bewurzelung in Frage gestellt. Auch wird der Boden von Zeit zu Zeit gelockert. Nach erfolgter Wurzelbildung, etwa Ende Juni bis Anfang Juli, fördert eine Düngung den Durchtrieb. Nach dem Laubfall im Herbst werden die Pflanzen aufgenommen und aufgeschult (s. Seite 49 ff.).

Bonsai durch Teilung und Ausläufer

Die Teilung ist für die Gehölze von Bedeutung, welche die Eigenschaft haben, aus dem Wurzelstock immer neue Triebe zu erzeugen. Da Bäume in der Regel diese Eigenschaft nicht besitzen, hat diese Art der Vermehrung bei der Anzucht von Bonsaijungpflanzen nur untergeordnete Bedeutung. Da aber auch einige Sträucher, die sich durch Teilung und Ausläufer vermehren lassen (z. B. Spiraeen) bei der Bonsaigestaltung eine gewisse Rolle spielen, wollen wir kurz auf diese Vermehrungsmethoden eingehen. Die Teilung setzt immer ältere Pflanzen voraus. Als Zeitpunkt kommt in der Regel nur das Frühjahr in Frage.

Zur Teilung werden die Pflanzen ausgegraben und mit Hilfe einer Schere in einzelne Teilstücke zerlegt. Jedem Teilstück muß mindestens ein Trieb mit Wurzeln verbleiben, abgestorbene Wurzelteile werden entfernt. Sind nur wenige Wurzeln an den einzelnen Teilstücken vorhanden, schneidet man die oberirdischen Teile etwas zurück, bevor man sie im Garten aufpflanzt oder in Container setzt.

Die Vermehrung durch Ausläufer ähnelt der Teilung. Hier sind die aus dem Boden kommenden Triebe weiter von der Mutterpflanze entfernt. Da Ausläufer nur selten stark bewurzelt sind, erscheint ein Zurückschneiden der oberirdischen Triebe vor dem Aufschulen oder Eintopfen erforderlich.

Bonsai durch Absenken und Ablegen

Das Absenken und Ablegen sind zwei miteinander verwandte Methoden (s. Abb. Seite 34). Während beim Absenken der Trieb bogenförmig in die Erde gelegt wird und aus einem Trieb nur eine Jungpflanze entsteht, wird beim Ablegen der Trieb der Länge nach horizontal im Boden befestigt. Hier entstehen je nach Anzahl der vorhandenen Augen mehrere Jungpflanzen aus einem Trieb. Das Absenken und Ablegen erfolgt in der Regel im Frühjahr, in einigen wenigen Fällen auch im Herbst.

Zum Ablegen und Absenken verwendet man meist einjährige Triebe, das heißt Triebe, die im vorhergehenden Jahr gewachsen sind. Weniger gut geeignet sind zwei- und mehrjährige Triebe. Bei Rhododendron, Magnolien und anderen Arten verwendet man mehrjährige Triebe, die nicht im Frühjahr, sondern bevorzugt im August abgelegt bzw. abgesenkt werden. Das Absenken läßt sich leicht durchführen. In den zuvor gelockerten Boden wird mit einem Spaten ein Spalt gestochen. In diesen Spalt wird der Trieb so eingelegt, daß er mit ganz kurzem Bogen, so dicht an seiner Basis wie nur möglich, in die Erde kommt. Damit der Trieb durch das scharfe Knicken nicht abbricht – ein Anbrechen ist in der Regel nicht von Nachteil – wird er an der Biegestelle, an der auch die Bewurzelung erfolgt, leicht gedreht. Dadurch reißt die Rinde ein, was die Wurzelbildung fördert. Sollte der Trieb sich im Boden nur schwer festhalten lassen, wird er mit einem Draht- oder Holzhaken festgehakt. Der Spalt wird anschließend mit Erde aufgefüllt und festgetreten, damit der Trieb allseitig mit Erde umschlossen ist.

Beim Ablegen werden die Triebe im Frühjahr horizontal in flache, etwa 5 bis 10 cm tiefe Rinnen gelegt und festgehakt. Die waagerechte Lage zwingt die Augen in der ganzen Länge des Triebes aufgrund der natürlichen Wuchsgesetze

(s. Seite 67) zum Austrieb. Erst wenn die einzelnen jungen Triebe etwa handhoch über die Erdoberfläche hinauswachsen, schiebt man die Rinnen zu. Je nachdem, ob man aus den abgelegten Trieben Einzelpflanzen ziehen will oder der abgelegte Trieb in seiner ganzen Länge zur Gestaltung einer Floßform (s. Seite 121) dienen soll, beläßt man es bei dem Zuschieben der Rinne oder häufelt im Laufe des Jahres die Neu-

Die Wurzelbildung wird bei der Ableger- und Absenkermethode durch Drahtung, Ringelung und Verwendung von Wuchsstoffen gefördert. Alle drei Maßnahmen bewirken, daß sich Absenker und Ableger, die unter normalen Umständen 2 bis 3 Jahre zur Bewurzelung brauchen, mindestens ein Jahr früher bewurzeln.

Bei der Drahtung umwickelt man an der Stelle, wo die Wurzelbildung erfolgen soll, den

Ablegen (links im Bild) und Absenken (rechts im Bild).

austriebe nochmals an. Im ersten Fall erfolgt die Wurzelbildung an dem abgelegten Trieb (wichtig für die Gestaltung der Floßform), im zweiten Fall bilden sich an der Basis eines jeden Durchtriebs Wurzeln.

Triebe zur Gestaltung der Floßform gewinnt man auch über folgende Methode: Es werden keine Rillen gezogen, sondern die Triebe flach der Erde aufgelegt und später wallartig mit Erde überdeckt.

Trieb zweimal mit Draht und dreht ihn mit der Hand leicht an. Mit fortschreitendem Dickenwachstum kommt es zu einer Abschnürung (dem Bonsaigärtner nicht unbekannt), dadurch zu einem Assimilat- und Wuchsstoffstau, der die Wurzelbildung fördert. Bei Ablegern, aus denen eine Floßform entstehen soll, entfernt man auf der Unterseite des abgelegten Triebes auf der ganzen Länge einen schmalen Rindenstreifen, oder man schneidet die Rinde nur ein.

In allen Fällen fördert das Einpudern der Triebe mit Wuchsstoffen die Wurzelbildung. Es sind die gleichen Wuchsstoffe wie bei der Stecklingsvermehrung (z.B. Wurzelfix und Seradix). Leicht wurzelnde Pflanzenarten bewurzeln sowohl bei der Absenker- als auch der Ablegermethode schon innerhalb einer Vegetationsperiode, also bis zum folgenden Spätherbst und können von der Mutterpflanze abgetrennt werden. Es gibt aber auch Arten, die 2 bis 3 Jahre brauchen, z.B. Nadelgehölze, Magnolien, Zaubernuß *(Hamamelis)* und auch die Hainbuche *(Carpinus betulus)*.

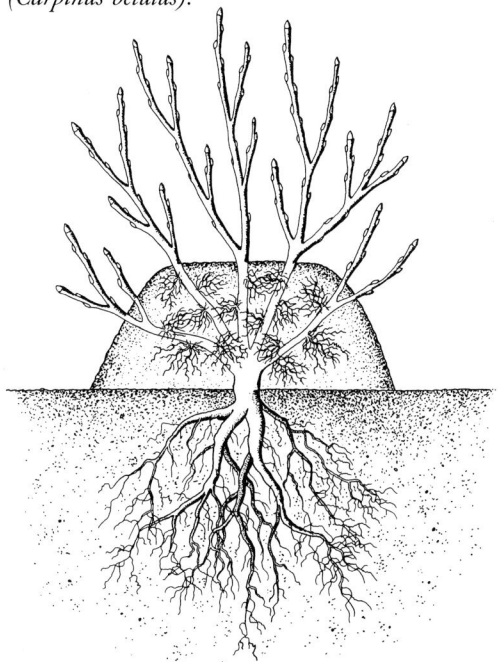

Das Anhäufeln kommt in der Regel nur für strauchartige Gehölze in Frage.

Die Ableger- und Absenkermethode kommt im Grunde genommen nur für Gehölze in Frage, die von der Basis her Triebe ausbilden, bzw. deren Triebe bis zum Erdboden reichen. Aber auch Bäume, deren Verzweigungen weit oberhalb des Erdbodens beginnen, lassen sich durch Absenker vermehren.

Man hängt in der Höhe, in der man absenken will, mit Erde gefüllte Blumentöpfe an stärkere Äste und senkt in der oben beschriebenen Weise die Triebe ab. Diese Töpfe benötigen allerdings eine besonders intensive Pflege, denn die Erde darf niemals austrocknen. Diese Variante der Absenkervermehrung kommt in der Regel nur für Pflanzenarten in Frage, die leicht wurzeln, also innerhalb einer Wachstumsperiode Wurzeln ausbilden, es sei denn, man ist in der Lage, die aufgehängten Töpfe im Winter vor dem Durchfrieren zu schützen. Man kann die Töpfe selbstverständlich auch anderweitig fixieren, indem man besondere Gestelle oder ähnliches aufstellt.

Bonsai durch Anhäufeln

Das Anhäufeln ist eine Vermehrungsmethode, die in der Regel nur für strauchartige Gehölze in Frage kommt. Bei dieser Methode werden die jungen Triebe der Mutterpflanze mit Erde angehäufelt und nach erfolgter Wurzelbildung an der Basis abgeschnitten (s. Abb.).

Die Triebe häufelt man von Mai bis Juli drei- bis viermal so an, daß die Basis der Triebe schließlich etwa 20 bis 30 cm hoch mit Erde bedeckt ist. Nach dem Laubfall im Herbst wird, wenn die Triebe ausreichend Wurzeln gebildet haben, abgehäufelt. Die bewurzelten Triebe schneidet man so tief wie möglich ab und schlägt sie den Winter über an geschützter Stelle ein. Erst im Frühjahr wird aufgeschult bzw. in Töpfe gepflanzt.

Bonsai durch Abmoosen

Eine besonders interessante Vermehrungsmethode für Bonsaigärtner ist das Abmoosen, denn durch diese Methode kommt man relativ schnell zu einer großen, gestaltungsfähigen Pflanze. Das Abmoosen hat den Vorteil, daß man schon an der Mutterpflanze mit der Gestaltung beginnen kann. Zum Abmoosen eignen sich am besten nicht zu schwache mehrjährige Zweige. Der günstigste Zeitpunkt ist das Frühjahr. An der Stelle, wo man später die Jungpflanze abnehmen will, erfolgt auf der Vorder- und Rückseite des Triebes ein kerbenartiger Einschnitt (Zungenschnitt). Es darf weder zu tief (der Zweig würde sonst abbrechen), noch zu

Als Abmoossubstrat ist Torfmoos besonders gut geeignet, welches man um die Schnittstelle

legt (links) und mit einer Hülle aus Aluminium-folie (Haushaltsfolie, Bratfolie) umgibt.

flach geschnitten werden. Etwa ein Drittel des Zweiges sollte in der Mitte stehen bleiben. In die Kerben klemmt man ein kleines Hölzchen, Steinchen oder Kunststoffstück. Der verwendete Gegenstand darf nicht aus der Schnittstelle herausfallen, die Schnittstelle könnte sonst wieder verwachsen und die Wurzelbildung wäre erschwert. Um eine schnelle und sichere Bewurzelung zu erreichen, empfiehlt es sich, die Schnittstelle mit einem Wuchsstoffpräparat einzupudern.

Die Schnittstelle wird mit einer Packung von feuchtem Torfmoos *(Sphagnum)* umgeben. Um diese Packung herum kommt eine Hülle aus Kunststoff- oder Aluminiumfolie, die man oben und unten zubindet. Man kann anstelle von Torfmoos und Folie auch aufgeschnittene Kunststofftöpfe mit Erdfüllung verwenden. Allerdings benötigt man dann in der Regel ein zusätzliches Gestell, um das Ganze zu halten.

Der Moosballen bzw. die Erde im Topf darf bis zur Wurzelbildung und Abnahme der Jungpflanze nicht austrocknen und wird ständig feucht gehalten. Allerdings darf das Substrat auch nicht vernässen, Fäulnis wäre die Folge. Bis zum Herbst haben sich in der Regel ausreichend Wurzeln gebildet. Bei Nadelgehölzen

braucht man etwas mehr Geduld, nicht selten dauert es bei ihnen 2 bis 3 Jahre, bis sich die ersten Wurzeln zeigen.

Haben sich ausreichend Wurzeln entwickelt, wird die Umhüllung vorsichtig entfernt und der Luftableger unterhalb des durchwurzelten Moosballens abgeschnitten. Bei größeren Schnittstellen ist eine Behandlung der Wunden mit künstlicher Rinde zu empfehlen (s. Seite 74).

Die Weiterkultur erfolgt am besten zunächst im Garten auf einem Beet oder in einem größeren Container. Nur wirklich große Pflanzen, bei denen die Gestaltung schon weit fortgeschritten ist, setzt man gleich in ein Bonsaigefäß.

Bonsai durch Veredlung

Die Veredlung, eine wichtige vegetative Vermehrungsmethode, kommt für die Anzucht von Bonsai nur in Ausnahmefällen in Frage, denn wirklich gute Bonsai lassen sich durch Veredlung nur selten erzielen. Zwar gehört die Pflanze, die als Unterlage dient, in der Regel der gleichen Gattung wie das Edelreis an, doch lassen sich sichtbare Vernarbungen und Verdickungen sowie farbliche Unterschiede an der

Auf die Unterlage, Acer palmatum mit grünem Laub, wurde das rotlaubige Edelreis veredelt.

Veredlungsstelle nie ganz vermeiden. Noch schwerwiegender sind die in einigen Fällen auftretenden physiologischen Störungen zu beurteilen, die sich oft erst in späteren Jahren zeigen. Diese können sich in Kümmerwuchs oder häßlicher Wulstbildung äußern. Aus dieser Sicht betrachtet besitzt die veredelte Pflanze, nicht nur beim Bonsai, eine mindere Qualität. Das Veredeln hat dort Bedeutung, wo andere Vermehrungsmethoden versagen. So können die blaunadeligen Gartenformen der Mädchenkiefer *(Pinus parviflora)* in der Regel nur durch Veredlung erfolgreich vermehrt werden. Andere vegetative Vermehrungsmethoden kommen nicht in Frage und bei der generativen Vermehrung spalten die Sämlinge stark auf. Ähnlich ist es auch bei den Gartenformen von Apfel *(Malus)*, Kirsche *(Prunus)* und dem Fächerahorn *(Acer)*.

Das Veredeln bietet dem versierten Bonsaigärtner außerdem die Möglichkeit, korrigierend auf die Gestalt eines Baumes einzuwirken und dadurch einen schöneren oder interessanteren Bonsai zu erhalten. So kann man beispielsweise in eine nicht vollendet ausgebildete Baumkrone neue Äste einsetzen. Beim Veredeln wird ein Teilstück einer zu vermehrenden Pflanzenart auf eine geeignete andere Pflanze übertragen. Dabei müssen die Pflanzenteile miteinander verwachsen. Das, worauf veredelt wird, heißt in der Fachsprache Unterlage und liefert über das Wurzelsystem Wasser und Nährstoffe. Das, was man auf die Unterlage setzt, wird als Edelreis oder nur Reis bezeichnet. Dieses liefert die zum Leben notwendigen Assimilate und bestimmt damit auch das Erscheinungsbild der neuen Pflanze mit.

Die Veredlungsstelle sollte möglichst tief liegen, damit sie nicht oder nur wenig zu sehen ist. Man veredelt entweder dicht über der Erde, dann bildet die Veredlungsstelle den Wurzelansatz, oder – wenn möglich – unter der Erdoberfläche auf den Wurzelhals.

Unterlage und Edelreis. Eine dauerhafte Vereinigung zwischen Unterlage und Edelreis ist nur dann möglich, wenn beide in einem bestimmten verwandtschaftlichen Verhältnis zueinander stehen. Dies ist am ehesten dann gewährleistet, wenn als Unterlage für Gartenformen und Varietäten die jeweilige Art verwendet wird. Will man zum Beispiel einen geschlitztblättrigen Ahorn *(Acer palmatum* 'Dissectum') veredeln, dann wählt man Sämlinge der Art *(Acer palmatum)* als Unterlage. Es ist aber auch möglich, eine andere Art der jeweiligen Gattung zu verwenden. So werden die blaunadeligen Formen der Mädchenkiefer nicht auf Sämlinge der Art veredelt, sondern auf *Pinus strobus* (in Japan auf *Pinus thunbergiana)*. In Ausnahmefällen sind selbst Veredlungen zwischen verschiedenen Gattungen innerhalb einer Familie möglich. So kann die japanische Ulme *(Zelkova serrata)* auf eine unserer einheimischen Ulmen (z.B. *Ulmus minor)* veredelt werden. Die Familienzugehörigkeit ist aber, unserem heutigen Wissen nach, die äußerste Grenze für eine erfolgreiche Vereinigung zwischen zwei Partnern. Es ist nicht möglich, einen Ahorn auf einen Apfel zu veredeln.

Als typische Unterlage gilt der Sämling. In Ausnahmefällen können auch bewurzelte und unbewurzelte Steckhölzer, Stecklinge, Abrisse, Ausläufer oder Ableger verwendet werden. Die Unterlage sollte einen gut durchwurzelten, festen Topfballen haben, der in der Lage ist, die Veredlungskombination ausreichend zu ernähren.

Das Eintopfen erfolgt 1 Jahr vor der vorgesehenen Veredlung. Sämlinge sollten etwa 2 Jahre alt sein. Die Anzucht von Unterlagen kann man sich sparen, wenn man in Baumschulen entsprechendes Material zukauft. Niemals kranke und zu alte Pflanzen als Unterlage verwenden! Unterlagen, die für eine Veredlung im Winter vorgesehen sind, werden vor Winterbeginn frostfrei, aber kühl aufgestellt, ideal ist ein Kleingewächshaus, ein heller kühler Fensterplatz im Keller tut es auch.

Daß Edelreiser nur von gesunden, wüchsigen Pflanzen geschnitten werden, erscheint als selbstverständlich. Außerdem ist es wichtig, die Reiser nur von solchen Pflanzen zu schneiden, welche die Eigenschaften der Art oder Form, die man vermehren will, in genügend ausgeprägter Weise besitzen. Bei Reisern von Laubgehölzen, die man in der Regel im laublosen Zustand schneidet, kennzeichnet man schon vor dem Laubabwurf diejenigen Triebe an der Pflanze, welche die typischen Art- bzw. Sortenmerkmale am besten zeigen. Zur Zeit des Reiserschnitts kann diese Auswahl ja nicht mehr erfolgen. In der Regel sind als Edelreiser diesjährige, das heißt einjährige Triebe zu verwenden. Nur bei schwachtriebigen Gehölzen kommen auch zwei- bis mehrjährige Triebe in Frage.

Der Schnittzeitpunkt richtet sich nach der Veredlungsmethode. Für die Okulation schneidet man die Reiser erst kurze Zeit vor der Verwendung. Um Wasserverluste durch Verdunstung zu vermeiden, werden an den geschnittenen Reisern die Blätter entfernt. Anschließend werden die Reiser in feuchte Tücher, Moos oder Folie eingeschlagen, um sie dann zur Veredlung einzeln aus der Verpackung zu nehmen. Die Pfropfreiser für die Veredlung im Sommer schneidet man erst kurz vor der Verwendung. Die Blätter werden belassen, allenfalls bei großlaubigen Arten wird die Blattfläche etwas reduziert. Das Schneiden der Reiser für die Winter- und Nachwinter-Veredlung ist nicht immer kurz vor Verwendung möglich, sie müssen bzw. sollten vor Einbruch starker Fröste geschnitten werden. Dies gilt zum Beispiel für die Zierkirschen, für Apfel und Wisterie. Im November–Dezember geschnitten, kommen sie in einen kühlen frostfreien Raum (Keller) in einen Einschlag aus feuchtem Sand. Die Reise können auch in einen Folienbeutel gepackt und bis zur Verwendung in einem Kühlschrank bei 0 bis +4°C zwischengelagert werden. Der Austrieb muß möglichst lange zurückgehalten werden, denn angetriebene Reiser sind für die Veredlung wertlos. Bei Veredlungen im März–April schneidet man die Reiser erst kurz vor Gebrauch.

Veredlungsmethoden

Der Gärtner kennt eine große Zahl verschiedener Veredlungsmethoden, die sich in der Art der Ausführung voneinander unterscheiden. Jede dieser Veredlungsarten, die eine mehr, die andere weniger, erfordert eine gewisse Übung und Geschicklichkeit. Der Ungeübte sollte sich daher die Geschicklichkeit erst an anderen geeigneten Ästen und Zweigen aneignen, um nicht Reiser und Unterlagen unnütz zu verschneiden.

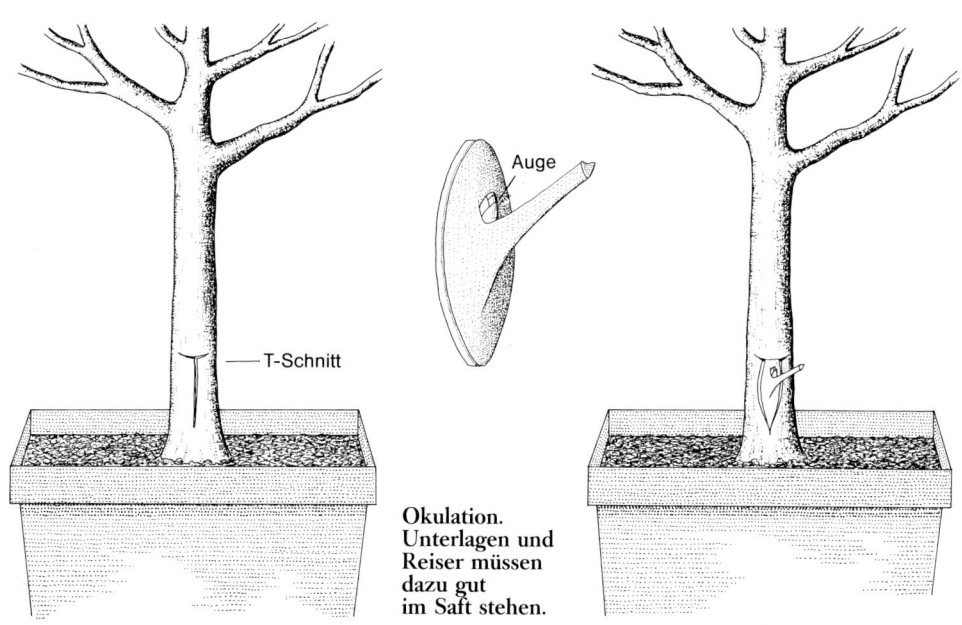

T-Schnitt

Auge

Okulation. Unterlagen und Reiser müssen dazu gut im Saft stehen.

Veredeln erfordert sorgfältiges Arbeiten. Die Zellen von Unterlage und Reis können sich nur vereinigen, wenn sich der Saft der Unterlage mit dem Saft des Reises verbindet. Das heißt, zwischen Reis (oder Auge) und Unterlage dürfen keine Hohlräume sein, sonst wäre eine Verwachsung ausgeschlossen. Eine gelungene Veredlung setzt auch Schnelligkeit und Sauberkeit voraus, denn die Schnittstellen dürfen nur kurze Zeit der Luft ausgesetzt sein.

Selbstverständlich werden zum Veredeln nur scharfe Werkzeuge verwendet. In der Regel benötigt man ein scharfes Messer, zum Schneiden dünner Reiser sind Rasierklingen ideal. Auch das vorhandene Material an Reisern und Unterlagen beeinflußt die Veredlungsmethode. Die Kopulation scheidet aus, wenn nicht beide Teile die gleiche Stärke haben.

Okulation. Bei der Okulation wird ein gut ausgebildetes Auge aus dem Edelreis geschnitten und mit der Unterlage so in Verbindung gebracht, daß Unterlage und Auge miteinander verwachsen (s. Abb. Seite 39). Für die Okulation sind gut im Saft stehende Unterlagen und Reiser erforderlich. Okuliert wird daher im Juli-August, andere Jahreszeiten kommen in der Regel nicht in Frage, da sich zu anderen Zeiten die Rinde nur schlecht löst. An der Unterlage wird an der gewünschten Stelle ein T-Schnitt angebracht, zuerst der Querschnitt, dann der Längsschnitt. Anschließend löst man die Rindenlappen. Dazu bedient man sich des Lösers am Okuliermesser, den man zwischen Rinde und Holzkörper einführt. Jetzt erst wird das einzusetzende Auge durch einen sehr flach verlaufenden Schnitt, beginnend 1,5 cm unterhalb des Blattstielansatzes, endigend 2 cm über dem Auge, vom Edelreis abgetrennt. Das Abtrennen des Auges, ohne es zu dick oder dünn zu schneiden, ist wohl das Schwierigste an der ganzen Okulation. Beim Abtrennen des Auges wird auch ein dünner Holzstreifen mit abgetrennt. Dieses Holzschildchen wird behutsam herausgelöst. Dabei darf die Schnittfläche nicht mit der Hand berührt werden. Nun wird das Auge am Blattstiel fassend soweit wie möglich unter den Rindenlappen des T-Schnittes geschoben. Mit dem Auslöser schiebt man es so tief in den Spalt, daß das Auge selbst etwa 1 cm unterhalb des Querschnittes zu liegen kommt. Ragt ein Stück des Schildchens über den Querschnitt heraus, wird es sorgfältig abgeschnitten.

Anschließend wird die Veredlungsstelle mit Naturbast (Raffia-Bast) verbunden. Damit das Auge beim Verbinden nicht wieder herausgedrückt wird, legt man den Bastfaden von oben her an und versieht ihn am Ende mit einer Doppelschlaufe. Das Auge darf dabei nicht miteingebunden werden. Ein Verstreichen mit Baumwachs ist nicht erforderlich, eher schädlich.

Nach etwa 2 bis 3 Wochen läßt sich feststellen, ob die Veredlung erfolgreich war oder nicht. Bei einer geglückten Veredlung ist der Blattstiel, bereits von selbst abgefallen, oder fällt nach Berührung ab. Hat keine Verbindung stattgefunden, ist der Blattstiel, ohne abzufallen, vertrocknet. Nach dem Verwachsen wird der Bastverband eingeritzt (gelöst), um das Dickenwachstum des austreibenden Auges nicht zu behindern.

Den Winter über werden die frischen Veredelungen an geschützter Stelle, am besten zusammen mit den Bonsai, überwintert. Zu Ausgang des Winters wird die Unterlage oberhalb der

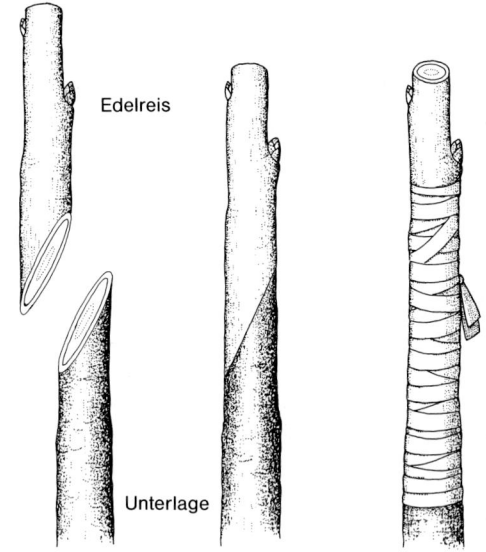

Edelreis

Unterlage

Veredlung über Kopulation. Das Reis und die Unterlage müssen in etwa die gleiche Stärke haben.

Verwachsene Veredlungsstelle einer Kopulation. Reis und Unterlage müssen ungefähr die gleiche Stärke haben, sonst gelingt die Veredlung nicht.

Veredlungsstelle entfernt. Der verbleibende Stumpf wird mit einer scharfen Schere dicht über dem Edelauge weggeschnitten. Der Schnitt ist schräg zu führen, so daß das Edelauge die Stellung einer Endknospe erhält. Wenn unterhalb der Veredlungsstelle Wildtriebe austreiben, schneidet man diese mit einem Stück Rinde heraus.

Damit der austreibende Edeltrieb senkrecht wächst, wird er an einem Stab festgebunden. Unterlagen, die die Veredlung nicht angenommen haben, werden unter Umständen im Frühjahr durch Pfropfen (s. Seite 42 ff.) mit der gleichen Sorte nachveredelt.

Kopulation. Die Kopulation kommt wie die Okulation nur für Laubgehölze in Frage. Reis und Unterlage müssen ungefähr die gleiche Stärke haben, sonst gelingt die Veredlung nicht. Man bezeichnet diese Methode auch als Spit- zenveredlung, da hier das Edelreis auf die Spitze der Unterlage kommt und damit die direkte Stammverlängerung bildet, während bei der Okulation ein Seitenauge die Stammverlängerung übernimmt.

Durch Kopulation veredelt wird während der Saftruhe ab Ende September, wenn das Holz ausgereift ist. Viele sommergrüne Laubgehölze, wie Birke *(Betula)*, Buche *(Fagus)*, Eiche *(Quercus)* und Hainbuche *(Carpinus betulus)* kopuliert man bevorzugt von Februar bis April, vor dem Austrieb.

Die Topfballen der Unterlagen müssen vor dem Veredeln mit Wasser gesättigt sein, denn einige Zeit nach der Veredlung darf nicht gegossen werden.

Reis und Unterlage erhalten aufeinander passende, einseitig gleich lange Schrägschnitte (s. Abb.). Kürzer als 2 cm sollten diese Schräg-

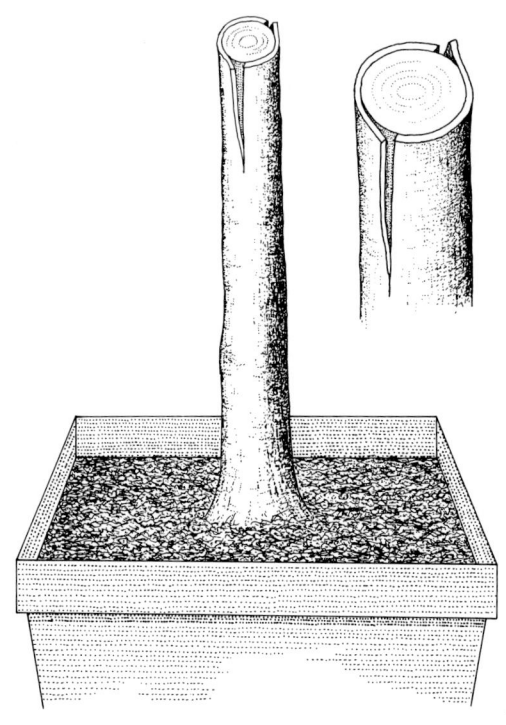
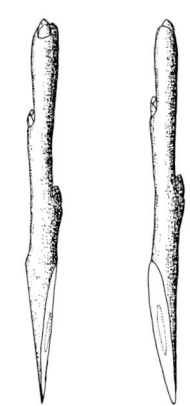

Pfropfen hinter die Rinde. Das linke Edelreis erhielt einen keilförmigen Schnitt, das rechte einen
Kopulationsschnitt.

schnitte auch bei den dünnsten Zweigen nicht
sein. Je stärker die Zweige, desto länger die
Schnitte: bei besonders starken Kopulationen
bis zu 10 cm. Reis und Unterlage werden so zusammengefügt, daß sich die Kambiumringe
möglichst im gesamten Verlauf überdecken.

Edelreis und Unterlage werden nur durch das
Aufeinanderdrücken in ihrer Lage gehalten.
Deshalb wird ein gutsitzender Bastverband notwendig, der mit Baumwachs verstrichen wird.
Die fertigen Veredlungen benötigen bis zum
Verwachsen einen hellen Stand bei etwa 12 bis
15° C. Nach dem Anwachsen, etwa sechs bis
8 Wochen später, wird der Bastverband aufgeschnitten, um nicht den Saftstrom zu behindern.

Bonsaigärtner wenden oft das Sattelpfropfen
an, eine mit der Kopulation nahe verwandte
Veredlungsmethode, denn auch hier müssen
Reis und Unterlage die gleiche Stärke aufweisen. Hier wird die Unterlage in Form eines Sat-
teldaches angespitzt, das Edelreis erhält eine
entsprechende Einkerbung, die genau auf den
Sattel passen muß.

Pfropfmethoden. Die nachfolgenden Pfropfmethoden sind überall dort von Bedeutung, wo die
Unterlage stärker ist als das Edelreis. Das Pfropfen wird während der Saftruhe (bevorzugt im
Frühjahr) durchgeführt. Man unterscheidet zwischen dem Pfropfen hinter die Rinde, der Geißfußveredlung und dem Spaltpfropfen. Beim
Pfropfen hinter die Rinde (s. Abb.) wird an der
vorgesehenen Veredlungsstelle mit einem leichten Schrägschnitt die Unterlage glatt abgeschnitten. Danach wird am Kopf der Unterlage ein 3
bis 4 cm langer senkrechter Schnitt durch die
Rinde bis auf das Holz geführt.

Das Edelreis erhält einen etwa 4 bis 5 cm langen Kopulationsschnitt, der an beiden Seiten
noch leicht angeschnitten wird, um das Kambium freizulegen. Das auf drei bis fünf Augen
eingekürzte Edelreis wird so weit hinter die
Rinde der Pfropfstelle geschoben (nachdem
man die Rindenlappen vorher leicht gelöst hat),
daß von dem Anschnitt des Edelreises noch
etwa 3 bis 5 mm sichtbar bleiben. Anschließend
wird das Ganze fest mit Bast verbunden und mit

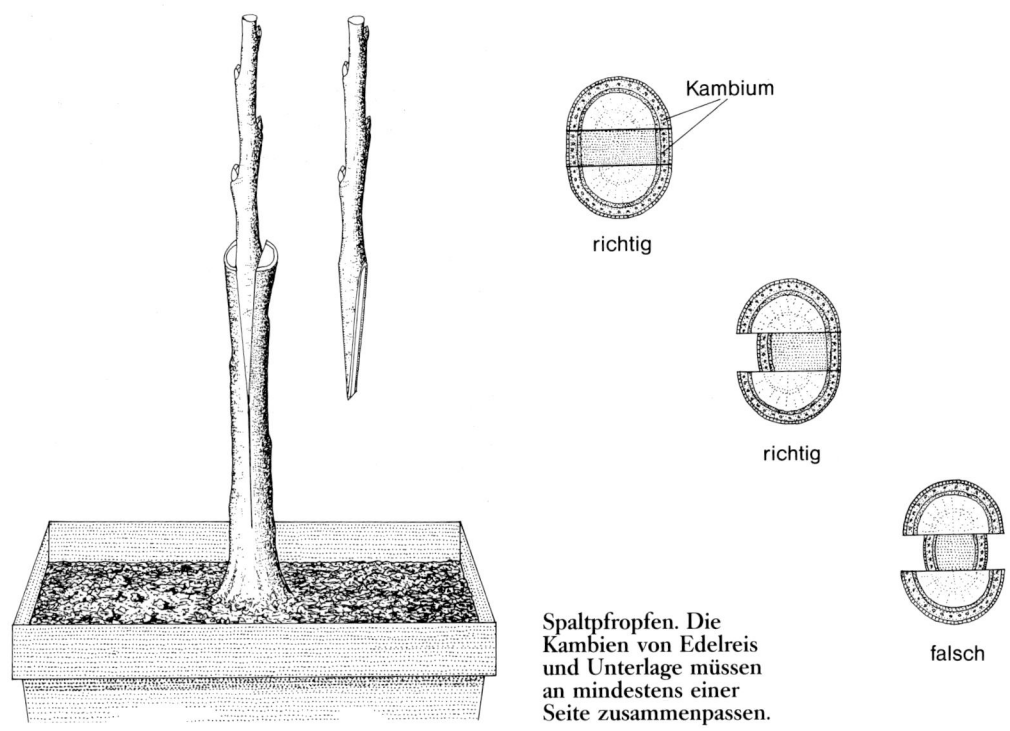

Kambium

richtig

richtig

falsch

Spaltpfropfen. Die Kambien von Edelreis und Unterlage müssen an mindestens einer Seite zusammenpassen.

Baumwachs verstrichen. An dünneren Unterlagen wird nur ein Reis eingesetzt, an stärkeren können es zwei bis vier sein.

Das Einsetzen eines Edelreises hinter einen teilweise vom Holz gelösten Rindenlappen kann erst erfolgen, wenn sich die Rinde bei Vegetationsbeginn vom Holz ohne Schwierigkeiten abschälen läßt. Dieser Zeitpunkt ist im Frühjahr vor dem Austrieb zu erwarten, wenn von der Wurzel her Saft in die Leitungsbahnen einströmt.

Das Pfropfen in den Spalt (s. Abb.) kann sich auf einen weitaus größeren Zeitraum erstrecken, da ein Ablösen der Rinde nicht erforderlich ist. Diese Methode stellt eine der ältesten Veredlungsmethoden dar, die der Mensch kennt, und läßt sich leicht ausführen. Sie kommt sowohl für Laubgehölze als auch für Nadelgehölze in Frage. Die Unterlage wird wie beim Pfropfen hinter die Rinde hergerichtet. Anschließend wird der Kopf der Unterlage mit einem Messer einige Zentimeter tief in der Mitte aufgeschnitten (gespalten). Das auf drei bis fünf Augen eingekürzte

Edelreis erhält einen flachen, keilförmigen Zuschnitt. Damit das Reis beim Einschieben nicht verletzt wird, öffnet man den Spalt mit einem Messer (durch Drehung des Messers). Auch hier müssen die Kambien von Unterlage und Reis aufeinander passen. Bei starken Unterlagen kann man wie beim Pfropfen hinter die Rinde zwei oder auch vier Reiser einsetzen.

Die Geißfußveredlung kommt nur für laubabwerfende Gehölze in Frage, sie ist nur dem Geübten zu empfehlen und nur möglich, wenn die Unterlage stärker ist als das Edelreis. Zunächst wird die Unterlage in der vorgesehenen Pfropfhöhe glatt abgeschnitten und anschließend ein etwa 3 cm langer Keil herausgeschnitten. Das Edelreis erhält zunächst einen Kopulationsschnitt, von diesem ausgehend wird das Reis mit zwei Schnitten keilförmig zugeschnitten. Es kommt auf Paßgenauigkeit an, denn das keilförmig zugeschnittene Edelreis muß sich genau in den Keil der Unterlage einfügen lassen, ansonsten besteht die Gefahr, daß das Edelreis nicht anwächst.

Außerdem muß das erste Auge nach innen gerichtet sein. Dieses Auge treibt zuerst aus und bildet durch seine Lage die natürliche, gerade Fortsetzung der Unterlage. Das innenliegende Auge schafft das viel eher, als wenn sich das erste Auge auf der entgegengesetzten Seite befände. Bei der nach innen gerichteten Augenstellung verwächst die Schnittfläche außerdem schneller. Ist das auf eine Länge von drei bis fünf Augen eingekürzte Edelreis in den keilförmigen Ausschnitt der Unterlage eingeschoben, wird die Veredlung wie bei der Kopulation fest verbunden und mit Baumwachs verstrichen. Der Verband muß festangelegt sein, darf jedoch nicht einschnüren. Er verhindert, daß sich das Reis im Spalt verschiebt und wird entfernt, wenn das Reis fest angewachsen ist.

Einspitzen und Anplatten. Im Gegensatz zu den verschiedenen Pfropfmethoden wird bei diesen miteinander verwandten Methoden die Unterlage zunächst nicht zurückgeschnitten (allenfalls etwas eingekürzt). Sie wird erst nach dem Anwachsen bis zur Veredlungsstelle zurückgenommen. Diese beiden Methoden dienen nicht nur der Anzucht von Pflanzen für die Bonsaigestaltung, sie eignen sich auch zur Korrektur der Wuchsform, um zum Beispiel einen fehlenden Ast an einer bestimmten Stelle der Pflanze einzusetzen.

Die Veredlung der Nadelgehölze ist zum größten Teil nur durch diese Methoden möglich, aber auch bei verschiedenen sommergrünen Laubgehölzen, so zum Beispiel die Formen des Fächerahorns und viele Gartenformen des Rhododendron werden auf diese Weise erfolgreich vermehrt. Seitlich eingespitzt wird dann, wenn das Edelreis wesentlich dünner ist als die Unterlage. Stärkere Edelreiser werden dagegen angeplattet.

Als Zeitpunkt kommen für Nadelgehölze der Winter oder bei Laubgehölzen der Sommer–Spätsommer in Frage (Ahorn-Arten von Juni bis August, immergrüne Rhododendron-Arten im August–September, aber auch von Januar bis April, sommergrüne Rhododendron-Arten im Juli). Da zum Verwachsen relativ hohe Temperaturen erforderlich sind (um 15° C), kann das

Die hier gezeigte Veredlung von Pinus parviflora 'Bonsai' entstand durch die Methode des Anplattens.

Veredeln nur im Gewächshaus, in einem beheizten Frühbeetkasten oder unter Umständen sogar an einem hellen Fensterplatz durchgeführt werden.

Beim seitlichen Anplatten (s. Abb. Seite 46) wird an der vorgesehenen Veredlungsstelle mit einem scharfen Messer (bei Nadelgehölzen zuvor die Nadeln entfernen) ein etwa 3 bis 5 cm langer Rindenstreifen entfernt. Man läßt am unteren Ende einen kleinen Absatz stehen, der dem Edelreis dann als Auflage dient.

Wie oben schon beschrieben, sollte die Veredlungsstelle möglichst tief am Stamm, kurz über dem Wurzelansatz liegen. Getopfte Pflanzen muß man aus dem Container herausheben, um die geeignete Stelle zu lokalisieren. In etwas abgewandelter Form führen japanische Bonsaispezialisten den Schnitt an der Unterlage aus. Der Schnitt wird im Winkel von 35° durchgeführt, der sich bis in den Wurzelbereich erstreckt, am besten direkt über einer kräftigen Wurzel.

Bis Edelreis und Unterlage verwachsen sind, ist bei Nadelgehölzen für gespannte Luft zu sorgen. Ein selbstgebauter Folienkasten bietet die richtigen Bedingungen.

Das Edelreis erhält entsprechend dem Ausschnitt an der Unterlage einen flachen Schnitt (bei Nadelgehölzern wird nur die Rinde entfernt, bei Laubhölzern ein Kopulationsschnitt angelegt), die Spitze am unteren Ende ist mit einem waagerechten Schnitt zu entfernen. Reis und Unterlage werden so zusammengefügt, daß zumindest an einer Seite die Kambiumschichten aneinander liegen.

Zum Verbinden verwende man Zwirn, Wollfäden oder dünne Gummibänder. Dabei darf das Reis nicht verrutschen. Ein Verstreichen mit Baumwachs ist bei Nadelgehölzen nicht notwendig, bei Laubgehölzen sinnvoll. Es wurde schon beschrieben, daß beim seitlichen Anplatten an der Unterlage ein schmaler Rindenstreifen abgeschnitten wird. Man kann aber auch, wie es die Abbildung zeigt, den Rindenstreifen stehenlassen und über das Reis ziehen und mit einbinden.

Beim seitlichen Einspitzen (s. Abb. Seite 47) wird ein etwa 3 cm langer schräger Einschnitt durch die Rinde bis auf das Holz geführt. Das Edelreis erhält einen keilförmigen Zuschnitt und wird so hinter den gelösten Rindenlappen geschoben, daß Kambium auf Kambium kommt. Das Verbinden erfolgt in gleicher Weise wie beim seitlichen Anplatten.

Die fertigen Veredlungen senkt man samt den Töpfen schräg, in mit feuchten Torf gefüllte Kisten ein. Die Veredlungsstelle muß dabei dem Licht zugekehrt sein, da durch die Schräglage eine bevorzugte Versorgung des Edelreises mit Assimilaten erreicht wird und das Reis senkrecht austreibt.

Während des Verwachsungsprozesses sorgt man, ähnlich wie bei der Stecklingsvermehrung, für gespannte Luft (s. Seite 30). Dies erreicht man durch Abdecken der frischen Veredlungen mit Folie, bzw. durch einen mit Folie bespannten Kasten (s. Abb.). Bei einzelnen Pflanzen genügt es, wenn man einen durchsichtigen Folienbeutel über die ganze Pflanze stülpt und die Ränder gut verschließt.

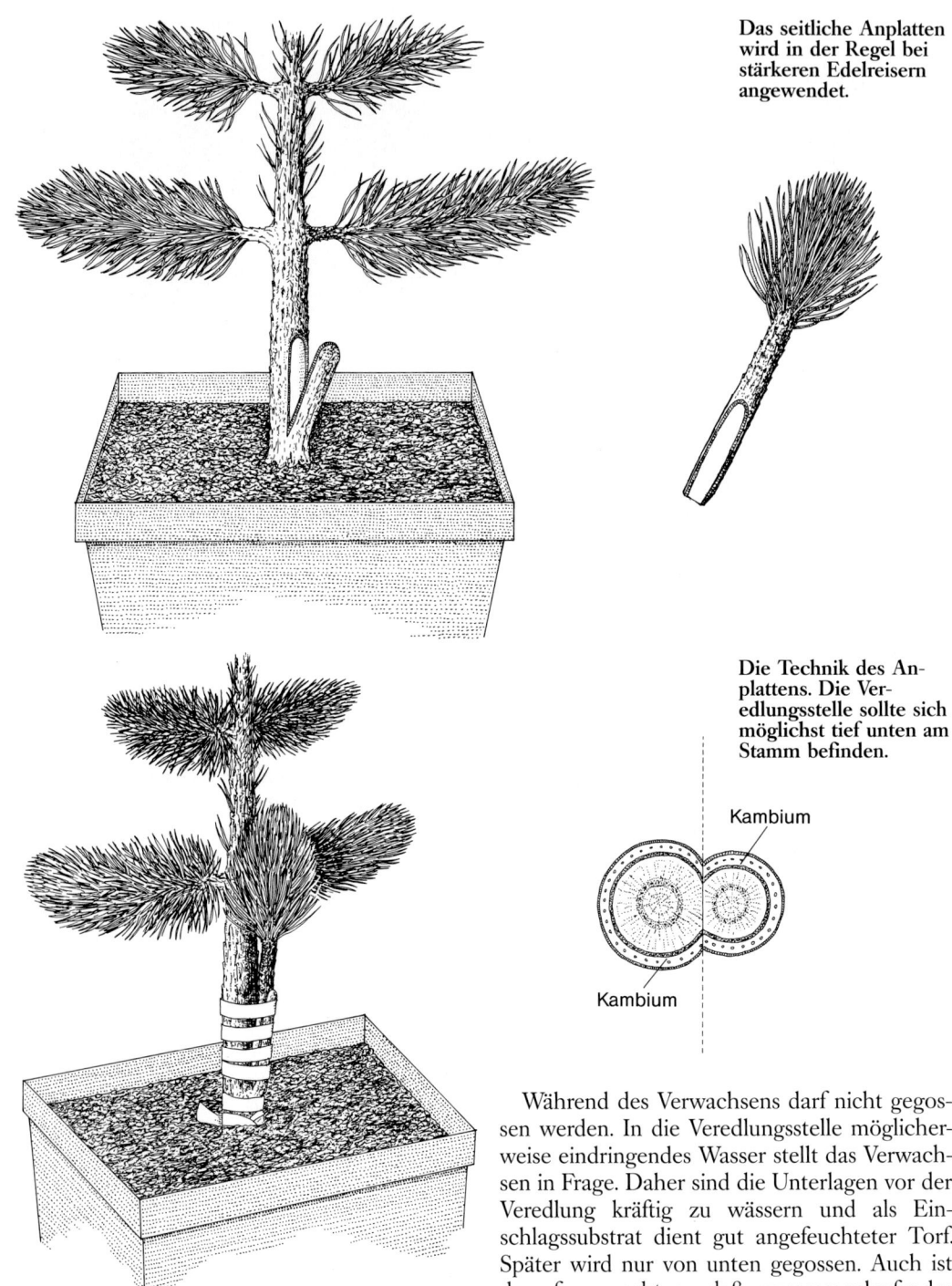

Das seitliche Anplatten wird in der Regel bei stärkeren Edelreisern angewendet.

Die Technik des Anplattens. Die Veredlungsstelle sollte sich möglichst tief unten am Stamm befinden.

Kambium

Kambium

Während des Verwachsens darf nicht gegossen werden. In die Veredlungsstelle möglicherweise eindringendes Wasser stellt das Verwachsen in Frage. Daher sind die Unterlagen vor der Veredlung kräftig zu wässern und als Einschlagssubstrat dient gut angefeuchteter Torf. Später wird nur von unten gegossen. Auch ist darauf zu achten, daß zusammenlaufendes

Beim seitlichen Einspitzen wird das Edelreis hinter den gelösten Rindenlappen der Unterlage geschoben.

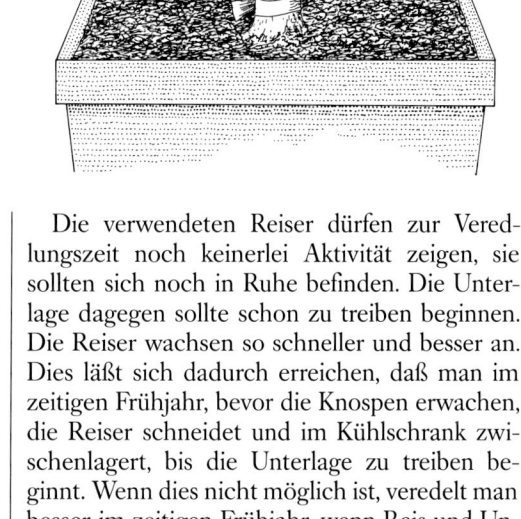

Schwitzwasser nicht auf die Veredlungsstellen tropft. Wenn das Edelreis angewachsen ist (nach etwa 4 bis 6 Wochen), werden die Pflanzen aufrechtgestellt und die Unterlage um die Hälfte eingekürzt. Unterhalb der Veredlung wachsende Wildtriebe werden entfernt. Zum Ausgang des Frühjahrs, wenn keine Fröste mehr zu erwarten sind und die Pflanzen ins Freie können, wirft (schneidet) man die Unterlage über der Veredlungsstelle schließlich ganz ab.

Das Astpfropfen

Das Astpfropfen findet Verwendung, wenn an irgendeiner Stelle des Stammes Äste benötigt werden. So können unter anderem Pflanzen, die ihre Äste zu hoch am Stamm tragen, durch Aufpfropfen von Ästen der Bonsaikultur erhalten bleiben.

Am Beispiel einer Kiefer wollen wir die Technik des Astpfropfens (s. Abb. Seite 48) näher beschreiben. Sie läßt sich mit kleinen Abweichungen auf andere Nadelgehölze sowie laubabwerfende Gehölze übertragen.

Die verwendeten Reiser dürfen zur Veredlungzeit noch keinerlei Aktivität zeigen, sie sollten sich noch in Ruhe befinden. Die Unterlage dagegen sollte schon zu treiben beginnen. Die Reiser wachsen so schneller und besser an. Dies läßt sich dadurch erreichen, daß man im zeitigen Frühjahr, bevor die Knospen erwachen, die Reiser schneidet und im Kühlschrank zwischenlagert, bis die Unterlage zu treiben beginnt. Wenn dies nicht möglich ist, veredelt man besser im zeitigen Frühjahr, wenn Reis und Unterlage noch keinerlei Aktivität zeigen.

Zunächst wird die dicke äußere Rinde vorsichtig mit dem Messer entfernt und dann der eigentliche Pfropfschnitt angelegt. Da ältere Äste stets abwärts gerichtet wachsen, wird der Pfropfschnitt am Stamm von unten nach oben geführt. Im Grunde genommen handelt es sich hier um eine umgekehrte (auf dem Kopf stehende) Pfropfung. Als Reiser verwendet man etwa drei bis 4 cm lange Triebspitzen, die keilförmig zugeschnitten werden. Alle Nadeln bis zur Knospenbasis werden entfernt. Beim Einsetzen des Reises muß die Kambiumschicht an

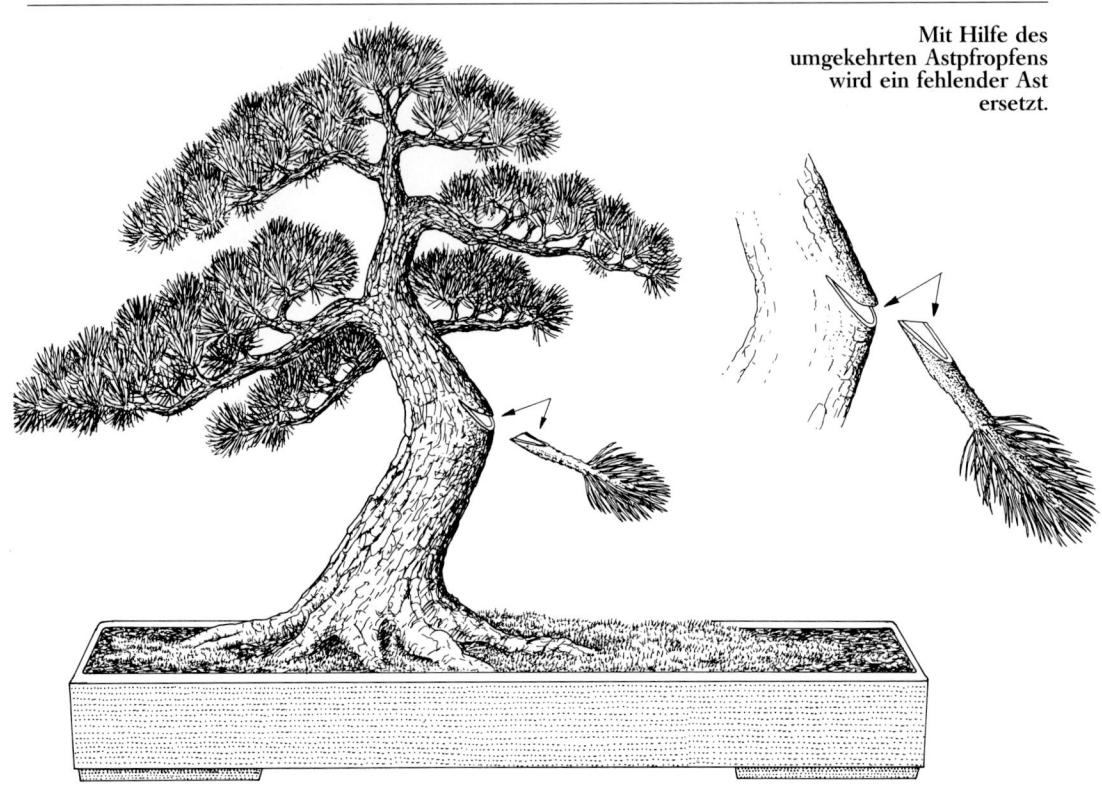

**Mit Hilfe des
umgekehrten Astpfropfens
wird ein fehlender Ast
ersetzt.**

einer Seite des Reises genau an der des Stammes ansetzen. Anschließend wird das Ganze mit Bast verbunden.

Japanische Bonsaispezialisten empfehlen, die Pfropfstelle mit feuchtem (nicht nassem) Torfmoos zu umgeben, um ein Austrocknen zu verhindern. Anschließend wird das Ganze mit Folie umhüllt und zugebunden. Ein kleiner Schnitt an einer Seite der »Tüte« ermöglicht das Abtropfen des Wassers bei übermäßiger Kondensation. Bis zum Anwachsen braucht die Pflanze Schutz vor direkter Sonne und austrocknenden Winden.

Innerhalb von 2 Monaten wächst das Reis an. Sobald es dabei an die Umhüllung stößt, wird diese entfernt. Man paßt die Pflanzen jetzt allmählich dem vollen Sonnenlicht an.

Im Veredlungsjahr läßt man die neu eingesetzten Reiser ungestört wachsen, um im darauffolgenden Jahr mit der eigentlichen Gestaltung zu beginnen. Unter Umständen kann es an der Pfropfstelle zu unerwünschten Verdickungen kommen, die man nach und nach wegschneiden kann. Mit einem scharfen Messer wird der Bereich zwischen Ast und Stamm vorsichtig ausgeschnitten und das Gewebe entfernt.

Eine andere Methode, um einen fehlenden Ast zu ersetzen, ist das Ablaktieren (s. Abb.). Günstigster Zeitpunkt ist das späte Frühjahr (Mai–Juni). Man wählt eine im Topf stehende Pflanze aus, die den passenden Ast abgeben könnte. Sie wird so neben den zu korrigierenden Bonsai gestellt, daß an der gewünschten Stelle der Ast ablaktiert werden kann, wie es die Abbildung zeigt. Die Veredlung besteht nun darin, daß an der Stelle, wo sie ablaktiert werden soll, ein 3 bis 5 cm langer Rindenstreifen entfernt wird. Eine entsprechende Schnittfläche erhält auch der Bonsai in gleicher Höhe. Beim Zusammenfügen der beiden Schnittflächen müssen sich die Rin-

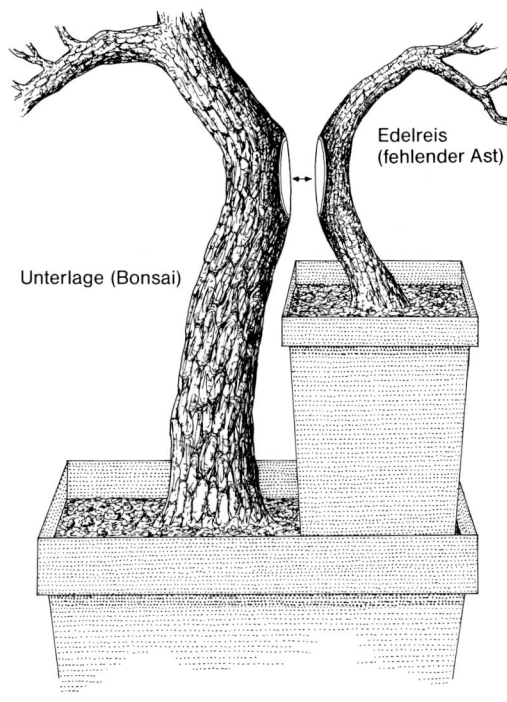

Edelreis
(fehlender Ast)

Unterlage (Bonsai)

**Astpfropfen
durch Ab-
laktieren kann
einen fehlenden
Ast ersetzen.**

denschichten auf einer Seite, besser auf allen Seiten, decken. Die Pfropfung wird fest mit Bast verbunden und mit Baumwachs verstrichen. Nachdem der neue Ast fest mit dem Bonsai verwachsen ist, in der Regel im Herbst, wird die den neuen Ast spendende Pflanze unmittelbar unter der Pfropfungsstelle abgeschnitten.

Die Kultur der Jungpflanzen

Eine sachgemäße Weiterkultur der jungen Pflanzen, ob nun auf generativem oder vegetativem Wege vermehrt, erscheint ebenso wichtig wie die richtige Behandlung im Stadium der Vermehrung. Während sich Gehölze für Gärten und Parks nach dem Auspflanzen zu ihrer schließlichen Bestimmung selbst ausbilden, muß man bei der Bonsaianzucht den Pflanzen ihrer Naturanlage entsprechend durch geeignete Maßnahmen zu Hilfe kommen.

Jungpflanzen für die Bonsaigestaltung sollten mehrmals verschult (verpflanzt) werden, bevor sie ihren endgültigen Standort in der Bonsaischale bekommen. Viel zu oft wird diese Regel von Bonsaigärtnern mißachtet, die es kaum erwarten können, ihren Bonsai in die Schale zu setzen. Aber eine gute Bewurzelung und eine wohlentwickelte oberirdische Verzweigung sind Hauptbedingung für den Beginn der Bonsaigestaltung. Genauso falsch ist es aber auch, Stecklinge oder Sämlinge in dichtem Bestand in den Stecklings- oder Aussaatgefäßen zwei oder noch mehr Jahre stehen zu lassen, um dann mit der Gestaltung zu beginnen.

Die Weiterkultur kann auf Beeten im Garten oder auch in Töpfen (der Baumschuler bezeichnet Töpfe als Container) erfolgen. Im Vergleich mit der Kultur im Container liegt bei der Freilandkultur auf Beeten im Garten die Wuchsleistung höher. Beziehen wir den Wachstumsvergleich aber auf eine einjährige Kultur, so haben die Pflanzen im Container oft einen Vorsprung gegenüber den im Freien ausgepflanzten Pflanzen, der aber im zweiten und in den folgenden Kulturjahren wieder verlorengeht. Das liegt daran, daß der im ersten Standjahr durchwurzelte Raum bei den im Freien ausgepflanzten

Pflanzen noch klein, zumindest nicht größer ist als im Container. Der durchwurzelte Raum erweitert sich in den folgenden Jahren, während Containerpflanzen auf einen relativ engen Bereich fixiert bleiben (so wie später der Bonsai in der Bonsaischale). Hinzu kommt, daß das verwendete Substrat im Container in der Regel nur im ersten Jahr eine optimale Struktur aufweist, die im zweiten Jahr bereits stark nachläßt.

Deshalb wird die Containerpflanze spätestens nach zweijähriger Kulturzeit umgepflanzt, was sich auch dann nicht vermeiden läßt, wenn bei Kulturbeginn ein großer Container gewählt wurde. Im Freiland sollte ebenfalls alle 2 Jahre umgepflanzt werden, hier aber aus einem ganz anderen Grund. Die Wurzeln sollen nämlich daran gehindert werden, zu weit in den Boden auszustrahlen, da sich sonst kein echter Wurzelballen ausbildet. Außerdem müssen die Pflanzen, dies gilt insbesondere für die Nadelgehölze, im Wuchs gestört werden, damit die Jahrestriebe nicht zu lang werden.

Beetkultur

Wenn die Sämlinge außer den Keimblättern noch ein bis zwei Laubblätter gebildet haben, werden sie vorsichtig aus dem Aussaatgefäß herausgehoben und in spezielle Pikierkisten oder andere Gefäße pikiert, nachdem die Wurzelspitze eingekürzt wurde. Das Pikieren sollte nicht später erfolgen, denn stärkere, verholzende Pflänzchen wachsen nicht mehr so gut. Je jünger und krautartiger sie sind, desto gleichmäßiger gestaltet sich das weitere Wachstum. Ein Abstand von 4 bis 5 cm ist die Regel. Es wird so tief pikiert, daß die Keimblätter (Samenlappen) der Erde aufliegen. Die Pflanzen werden angegossen und bei heißem Wetter in den ersten Tagen beschattet. Haben die pikierten Sämlinge in den Gefäßen Bleistiftstärke erreicht, ist es Zeit, sie aufzuschulen. Jungpflanzen aus der vegetativen Vermehrung brauchen in der Regel nicht pikiert, sondern können gleich aufgeschult werden.

Vor dem Aufschulen wird der Boden tiefgründig (Spatenstichtiefe) gelockert und wenn nötig erhält er eine Bodenverbesserung mit Torf oder

So oft wie nötig werden die Triebe der Bonsai-Anwärter auf 2 bis 3 Blätter zurückgeschnitten.

Neben dem Beschneiden ist das Umstechen bei der Beetkultur eine wichtige Kulturmaßnahme.

Umstechen von aufgeschulten Pflanzen.

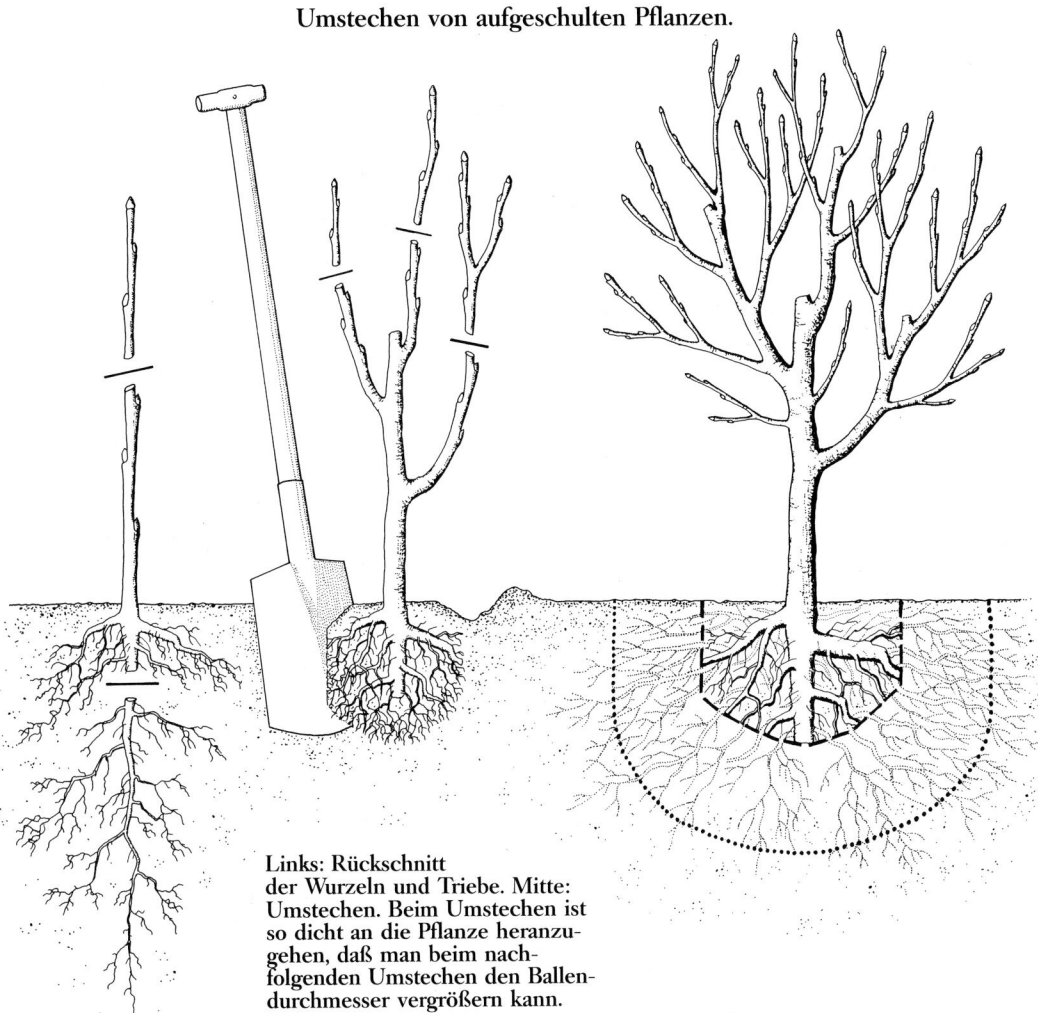

Links: Rückschnitt
der Wurzeln und Triebe. Mitte:
Umstechen. Beim Umstechen ist
so dicht an die Pflanze heranzu-
gehen, daß man beim nach-
folgenden Umstechen den Ballendurchmesser vergrößern kann.

Kompost. Das Aufschulen erfolgt am besten in nacheinanderfolgenden Reihen. Die Pflanzabstände werden so gewählt, daß sich die Jungpflanzen gleichmäßig und formschön aufbauen. In zu engem Stand aufgewachsene Jungpflanzen sind für die Bonsaigestaltung ungeeignet. Bei Nadelgehölzen entstehen bei zu dichtem Stand Verkahlungsstellen, die nicht oder nur sehr langsam wieder verwachsen. Üblich sind für das erste Aufschulen Reihenabstände von 20 bis 30 cm. Die Pflanzabstände in der Reihe variieren bei den einzelnen Arten und Sorten je nach Zuwachstempo und Wuchsform sehr stark.

Dem Verschulen geht bei Laubgehölzen ein Rückschnitt der Wurzeln und Triebe voraus (s. Abb.). Der Rückschnitt der Wurzeln muß bei Sämlingen, die mit besonders starken Pfahlwurzeln versehen sind, stärker erfolgen als bei denjenigen, welche von Natur aus die Neigung besitzen, ein reichverzweigtes Wurzelwerk auszubilden. Die Wurzeln werden soweit eingekürzt, daß die Verzweigung möglichst nahe am Wurzelhals einsetzt (sehr wichtig!), aber ein sicheres Anwachsen garantiert. Im Gegensatz zu den Laubgehölzen läßt man bei den Nadelgehölzen die Wurzeln etwas länger.

51

Bei allen Gehölzen, insbesondere bei Nadelgehölzen, achtet man peinlich darauf, daß das Wurzelwerk nicht austrocknet. Wie weit die oberirdischen Teile eingekürzt werden sollen, ist auf Seite 56 bei den Schnittmaßnahmen der Jungpflanzen näher beschrieben. Die Triebe bei Nadelgehölzen werden beim ersten Aufschulen in der Regel nicht zurückgeschnitten.

Beim Pflanzen ist darauf zu achten, daß die Wurzeln senkrecht in den Boden kommen. Pflanzen mit Knickwurzeln können auf Jahre hinaus gegenüber richtig gepflanzten im Wachstum zurückbleiben. Ferner dürfen die Pflanzen nicht zu tief gesetzt werden – ein Fehler, der häufig gemacht wird und ungenügendes Wachstum zur Folge hat.

Ein festes Andrücken erscheint unerläßlich, damit die Wurzeln allseitig Kontakt mit dem Erdreich bekommen und keine größeren Hohlräume entstehen. Anschließend wird kräftig gewässert. Bei empfindlichen und wertvollen Gehölzen sorgt man für die Zeit des Anwachsens für Schatten.

Bonsai-Jungpflanzen sollten jährlich verschult werden, die beste Zeit für Laubgehölze ist das Frühjahr, für Nadelgehölze der Spätsommer (Ende August bis Mitte September).

Mehrfaches Verschulen fördert die Wurzelverzweigung und es entsteht ein besonders dichtes und kompaktes Wurzelsystem, das schließlich die Erde im Ballenbereich dicht mit Haupt- und Faserwurzeln durchzieht. Beim späteren Herausnehmen der Pflanzen ist dann eine weitgehende Reduzierung des Wurzelsystems möglich und Anwachsschwierigkeiten beim Einpflanzen in das Bonsaigefäß lassen sich fast ganz ausschließen.

Nadelgehölze werden verschult, wenn sich die Triebe berühren. Ineinanderwachsende Koniferen beginnen sehr bald, an den unteren Trieben zu verkahlen. Viele Arten sind nicht in der Lage, aus dem alten Holz neue Triebe zu bilden, so daß sich derartige Kahlstellen nicht wieder auswachsen.

Man kann auch durch systematisches Ausdünnen der Reihen (jede zweite Pflanze wird herausgestochen) den Abstand von Pflanze zu Pflanze vergrößern (s. Abb.). Jedoch werden in diesem Fall die verbleibenden Pflanzen unbedingt umgestochen.

Grundsätzlich sticht man die Jungpflanzen während der Vegetationszeit ein- bis zweimal um (s. Abb. Seite 50 und 51). Bei Tiefwurzlern wird auch unterstochen. Das Umstechen verhindert die Bildung starker Pfahl- und Seitenwurzeln und begünstigt das Wachstum der feinen Faserwurzeln, von denen die Nahrungsaufnahme und damit das Gedeihen hauptsächlich abhängt. Beim Umstechen geht man so dicht an die Pflanze heran, daß man beim nächsten Umstechen oder Verpflanzen den Ballendurchmesser vergrößern kann. Dabei ist die spätere Schalengröße (wenn möglich) zu berücksichtigen.

Das letzte Umstechen sollte möglichst in der ersten Septemberhälfte geschehen. Die Pflanzen können dann noch im selben Jahr neue Wurzel ausbilden. Gleichzeitig wird der Triebzuwachs beendet und die Ausreife des Holzes gefördert, was sich günstig auf die Frosthärte auswirkt. Das Umstechen wirkt sich bei Nadelgehölzen auch auf einen gleichmäßigen Zweigaufbau aus. Rechtzeitiges Verpflanzen oder Umstechen kann einen starken Durchtrieb verhindern. Bei trockener Witterung ist nach dem Umstechen ein kräftiges Wässern unerläßlich.

Selbstverständlich müssen die Verschulbeete frei von Unkraut bleiben, von Zeit zu Zeit wird gehackt. Dies bedarf keiner weiteren Erläuterung.

Die Wurzeln, ein wichtiges Gestaltungselement bei der Bonsaikultur, sollten auf den Verschulbeeten noch nicht freiliegen, denn sie verdicken sich in feuchter Umgebung am besten. Erst wenn sie der Luft ausgesetzt sind, bekommen sie eine Rinde. Die stärkste Verdickung wird somit erzielt, wenn man die Wurzeln mit Erde bedeckt läßt, was gleichzeitig zur Verdickung der Stammbasis führt. Einige Monate vor dem ersten Einpflanzen in ein Bonsaigefäß legt man die Wurzeln frei.

Empfindliche Gehölze wie *Celtis* (Zürgelbaum), *Zelkova* (Japanische Ulme) leiden als Jungpflanzen leicht durch Frost. Sie erhalten daher einen Frostschutz. In der Regel reicht es aus, wenn man sein Beet im Garten dort anlegt, wo natürliche Pflanzenhecken, Bretterwände usw.

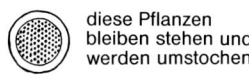
diese Pflanzen
bleiben stehen und
werden umstochen

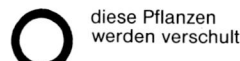
diese Pflanzen
werden verschult

Durch systematisches Ausdünnen der Reihen kann der Abstand von Pflanze zu Pflanze vergrößert werden.

Schutz bieten. Ist diese Möglichkeit nicht gegeben, kann man die Beete mit Rohr- oder Strohmatten umstellen (im Gartenbaubedarfshandel erhältlich). Oder man deckt die Pflanzen mit trockenem, der Fäulnis widerstehendem Material (z.B. Fichtenreisig) ab.

Wie oft verschult werden muß, bis die Pflanze das erste Mal in ein Bonsaigefäß kommt, hängt ab von der Wuchskraft der jeweiligen Pflanzenart und von der angestrebten Bonsaigröße. So können Laubgehölze häufig schon nach 1 bis 2 Jahren in ein Bonsaigefäß gepflanzt werden, während es bei Nadelgehölzen in der Regel wesentlich länger dauert.

Containerkultur

Die Anzucht in Containern bietet auch dem Nichtgartenbesitzer die Möglichkeit, Gehölzjungpflanzen heranzuziehen. Sie ist aber auch für den Gartenbesitzer interessant, wird doch das Anwachsrisiko beim Verpflanzen auf ein Minimum reduziert, da sich bei der Containerkultur ein fest umgrenzter Ballen mit der Wurzelmasse entwickelt. Auch bleibt man weitgehend unabhängig vom Verpflanztermin und von der

Witterung. Während sich bei der Beetkultur das Verpflanzen auf einen relativ engen Zeitraum begrenzt, erlaubt die Containerkultur dies, bis auf wenige Ausnahmen, während der gesamten Vegetationsperiode. Als weiteren, nicht ganz unwichtigen Aspekt lassen sich erste Gestaltungsmaßnahmen auf den Beeten nur schwer durchführen. Ein Container bietet aber die Möglichkeit, die Pflanze in Augenhöhe aufzustellen.

Bei all den erwähnten Vorteilen darf jedoch nicht vergessen werden, daß die Kultur in Containern besondere Aufmerksamkeit verlangt, was das Gießen und Düngen betrifft.

Container für die Jungpflanzenzucht werden in unterschiedlichen Formen und Größen aus verschiedenen Materialien hergestellt. Auch Tontöpfe oder spezielle Folienbeutel können als Container fungieren, doch gibt man dem Kunststofftopf in der viereckigen Form den Vorzug. Er nutzt im Vergleich zum Rundtopf die Stellfläche besser aus. Beim Kauf der Container ist auf seitliche Abzugslöcher bzw. einen hochgezogenen Topfboden zu achten. Dies hat Vorteile beim Ausstellen, denn bei flachen Topfböden setzen sich die Abzugslöcher leicht zu.

Aus Samen wurden Ulmus minor, die Feldulme, (links) und Ulmus parvifolia, die Chinesische Ulme, (rechts) herangezogen. Beide wachsen jetzt noch im Container.

Da Gehölzjungpflanzen in Containern gegenüber den im Garten aufgeschulten Pflanzen mit relativ wenig Substrat auskommen müssen, kommt dem Substrat besondere Aufmerksamkeit zu. Bonsaierde eignet sich hier ebensowenig wie Erde aus dem Garten. Es erscheint nicht sinnvoll, die Erde für die Containerkultur selbst herzustellen. Zu viele Dinge müßten dabei beachtet werden. Die Erdenindustrie bietet eine Reihe von speziellen Substraten für die Containerkultur von Gehölzen an, auf die auch der Bonsailiebhaber zurückgreifen sollte. Sämlinge werden wie bei der Beetkultur zunächst pikiert, bevor man sie als Jungpflanzen in den Container setzt.

Der Zeitpunkt des ersten Eintopfens ist für Sämlinge das Frühjahr zu Beginn des Austriebes. Jungpflanzen aus der Stecklingsvermehrung werden eingetopft, wenn sie ausreichend bewurzelt sind. Da der Zeitpunkt der Stecklingsvermehrung der einzelnen Pflanzenarten recht unterschiedlich ist, variieren die Eintopftermine entsprechend. Das spätere Umpflanzen ist, wie das erste Einpflanzen, an keine bestimmten Termine gebunden und kann im allgemeinen ganzjährig durchgeführt werden (nur nicht in der Vegetationsruhe).

Für das Ein- und Umpflanzen gelten die gleichen Kriterien (Wurzelschnitt, Pflanztiefe usw.), wie sie für die Beetkultur im Garten beschrieben wurden. Zum Einpflanzen verwendet man relativ kleine, der Pflanzen- und Wurzelgröße angemessene Container. In kleinen Containern, die schnell durchwurzelt werden, besteht weniger die Gefahr von Bodenverdichtungen oder Versauerung der Erde als Folge zu hoher Wassergaben. Ein mehrmaliges Umpflanzen von kleineren in größere Container wirkt sich vorteilhaft auf die Wurzelverzweigung und damit Wurzelmasse aus. Für Bonsai ist dies dann sehr wichtig, wenn später ein Teil der Wurzeln entfernt werden muß.

Haben die Pflanzen den Container gut durchwurzelt und steht die Pflanzengröße nicht mehr im richtigen Verhältnis zur Containergröße, wird in einen größeren Container verpflanzt. In der Regel wird jährlich einmal verpflanzt, doch erscheint es unter Umständen notwendig und sinnvoll, mehrmals im Laufe einer Wachstumsperiode zu verpflanzen.

Um später beim Einpflanzen nicht zuviel Wurzelwerk entfernen zu müssen, sollte für normale Bonsaigrößen (bis 60 cm) der 15- bis 24-cm-Container Endstation sein, bevor die Bäume in ein Bonsaigefäß kommen.

Als Standort für die Container wählt man einen geschützten Standort im Garten, auf Balkon oder Terrasse. Besonders empfindliche Arten werden im Kleingewächshaus oder Frühbeetkasten aufgestellt. Im Garten empfiehlt es sich, der höheren Standfestigkeit wegen die Töpfe einzusenken. Darüber hinaus verhindert das Einsenken starke Temperaturschwankungen im Wurzelbereich. Auch hält sich die Feuchtigkeit besser, was besonders in den Wintermonaten von Bedeutung ist. Allerdings müssen die Töpfe während der Vegetationszeit von Zeit zu Zeit angehoben werden, um ein Durchwurzeln, das heißt ein festes Einwurzeln zu verhindern.

Wie bei der Gehölzanzucht auf Beeten ist auch bei der Containerkultur zur Erzielung guter Pflanzenqualitäten auf genügend weiten Abstand der Pflanzen voneinander zu achten. Mit Zunahme des Breitenwachstums rückt man die Container auseinander.

Da die Luft die Wurzeln der Containerpflanzen von allen Seiten umspülen kann, sind die im Container stehenden Pflanzen im Winter stärker frostgefährdet als ausgepflanzte Pflanzen. Sie müssen einen ausreichenden Frostschutz erhalten. Erfolgt die Überwinterung so, wie für fertige Bonsai beschrieben (s. Seite 151 ff.), besteht keine Gefahr.

Neben einer angemessenen Feuchtigkeitsversorgung kommt der Düngung bei der Containerkultur besondere Bedeutung zu. Die Containerwandung begrenzt den Raum für die Ernährung der Pflanze, und so ist trotz nährstoffhaltigem Substrat ein Nachdüngen erforderlich. Das heißt, ist der Nährstoffvorrat aufgebraucht und wird nicht oder nicht mehr umgepflanzt, muß nachgedüngt werden.

Es sind nur Mehrnährstoffdünger mit Zusätzen von Spurennährstoffen zu verwenden. Dabei zieht man Flüssigdünger vor. Dünger in fester (granulierter) Form eignen sich zwar auch, doch ist das Ausstreuen nicht ganz einfach, da die Verteilung gleichmäßig erfolgen muß und nicht selten Schwierigkeiten bereitet (s. aber auch Seite 182).

Während des Austriebs und in der Hauptwachstumsphase wird ein stickstoffbetonter Mehrnährstoffdünger eingesetzt, ab Mitte August mit höheren Phosphor- und Kalium-Anteilen, welche die Holzausreife und damit die Winterfestigkeit fördern.

Der beste Zuwachs ist bei häufiger Düngung mit geringer Dosierung zu erwarten. Daher empfiehlt es sich, bei jedem Wässern in schwacher Konzentration zu düngen. Düngung mit niedrigen Konzentrationen hat darüber hinaus den Vorteil, daß man die Lösung über das Blatt geben kann, ohne anschließend mit klarem Wasser nachspülen zu müssen. Wird bei jedem Gießen gedüngt, darf die Konzentration 0,1 % (= 1 g bzw. 1 ml Dünger je Liter Wasser) nicht übersteigen. Bei wöchentlicher Düngung verwendet man Konzentrationen zwischen 0,3 bis 0,5 %. Bei Konzentrationen über 0,1 % müssen benetzte Blätter mit klarem Wasser nachgespült werden. Mit der Nachdüngung beginnt man, wenn der Topf durchwurzelt ist, etwa 6 bis 8 Wochen nach dem letzten Umpflanzen.

Wann der Baum das erste Mal in ein Bonsaigefäß gesetzt wird, hängt wie bei der Gehölzanzucht auf Beeten von der Wuchskraft der jeweiligen Pflanzenart und der angestrebten Bonsaigröße ab. Genaue Zeitangaben sind nicht möglich, da das Wachstum nicht zuletzt auch von den Standortverhältnissen abhängt.

Beschneiden der Jungpflanzen

Der Stamm eines Baumes entwickelt sich beim Keimling aus der Sproßanlage im Samen. Die Sproßachse wächst in der Regel zunächst un-

Durch häufiges Beschneiden erhält man reichver-zweigte Pflanzen. Links: Quercus robur, die

Stieleiche, im dritten Kulturjahr. Rechts: Die Pflanze nach dem Schnitt.

verzweigt, da die Gipfelknospe schneller wächst als alle Seitenknospen (bzw. die Seitenknospen am Austrieb aufgrund der natürlichen Wuchs-gesetze hindert, s. Seite 67). Im Laufe der Ent-wicklung läßt die Dominanz der Gipfelknospe nach und die Pflanze beginnt sich von unten her zu verzweigen. Die Dominanz der Gipfelknospe bleibt aber weiter bestehen, die Seitenzweige können die Gipfelknospe im Wachstum nicht überholen. Entfernt man aber die Gipfelknospe, wird ein unverzweigter Sproß zur Verzweigung angeregt.

Die Höhe von fertigen Bonsai reicht von 5 bis 130 cm (s. Seite 124). Die gebräuchlichsten Grö-ßen fallen in den Bereich zwischen 20 und 60 cm. Diese Höhen liegen fast immer unter-halb der natürlichen Verzweigung der Bäume in der freien Natur. Deshalb ist es notwendig, durch Entfernen der Gipfelknospen (Stutzen)

rechtzeitig für eine ausreichende Verzweigung zu sorgen.

Das erste Stutzen wirkt sich bereits entschei-dend und bestimmend auf den Pflanzenaufbau aus. Man stutzt in der Regel das erste Mal, wenn der Sproß eine Länge von etwa 15 cm erreicht hat. Diese Maßangabe dient allerdings nur als Anhaltspunkt. Wie tief man das erste Mal stutzt, hängt nicht zuletzt von der späteren Höhe des Bonsai ab. Eine Gestaltungsregel besagt, daß bei einem »fertigen« Bonsai das untere Drittel des Stammes frei von Seitenverzweigungen sein sollte. Mit einem einmaligen Stutzen ist es aber nicht getan. Wenn die Neuaustriebe sieben bis zehn neue Blätter ausgebildet haben, werden diese, wann immer es erforderlich sein sollte, auf zwei bis drei Blätter zurückgeschnitten. Oder man nimmt sie so weit zurück, wie sie eben nur wachsen sollen.

Erste formende Schnittmaßnahmen an einer
reichverzweigten Jungpflanze des Sargentapfels,
Malus toringo var. sargentii.

Links: Ausgangspflanze. Rechts: Die gleiche Pflanze
nach dem Schnitt.

Eine reichverzweigte Pflanze ist schließlich
ein gutes Ausgangsmaterial für fast alle Gestaltungsformen. Der Zeitraum, bis man mit der eigentlichen Gestaltung beginnt, variiert mit der
Pflanzenart und hängt von deren Wuchsstärke,
der späteren Bonsaigröße und Form ab. Dies
kann schon nach einem Jahr der Fall sein (bei
Miniaturbonsai), aber auch bis zu 5 Jahren
dauern. Der erfahrene Bonsailiebhaber kann
und sollte schon beim Stutzen im Jugendstadium auf die spätere Form der Pflanze Rücksicht nehmen. Die Bildpaare auf Seite 56 und 57
zeigen, wie man dabei vorgeht.

Die Hinweise zum Rückschnitt der Triebe
gelten nur für Laubgehölze. Bei Nadelgehölzen

darf die Schere nur an bereits verholzten Trieben einsetzen, das heißt zum Auslichten und
Entfernen unerwünschter Zweige. Um auch
hier möglichst reichverzweigte Pflanzen als
Ausgangsmaterial für die eigentliche Bonsaigestaltung zu erhalten, werden alle unerwünschten Jungtriebe bald nach dem Erscheinen im
Frühjahr durch Abdrehen oder Abknipsen ganz
entfernt oder soweit eingekürzt, wie die Zweige
eben nur wachsen sollen (siehe auch Seite 72).
Erscheinen an einem Punkt mehrere Triebe, so
werden einer bis zwei belassen, die übrigen ganz
entfernt. Dies ist besonders beim Haupttrieb
wichtig, will man eine schnelle Verlängerung
des späteren Stammes erreichen.

Die Bonsaigestaltung

Die Bonsaigestaltung hat zum Ziel, aus den auf vegetativem Weg vermehrten Jungpflanzen, dem Sämling, der Baumschulpflanze oder der gesammelten Pflanze einen guten Bonsai zu formen. Bei der Gestaltung sind uns die Gestaltungsgrundsätze der Japaner beispielhaft und hilfreich. Doch sollten wir uns hüten, die traditionellen Prinzipien der Bonsaiformung kleinlich genau zu befolgen (s. auch Seite 9 f.). Wir sollten sie vielmehr als Orientierung und Anregung betrachten. Für die Bonsaigestaltung gibt es keine starren Rezepte, da keine Pflanze der anderen gleicht. Der Schlüssel, um zu seinem schönen Bonsai zu kommen, liegt in der Kenntnis über das ständige Wechselspiel zwischen genetischer Veranlagung und Umwelt, in der Beherrschung der Gestaltungstechniken und in der Kenntnis ihrer Funktion.

All diese Dinge werden in den folgenden Abschnitten behandelt, um zu wissen, warum eine Pflanze auf die verschiedenen Gestaltungseingriffe so und nicht anders reagiert und wie man lernen kann, die Pflanze richtig zu behandeln.

Wie ein Baum wächst

Die Gestaltung der äußeren Form richtet sich nach dem Vermögen der Bäume, Schwere- und Lichtreize zu empfinden und sich nach ihnen im Raum zu orientieren. Die äußere Gestalt eines Baumes wird darüber hinaus von zahlreichen anderen Faktoren bestimmt. Einige, die für die Bonsaigestaltung von Bedeutung sind, werden wir nachfolgend kennenlernen.

Das Sproßsystem der Bäume zeigt sehr verschiedene Wuchsformen, die durch eine bestimmte arteigene Rhythmik und Gesetzmäßigkeit in der Verzweigung zustandekommen. Obwohl kein Baum je einem anderen derselben Art vollkommen gleicht, findet man bei allen Individuen einer Art bestimmte, durch erbliche Faktoren festgelegte Verhältnisse wieder, die in kennzeichnender Weise den Aufbau prägen. Das heißt, die Gestalt eines jeden Baumes wird zwar durch äußere Einflüsse mehr oder weniger stark beeinflußt (z. B. beeinflussen UV-Strahlen und klimatische Einflüsse die Wuchsform von Pflanzen im Gebirge ganz erheblich), er kann jedoch nicht in seiner Eigenart, seinem Artcharakter verändert werden. Anders gesagt: Die Umwelt kann zwar das Erbbild verändern, aber bestimmte Eigenschaften einer Baumart versuchen sich den Umweltverhältnissen zum Trotz immer wieder durchzusetzen.

Schauen wir uns die verschiedenen Baumarten einmal näher an. Sie lassen sich bezüglich der Verzweigung in zwei große Gruppen einteilen: in Bäume mit monopodialem und solche mit sympodialem Verzweigungssystem (s. Abb.). Das monopodiale Verzweigungssystem ist durch eine durchgehende Hauptachse (Stammverlängerung) gekennzeichnet, von der Seitenachsen ausgehen, die in der Entwicklung in gesetzmäßiger Weise hinter der Hauptachse zurückbleiben. Die Jahrestriebe werden stets durch eine im unbelaubten Zustand deutlich sichtbare Gipfelkrone verlängert. Sehr gut entwickelt sind auch die in unmittelbarer Nähe der Gipfelknospe stehenden Seitenknospen. Sie können aber die Gipfelknospen im Wachstum nicht überholen, sondern bleiben ihr im Wachstum immer untergeordnet. Am Ende der Vegetationsperiode gleicht der neue Jahrestrieb dann völlig den Verhältnissen, die für den vorjährigen beschrieben wurden. Von den Seitenknospen haben sich die der vorjährigen Endknospe nahe stehenden kräftig entwickelt, aus ihnen gehen die stärksten Seitentriebe hervor, einige darunterstehende sind ebenfalls noch ausgewachsen, allerdings wesentlich schwächer, während die Seitenknospen zur Basis hin im Ruhezustand verharren. Da diese Vorgänge sich in jedem Jahr in gleicher Weise wiederholen, kommen wir zu einem Verzweigungssystem mit vorherrschender Hauptsachse und untergeordneten Seitenachsen.

Beim monopodialen Wachstum behält also die Hauptachse stets die Dominanz, die Seitenachsen sind und bleiben untergeordnet. Das System »dominierende Hauptachse und untergeordnete Seitenachsen« setzt sich im weiteren Verlauf der Verzweigung fort. Die Seitentriebe der Seitenachsen bleiben ebenfalls untergeordnet.

Die Förderung der jeweils gipfelwärts gelegenen Knospen wird als Akrotonie (Spitzenförderung) bezeichnet. Durch ein solches Wachstum wird das System insgesamt nach »oben« und »außen« geschoben.

Ausgeprägte Gipfelknospen, die die Verlängerungen des Stammes oder der Seitenzweige bilden, also ein Monopodium, finden wir unter anderem bei Eiche *(Quercus)*, Ahorn *(Acer)*, Weißdorn *(Crataegus-*Arten) und Pappel *(Populus)*. Besonders deutlich zeigt sich das monopodiale Wachstum bzw. die akrotone Förderung

Schema der Verzweigungssysteme.

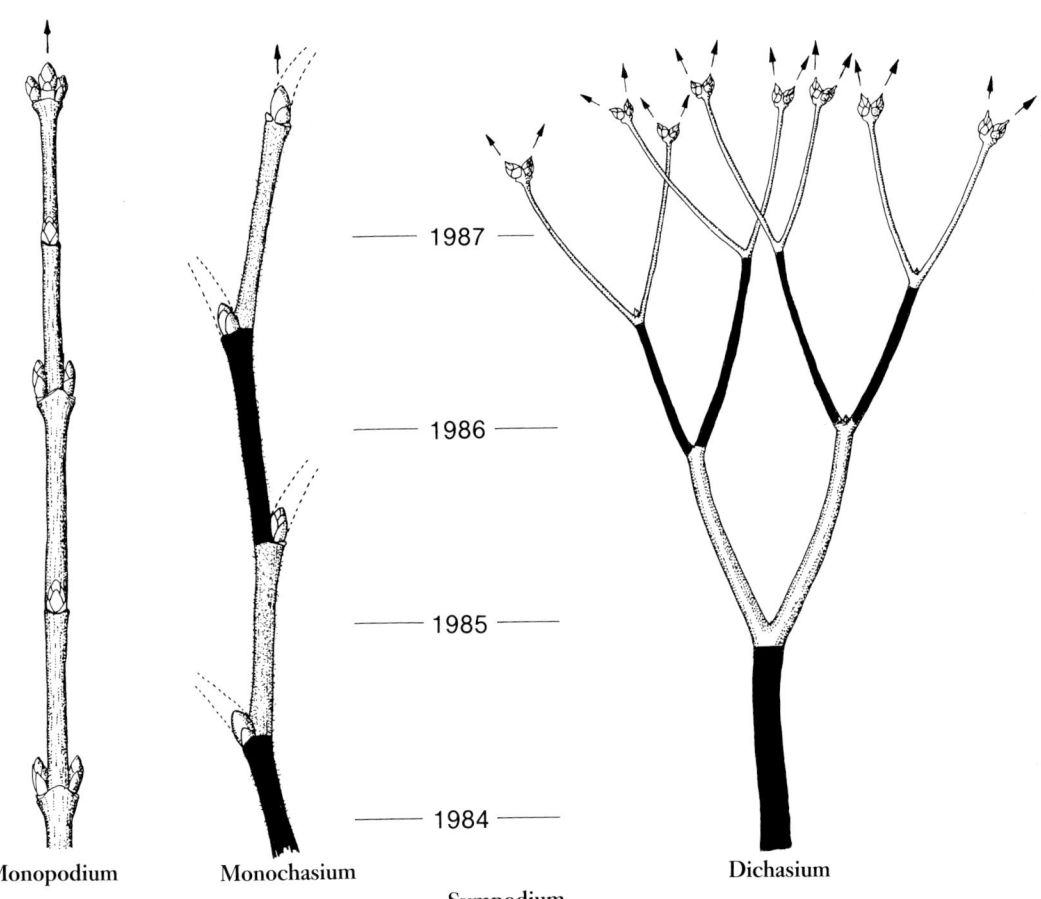

Monopodium

Monochasium

Sympodium

Dichasium

1987

1986

1985

1984

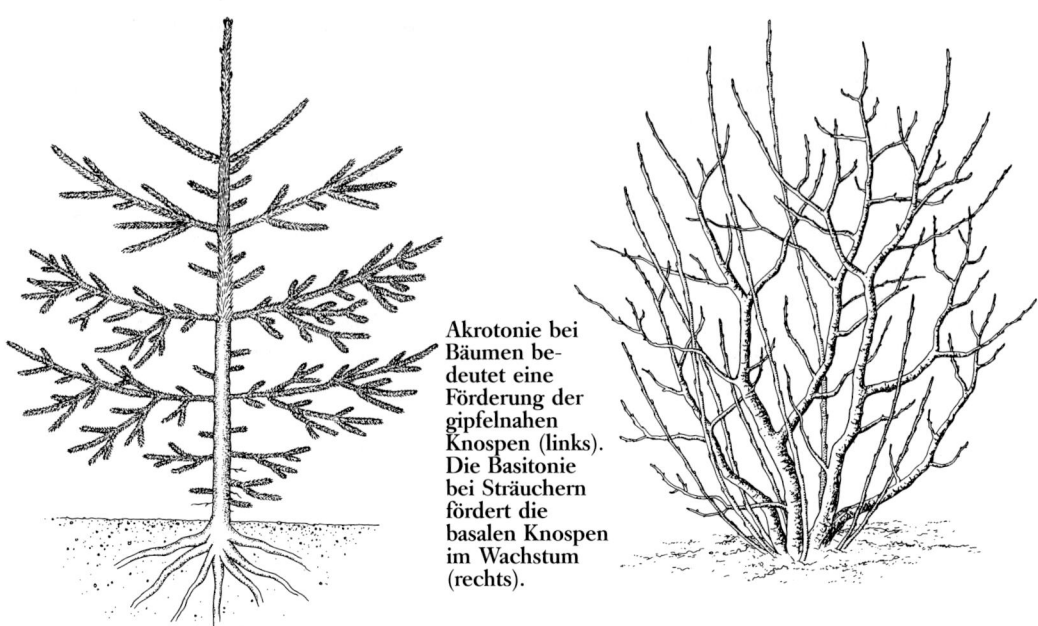

Akrotonie bei Bäumen bedeutet eine Förderung der gipfelnahen Knospen (links). Die Basitonie bei Sträuchern fördert die basalen Knospen im Wachstum (rechts).

der Verzweigung bei vielen Nadelgehölzen, die zu einem pyramidalen oder kegelförmigen Gesamtaufbau bzw. einem durchgehenden »kerzengeraden« Stamm mit den so auffälligen Sproßetagen führt (s. Abb.).

Sympodiale Verzweigungssysteme kommen dadurch zustande, daß die Endknospe des Jahrestriebes nach einem Jahr bereits aufhört zu wachsen und abstirbt. Die Bildung der Sproßachse wird fortgesetzt durch die oberste Seitenknospe, die das absterbende Ende des vorjährigen Triebes zur Seite drängt und sich in der Richtung einstellt, die die Vorjahresachse bereits innehatte. Durch stetige Wiederholung wird auf diese Weise ein als Sympodium bezeichnetes Sproßsystem gebildet. Ein solcher Stamm besteht strenggenommen aus lauter Seitenzweigen, während sich bei einem Monopodium der Stamm je aus einer einheitlichen Hauptachse entwickelt. Aber auch bei einem Sympodium liegt eine akrotone Förderung vor, denn die unterhalb der obersten Seitenknospe (die die Stammverlängerung bildet) sitzenden oberen Knospen treiben zu Seitenzweigen aus, während die Knospen darunter im Ruhezustand verbleiben. Beispiele für diese Art der Verzwei-

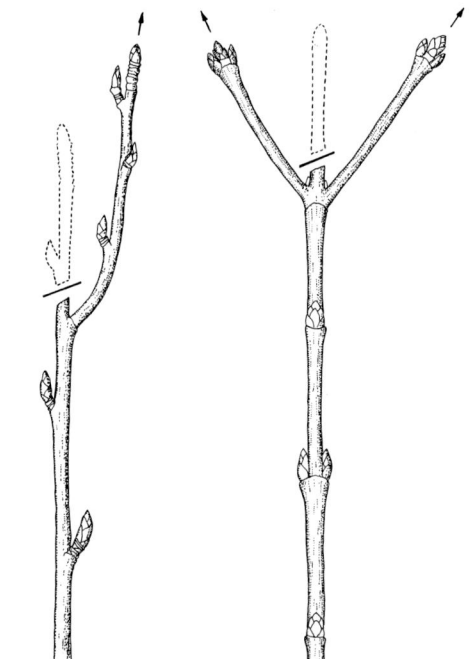

Ein Monopodium wird durch Abschneiden der Gipfelknospen künstlich zu einem Sympodium. Links bei wechselständiger Knospenstellung, rechts bei gegenständiger Knospenstellung.

gung finden wir unter anderem bei Hainbuche *(Carpinus)*, Ulme *(Ulmus)*, Zürgelbaum *(Celtis)*, Linde *(Tilia)* und Birke *(Betula)*.

Im Endergebnis unterscheidet sich ein Stamm, der durch sympodiale Verzweigung zustandegekommen ist, nicht von einem Stamm, der durch monopodiale Verzweigung zustandegekommen ist. Ein Monopodium wird künstlich dann zu einem Sympodium, wenn man durch Rückschnitt die Stammverlängerung oder Triebe mehr oder weniger stark einkürzt, und die Stammverlängerung durch eine Seitenknospe fortgesetzt wird (s. Abb.).

Auf ein relativ seltenes sympodiales Verzweigungssystem ohne eine beherrschende Hauptachse, das man unter anderem beim Flieder *(Syringa)* und beim Schneeball *(Viburnum)* findet, sei noch hingewiesen. Bei diesen Pflanzen mit gegenständiger Blattstellung verkümmert bei den Jahrestrieben die Gipfelknospe einschließlich des vorausgehenden Internodiums. Die Spitze des Jahrestriebes wird im Herbst- oder Winterzustand von zwei Seitenknospen eingenommen, die gegnüber den nachfolgenden akroton gefördert sind. Das Höhenwachstum wird im nächsten Frühjahr fortgesetzt durch die zwei obersten sich gegenüberstehenden Knospen. Dadurch kommt es zu einer gabelförmigen Verzweigung. Diese Art der sympodialen Verzweigung bezeichnet man auch als Dichasium. Im Gegensatz dazu wird die oben beschriebene Art der sympodialen Verzweigung (die oberste Seitenknospe bildet den Fortsetzungstrieb) als Monochasium bezeichnet (s. Abb. Seite 59).

Wie bereits erwähnt, weisen Bäume stets eine akroton geförderte Verzweigung auf, unabhängig davon, ob eine monopodiale oder sympodiale Verzweigung vorliegt. Bei Laubbäumen haben die in den ersten Jahren gebildeten Seitenäste meist nur eine begrenzte Lebensdauer und werden frühzeitig abgeworfen. Die Seitenäste wachsen erst in einer gewissen Höhe ständig weiter, indem sie eine besondere Wachstumsförderung und verstärkte Verzweigung erfahren. Dadurch wird dem astlosen unteren Stamm eine Krone aufgesetzt. Bei Nadelgehölzen dagegen erfahren die unteren Astquirle von Anfang

an eine besondere Wachstumsförderung. Deshalb sind bei Nadelbäumen die kegelförmigen (pyramidalen) Kronenformen besonders ausgeprägt, während bei Laubbäumen rundlich bis ovale Umrisse vorherrschen.

Bei der Bonsaigestaltung ist in diesem Zusammenhang zu berücksichtigen, daß ein Baum immer wieder versuchen wird, seine Akrotonie unter Beweis zu stellen, egal welche Gestaltungsmaßnahmen man auch ergreift.

Der Vollständigkeit halber und weil sich auch Sträucher als Bonsai eignen, gehen wir kurz auf deren Art des Aufbaus ein. Im Gegensatz zu den Bäumen treiben bei Sträuchern die an den unteren Enden ihrer Mutterachse liegenden Knospen am stärksten aus (Basitonie s. Abb. Seite 60). Oder aber die Knospen in mittlerer Höhe der Hauptachsen sind im Austrieb gefördert, während die darüber und darunter liegenden Knospen im Austrieb gehemmt sind (Mesotonie). Auf diese Weise entstehen in Bodennähe oder direkt über der Erdoberfläche neue Triebe (Achsen), während die jeweils älteren allmählich absterben.

Langtriebe und Kurztriebe

Viele Gehölzarten bauen ihr Sproßsystem aus Lang- und Kurztrieben auf (s. Abb.). Langtriebe sind die kronenaufbauenden Elemente. Daraus entwickeln sich Äste und Zweige, die später das Gerüst des jeweiligen Baumes bilden. Sie entspringen daher zumeist den Knospen im Spitzenbereich der Triebe, oft wachsen sie aus älteren Ästen und Stämmen, immer jedoch nach starkem Rückschnitt. Dies ist gerade bei der Bonsaigestaltung wichtig zu wissen. Langtriebe erkennt man leicht an den weit auseinanderstehenden Knospen (die Internodien bzw. Zwischenknotenstücke sind stark gestreckt).

Triebe mit begrenztem Längenwachstum (kurzen Internodien), bei denen die Blätter und Knospen in dichten Büscheln beieinanderstehen, bezeichnet man als Kurztriebe. Sie entstehen aus Seitenknospen der Langtriebe. Sie sind meist dick, knotig, oft geringelt und verzweigen sich in der Regel nicht. Kurztriebe pflegen sich nicht oder nur wenig zu verzweigen und neh-

Lang- und Kurztriebe.

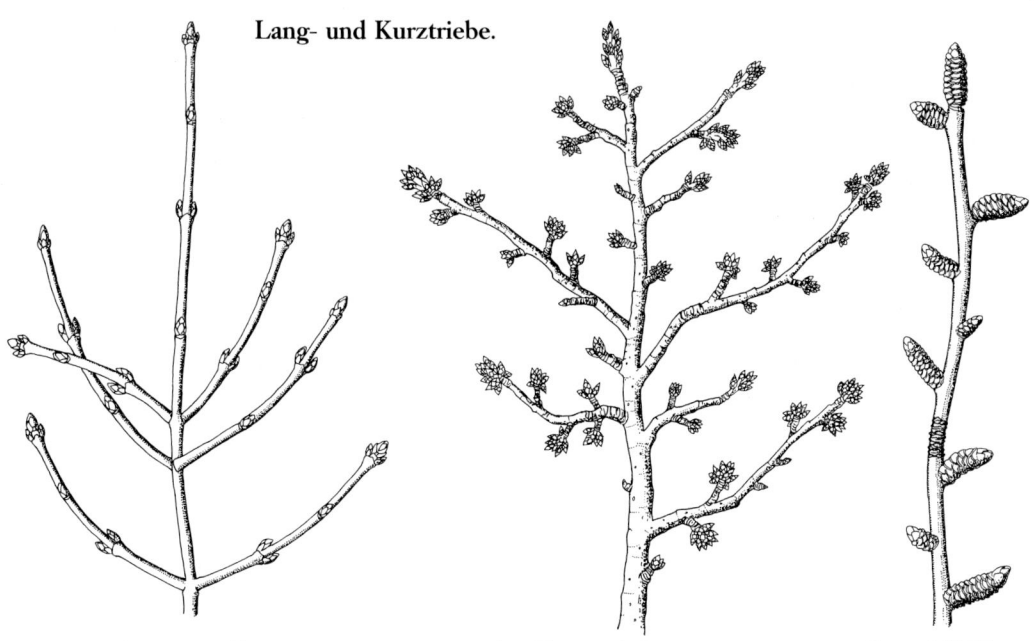

Langtriebe bei einem Ahorn.

Bei vielen Blütengehölzen
wie hier bei der Kirsche ist
die Ausbildung der Blüten auf
Kurztriebe beschränkt.

Extreme Kurztriebbildung
bei Ginkgo biloba.

men daher am Aufbau der Krone nur wenig teil. Es gibt aber auch Kurztriebe, die durchaus die Fähigkeit zu anhaltendem Längenwachstum besitzen, doch bleibt der jährliche Zuwachs gering und hat wiederum Kurztriebcharakter. Nach Verletzung des zugeordneten Langtriebes kann ein Kurztrieb zu einem Langtrieb auswachsen. Bei einigen Baumarten haben Kurztriebe nur eine zeitlich begrenzte Wachstumsfähigkeit.

Extreme Kurztriebe findet man unter anderem bei der Zeder *(Cedrus)* und beim Mädchenhaarbaum *(Ginkgo)*. Bei ihnen beträgt der jährliche Zuwachs oft nur den Bruchteil eines Millimeters, was aber ausreicht, neue Knospen für Blätter und Blüten zu bilden. Bei vielen Blütengehölzen (unter anderem Zierquitte, Zierapfel, Zierkirsche) ist die Ausbildung der Blüten auf Kurztriebe beschränkt. Eine besondere Form von Kurztrieben findet man unter anderem beim Weißdorn *(Crataegus)*, bei dem die Kurztriebe zu Dornen umgebildet sind.

Aber nicht nur bei Laubgehölzen findet man Kurztriebe, bei *Pinus* (Kiefer) zum Beispiel beschränkt sich im Alter die Ausbildung der Laubblätter (Nadeln) auf die Kurztriebe. Bei der Lärche finden sich an den Zweigenden Langtriebe mit spiraliger Nadelblattanordnung, während an der Basis der älteren blattlosen Langtriebe ganz kurze Kurztriebe stehen, die Nadelbüsche erzeugen. Das, was wir häufig nur als Nadeln ansehen, sind also in Wirklichkeit Kurztriebe, die in der Lage sind, nach Verletzung zu neuen Langtrieben auszuwachsen.

Knospen und Knospenarten

Holzige Gewächse (Bäume und Sträucher) aus den gemäßigten Gebieten der Erde mit jahreszeitlich ausgeprägten Tageslängen- und Temperaturschwankungen entwickeln neue Triebe, ob Stammverlängerung, Äste oder Zweige, also das Sproßsystem, sowie Blüten und Blätter aus Knospen. Je nach Stellung am Trieb und ihren

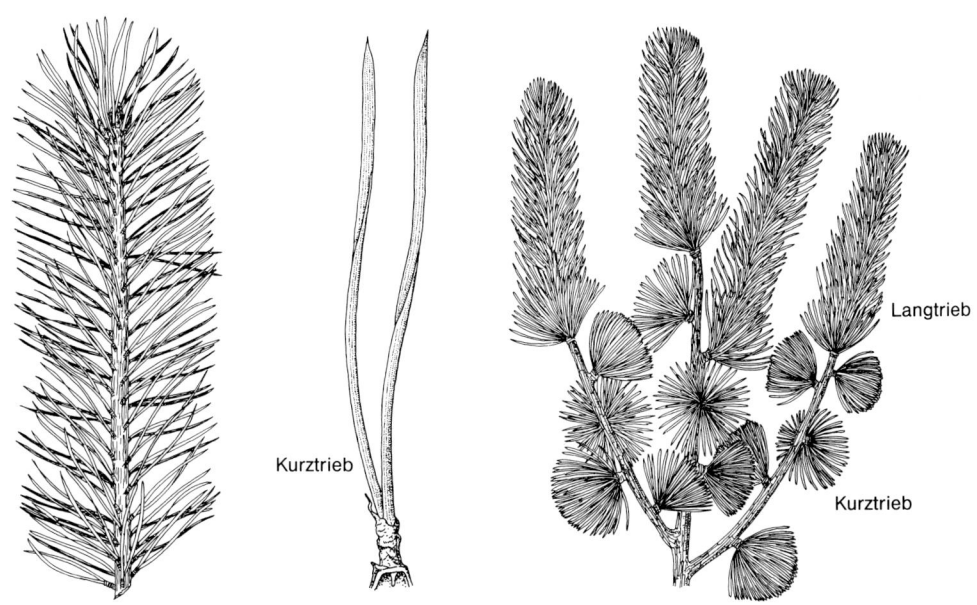

Kurztriebe bei der Kiefer.　　　**Lang- und Kurztriebe bei der Lärche.**

Aufgaben unterscheidet man zwischen Gipfel-, Seiten-, Neben-, schlafenden und Blütenknospen (s. Abb. Seite 64).

Das Wesentliche zur Gipfel- oder Terminalknospe wurde schon bei der Betrachtung der Verzweigungssysteme gesagt. Daher gehen wir hier nur auf die verschiedenen Möglichkeiten der Entwicklung zu einem Trieb ein. Die meisten Pflanzenarten bilden relativ große Gipfelknospen aus, die in der Regel den gesamten Jahrestrieb enthalten, so z.B. die Kiefer. Bei ihr entwickelt sich aus der Endknospe der ganze Jahrestrieb in verhältnismäßig kurzer Zeit. Ehe er voll entwickelt ist, erkennt man schon die Endknospen, die wiederum bereits die Triebe für das folgende Jahr enthalten. Da dieser Knospenaufbau erhebliche Zeit erfordert, wird das Triebwachstum in der Regel bereits Anfang Juli abgeschlossen und die verbleibende Vegetationszeit dient dazu, die umfangreichen Knospen für das nächste Jahr auszubilden. Eine etwas abgewandelte Form der vorhergenannten Knospenbildung können wir auch bei Eiche (*Quercus*), Ahorn *(Acer)* und Buche *(Fagus)* be-

obachten. Ihre großen Gipfelknospen entwickeln im Frühjahr sehr rasch den bereits im vergangenen Jahr vorgefertigten Trieb, der in einer Woche (bei Pflanzen in der freien Natur) 20 bis 30 cm Länge erreichen kann. Bereits einige Wochen danach hört dieses »Streckungswachstum« völlig auf oder es entsteht Ende Juli ein zweiter Austrieb, der sogenannte »Johannistrieb«, der wiederum bald mit einer großen Knospe abschließt.

Eine andere Gruppe von Gehölzen bildet verhältnismäßig kleine Gipfelknospen aus. Sie haben nur etwa ein Fünftel des nächstjährigen Triebes vorgebildet. Indem sich die Zellen strecken, wird der neue Trieb herausgeschoben. Im Normalfall läuft die Entwicklung mäßig schnell ab, die volle Trieblänge ist etwa bis Ende Juli erreicht, dann entstehen an der Triebspitze neue Bildungsgewebe, die das Wachstum fortsetzen. Beide Perioden lassen sich bei der Lärche *(Larix)* gut beobachten, da der zweite Trieb größere, mehr abstehende Nadeln hat und der Trieb selbst eine leichte Krümmung aufweist. Da nur eine kleine Endknospe für das nächste

Jahr auszubilden ist, kann der Trieb sich während der ganzen Wachstumszeit weiterentwickeln. Tatsächlich wachsen die Lärchen bis tief in den Oktober hinein, so lange, wie sonst kaum ein anderer Baum.

Leidet ein Baum aus dieser Gruppe unter Krankheiten oder Wassermangel, dann formt er nur den in der Knospe vorgebildeten Trieb aus, ein zweiter Trieb im gleichen Jahr entfällt.

Seiten- und Achselknospen finden sich in den Blattachseln der Triebe. Die Größe ist unterschiedlich, sie schwankt von mikroskopisch klein über kaum sichtbar bis deutlich sichtbar. Bei Gehölzen mit sympodialem Verzweigungssystem entspricht die oberste Seitenknospe an den Trieben gleichzeitig der Endknospe. Schneidet man einen Trieb mit Endknospe ab, übernimmt die oberste Seitenknospe die Stellung der Endknospe.

Nebenknospen sitzen am Grunde einer Gipfel- oder Seitenknospe. Sie treiben als begleitende Knospen neben der eigentlichen Hauptknospe dann aus, wenn die Hauptknospe durch Krankheit, Schädlinge oder widrige Witterungseinflüsse beschädigt wurde oder auf andere Art und Weise Schaden erlitten hat.

Schlafende Knospen sind während des normalen Wachstums angelegte Reserveknospen, die sich nach oft jahrelanger scheinbarer Leblosigkeit entfalten können. Sie werden in der Jugend von der Rinde überwallt, bewegen sich aber ständig weiter nach außen, so daß sie stets dicht unter der Oberfläche bleiben. Sie bleiben kürzere oder längere Zeit entwicklungsfähig und treiben oft erst nach vielen Jahren oder Jahrzehnten der Ruhe aus. Sie stellen gewissermaßen eine Unfallversicherung dar, falls einzelne Äste oder Zweige vorzeitig absterben sollten. Werden ältere Äste oder Zweige stark (scharf) zurückgeschnitten, treiben diese schlafenden Knospen aus. Bei Eichen, Buchen und anderen Arten werden ruhende Knospen bis zu 100 Jahre alt und älter. Das Wissen um die schlafenden Knospen hat gerade für die Bonsaigestaltung Bedeutung, weil nicht selten ein Bonsai, der seine Endgröße erreicht hat, ins alte Holz zurückgeschnitten werden muß.

Bei Nadelgehölzen sind schlafende Knospen

selten. Aus diesem Grunde können die meisten Arten dieser Pflanzengruppe, wenn die Krone abstirbt oder gekappt wird, keine neue Krone mehr bilden und einmal kahl gewordene Stämme oder Äste begrünen sich nicht wieder.

Aus den Blütenknospen entspringen, wie der Name sagt, die Blüten. Blütenknospen unterscheiden sich von den Blatt- und Triebknospen durch ihre in der Regel runde Form. Sie sind dicker als die spitz zulaufenden Trieb- oder Blattknospen. Die Übergangsknospe stellt einen Zwischentyp dar, sie ist kräftiger geformt als die Triebknospe, aber weniger stark als die Blütenknospe. Je nach den Ernährungsverhältnissen entwickelt sie sich zur Blatt- oder zur Blütenknospe. Blütenknospen können sowohl Gipfel- als auch Seitenknospen sein.

Knospenstellung

Die Knospen, aus denen sich die Sprosse entwickeln bzw. entwickeln können, sitzen einzeln, zu zweit oder auch zu mehreren an den Knoten

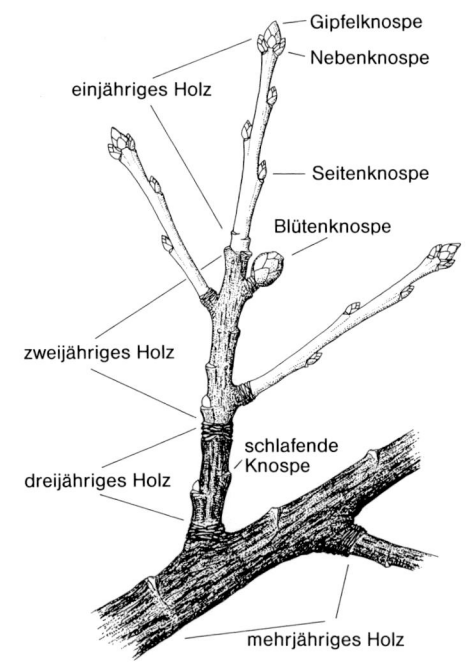

Knospentypen.

Blütenknospen können Seitenknospen (links Forsythie), Gipfelknospen (Mitte Flieder) sein oder an besonderen Kurztrieben sitzen (rechts Kornelkirsche).

(Nodium). Sowohl die Zahl der Knospen an den Nodien als auch die Verteilung der Knospen über die Sproßachse ist arttypisch (s. Abb.).

Trägt ein Knoten nur eine Knospe, so können die Knospen unterschiedlich gestellt sein. Die zwei wichtigsten Arten solcher wechselständigen Anordnung der Blätter kann man z.B. sehr gut bei der Pappel und der Ulme sehen. An den aufrechten Trieben der Pappel sind die einzelnen Knospen in aufeinanderfolgenden Knoten stets gegeneinander versetzt und zwar um den Winkel vonn 144°. Wenn man den Umfang der Sproßachse von Knoten zu Knoten schraubenförmig zweimal umläuft (360° + 360° = 720°), dann stößt man, wenn man die Ausgangsknospe der Zählung als eins markiert, bei der sechsten Knospe auf eine Knospe, die genau über der ersten Knospe steht (144° × 5 = 720°). Es liegt dann eine spiralige Knospenstellung vor. Bei der Ulme, aber auch vor allem an den mehr oder weniger waagerecht stehenden Ästen vieler Laubbäume (so z.B. der Linde), beträgt der seitliche Abstand der Knospen aufeinanderfolgen-

der Knoten 180°. Die Knospen stehen sich in diesem Fall am ausgewachsenen Sproß in zwei Zeilen gegenüber; sie folgen einander wie die Ausschläge eines Pendels. Diese Art der Knospenstellung bezeichnet man auch als zweizeilige Knospenstellung.

Befinden sich zwei Knospen an einem Knoten, so z.B. bei der Esche oder beim Ahorn, stehen sie stets im gleichen Winkel von 180° voneinander ab, das heißt, sie stehen einander gegenüber, so daß man von einer gegenständigen Knospenstellung spricht. Schaut man sich eine gegenständige Knospenstellung einer Sproßachse von oben an, so findet man eine weitere Regel: Die aufeinanderfolgenden Knospenpaare wechseln in der Weise miteinander ab, daß die Knospen des einen genau in die Lücke zwischen die des anderen fallen, die einzelnen gegenständigen Knospenpaare somit um 90° gegeneinander versetzt sind. Diese Knospenstellung heißt deshalb »gekreuzt-gegenständig«.

Sind drei oder mehr Knospen in einer Höhe, bzw. an einem Knoten angeordnet, spricht man

65

Knospenstellung.

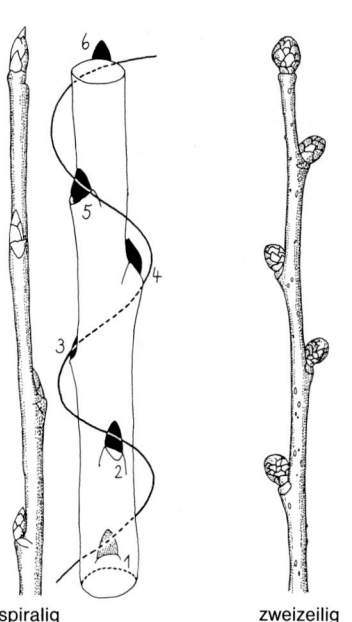

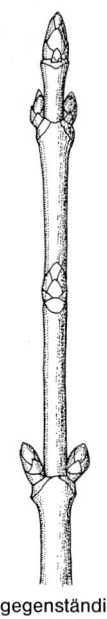

spiralig
(z. B. bei Pappeln)

zweizeilig
(z. B. bei Ulmen)

gegenständig
(z. B. bei Eschen)

quirlständig (z. B. bei
Trompetenbäumen)

von einer quirlständigen Knospenstellung. Verschiedene Nadelgehölze, so z.B. Fichte, Tanne und Kiefer, sind typische Beispiele; die Abbildung zeigt die quirlständige Knospenstellung des Trompetenbaumes.

Wachstumsgesetze

Unabhängig von der Baumart und der Kronenform läßt die natürliche Triebentwicklung eines Baumes eine Reihe immer wiederkehrender Gesetzmäßigkeiten erkennen (s. Abb.). Je nachdem, welche Stellung eine Knospe oder ein Trieb innerhalb einer Baumkrone einnimmt, wird er im Wuchs begünstigt oder vernachlässigt. Man unterscheidet zwischen dem Gesetz der Spitzenförderung und dem Gesetz von der Stärke des Rückschnitts. Das Wissen um diese Gesetze hat bei der Bonsaigestaltung eine besonders große Bedeutung. Kennt man diese Gesetze, so fällt es einem leichter, ohne starre Anweisungen bei der Gestaltung richtig zu handeln und vorausschauend die Wirkung einer Gestaltungsmaßnahme abzuschätzen.

Das Gesetz der Spitzenförderung besagt, daß stets die Knospe am kräftigsten austreibt, die an der Spitze oder besser gesagt am höchsten steht. Dies gilt nicht nur für die Stammverlängerung, sondern auch für die Seitentriebe. Außerdem gilt dies nicht nur für die Knospen eines Triebes, sondern auch für die Knospen der benachbarten Triebe. Überragt z.B. ein Seitentrieb die Stammverlängerung, so wird er auch stärker austreiben. Das heißt: Grundsätzlich ist jede höhere Knospe an einem Trieb zu stärkerem Austrieb befähigt als die tieferstehenden. Wird die Gipfelknospe mit einem Stück Trieb entfernt, so ist die verbleibende am höchsten stehende Knospe zum stärkeren Austrieb befähigt.

Diese Art der Knospenhemmung durch die Gipfelknospe bezeichnet man als Apikaldominanz. Die Dominanz der Gipfelknospe kann unterschiedlich stark ausgebildet sein: So kann das Seitentriebwachstum völlig unterdrückt oder auch nur verzögert werden. In anderen Fällen wird die Wachstumsrichtung der Seitentriebe beeinflußt und somit wird ihr aufrechtes Wachstum unterdrückt. Schneidet man die Gipfel-

Durch Herabbinden des Haupttriebes übernimmt die an der Biegungsstelle befindliche Seitenknospe die Funktion des Haupttriebes.

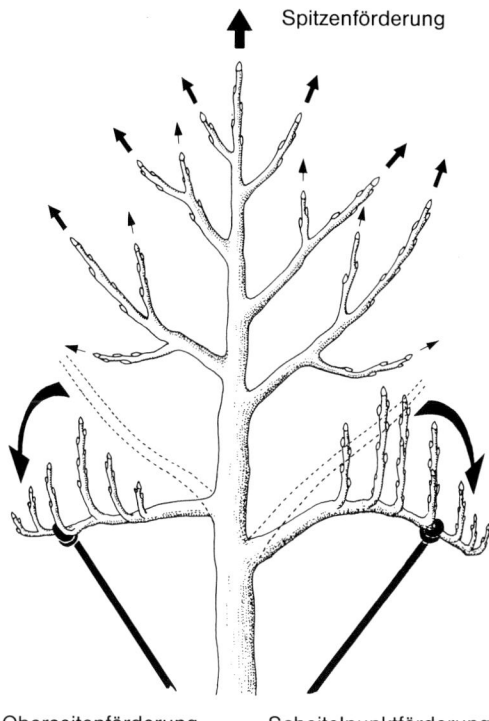

Spitzenförderung

Oberseitenförderung   Scheitelpunktförderung

Darstellung der Wachstumsgesetze.

knospe ab, wird die Dominanz durchbrochen, die bisher ruhenden Seitenknospen treiben aus.

Die apikale Dominanz kann aber auch auf andere Weise verlorengehen. Wird ein Trieb in die Waagerechte gebunden, so ist nicht mehr die Gipfelknospe, sondern sind die auf der Oberseite des Triebs stehenden Knospen (sie stehen jetzt am höchsten) im Austrieb gefördert (= Oberseitenförderung). Das Gesetz der Oberseitenförderung macht man sich unter anderem bei der Gestaltung der Floßform und bei der Vermehrung durch Ableger zunutze (s. Seite 33 und 121 ff.).

Ist ein Trieb, Ast oder Zweig so stark gebogen, daß die Gipfelknospe nach unten zeigt, so sind die am höchsten stehende Knospe und in abnehmender Reihenfolge die nach rechts und links folgenden Knospen im Austrieb bevorzugt (Scheitelpunktförderung). Der Neuwuchs ist besonders stark am Scheitelpunkt oder dort, wo sich der Ast unmittelbar hinter seiner Entstehungsstelle unter die Waagerechte neigt. Wächst an einem solchen Scheitelpunkt der stärkste der Jungtriebe in der ursprünglichen Richtung weiter, kommt es zu einer Scheinachsenbildung.

Die Zeichnung macht deutlich, wie man das Wissen um die Triebförderung nutzen kann. Durch Herabbinden des Haupttriebes erhält dieser die Funktion eines Seitentriebes. Die an der Biegungsstelle befindliche Knospe erhält die Funktion des Haupttriebes.

Die folgenden Beispiele zeigen, wie man das Wissen um die Triebförderung nutzen kann. Pflanzen, die häufig gestutzt wurden, verzweigen sich stark, da die Dominanz der Gipfelknospen immer wieder durchbrochen wurde. Solche Pflanzen bestehen oft aus einer Vielzahl von Trieben, die auf gleicher Höhe stehen. Alle diese Triebe sind hinsichtlich der Triebförderung gleichgestellt.

Um aus einer solchen Pflanze einen Bonsai mit durchgehendem Stamm zu gestalten, geht man folgendermaßen vor: Man sucht sich einen Trieb aus, der die Stammverlängerung bilden soll. Die verbliebenen Triebe werden eingekürzt, überflüssige entfernt. Dadurch dominiert der eine Trieb und unterliegt der Triebförderung.

Es kann aber auch sein, daß man aus gestalterischen Gründen auf ein Einkürzen der Triebe verzichten möchte. Dann hat man folgende Möglichkeiten: Überflüssige Triebe werden entfernt, die anderen heruntergebogen, dadurch

dominiert der senkrecht stehende Trieb und ist beim Durchtrieb und im Wachstum gefördert. Ein zu lang gewordener Haupttrieb läßt sich durch Herabbinden korrigieren und, wenn gewünscht, in einen Seitenast umfunktionieren. Man biegt den Haupttrieb in der gewünschten Länge schräg nach unten, dadurch übernimmt die an der Biegungsstelle befindliche Seitenknospe (die jetzt am höchsten steht und dominiert) die Funktion des Haupttriebes (s. Abb.).

Nicht unwichtig zu wissen erscheint es, wie einzelne Triebe und schließlich die ganze Baumkrone auf den Schnitt reagieren. Auch hier gibt es einige zum Verständnis des Schnittes wichtige Erfahrungstatsachen (s. Abb.). Schneidet man einen Trieb oder eine gesamte Baumkrone stark (kurz) zurück, so treiben die wenigen übriggebliebenen Knospen stark aus und bringen sehr lange Triebe hervor. Schneidet man einen Trieb oder eine gesamte Baumkrone schwach zurück, so wird eine größere Zahl von Knospen zum Austrieb veranlaßt. Sie bleiben aber mehr oder weniger kurz, weil sie nur relativ schwach austreiben.

Dazwischen sind alle Übergänge mit entsprechenden Abweichungen bezüglich der Länge des Austriebs möglich. Hier wirkt aber das Gesetz der Spitzenförderung mit, denn stets treibt (wenn keine Störung der Knospen vorliegt) die höher stehende Knospe stärker aus als die tiefer stehende, und auch bei langem Schnitt nimmt die Länge des Austriebs der zahlreichen Knospen von oben nach unten ab.

Werden in einer Baumkrone einige Triebe bzw. Äste stark und andere nur schwach zurückgenommen, so erfolgt eine Umkehr der vorigen Regeln. Der Neuwuchs der stark geschnittenen Baumteile erfährt eine Schwächung zugunsten der nur mäßig geschnittenen Baumteile. Der Neuwuchs des schwach geschnittenen Altwuchses erhält eine Förderung auf Kosten der stark geschnittenen Kronenteile. Ist in einer Krone ein Ast im Wachstum gegenüber den anderen zurückgeblieben und damit der Aufbau gestört, läßt sich durch starken Rückschnitt der übrigen Äste (Entfernung zahlreicher wuchsstoffliefernder Knospen) und nur geringen Rückschnitt des schwachen Astes (Verlust nur

Reaktion der Triebe auf den Schnitt.

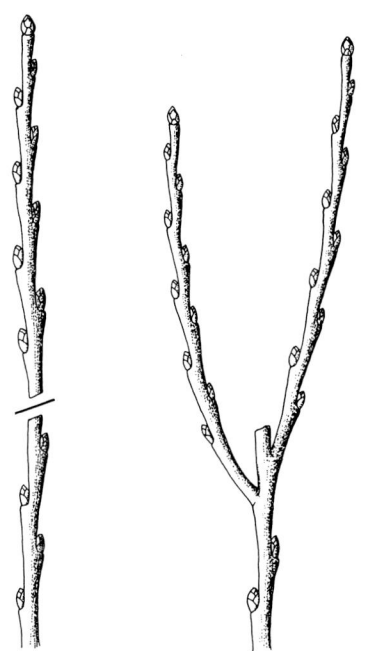
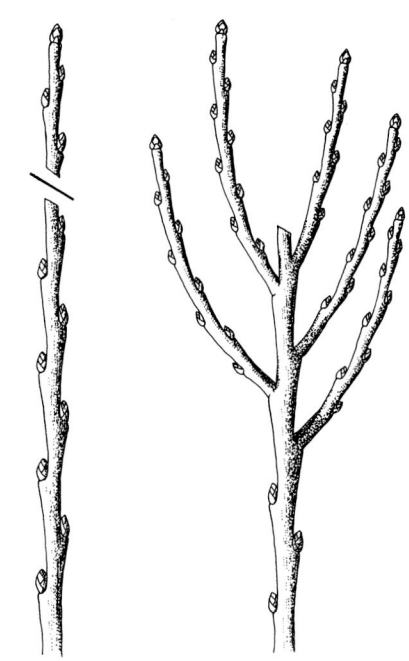

stark (kurz) zurückgeschnitten   schwach (lang) zurückgeschnitten

weniger wuchsstoffliefernder Knospen) das Gleichgewicht in der Krone wiederherstellen. Es sei aber nochmals darauf hingewiesen, daß das Herunterbinden, das heißt Schrägstellen der Äste den gleichen Effekt wie das Unterlassen des Rückschnitts bewirkt.

Die Bonsaitechniken

Ein Bonsai ist das Produkt vieler Techniken. Im Vordergrund stehen das Schneiden, Drahten und andere Korrekturhilfen. Bei der Anwendung dieser Techniken muß man sich stets der Eigenart und der Natur einer jeden Technik bewußt sein, um die richtige anzuwenden. Während z.B. bei Laubbäumen selten gedrahtet wird, die Formgebung weitgehend durch Beschneiden beeinflußt werden kann, verhält sich dies bei Nadelgehölzen umgekehrt.

Das oberste Gebot bei allen mechanischen Eingriffen in das Pflanzenwachstum lautet: Man

darf davon nichts merken. Die Spuren der Schere, des Drahtes usw. müssen unsichtbar sein. Nur dann kann die Illusion vom natürlich gewachsenen Baum entstehen. Daher sind viele kleine Korrekturen besser als eine Radikalkur.

Gestaltung durch Schneiden

Das Beschneiden bildet die wichtigste Technik der Bonsaigestaltung. Durch Beschneiden wird die Grundform herausgearbeitet, die Form erhalten und gegebenenfalls korrigiert.

Bei der Gestaltung durch Schnittmaßnahmen spielt das Regenerationsvermögen der Pflanzen eine wichtige Rolle. Die pflanzlichen Zellen und Gewebe besitzen eine beachtliche Fähigkeit zur Regeneration, die sie befähigt, verletzte oder verlorengegangene Organe ganz oder teilweise zu ersetzen. Geht an einem alten Gehölz das Astgerüst zum Teil verloren, so treiben am gesund gebliebenen Stamm und den Ästen schlafende Augen aus (s. Abb. Seite 64).

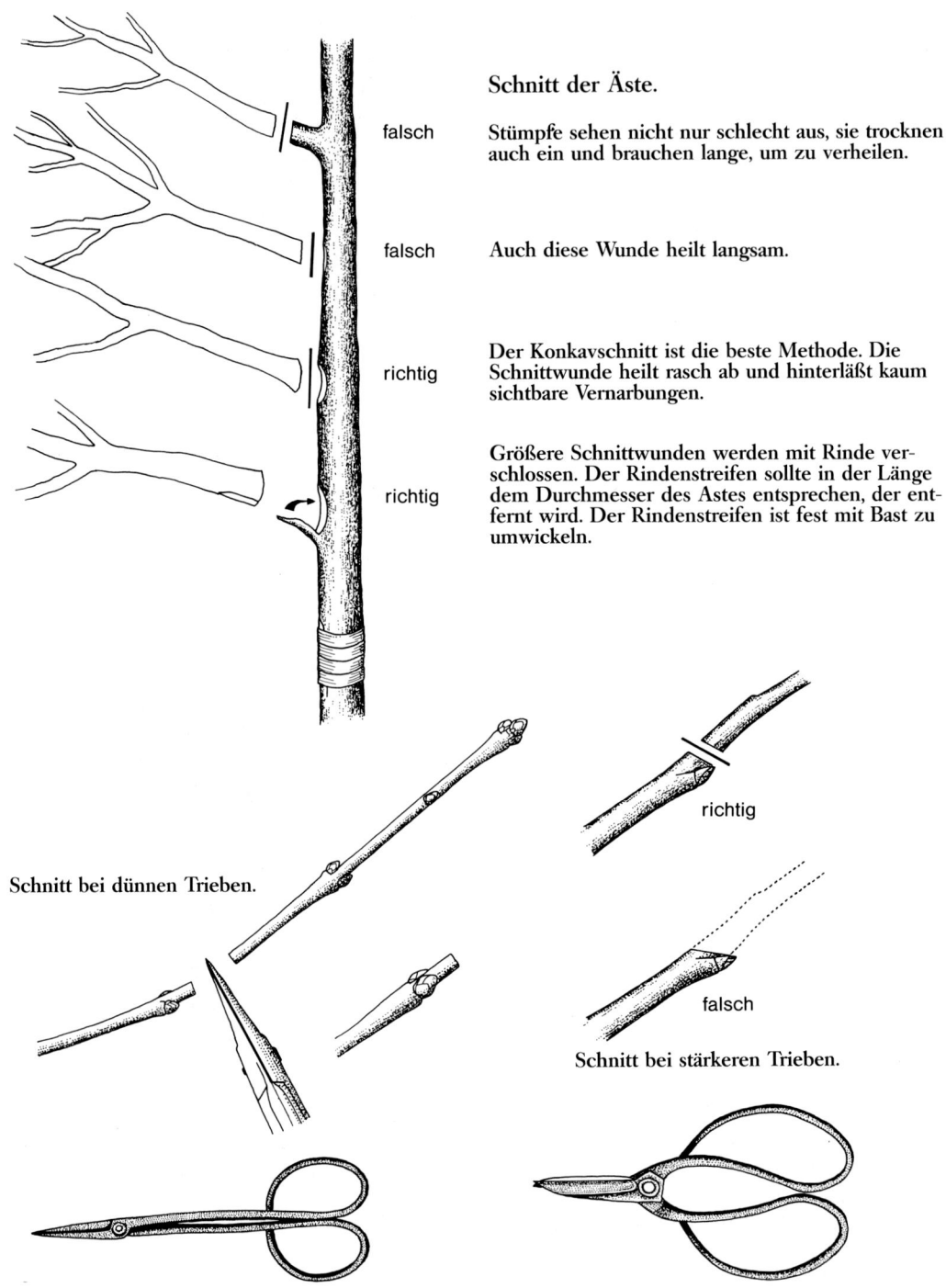

Schnitt der Äste.

falsch

Stümpfe sehen nicht nur schlecht aus, sie trocknen auch ein und brauchen lange, um zu verheilen.

falsch

Auch diese Wunde heilt langsam.

richtig

Der Konkavschnitt ist die beste Methode. Die Schnittwunde heilt rasch ab und hinterläßt kaum sichtbare Vernarbungen.

richtig

Größere Schnittwunden werden mit Rinde verschlossen. Der Rindenstreifen sollte in der Länge dem Durchmesser des Astes entsprechen, der entfernt wird. Der Rindenstreifen ist fest mit Bast zu umwickeln.

Schnitt bei dünnen Trieben.

richtig

falsch

Schnitt bei stärkeren Trieben.

Lange Bonsaischere zum Schneiden feiner Äste.

Große Bonsaischere zum Schneiden dickerer Äste.

70

Der Schnitt stellt somit ein Wechselspiel von Triebverlust und Regeneration dar, das man aus dem bonsailichen Geschehen nicht wegdenken kann. Das Regenerationsvermögen der Bäume dient also nicht allein dazu, Schäden zu überwinden. Es wird bei der Bonsaigestaltung auf viele Arten genutzt, um die Gehölze unseren Wünschen besser dienstbar zu machen.

Wer mit den nachfolgend beschriebenen Schneidetechniken noch nicht vertraut ist, sollte sich die nötige Sicherheit durch Üben an Gehölzen im Garten aneignen, bevor er einen Bonsai zerschneidet.

Die Technik des Schneidens richtet sich nach der Ast-, Zweig- oder Triebstärke (s. Abb.). Bei Ästen ab Bleistiftstärke, die ganz entfernt oder nur eingekürzt werden sollen und nicht als Jin-Kandidaten (s. Seite 136) in Frage kommen, sollte der Schnitt leicht konkav sein und wird direkt am Stamm oder Ast geführt. Bei einem so durchgeführten Schnitt wächst die Wunde ohne Schwierigkeiten zu und hinterläßt eine kaum sichtbare Narbe.

Dünnere Äste, Zweige und Triebe werden dicht über einer Knospe geschnitten. Der Schnitt selbst erfolgt entweder rechtwinklig zur Längsachse des Triebes oder etwas schräg dazu. Bei sehr dünnen Trieben führt man den Schnitt rechtwinklig zur Längsachse des Sprosses und zwar dicht über der Spitze eines Sprosses. Bei stärkeren Trieben wird der schräge Schnitt vorgezogen. Hier beginnt der Schnitt gegenüber der Knospenbasis und endet über der Knospenspitze. Der im rechten Winkel geführte oder nur mäßig ansteigende Schnitt ergibt eine kleine Wunde und sichert die Knospe vor dem Eintrocknen. Auf jeden Fall ist zu vermeiden, daß der Schnitt tiefer ansetzt, als die gegenüberliegende Knospenbasis liegt.

Der Schnitt sollte nicht durch das Internodium (Teilstück zwischen den Blattknoten) führen, weil dann ein mehr oder weniger langer, zurücktrocknender Zapfen stehenbleibt. Doch in dieser gutgemeinten Vorschrift steckt auch eine Portion Theorie. Wenn die Arbeit flott vorangehen soll, läßt sie sich kaum befolgen. Je wertvoller ein Gehölz, desto mehr gilt es, die goldenen Regeln zu berücksichtigen.

Bei einem Rückschnitt in mehrjähriges Holz läßt sich die Regel, auf eine Knospe zu schneiden, nicht erfüllen. Man wird aber hier, wenn eben möglich, über einem Seitenzweig schneiden. Bei radikalem Rückschnitt, z. B. bei der Gestaltung von Mehrfachstammformen (s. Seite 109 ff.), ist man gezwungen, an einer Stelle durch den Stamm zu schneiden. Man kann jedoch hier erwarten, daß schlafende Knospen austreiben. Weitere Hinweise zum Schneiden der Triebe, Zweige und Äste werden im Kapitel Instandhaltungsschnitt, Seite 125 ff., gegeben.

Junge, weiche Triebe werden pinziert bzw. entspitzt (s. Abb. Seite 72). Darunter versteht man ein Auskneifen der jungen weichen Triebspitzen mit den Fingernägeln oder einer Pinzette. Ein Pinzieren ist vor allem da angebracht, wo eine dichtere Verzweigung und kleinere Blätter erwünscht sind.

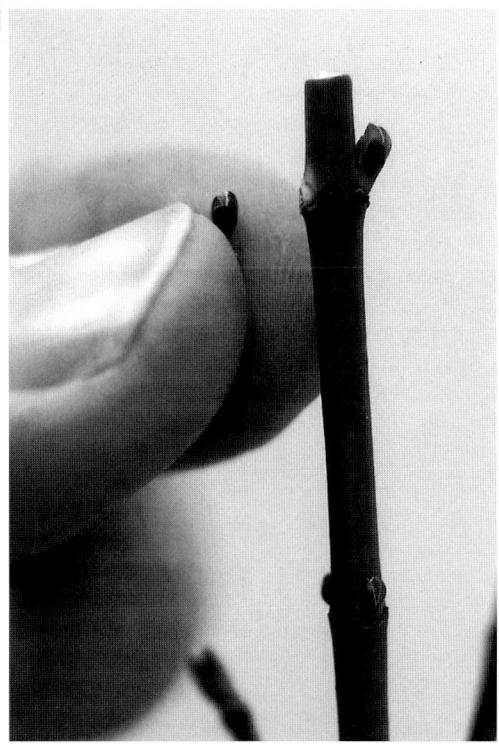

Da eine gegenständige Zweigstellung unerwünscht ist, wird beim Ahorn eine der paarweise angeordneten Knospen pinziert.

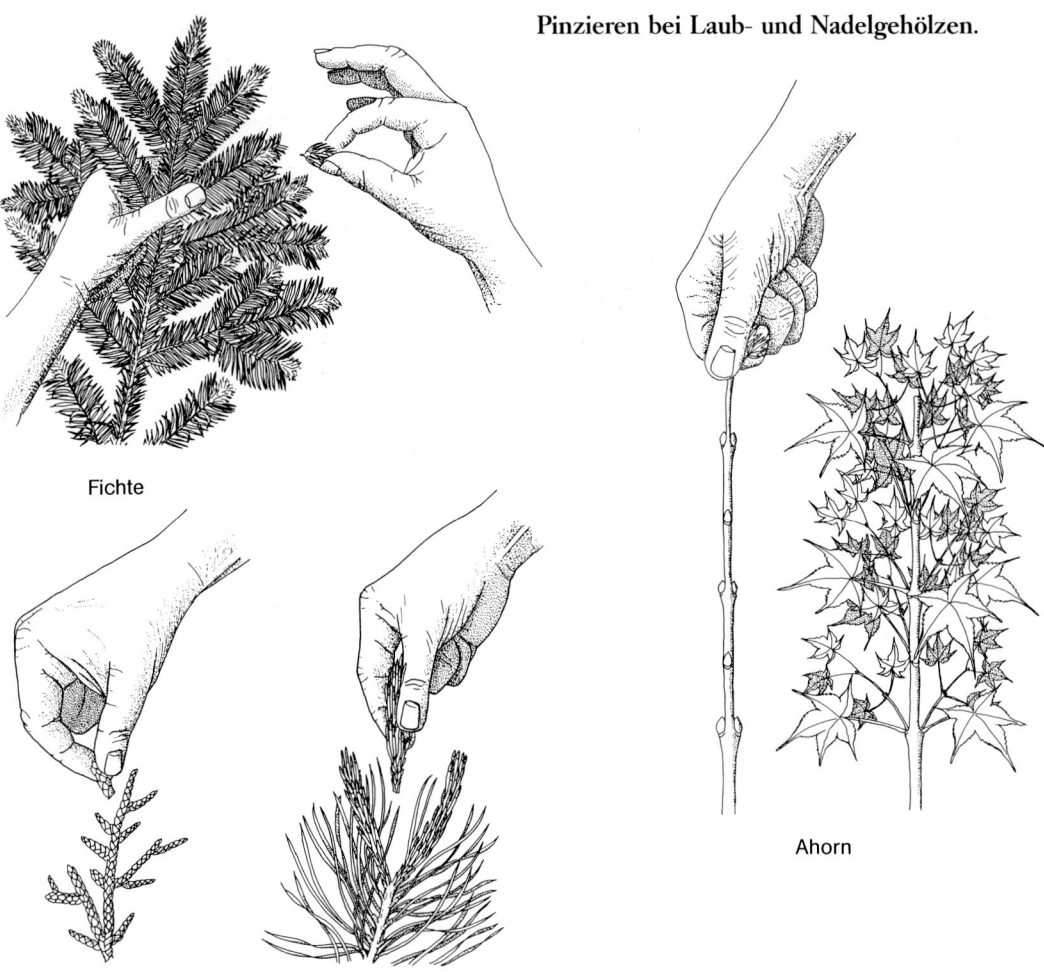

Pinzieren bei Laub- und Nadelgehölzen.

Fichte

Wacholder

Kiefer

Ahorn

Durch ein Pinzieren erreicht man einen besseren Aufbau der Pflanzen. So stellt man im Frühjahr insbesondere nach einem stärkeren Rückschnitt bei Laubgehölzen häufig fest, daß der Neuaustrieb schnell aufschießt, ohne daß Seitentriebe austreiben. Entspitzt man zeitig, bevor das Streckungswachstum erst richtig einsetzt, wird das Gehölz gezwungen, sich gleich zu Anfang besser aufzubauen. Anstatt nur an der Spitze weiterzuwachsen, werden gleichzeitig Seitentriebe ausgebildet. Pinzieren bewirkt außerdem kleinere Blätter. Denn ein frühzeitiges Entfernen der Gipfelknospe führt zum Austrieb der Knospen in den Blattachseln am

Ast oder Zweig, so daß sich die Blattmasse mindestens verdoppelt. Die größere Blattmasse muß sich die vorhandenen Nährstoffe teilen, die Blätter bleiben kleiner.

Insbesondere bei den Nadelgehölzen spielt das Entspitzen mit den Fingern eine große Rolle, denn die Schere darf nur an bereits verholzten Trieben eingesetzt werden, das heißt zum Auslichten und Entfernen unerwünschter Zweige. Junge Triebe werden wie bei den Laubgehölzen bald nach ihrem Erscheinen durch Abdrehen oder Abknipsen ganz entfernt oder nur so weit eingekürzt, wie die Zweige wachsen sollen. Auch hier kann das richtige Entfernen einzelner Knospen Einfluß auf die Wuchsrichtung nehmen.

Die Technik des Entspitzens funktioniert nicht nur im Frühjahr, sondern die ganze Wachstumsperiode hindurch. Sie dient ebenso als einfaches Mittel zur Erhaltung der Form und verhindert, daß Bonsai mit herausgestalteter Grundform struppig werden. Dies kann der Fall sein, wenn man die Triebe zunächst wachsen läßt und sie erst dann mit der Schere beschneidet.

Zeitpunkt. Der Zeitpunkt der einzelnen Schnittmaßnahmen hängt im wesentlichen vom Wachstumsrhythmus der Gehölze, bedingt durch die jährlich immer wiederkehrenden Wachstums- und Ruhezeiten, ab.

Das Wachstum verläuft während der Vegetationsperiode im Sproß (und auch in der Wurzel) nicht gleichmäßig. Der stärkste Zuwachs (Länge in Zentimeter pro Tag) erfolgt von Mitte Mai bis Anfang Juni. Danach tritt eine Zeit geringeren Längenzuwachses ein, die bei einigen Laubgehölzen etwa um den Johannistag (24. 6.) durch eine neue Periode stärkeren Wachstums abgelöst wird (s. Seite 64). Eine kurze Ruheperiode zwischen diesen beiden Phasen ist anscheinend notwendig, um die notwendigen Impulse für die Anlage der nächstjährigen Blütenknospen zu geben.

Bei manchen Arten hört das Wachstum erst im Oktober ganz auf, bei guten Kulturbedingungen auch erst nach dem ersten Frost. Den Impuls zum Triebabschluß gibt der kürzer werdende Tag. Im Oktober–November steuert das Gehölz einen Ruhezustand an, der von Mitte November bis Mitte Dezember als eine Spanne absoluter Winterruhe anhält, die durch Umweltbedingungen nicht gebrochen werden kann.

Dieser Wachstumsrhythmus gilt für einige Nadelgehölze, z.B. die japanische Schwarzkiefer *(Pinus thunbergiana)*, und die Jedofichte *(Picea jezoensis)* nicht. Wenn nicht geschnitten oder pinziert wird, treiben sie nur einmal im Jahr aus. Es gibt aber auch eine Reihe von Nadelbäumen, unter anderem die Scheinzypresse, die die ganze Vegetationszeit hindurch neuen Zuwachs bekommt.

Bei der Eiche ist die Rotfärbung der Blätter typisch für den Johannistrieb.

Die jährlichen Wachstumsrhythmen greifen natürlich bei Pflanzen, die ständig beschnitten oder pinziert werden, um sie in »Form« zu halten, nicht in dem Maße wie bei den Gehölzen in der freien Natur ein. Ein Gehölz, welches ständig beschnitten wird, hält sich deshalb nicht an die Wachstumsperioden innerhalb des Jahreslaufs, weil es seine verlorengegangenen Organe wieder zu ersetzen versucht. Dies gilt allerdings nur für die eigentliche Wachstumsperiode (Frühjahr bis Herbst). In der Zeit der eigentlichen Wachstumsruhe im Winter wird ein Gehölz durch Beschneiden nicht zum Austrieb angeregt.

Der günstigste Zeitpunkt für die Schnittmaßnahmen hängt im wesentlichen von der Gehölzart und der Art des Schnittes ab. Für den Form- oder Aufbau- und den Auslichtungsschnitt erscheint aus physiologischer Sicht der »Winterschnitt« richtiger. Durch die Ruhe vertragen ihn die Pflanzen leichter und haben Gelegenheit, die Wunde, wenn auch vorerst provisorisch, zu verschließen. Zum anderen lassen sich bei allen laubabwerfenden Gehölzen im winterkahlen Zustand die erforderlichen Maßnahmen viel besser und klarer erkennen. In der Regel werden formende Schnittmaßnahmen durchgeführt, wenn die Zeit der Wachstumsruhe zu Ende ist. Dann beginnt der Saft zu steigen, die Pflanze steht unmittelbar vor dem Höhepunkt ihrer Wachstumskraft. Dies ist im allgemeinen Ende März–Anfang April der Fall, wenn keine stärkeren Fröste mehr zu befürchten sind. Bei Arten, deren Saft bereits sehr früh zu steigen beginnt und die bei Verletzungen stark bluten, schneidet man schon etwas früher. Dies gilt z. B. für Ahorn und Birke. Hat man diesen Termin versäumt, ist es besser, bis zum Sommer zu warten, da dann die Wunden nicht bluten und leichter und schneller verheilen. Frostempfindliche oder gar frostgeschädigte Bonsai schneidet man erst dann, wenn die Knospen zu schwellen beginnen und man sehen kann, welche Triebe noch leben. Wer bei Temperaturen über 0° C überwintert, der kann den ganzen Winter ohne Risiko schneiden.

Bei Bonsai mit Blüten- oder Fruchtschmuck (Kirsche, Aprikose und Apfel) wartet man mit dem Schnitt der Äste und Zweige bis nach der Blüte.

Ein Schnitt der feinen Verzweigungen zur Erhaltung der Form (Erhaltungsschnitt s. Seite 125 ff.), muß in der Regel während der gesamten Wachstumszeit erfolgen. Man beginnt mit dem Einkürzen der jungen Triebe im April und setzt es fort, solange sich neue Triebe bilden.

Auch Triebe, die zufällig oder an ungewöhnlicher Stelle erscheinen, wird man in der Regel im Laufe der Wachstumszeit entfernen, es sei denn, es wäre zusätzliches Blattwerk an dieser Stelle erwünscht. In solchen Fällen wird man zunächst prüfen, ob der Trieb die gewünschte Funktion erfüllen kann. Im Herbst erscheint ein Pinzieren der Gipfelknospen bei den Arten angebracht, die infolge zu langen Wachstums in den Herbst hinein nicht richtig ausreifen, das heißt krautig bleiben und dann leicht durch Frost geschädigt werden. Pinzieren zur rechten Zeit begünstigt die Ausreife, das Verholzen der Triebe. Ein Datum dafür läßt sich schwer nennen, aber der richtige Zeitpunkt ist gekommen, wenn die Triebe ihr Wachstum verlangsamen. Die Winterhärte erhöht sich dadurch unmittelbar. Ein Pinzieren zu dieser Zeit begünstigt gleichzeitig die Ausbildung der Knospen in den Blattachseln. In gewissem Maße ist auch eine Beeinflussung in Hinsicht auf die Blütenknospenbildung möglich: Pinzierte Triebe setzen williger Blütenknospen an als unpinzierte.

Behandlung der Schnittwunden. Mit jedem Schnitteingriff ist eine Verletzung pflanzlichen Gewebes verbunden, dem die Pflanze durch die Bildung eines speziellen Wundgewebes zu begegnen versucht. Dadurch soll verhindert werden, daß parasitische Pilze eindringen, die das Holz möglicherweise zerstören. Dieses Wundgewebe wird vom offenliegenden Kambium gebildet, das zwischen Holz und Rinde austritt und die freie Schnittstelle zu überdecken versucht.

Das recht unterschiedliche Tempo der Kallusbildung hängt vom Alter und der Wüchsigkeit der Baumart ab. Eine Wunde ist erst nach vollkommener Überwallung wirklich geheilt.

Um den Pflanzen diesen Vorgang zu ermöglichen, ist ein sauberer Schnitt Voraussetzung; abgerissene Rinde bildet keinen Kallus. Scharfe Werkzeuge ermöglichen dies. Gesägte Wunden werden mit einem scharfen Messer glatt nachgeschnitten.

Eine besondere Wundbehandlung bei kleinen Schnittwunden mit einem Durchmesser bis 2 mm ist normalerweise nicht notwendig. Zu den Ausnahmen gehört der empfindliche Ginggo, bei dem man auch kleine Schnittstellen versorgen sollte. Je älter der Baum und je größer die Wunde, um so wichtiger ist die Versorgung mit Wundverschlußmitteln. Sie schließen die Wunde bis zur endgültigen Überwallung von der Außenluft ab und schützen sie damit vor

Bei größeren Schnittstellen empfiehlt sich eine Behandlung der Wunden mit einem Wundverschluß-mittel.

Infektionen. Auch für Bonsai erwies sich das Wundverschlußmittel Lac-Balsam als besonders geeignet. Dieses als »künstliche Rinde« bezeichnete Präparat ist zu jeder Zeit streichfähig, elastisch und sehr dauerhaft. Das Kallusgewebe kriecht im Laufe der Zeit über die Fläche hinweg und schließt das Präparat schließlich ein.

Gestaltung durch Drahten

In vielen Fällen lassen sich Bonsai allein durch Schnittmaßnahmen gestalten. Sollen jedoch Äste eines Baumes im Wuchs korrigiert oder soll der Stamm eine Krümmung erhalten oder geradegerückt werden, benötigt man weitere Techniken. Dazu gehört unter anderem das Drahten. Nicht verschweigen wollen wir die Gefahr, die im Drahten liegt. Da gedrahtete Äste, Zweige und Stämme sich in alle Richtungen biegen lassen, kommt es nicht selten zu willkürlichen und skurrilen Baumformen, die

nichts mehr mit natürlichen Baumformen gemeinsam haben. Daher sollte man das Drahten lediglich anwenden, um die Gestalt noch weiter zu verbessern bzw. um Fehler in der Ast- und Stammstruktur zu korrigieren. Das heißt, man sollte das Drahten nicht als Universalmethode der Formgebung ansehen, sondern es sinnvoll in Verbindung mit anderen Gestaltungstechniken einsetzen.

Die Technik des Drahtens ist im Prinzip sehr einfach. Der zu korrigierende Stamm, Ast oder Zweig wird mit Draht umwickelt und anschließend in die gewünschte Form oder Richtung gebogen. Die Pflanze ist dadurch gezwungen, in dieser vorgegebenen Richtung weiterzuwachsen. Nach einer gewissen Zeit hat sich die neue Linienführung fixiert, und der Draht wird wieder entfernt. Er bleibt also nur so lange an der Pflanze wie unbedingt erforderlich. Wächst der Draht ein, läßt er sich nur sehr schwer wieder entfernen und hinterläßt über sehr lange Zeit

Der Draht soll der Rinde eng anliegen, darf sie aber nicht verletzen oder eindrücken, wie es bei der Pflanze im Bild geschehen ist.

deutliche Spuren, die nur schwer verwachsen. Bleibende Schäden sind nicht ausgeschlossen. Auf jeden Fall werden die Schönheit und der Wert des Bonsai gemindert.

Ist man mit einer gewünschten Richtungsänderung nach dem Entdrahten noch nicht zufrieden, wird erneut ein Draht angelegt. Eine durchgeführte Korrektur läßt sich nicht mehr oder nur sehr schwer rückgängig machen.

Im allgemeinen bemüht man sich aus ästhetischen Gründen, die Drahtung so anzulegen, daß keine Narben entstehen. Aber es gibt Bonsaigärtner, die diesen Effekt als kreatives Mittel der Gestaltung absichtlich herbeiführen. Ihrer Meinung nach wirkt ein junger Bonsai durch ein paar Narben an der richtigen Stelle älter und erhält Charakter.

Der Zeitpunkt des Drahtens hängt im wesentlichen von der jeweiligen Pflanzenart ab. So kann die Mädchenkiefer von Frühjahr bis Herbst gedrahtet werden; Scheinzypresse, Ze-

der und Fichte kann man auch im Winter drahten. Laubbäume werden gedrahtet, wenn sie aus der Wachstumsruhe erwachen.

Neben Gehölzen, die sich relativ gut drahten lassen, gibt es eine Reihe von Arten, bei denen Vorsicht geboten ist. Zu diesen gehören unter anderem Arten aus der Gattung *Prunus* wie Kirsche, Pfirsich und Aprikose. Während der Wachstumsruhe ist ihr Holz sehr brüchig, in der Wachstumszeit wird die Rinde weich. Hier besteht die Gefahr, daß die Rinde sich verschiebt. Bei diesen Arten greift man besser auf andere Gestaltungstechniken zurück.

Drahtsorten. Zum Drahten gehört ein sowohl geschmeidiger als auch ausreichend fester Draht, um den Ast oder Stamm in der späteren Position zu halten. Der Japaner verwendet traditionsgemäß Kupferdraht. Der europäische Bonsaigärtner verwendet in der Regel eloxierten Aluminiumdraht. Nichteloxierter Aluminiumdraht eignet sich ebenfalls, er fällt aber gegen-

76

über eloxiertem sehr auf. Gelegentlich wird auch plastikummantelter Eisendraht verwendet. Blanker Eisendraht erweist sich als ungeeignet. Er ist zwar verhältnismäßig billig, rostet aber und hinterläßt deutliche Spuren auf der Rinde. Auch bei feuerverzinktem Eisendraht ist Vorsicht geboten, da es im Laufe der Zeit zur Lösung des Zinkbelages kommen kann. Damit geht eine Überdüngung mit dem Spurenelement Zink einher. Eine Schädigung der Pflanzen ist dabei nicht ausgeschlossen. Letztendlich spielt bei der Frage, welchen Draht man verwenden sollte, die Kostenfrage eine nicht unerhebliche Rolle. So ist Kupferdraht relativ teuer. Auf Baustellen hinterlassen aber Elektriker nicht selten große Mengen von Leitungsresten, die für sie selbst wertlos sind und häufig in den Müll wandern, dem Bonsaigärtner aber noch gute Dienste leisten.

Die Stärke des zu verwendenden Drahtes wird von der Spannung der Stämme, Äste und Zweige bestimmt, die zu überwinden sind, um den Trieben eine neue Wuchsrichtung zu geben. Der richtige Draht ist der, der ausreicht, einen Ast in der gewünschten Position zu halten. Zu starker Draht sieht nicht nur unschön aus, sondern ist auch schwierig zu wickeln und kann Schäden verursachen, wenn er entfernt wird.

Der gut sortierte Fachhandel bietet Drahtstärken von 1 mm Durchmesser jeweils um 0,5 mm zunehmend bis 5 mm Durchmesser an. Diese Drahtstärken reichen im allgemeinen aus, um alle erforderlichen Gestaltungsmaßnahmen befriedigend zu lösen, zumal sich durch Kombination von zwei Drähten die nötigen Abstufungen verfeinern lassen.

Die Bestimmung der richtigen Drahtstärke erfordert ein gewisses Gefühl für die Elastizität der zu drahtenden Äste. Die Äste der einzelnen Baumarten leisten logischerweise der Drahtung unterschiedlichen Widerstand. Die Abbildung zeigt eine einfache Methode, um die richtige Drahtstärke zu bestimmen.

Wenn ein Baum eine dünne und empfindliche Rinde hat oder wenn der Ast noch sehr jung ist, umwickelt man den Draht zuvor mit Kreppapier. Bei besonders steifen Ästen oder Stäm-

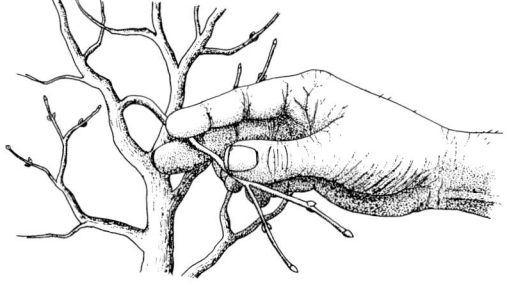

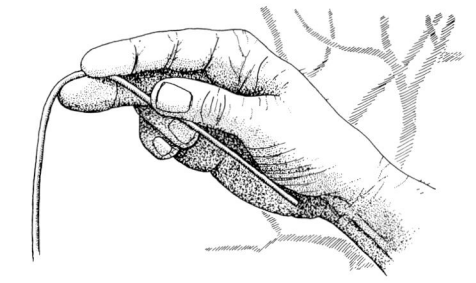

Bestimmung der richtigen Drahtstärke. Setzt der Draht etwas mehr Druck als der überprüfte Ast entgegen, so hat man die richtige Drahtstärke gefunden.

men, die sich nur schwer verformen lassen, ist es ratsam, die Formänderung nach und nach herbeizuführen. Äste und Stamm werden geschmeidiger, wenn man sie vorher zwei- oder dreimal in die angestrebte Form biegt.

Drahten des Stammes. Der Stamm eines Baumes ist mehr als nur der Haltepunkt für Äste. Er ist der Hauptgestaltungspunkt eines Bonsai. Ist der Stamm einmal in seine endgültige Form gebracht, so ergibt sich die Gestaltung der Äste und Zweige fast von selbst. Er bildet auch den Ausgangspunkt der Drahtung. Selbst wenn seine Wuchsrichtung nicht geändert werden soll, dient er der Verankerung der Drähte, um Äste oder Zweige zu drahten. Gedrahtet wird immer in Wuchsrichtung, also von unten nach oben. Dies gilt sowohl für den Stamm als auch für die Äste. Da der Draht spiralförmig angelegt wird, muß dieser um ein Drittel länger sein als der Trieb, da durch die Windungen mehr Draht benötigt wird.

Gestaltung von drei Grundformen mit Hilfe des Drahtens. Ausgangspflanze.

Ausgangspflanze, zu einem geraden Stamm gestaltet.

Ausgangspflanze, zu einer Kaskadenform gestaltet.

Ausgangspflanze, zu einem gewundenen Stamm gestaltet.

Drahten des Stammes.

Der Draht wird in der gewünschten Länge zurechtgeschnitten und das eine Ende auf der Vorder- oder Rückseite des Stammes in die Erde bis zum Schalenboden geschoben (s. Abb.). Mit einer Hand hält man das untere Ende des Drahtes fest und preßt es an den Stamm, mit der anderen Hand faßt man das andere Ende und dreht den Draht in gleichmäßigen Windungen spiralförmig um den Stamm. Ob man links- oder rechtsherum wickelt, ist ohne Bedeutung. Die einzelnen Windungen sollten einen Winkel von etwa 45° bilden.

Zu weit auseinanderliegende Windungen geben keinen Halt, zu eng gewickelte können Narben hinterlassen. Der Abstand wird um so kleiner gewählt, je größer der Widerstand ist, den ein Ast einer Wuchsänderung entgegensetzt. Der Draht soll der Rinde eng anliegen (die

Rinde gerade berühren), darf sie aber nicht verletzen oder eindrücken (s. Abb. Seite 76). Wird der Draht zu eng angelegt, wird die Pflanze geschwächt, dünne Triebe können sogar absterben. Man kann es am eigenen Finger ausprobieren, wie das Verhältnis Spannung – Zwischenraum am besten ist (s. Abb. Seite 80). Man umwickelt den gestreckten Finger mit Draht, so daß der Draht beim Krümmen des Fingers beginnt, sich einzudrücken. Schmerzt der Finger beim Krümmen, hat man zu fest gedrahtet.

Wird doppelt gedrahtet, wickelt man die Drähte getrennt auf, aber so, daß sie dicht beieinander liegen. Die Drahtenden werden schließlich umgebogen, um einer Verletzungsgefahr vorzubeugen.

Der Stamm wird gebogen, indem man die Daumen an die Stelle mit konkaver Biegung legt

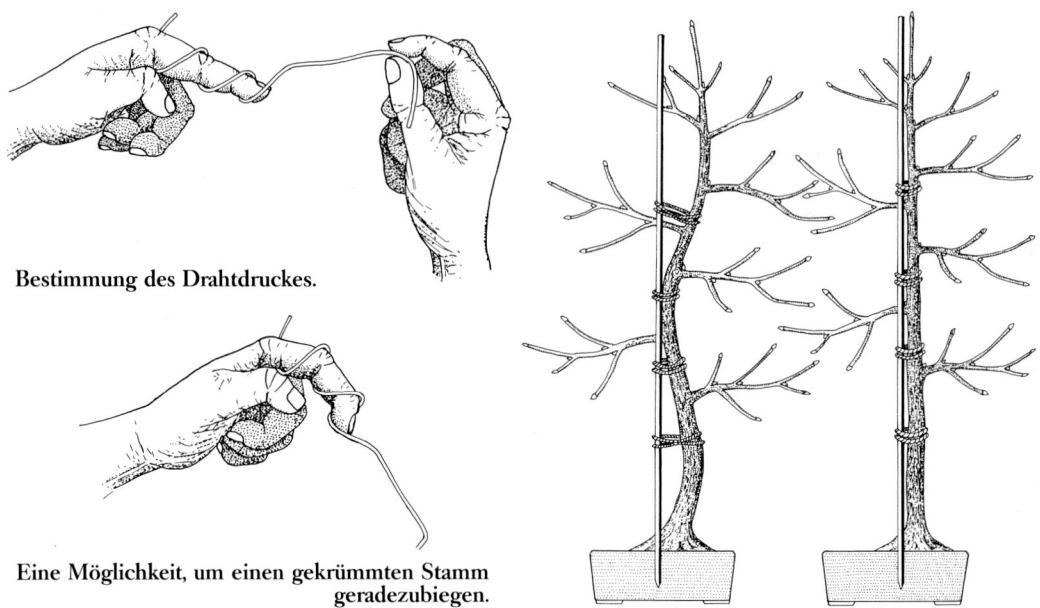

Bestimmung des Drahtdruckes.

Eine Möglichkeit, um einen gekrümmten Stamm geradezubiegen.

und die Finger an die konvexe Wölbung. Auf diese Weise bringt man den Stamm schließlich sehr vorsichtig in die gewünschte Form.

Man achte beim Drahten immer auf Risse in der Rinde, die an den konvexen Biegungen auftreten können, und auf knarrende Geräusche. Wenn man das eine oder andere bemerkt, dann reicht es der Pflanze.

Oft will man einen Stamm nicht krümmen, sondern geradebiegen. Hierzu genügt in der Regel starker Draht. Eine andere Möglichkeit besteht darin, eine starke Metallstange oder einen Holzstab zu verwenden, die am Stamm festgebunden werden (s. Abb.).

Drahten der Äste und Zweige. Im Anschluß an den Stamm drahtet man zunächst die unteren Äste, bevor man die oberen in Angriff nimmt.

Bei den Ästen ist so zu verfahren, wie es für den Stamm beschrieben wurde (s. Abb.). Um Halt zu bekommen, wird der Draht mit vier bis fünf Windungen am Stamm befestigt. Bei Zweigen, die eng beieinander bzw. sich gegenüber stehen, verwendet man nur einen Draht. Er wird an der Astgabel gesichert, hinten um den Stamm herumgeführt und um den anderen Ast gewickelt.

Beim Drahten wird auf Knospen und Blätter geachtet, damit diese nicht beschädigt werden oder unter den Draht zu liegen kommen (bei Nadelbäumen kann dies etwas schwierig sein).

Als Fixierungspunkt für die unteren Astpartien dient der Wurzelballen. Dazu sticht man den Draht direkt am Stammansatz in den Wurzelballen und windet ihn parallel zum Hauptdraht, mit dem der Stamm gedrahtet wurde, hoch. Dann verläßt man den Stamm, um in die Verzweigungen überzugehen. Bricht ein Ast durch die Drahtung, kann er in der Regel gerettet werden, wenn die Rinde an einer Seite in der ganzen Länge noch intakt ist. Er wird zunächst behutsam in die frühere Position gebracht, geschient und mit Bast umwickelt, der nach zwei bis 3 Monaten wieder entfernt wird. Bei besonders starken Ästen, deren Biegung nach unten Schwierigkeiten bereitet, schneidet man das Holz am Scheitelpunkt der Biegungsstelle etwas ein (s. Abb. S. 82). Dadurch entstehen beim Biegen geringere Spannungen, der Ast bricht nicht so leicht ab. Der Einschnitt sollte möglichst flach und klein sein, denn kleine Wunden heilen rascher. Bei größeren Einschnitten kann sich das Holz beim Biegen spalten.

Manche im Handel angebotenen Pflanzen gleichen eher einem Drahtknäuel als einem Bonsai.

Entdrahten. Es ist nicht einfach, den Zeitpunkt zu bestimmen, wann der Draht wieder entfernt werden muß. In erster Linie hängt dies von der Wachstumsgeschwindigkeit der Pflanzenart ab und variiert von Pflanzenart zu Pflanzenart. Eine Faustregel besagt, daß der Draht bei jungen Bäumen nach 3 bis 4 und bei älteren und langsamer wachsenden Baumarten nach 6 bis 8 Monaten wieder entfernt werden sollte. Diese Zeitangaben gelten vor allem für Laubgehölze. Nadelgehölze benötigen in der Regel mehr Zeit für eine Umformung. Wenn ein Draht in die Rinde einzuschneiden beginnt, wird es höchste Zeit, ihn zu entfernen.

Ein Draht, der heute noch locker sitzt, liegt vielleicht in einem Monat schon zu stramm an. Durch den Druck auf die Rinde können sich sehr rasch Narben bilden. Der Draht kann sogar in die Rinde einwachsen und den Saftfluß behindern. Bleibende Schäden sind dann nicht ausgeschlossen. Deshalb ist es immer besser, erneut zu drahten, wenn die gewünschte Richtungsänderung noch nicht erreicht ist, als den Draht einwachsen zu lassen.

Das Entdrahten hat mit größter Vorsicht zu geschehen. Logischerweise ist das Entdrahten der umgekehrte Vorgang des Drahtens. Man beginnt mit dem Ausdrahten der oberen Äste und Zweige und arbeitet sich langsam nach unten.

Als Werkzeug benötigt man in der Regel eine Drahtzange und eine Entdrahtungszange. Die Drahtzange ähnelt in ihrer Konstruktion einem Seitenschneider, wie wir ihn aus verschiedenen Handwerksbereichen kennen. Mit ihr läßt sich der Draht an der Pflanze durchschneiden, ohne die Pflanze zu verletzen. Die Schneiden gestatten ein sauberes Durchtrennen selbst bei dicht an der Rinde anliegendem Draht, ohne die Rinde zu verletzen. Die Entdrahtungszange dient dazu, den Draht zu greifen und vom Stamm oder von den Ästen abzulösen.

Dünne Drähte lassen sich vorsichtig abwickeln. Dabei schneidet man des öfteren die Enden kurz, um nicht mit einem langen Drahtende im Baum arbeiten zu müssen. Dickere Drähte entfernt man sicher und ohne Verletzungsgefahr für den Bonsai, indem man den Draht segmentweise durchtrennt. Man schneidet ihn alle

Drahten der Äste und Zweige.

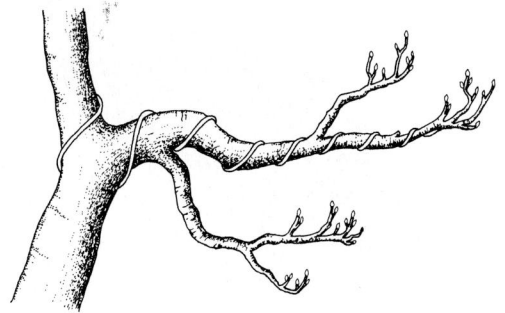

Beim Drahten ist darauf zu achten, daß keine Blätter, Nadeln oder kleine Triebe mit eingewickelt werden.

Soll der Ast nach oben gebogen werden, beginnt man mit der Drahtung von oben.

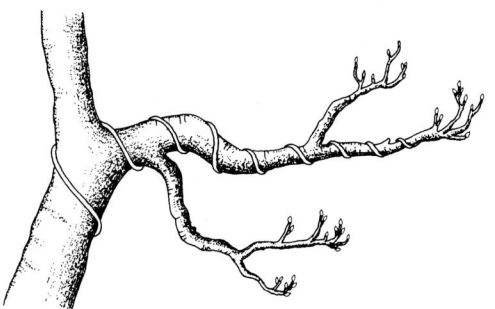

Soll der Ast nach unten gebogen werden, beginnt man mit der Drahtung von unten.

Falsch! Hier wurde zu locker gedrahtet.

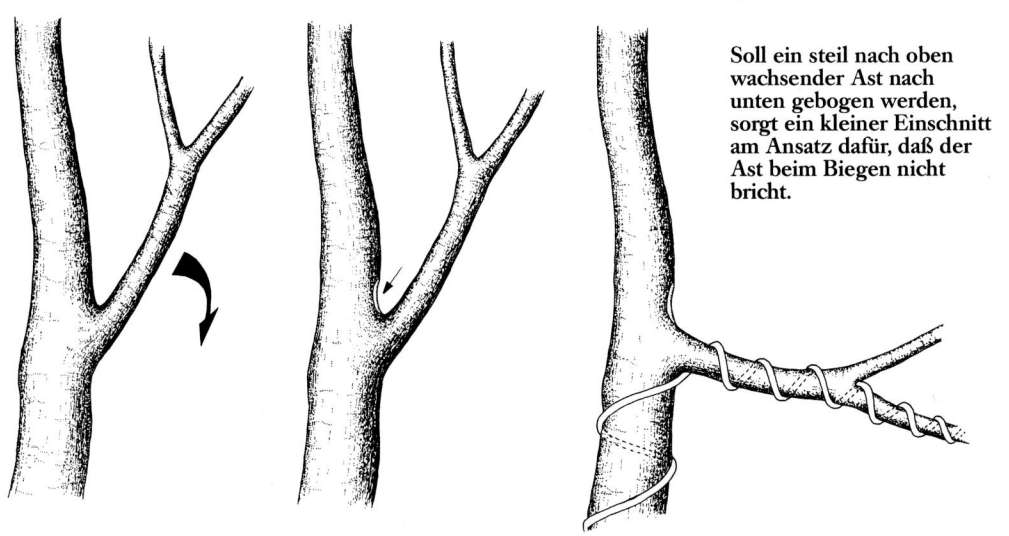

Soll ein steil nach oben wachsender Ast nach unten gebogen werden, sorgt ein kleiner Einschnitt am Ansatz dafür, daß der Ast beim Biegen nicht bricht.

**Andere
Gestaltungs-
techniken.**

ein bis anderthalb Windungen durch, so daß er dann meist von alleine abfällt.

Bei eingewachsenem Draht, den man nur schwer ohne größere Verletzungen entfernen kann, werden Entlastungsschnitte im Draht vorgenommen, um die Längsspannung aus dem Draht zu nehmen. Dann kann man den Draht an diesen Stellen im Stamm und in den Ästen auch belassen. Dies ist besser, als durch Abwikkeln jahrelange Arbeit aufs Spiel zu setzen.

Äste oder auch Teile des Stammes können dort absterben, wo der Draht um den Trieb herum ringförmig angelegt ist. Wenn sich etwa mehrere Drähte überlagern, zum Beispiel wenn der Stamm gedrahtet ist und darüber ein weiterer Draht zum Drahten von Ästen gelegt wurde. Verläuft der Draht spiralförmig nur in eine Richtung, werden die Leitungsbahnen zwar eingeengt, doch läuft der Saftstrom weitgehend ungehindert.

Es ist eine Illusion, das Drahten brächte ein beschleunigtes Dickenwachstum. Jeder, der sich näher mit dem Wachstum der Pflanzen beschäftigt hat, wird dies bestätigen (s. auch Seite 139).

Kommt es beim Entdrahten zu einer Verletzung der Rinde, wird mit »künstlicher Rinde« behandelt (s. Seite 75). Sollten Zweige, Äste oder der Stamm nach dem Entfernen des Drahtes wieder in die alte Position zurückgehen, wird ein neuer Draht angelegt.

Andere Gestaltungstechniken

Gewichte, Spannschnüre und Klemmhölzchen können das Drahten teilweise ersetzen (s. Abb. auf Seite 83). Bei Verwendung von Spannschnüren wird eine Schnur oder ein Draht an einen Ast geknotet und in gespannten Zustand zu einem anderen Befestigungspunkt geführt. Dies kann der Stamm sein, das Pflanzgefäß oder ein anderer Ast.

Ein Befestigen der Schnüre an der Bonsaischale ist oft schwierig. Man kann sich helfen, indem man etwas stärkere Drähte durch die Abzugslöcher der Schale führt und mit Holz- oder Metallstäbchen sichert. An den aus der Erde herausschauenden Drahtenden werden dann die Schnüre befestigt.

Eine andere Möglichkeit besteht darin, die Spannschnüre am Stamm anzubringen und den oder die Äste mit einer gespannten Schnur nach unten zu binden.

Man kann aber auch an die Schnur- oder Drahtenden Gewichte hängen, die ausreichen, um die gewünschte veränderte Linienführung herbeizuführen. Die Gewichte müssen die richtige Schwere haben. Gut bewährt haben sich kleine, mit Sand gefüllte Plastiksäckchen, deren Gewicht sich durch Vermehrung oder Verringerung der Sandmenge variieren läßt. Auch Lot- und Senkbleie, wie sie der Fachhandel für Angelsport in verschiedenen Gewichten anbietet, sind geeignet.

Ob nun Schnur oder Draht verwendet wird, ist jedem selbst überlassen, gut geeignet sind Nylonschnüre, weil man sie kaum sieht. Wichtig ist in jedem Fall eine gute Verankerung, um ein Verrutschen zu verhindern. Auch muß die Stelle, an der die Schnur am Ast befestigt wird, mit Schaumgummi, weichem Stoff oder ähnlichem Material gepolstert werden, um Verletzungen der Rinde zu vermeiden.

Stehen zwei Stämme oder zwei Äste in einer Gabelung zu dicht beieinander, kann man sie durch Einklemmen eines Klemmhölzchens auseinanderbringen.

Zwei Stämme oder Äste, die zuweit auseinanderklaffen, kann man durch einen S-förmigen Haken zueinanderbiegen. Dies läßt sich auch mit Hilfe eines doppelt gespannten Drahtes erreichen, der durch einen kleinen Stab oder durch einen Nagel auf die gewünschte Länge zusammengedreht wird.

Außer den beschriebenen Korrekturhilfen für die Gestaltung sind noch andere denkbar. Jeder Bonsaigärtner kann für seine Zwecke eigene Gestaltungsmöglichkeiten erfinden bzw. entwickeln. So etwa das Verwenden von Netzen, die über die zu gestaltende Pflanze gespannt werden. Dieses Netz wirkt als »natürliche Methode« wie die Schneelast, die die Pflanzen des Hochgebirges im Winter zu tragen haben.

Baumformen – Bonsaiformen

Verschiedene Baumformen.

Kegelbaum (Fichte)

Schirmbaum (Kiefer)

Kugelbaum (Rotbuche im Freistand)

Eibaum (Rotbuche im Bestand)

Ausgangspflanzen für die Bonsaigestaltung sind in der Regel holzige Pflanzenarten, meist Bäume, seltener Sträucher. Stauden, Gräser und Farne, die in Bonsaischalen gezogen werden, sind mehr eine Spielart der Bonsaikunst und werden als Kontrapunkt zu den holzigen Pflanzenarten gestellt. Bäume sind uns in ihrer Gestalt und ihrem Aussehen ein vertrautes Bild. Was aber ist ein Baum? Im Grunde genommen ist die Bezeichnung Baum eine grobe Verallgemeinerung. Im Gegensatz zu diesem sind Begriffe wie Farn, Moos oder Gras sehr viel genauer, umfassen sie doch jeweils eine Gruppe verwandter Pflanzen. So gehört jedes Gras in die Familie der *Gramineae*, und jede Pflanze dieser Familie, ob nun zwergiges Rispengras oder riesiger Bambus, ist eine Grasart und leicht als solche zu erkennen. Bäume dagegen sind über die verschiedensten Pflanzenfamilien verstreut.

Für jeden von uns verbinden sich mit der Vorstellung von einem Baum ganz eindeutige Merkmale: ein holziges Gewächs, dazu ein kräftiger Stamm, der die Krone trägt, dieser Stamm kann sich zwar schon sehr weit unten verzweigen, jedoch muß dies oberhalb des Bodens erfolgen. Stammform und Stammstärke sowie die Höhe des Baumes können sehr variabel sein.

Büsche bzw. Sträucher, auch holzige Gewächse, zeichnen sich durch niederen Wuchs aus. Der Stamm fehlt ihnen und sie verzweigen sich im oder knapp über dem Boden. Allerdings sind die Grenzen zwischen Baum und Strauch oft verwischt. Es gibt hohe Büsche und kleine Bäume, und ein Baum, aus Stockausschlägen hervorgegangen, kann wie ein Busch aussehen. So ist der Weißdorn ein Baum, obwohl er hierzulande fast stets als niedriger, vielstämmiger Strauch zu sehen ist. Oft sind auch Standort- und Klimaverhältnisse ausschlaggebend, ob eine Pflanzenart wie ein Strauch oder wie ein Baum wächst.

Besonders schwierig wird es, wenn man bei dieser Betrachtung die vielen zwergwüchsigen Gartenformen (Sorten) und Varietäten der Laub- und Nadelgehölze miteinbezieht. Sind z.B. Nest- oder Kugelfichten schon deshalb Bäume, weil sie von »echten« Bäumen abstammen?

Jede Baumart hat äußerlich charakterisierende Eigenheiten. Das sind die Form der Krone, die Anordnung der Äste und Zweige, Rinde, Knospen, Blätter oder Blüten. Alle diese arttypischen Kennzeichen sind in den Erbanlagen festgelegt. Ein Baum trägt also – wie auch jedes andere Lebewesen – in sich eine speziell organisierte Ansammlung von Zellen und Geweben, deren Bauplan den Baum in seiner typischen Form entstehen läßt.

Die unendliche Formenvielfalt der Bäume läßt sich auf nur wenige Grundformen zurückführen. Man unterscheidet zwischen zwei Hauptgruppen: den Schopf- und den Wipfelbäumen.

Schopfbäume, die ausnahmslos in subtropischen und tropischen Zonen vorkommen, tragen an der Spitze (und nur dort) eines höheren verholzten Stammes einen dichten Schopf meist sehr großer Blätter (Wedel), das heißt, ihre Blattstiele entspringen alle unmittelbar dem Stamm. Typische Schopfbäume sind die Palmen, die Drachenbäume und die Baumfarne. Schopfbäume spielen in der Bonsaikultur im allgemeinen keine Rolle.

Unsere heimischen sowie die hierzulande kultivierten bzw. angepflanzten Bäume gehören ausnahmslos zu den Wipfelbäumen (s. Abb.). Wipfelbäume bilden durch reiche Verzweigung eine Krone, die bei den einzelnen Arten so typisch ist, daß man sie oft schon von weitem an ihrem Kronenumriß erkennen kann.

Da sind zum einen die »Kegelbäume«. Bei ihnen geht der Stamm, von dem bei einigen Pflanzenarten die Seitenäste in Quirlen abzweigen, bis hinauf zum Wipfel. Die eigentliche Kegelform ist fast ausschließlich auf die Nadelhölzer beschränkt und besonders ausgeprägt bei Fichten, Scheinzypressen und Mammutbäumen. Ebenso zeigen Roßkastanie, Buche, Ulme, Eiche und andere Laubgehölze kegelförmige Kronen. Auch bei ihnen geht der Stamm, zumindest in den Jugendjahren, bis hinauf zum Wipfel.

Eine andere Form der Wipfelbäume sind die »Schirmbäume«. Bei ihnen teilt sich der Stamm mehr oder weniger weit vom Gipfel entfernt in mehrere, meist gleichwertige Teilstämme (Leit-

oder Gerüstäste). Es bildet sich dann eine mehr oder weniger flache, schirmförmig ausgebreitete Krone. Allerdings variieren hier die Kronen im Umriß stark. Neben schirmartigen findet man eiförmige, kugelige, in seltenen Fällen auch kegelförmige Kronenformen.

Zwischen Kegel-, Kugel- und Schirmbäumen gibt es viele Übergänge, die häufig altersbedingt sind. So wachsen viele Nadelgehölze, wie Kiefer, Zeder, Lärche, Scheinzypresse und Wacholder, in der Jugend streng kegelförmig (pyramidal), um im Alter ihre Kronen zu öffnen. Sie werden locker und gefälliger und bekommen eine kugel- oder eiförmige Krone. Kiefer und Zeder entwickeln im Freistand schließlich ausgesprochene Schirmkronen(s. Abb. Seite 86). Breit ausladende Kronen kennen wir auch von frei stehenden Lärchen. Während Fichten bis ins hohe Alter ihre Kegelform bewahren, bilden Tannen eine an der Spitze leicht abgeflachte, nestförmige Krone aus.

Auch bei Laubgehölzen kennt man altersbedingte Übergangsformen. So bildet die Eiche zunächst einen markanten Hauptstamm aus, der sich von der Wurzel bis in den äußersten Gipfel fortsetzt. Nach 20 Jahren läßt sich aber kaum noch bestimmen, welches der Haupttrieb ist. Die Dominanz teilen sich alle Hauptäste, die das Licht erreichen können. Die Krone rundet sich bald und behält diese Form bei.

Es wurde schon darauf hingewiesen, daß in den Erbanlagen festgelegt ist, welche Form ein Baum erhält, und die jeweilige Baumart aus den Grundzügen dieses Bauplanes nicht ausscheren kann. Trotzdem ist die Baumgestalt nicht konstant. Jede Pflanze besitzt in hohem Maße die Fähigkeit, ihr Erscheinungsbild zu ändern und sich auf die standörtlichen Verhältnisse einzustellen. Sie kann ja einen ungünstigen Standort nicht verlassen, sondern muß sehen, wie sie mit den örtlichen Gegebenheiten, den Boden- und Klimaverhältnissen zurechtkommt. So haben auch die geographische Verbreitung und die Höhenlage eine beträchtliche Auswirkung auf die äußere Gestalt der Pflanzen. Dem Verbreitungsgebiet jeder Art hat die Natur Grenzen gesetzt. Wo Bäume an diese Grenzen stoßen oder sie sogar zu überschreiten versuchen, fin-

den sich zwergige Artgenossen in großer Zahl. Oft sind sie ihren Artgenossen in tieferen Lagen kaum noch ähnlich. Ein gutes Beispiel hierfür ist die Bergkiefer *(Pinus mugo)*. Im Hochgebirge bildet sie aufgrund der unwirtlichen Verhältnisse (kurze Vegetationszeiten, UV-Strahlen und Schneedruck) niederliegende, knieförmig gebogene Stämme aus, im Tal dagegen wächst sie baumförmig, einem kurzen Stamm sitzt eine kegelförmige Krone auf.

Wie wohl jeder weiß, kann die Umgebung die Form freistehender Bäume auch innerhalb derselben Art stark beeinflussen. Eine alleinstehende Kiefer oder Rotbuche (s. Abb. Seite 86) zum Beispiel unterscheidet sich völlig von den Artgenossen, die in engem Schluß im Wirtschaftswald aufwachsen. Die einzelnen Pflanzenarten sind also nicht nur allein Vertreter einer botanischen Gattung, sondern auch Zeugen ihres Standortes, der sie formte.

Die Erscheinungsbilder der Bäume in der freien Natur lassen sich praktisch nicht alle überblicken. Dies gilt somit auch für die Gestaltungsformen, deren sich der Bonsaigärtner bedienen kann. Geht man mit offenen Augen durch die Natur, entdeckt man Baumformen, die sowohl in diesem als auch in anderen Bonsaibüchern nicht als mögliche Gestaltungsform zu finden sind, die aber selbstverständlich als Vorbild dienen können.

Darüber hinaus muß man lernen zu erkennen, welche Gestaltungsmöglichkeiten in einer Baumart verborgen liegen und die Möglichkeiten seiner Neigungen entsprechend ausschöpfen. Zwei verschiedene Bonsaigärtner können demnach mit der gleichen Baumart ganz unterschiedliche Vorstellungen verbinden und trotzdem beide zu schönen Bonsai kommen.

Für die Kultur von Bonsai haben sich eine Reihe von Formen als praktikabel erwiesen, die von den Japanern entwickelt wurden und sich an den Baumformen in der freien Natur orientieren. Einige dieser Formen und deren Gestaltung werden nachfolgend näher beschrieben. Die Gestaltungshinweise sollte man aber nicht schablonenhaft anwenden, sondern als Richtschnur zur Gestaltung verstehen, von der Abweichungen durchaus möglich sind.

Acer palmatum 'Shindeshojo' wurde hier in einer natürlichen Baumform gestaltet, die durch den Kronen-umriß wirkt.

Die Gestaltungsformen lassen sich nach verschiedenen Gesichtspunkten einteilen, unter anderem nach der Form der Krone, nach der Stellung und Anzahl der Stämme, nach der Wuchsform der Zweige oder nach der Komposition.

Baumformen, die durch den Kronenumriß wirken

Diese Formen basieren auf den natürlichen Wuchsformen vieler Laubbäume, so z.B. der Zelkowe *(Zelkova)*, Ulme *(Ulmus)* oder Linde *(Tilia)*. Sie gehören mit zu den beliebtesten Baumformen der Bonsaigärtner. Von den traditionellen japanischen Bonsaiformen gehören in diese Gruppe die Besenform (Hoki-Zukuri bzw. Hokidachi), die Ball- oder Eiform (Tama-Zukuri), die Flammenform (Rosoku-Zukuri) und die Schirmform (Kasa-Zukuri).

Die Stammführung stellt für diese Baumformen einen wichtigen, aber nicht entscheidenden Faktor dar. Man kann diese Formen mit einem Stamm gestalten, der bis zum Wipfel durchgeht und an dem die Äste ringsum seitlich

Silhouette.

Variante mit durchgehendem Stamm.

Variante mit unterbrochenem Stamm.

Variante mit symmetrischer Astanordnung.

Variante mit asymmetrischer Astanordnung.

Natürliche Baumform (Eiche).

ansetzen und so wachsen, daß die Krone einem Besen, einem Ei, einer Kugel usw. ähnelt. Der Stamm kann sich aber auch nach einem Drittel der Gesamthöhe in mehrere Äste so aufgliedern, daß er im Umriß ebenso einem Besen, einem Ei, Kugel usw. ähnelt. An der Silhouette läßt sich im belaubten Zustand in der Regel nicht erkennen, ob es sich um einen durchgehenden oder unterbrochenen Stamm handelt.

Die Äste können sowohl symmetrisch als auch asymmetrisch angeordnet sein. Die symmetrische Beastung bildet die Regel bei der unterbrochenen Stammführung, ist aber auch bei der durchgehenden Stammführung möglich, wie die Abbildungen zeigen.

Bei der symmetrischen Beastung entspringen die einzelnen Äste einem zentralen Bereich. Bei der asymmetrischen Beastung wachsen die Äste nicht aus einer Ebene, sondern sind wechselständig entlang des Stammes ausgebildet und werden nach oben hin in der Regel immer kürzer.

Typischerweise bildet sich die Krone dieser Formen nach allen Seiten gleichmäßig aus. Eine solche Gleichmäßigkeit ist in der Bonsaigestaltung an sich verpönt. Einen gewissen Ausgleich stellt aber in diesem Punkt die Auswahl der Schale, die Position des Baumes in der Schale und nicht zuletzt die Gestaltung der Erdoberfläche dar. Die Wurzeln sollten kräftig ausgebildet in radialer Anordnung an der Oberfläche erscheinen, dabei ist es wichtig, daß die Wurzeln und Äste in der Art, wie sie dem Stamm entspringen, aufeinander abgestimmt sind.

Am Beispiel der Entwicklung einer Baumform mit besenförmiger und kugelförmiger Krone aus einem Sämling wollen wir den Entwicklungsprozeß näher darstellen. Mit gewissen Abweichungen (die insbesondere zeitlicher Natur sind) läßt sich dieses Beispiel auch auf vegetativ vermehrte oder gekaufte Baumschulpflanzen übertragen. Durch häufiges Stutzen stark verzweigte Pflanzen dienen als Ausgangsmaterial für die weitere Gestaltung.

Entwicklung einer Baumform
mit besenförmiger und kugelförmiger Krone aus einem
Sämling.

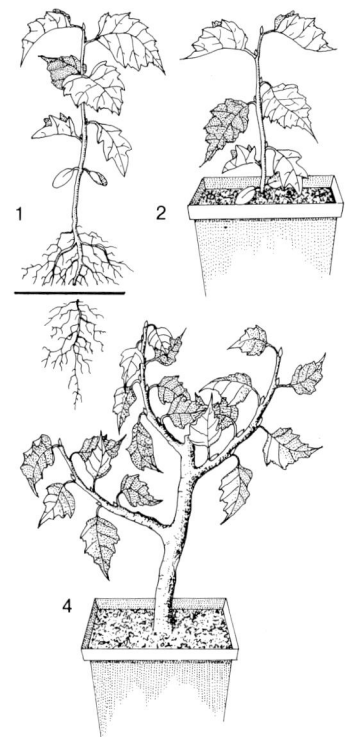

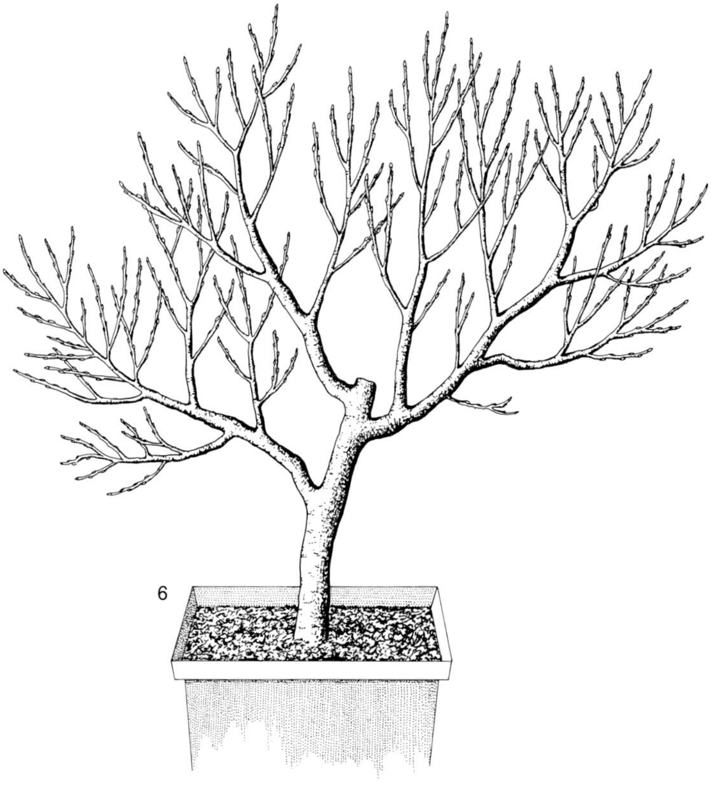

Nach dem Wurzelschnitt (1) wird
der Sämling eingetopft (2) oder
auf ein Beet im Garten ausgepflanzt. Die Spitze der Jungpflanze ist in der Höhe zu entfernen, in der erste Verzweigungen
gewünscht werden (3). Eine Gestaltungsregel besagt, daß bei
einem fertigen Bonsai ein Drittel
Stamm und zwei Drittel Krone
sein sollten. Mit diesem Schnitt
legt man praktisch die Endhöhe
fest. Entfernt man die Spitze in
beispielsweise 10 cm Höhe, entspricht dies einer Endhöhe von
30 cm. Durch wiederholtes Stutzen der Neuaustriebe während
der Vegetationszeit (4 und 5)
erhält man im Laufe der Zeit
stark verzweigte Pflanzen (6). In
dieser Phase braucht man beim
Schnitt noch keine Rücksicht auf
die Knospenstellung zu nehmen.

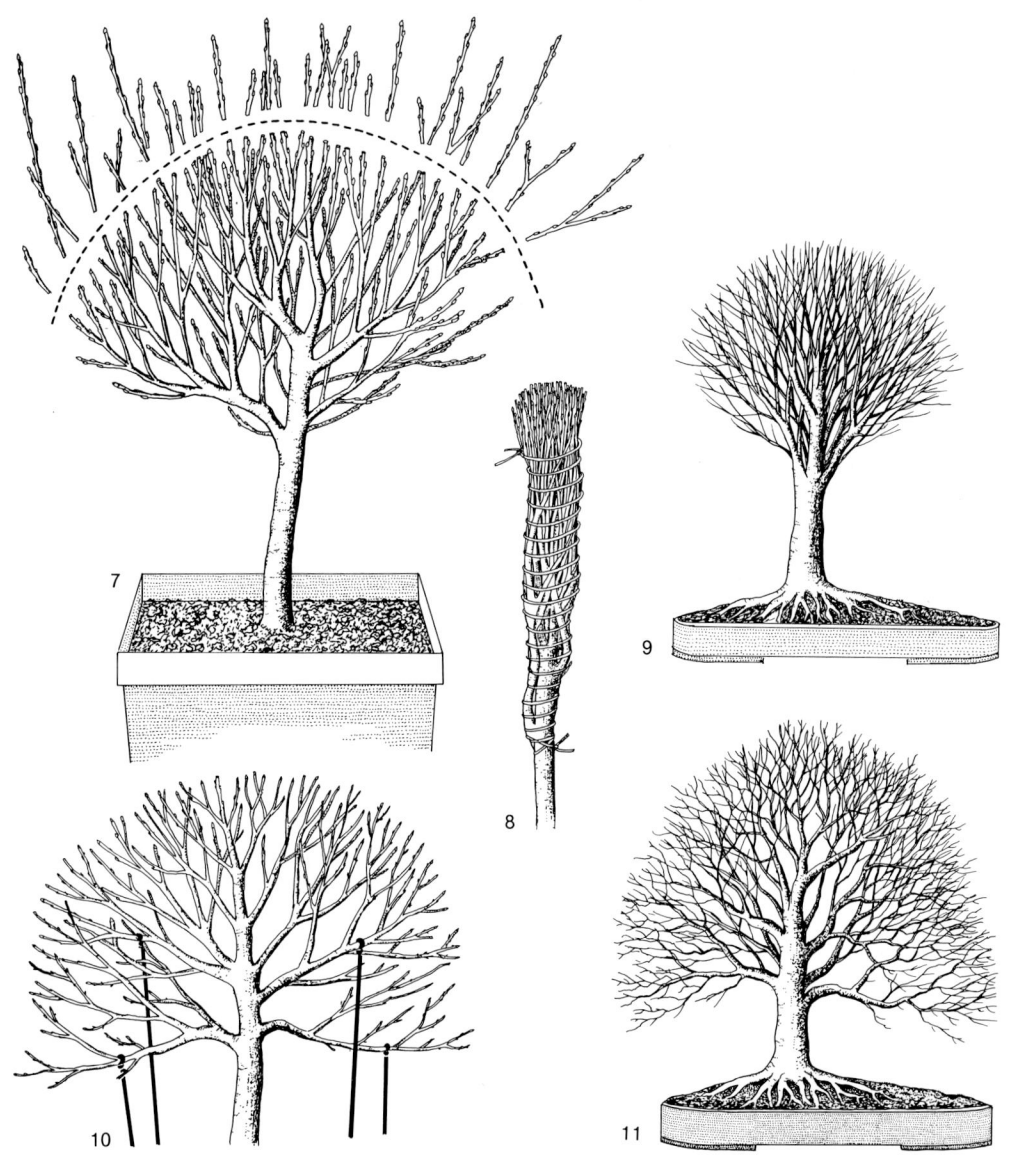

Nach und nach schneidet man die Krone in Form einer Halbkugel (7). Ist die Krone sehr dicht geworden, so heißt es einen Teil der Äste, Zweige und Triebe, entsprechend den Richtlinien, die für den Auslichtungsschnitt beschrieben werden (s. Seite 128 ff.), zu entfernen. Jetzt muß auch Rücksicht auf die Stellung der Knospen genommen werden (s. Seite 65 f.).

Will man die Krone so gestalten, daß sie beim fertigen Bonsai einem Reisigbesen ähnelt (9), sind die Äste während der Vegetationsruhe für 4 bis 5 Monate mit einer Schnur zusammenzubinden (8). Sollte die gewünschte Richtungsänderung der Äste nach dieser Zeit noch nicht erreicht sein, wird im folgendem Jahr die Gestaltungsmaßnahme wiederholt.

Will man eine schirmförmige Krone (kugelig, rund) gestalten (11), werden die Äste bei zu starkem aufrechten Wuchs für den Zeitraum einer Vegetationsperiode mehr oder weniger in die Horizontale gebunden (10). Dazu befestigt man Drähte oder Schnüre an den Ästen und führt

Baumformen, die durch die Stammführung wirken

Die folgenden Formen basieren auf den natürlichen Wuchsformen vieler Laub- und Nadelgehölze (in der Regel Kegelbäume) und auf Baumformen, bei denen Umwelteinflüsse eine große Rolle spielen. Schwerpunkt dieser Baumformen ist stets der Stamm, den es herauszuarbeiten gilt. Japanische Bonsaimeister haben diese Formen nach ihren Merkmalen treffend beschrieben, deren Einteilung wir auch hier folgen.

Der gerade Stamm

Die majestätischen, einzeln stehenden Nadelgehölze in der freien Natur sind die Vorbilder für diese Gestaltungsform. Der gerade Stamm bzw. die streng aufrechte Form (in Japan Chokkan) entspricht unter anderem der natürlichen Wuchsform der Fichte und des Urweltmammutbaumes *(Metasequoia)*. Auch einige Laubgehölze bilden zumindest in der Jugend einen geraden, bis zum Wipfel durchgehenden Stamm aus (siehe auch Seite 59 f.). Der gerade Stamm ist eine strenge Bonsaiform. Kulturfehler treten bei ihr besonders auffällig in Erscheinung, dies

Erste formende Gestaltungsmaßnahmen an Juniperus chinensis 'Blaauw', um einen geraden Stamm zu gestalten: Gedrahtete und ausgelichtete Pflanze.

sie gespannt an einen Befestigungspunkt im oder am Gefäß, oder man verwendet Gewichte (s. Seite 83/84).
Der Zeitraum für die Entwicklung einer Besenform aus einem Sämling ist von Pflanzenart zu Pflanzenart verschieden und hängt von deren Wachstumsstärke und der angestrebten Bonsaigröße ab. Bei optimalen Kulturbedingungen dauert es z.B. bei Ulmus minor (Feldulme) etwa 4 bis 5 Jahre, während es bei Zelkova serrata (Japanische Ulme) wesentlich länger dauert.

Die gleiche Pflanze mit eingekürztem Spitzentrieb. Die Stammverlängerung wird durch den oberen Seitentrieb fortgesetzt.

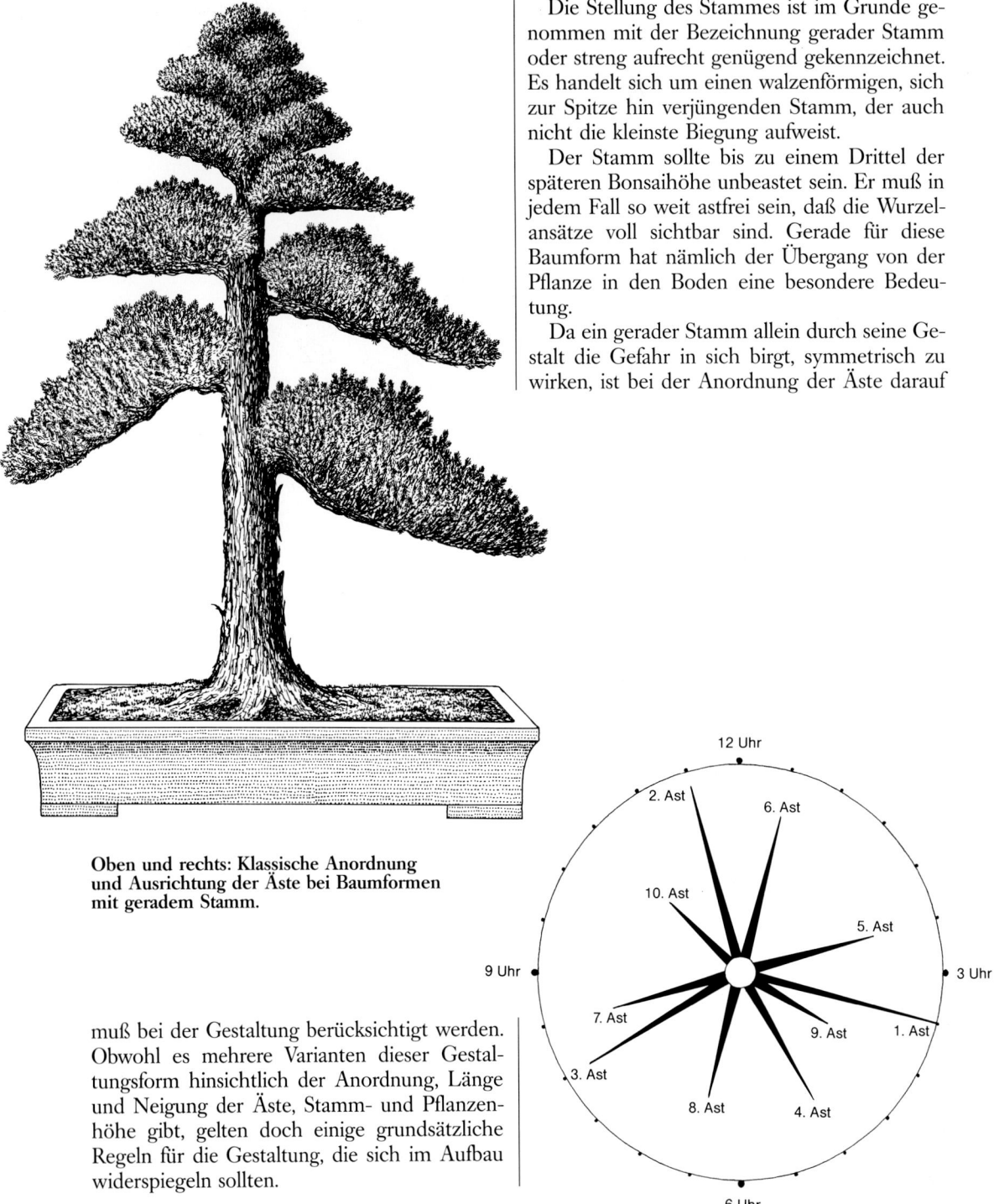

Die Stellung des Stammes ist im Grunde genommen mit der Bezeichnung gerader Stamm oder streng aufrecht genügend gekennzeichnet. Es handelt sich um einen walzenförmigen, sich zur Spitze hin verjüngenden Stamm, der auch nicht die kleinste Biegung aufweist.

Der Stamm sollte bis zu einem Drittel der späteren Bonsaihöhe unbeastet sein. Er muß in jedem Fall so weit astfrei sein, daß die Wurzelansätze voll sichtbar sind. Gerade für diese Baumform hat nämlich der Übergang von der Pflanze in den Boden eine besondere Bedeutung.

Da ein gerader Stamm allein durch seine Gestalt die Gefahr in sich birgt, symmetrisch zu wirken, ist bei der Anordnung der Äste darauf

Oben und rechts: Klassische Anordnung und Ausrichtung der Äste bei Baumformen mit geradem Stamm.

muß bei der Gestaltung berücksichtigt werden. Obwohl es mehrere Varianten dieser Gestaltungsform hinsichtlich der Anordnung, Länge und Neigung der Äste, Stamm- und Pflanzenhöhe gibt, gelten doch einige grundsätzliche Regeln für die Gestaltung, die sich im Aufbau widerspiegeln sollten.

12 Uhr

2. Ast   6. Ast

10. Ast

5. Ast

9 Uhr   3 Uhr

7. Ast

9. Ast   1. Ast

3. Ast

8. Ast   4. Ast

6 Uhr

zu achten, Symmetrie weitgehend zu vermeiden. Wie die Abbildung deutlich macht, sollten die Äste so aus dem Stamm herauswachsen, daß sie ihre Plätze in einer nach oben verjüngenden Spirale einnehmen. Ob der erste Ast links oder rechts nach einem Drittel der Gesamthöhe angesetzt, hat nur untergeordnete Bedeutung. Die Abstände zwischen den Ästen sollten zur Spitze hin immer kleiner werden. Dies gilt auch für die Länge der Äste. Kürzere Äste können aber durchaus zwischen längeren Ästen stehen. Denn kleinere Unterschiede in der Astlänge können den Reiz des Baumes erhöhen. Auch ist darauf zu achten, daß die Stärke (Durchmesser der Äste) von unten nach oben abnimmt bzw. von oben nach unten zunimmt.

Pinus sylvestris, die Gemeine Kiefer, neigt von Natur aus die Äste im Alter nach unten.

Bei der Frage, ob man die Äste nach unten oder besser nach oben neigen sollte, orientiert man sich an der natürlichen Wuchsform der jeweiligen Pflanzenart und daran, ob der Bonsai einen jüngeren oder einen älteren Baum darstellen soll. Im allgemeinen sind bei jüngeren Bäumen die Äste nach oben gerichtet, bei älteren Bäumen neigen sich die Äste mehr nach unten. Die Silhouette des Baumes sollte ein ungleichschenkeliges Dreieck bilden, der Stamm bildet also nicht die geometrische Mitte der Äste. Aber auch hier sind Abweichungen denkbar. Ähnliches gilt für die Breite der Krone, die im allgemeinen nicht mehr als zwei Drittel der Pflanzenhöhe betragen sollte. Aber es gibt auch

Ausnahmen: Japanische Bonsaimeister gestalten auch Bäume mit einer Kronenbreite, die der Höhe des Baumes entspricht oder diese noch übertrifft.

Bei der Bonsaigestaltung ist es im allgemeinen verpönt, zwei oder mehr Äste auf gleiche Höhe zu stellen, sogenannte Radspeichenäste. Beispiele auf Bonsaiausstellungen zeigen aber, daß ein gerader Stamm mit in Etage angeordneten Ästen optisch sehr interessant wirkt. Wobei man nicht vergessen darf, daß eine solche Anordnung der Äste für viele Gehölze mit quirlständiger Knospenstellung in der freien Natur typisch ist. Dies trifft zum Beispiel für Fichte und Kiefer zu.

Astformen.

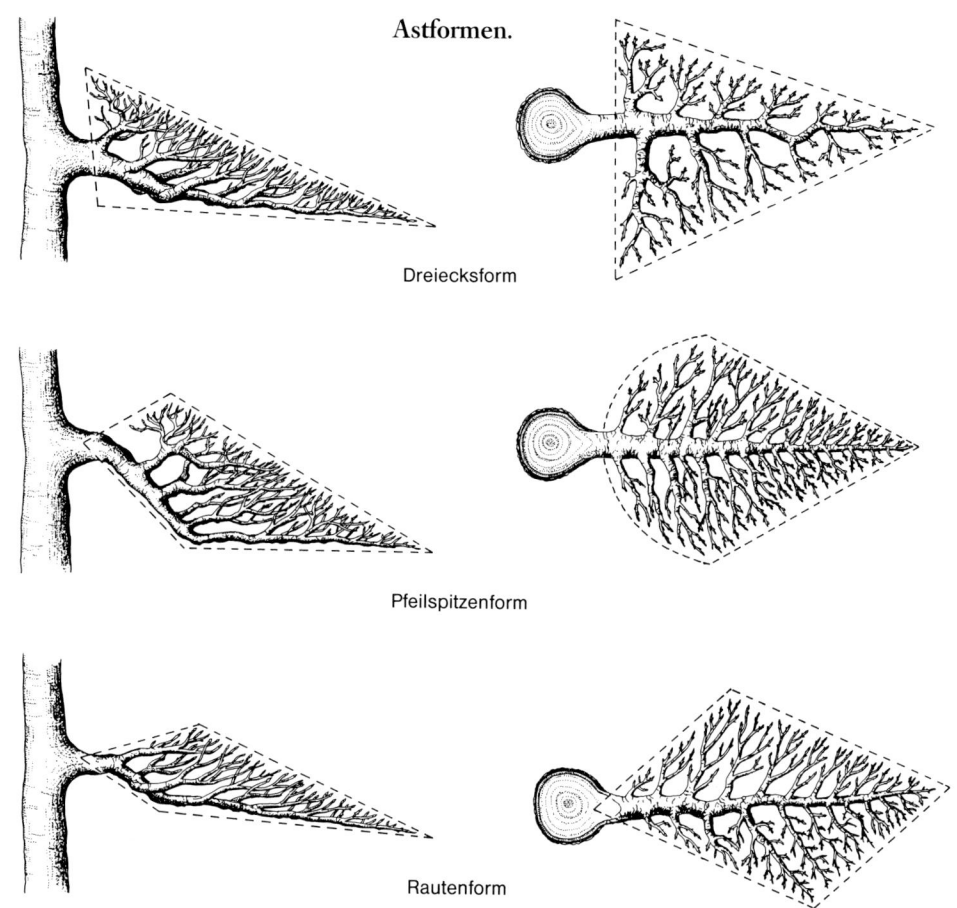

Dreiecksform

Pfeilspitzenform

Rautenform

Wie man auch die Äste anordnet, auf alle Fälle soll bei dieser Gestaltungsform ein großer Teil des Stammes sichtbar und dabei transparent bleiben, der Baum darf aber nicht nackt wirken. Dies ist deswegen wichtig, weil der Stamm einen bestimmenden Einfluß auf den ganzen Baum hat.

Die Umrißlinie der Baumkrone sollte sich in den Formen der Äste wiederfinden. Die Abbildungen auf dieser Seite zeigen mögliche Formen. Die Gestaltungstechnik ist auf Seite 125 und 126 beschrieben.

Die Unterseiten der Äste wie auch die Verbindungsstellen zwischen Stamm und Ästen werden freigehalten von Trieben und Blattwerk, wie dies für alte Bäume in der freien Natur typisch ist.

Wie bei jedem Bonsai hat der gut herausgearbeitete Wurzelansatz eine entscheidende Bedeutung für den natürlichen Eindruck des Baumes. Die Wurzeln stellen die notwendige Verankerung für den stark verjüngenden Stamm dar. Ideal sind bei dieser Gestaltungsform Wurzeln, die sich vom Stamm nach allen Seiten hin ausbreiten. Der Perspektive wegen sollten die im Vordergrund sichtbaren Wurzeln kürzer sein als die nach der Seite oder nach hinten weisenden.

Mängel lassen sich durch Aufpfropfen eines Sämlings der gleichen Art (wichtig) in die Stammbasis oder in einen Wurzelabschnitt kor-

Fagus crenata, die Kerbbuche, wurde entsprechend der natürlichen Wuchsform gestaltet.

Diese Hainbuche, Carpinus laxiflora, mit geradem Stamm ist vorbildlich gestaltet.

rigieren (siehe auch Seite 42 ff.). Eine weitere Möglichkeit, Wurzelbildung an bestimmten Stellen hervorzurufen, besteht darin, daß man in Bodenhöhe ein Loch in den Stamm bohrt, das Bohrloch mit einem Bewurzelungshormon einpudert und mit Erde zuschmiert. Im Normalfall dauert es 2 bis 3 Monate bis zur Wurzelbildung. Es kann unter Umständen aber auch wesentlich länger dauern.

Einen Bonsai mit geradem Stamm aus bewurzelten Stecklingen, Sämlingen oder Jungpflanzen zu entwickeln, dauert naturgemäß länger als die Erziehung aus einer Baumschulpflanze, hat aber den Vorteil der größtmöglichen Kontrolle über Astanordnung und Baumformen. Außerdem lassen sich Stecklinge oder Sämlinge Schritt für Schritt in die ausgewählte Form bringen.

Die Gestaltung bei Nadelgehölzen kann beginnen, sobald die Pflanzen etwa 25 cm hoch und so holzig sind, daß man Stamm und Äste drahten kann, um Kontrolle über die Wuchsrichtung zu bekommen.

Das Anbohren des Stammes in Höhe des Wurzelansatzes bewirkt eine künstliche Wurzelbildung.

Diese ersten formenden Schnittmaßnahmen an einer reichverzweigten Jungpflanze von Acer campestre,

Feldahorn, zielen auf einen geraden Stamm ab. Die Bilder zeigen die Pflanze vor und nach dem Schnitt.

Bei Laubgehölzen läßt sich der gerade Stamm bis zu einem gewissen Grad durch Schnittmaßnahmen gestalten. Die Stammverlängerung wird immer so zurückgenommen, daß sie die Seitentriebe etwas überragt. Unterhalb der Schnittstelle sollte eine kräftige Knospe vorhanden sein. Beim nächsten und jedem weiteren Rückschnitt muß die Knospe auf der gegenüberliegenden Seite des letzten Austriebs stehen, um ein senkrechtes Wachstum des Stammes zu erreichen.

Bei gegenständiger Knospenstellung kommt es nach dem Entfernen der Gipfelknospe zwangsläufig zum Austrieb zweier gleichwertiger Seitenknospen und damit zu einer gabelförmigen Verzweigung. Diese Verzweigung kann sich auch dann ergeben, wenn die Internodien stark gestaucht sind und die Knospen dicht beieinander stehen. In solchen Fällen wird die an der falschen Seite sitzende Knospe frühzeitig entfernt (s. Abb. Seite 71).

Die Schnittmaßnahmen folgen dem sympodialen Verzweigungstypus (siehe Seite 59 ff.), bei der die Seitenzweige alljährlich die Hauptachse übergipfeln, so daß die Hauptachse, die kerzengerade sein kann, in Wirklichkeit aus lauter Seitenachsen besteht. Zwar ist diese Scheinachse zunächst nicht ganz gerade, im Laufe der Jahre erkennt man aber die Windungen nicht mehr.

Bei der Auswahl von Baumschulpflanzen für diese Gestaltungsform ist die Stellung der Äste ausschlaggebend und nicht der kerzengerade Stamm. Dieser kann schließlich durch Draht in der Form korrigiert werden. Drei bis vier gut plazierte Äste sind wünschenswert, ebenso gut ausgebildete Wurzelansätze.

Zu hohe Pflanzen sollte man nicht vorschnell als ungeeignet betrachten. Man kann die Höhe des Baumes auf verschiedene Art und Weise reduzieren: Die Spitze zurückschneiden und sie als Jin gestalten (siehe Seite 136) oder die Spitze auf einen Seitenast zurückschneiden und sie durch diesen Ast ersetzen, den man drahtet und aufrichtet.

Der geneigte Stamm

Die Stellung des Stammes prägt im wesentlichen das Aussehen eines Baumes. Weicht sein Wuchs von der Lotrichtung ab und neigt sich der Stamm, ist das statische Gleichgewicht der Krone gestört. Auf unterschiedliche Art und Weise, die im wesentlichen von der Stärke der Stammneigung abhängt, versucht der Baum, sein Gleichgewicht wieder herzustellen. Bei schwach geneigten Stämmen sorgt der unterste Ast für den Ausgleich und bei stärker geneigten Stämmen neigt sich die Spitze in die Gegenrichtung. Nicht zu Unrecht gilt der geneigte Stamm (in Japan Shakan) als der Balancekünstler unter den Baumformen. Er vereinigt die scheinbare Instabilität durch die Stammneigung und die wiedergewonnene Stabilität durch die Äste.

In der freien Natur findet man Bäume mit geneigten Stämmen an Steilhängen oder Böschungen (s. Abb.), aber auch auf ebenem Ge-

Carpinus betulus, die Hainbuche, wurde in geneigter Form gestaltet.

lände, wo der Baum durch ein Unwetter, einen Erdrutsch oder durch Unterspülung den natürlichen Halt verloren hat.

Der Stamm sollte um mindestens 30 Grad aus der Vertikalen, nach links oder rechts geneigt sein. Er muß eine breite, sich verjüngende Basis haben, um die relativ offene Krone im Gleichgewicht zu halten. Die Spitze des Baumes sollte leicht nach vorn, das heißt in Richtung des Betrachters weisen.

Die geneigte Form ist eine Gestaltungsform, bei der man durch sorgfältig plaziertes Astwerk die Neigung des Stammes ausbalancieren muß, um den Eindruck von Stabilität zu behalten oder zu erwecken. Die Äste sollten zwar in alle Raumrichtungen weisen, doch auf der Seite, in die sich der Stamm neigt, sind sie kürzer zu halten als auf der gegenüberliegenden Seite. Daraus ergibt sich eine befriedigende Stabilität.

Mit der Anordnung und Formung der Äste verhält es sich weitgehend identisch wie beim geraden Stamm oder der frei aufrechten Form. Die Astprofile sind in der Ebene dreieckig und von vorn gesehen ebenfalls dreieckig oder kuppelförmig zu gestalten, wie dies für den geraden Stamm bzw. für die frei aufrechte Form beschrieben ist(s. Abb. Seite 97 ff. und 102 ff.).

Natürliche Vorbilder für den geneigten Stamm stehen beispielsweise an einer Bergkante.

Dies gilt auch für die Linienführung der Äste, sie kann geschwungen, geradlinig horizontal oder nach unten geneigt sein, solange sich diese Linienführung im ganzen Baum wiederholt.

Die Wurzeln sind nach der Seite hin zu entwickeln, in die sich der Stamm neigt. Dies erscheint sehr wichtig, denn erst durch eine starke Ausrichtung des Wurzelwerks in die Richtung der Stammneigung wird glaubhaft gemacht, daß ein ausgewachsener Baum wirklich in dieser Stellung sicher stehen kann. Der Wurzelhals muß bei der geneigten Form gut herausgearbeitet sein. Selten sind die sichtbaren Wurzeln aber so ausgebildet, wie man sie haben möchte. Lücken lassen sich durch Veredeln (Ablaktieren) von Sämlingen oder auch durch ein künstlich angeregtes Wurzelwachstum schließen (siehe Seite 98).

Den gewünschten Neigungswinkel des Stammes herbeizuführen, bereitet im allgemeinen keine Probleme. Denn durch schräges Einpflanzen der Pflanzen wird der gewünschte Neigungswinkel leicht erreicht. Die Richtungsänderung der Äste führt man durch gespannte Schnüre oder Drahten herbei.

Die windgepeitschte Form

Die windgepeitschte Form (in Japan Fukinagashi) ähnelt bei flüchtiger Betrachtung sehr dem geneigten Stamm. In Wirklichkeit ist aber meist nur der Winkel des Stammes identisch. Während nämlich die Neigung des Stammes bei dem geneigten Stamm durch ein Nachgeben des Bodens oder des Wurzelwerks entstand, hat bei der windgepeitschten Form ein ständig aus einer Richtung blasender Wind die Pflanzengestalt beeinflußt (s. Abb.). Daher weisen nicht allein der Stamm, sondern auch alle Äste und Zweige in die von dem starken Wind abgewandte Richtung. Hier hat der Baum nicht die Möglichkeit, sein natürliches Gleichgewicht wieder herbeizuführen, weil dem der Wind seine ganze Kraft entgegensetzt.

Windbuche auf dem Schauinsland als natürliches Vorbild für die windgepeitschte Form.

101

Die windgepeitschte Form erinnert an Bäume an der Küste oder im Gebirge, wo der vorherrschende Wind den Wuchs bestimmt. Gelegentlich werden windgepeitschte Formen gestaltet, deren Stamm weiterhin lotrecht wächst, nur die Äste nehmen eine horizontale Position ein.

In der Regel haben die windgepeitschten Formen einen durchgehenden Stamm. Aber auch Bäume, deren Stamm sich nach einem Drittel der Baumhöhe in mehrere gleichwertige Äste aufteilen, lassen sich in der windgepeitschten Form gestalten. Auch mehrstämmige Arrangements sind möglich.

Das Blattwerk wird so gehalten, daß es formgerecht wird: Während bei der geneigten Gestaltungsform die Äste dichtes und reichliches Laubwerk aufweisen dürfen, wird man bei der windgepeitschten Form den windzerzausten Ausdruck nur treffen, wenn bis auf ein notwendiges Blattminimum die Krone kahl bleibt. So läßt man bei Nadelgehölzen in jedem Frühjahr nach dem Neuaustrieb nur den Neuzuwachs an Nadeln am Baum. Eine gelungene Gestaltung läßt den Betrachter in jedem Teil des Baumes die Krafteinwirkung des Windes spüren.

Die frei aufrechte Form

Die frei aufrechte Form (in Japan Moyogi) ist eine der beliebtesten Formen der Bonsaigestaltung. Wie der deutsche Name schon sagt, hat hier der Stamm im Prinzip einen aufrechten Wuchs (ein Wipfelbaum mit von der Wurzel bis zum Gipfel durchgehenden Stammverlängerung), nur erreicht der Stamm die Baumspitze nicht auf dem kürzesten Weg, sondern macht auf seinem Weg nach oben mehr oder weniger starke Umwege nach rechts, links, vorne und hinten oder er dreht sich sogar in nach oben enger werdenden Windungen bis zur Spitze, wodurch er »freier« wirkt. Die Äste werden so angeordnet, daß sie Krümmungen des Stammes ausgleichen und die Gesamtgestalt des Baumes harmonisch wirkt. Die frei aufrechte Form ist Bäumen nachempfunden, die durch natürliche Einflüsse eine geringfügige Formveränderung des Stammes erfahren haben. Bei der klassischen frei aufrechten Form (s. Abb.) schwingt die erste Krümmung nach links oder nach rechts (Neigungswinkel 10 bis 15 Grad) aus, sie wird von einer zweiten Krümmung nach der an-

Beispiel für die Krümmung des Stammes, die Anordnung und Ausrichtung der Äste und Wurzeln bei der frei aufrechten Form.

Pinus parviflora, die Mädchenkiefer, wurde in frei aufrechter Form mit einem weit ausladenden unteren Ast gestaltet.

deren Seite beantwortet; die sich dann in immer kleiner werdenden Krümmungen wiederholen. Die erste Krümmung nimmt dabei ein Drittel der Stammlänge ein, die zweite bzw. die folgenden die oberen zwei Drittel des Baumes.

Mit einer Links-Rechts-Krümmung bekommt ein Baum aber noch keine Tiefe, deshalb sollte der erste gekrümmte Abschnitt nach hinten, der zweite nach vorn, der dritte wieder rückwärts weisen usw. Die Spitze wird, ungeachtet der Stammkrümmungen, möglichst so plaziert, daß eine Lotlinie den Schwerpunkt in den Fuß des Stammes legen würde. Von der Seite gesehen sollte sich die Spitze von der Grundlinie aus leicht vorneigen, das heißt dem Betrachter zuwenden.

Die Anordnung der Wurzeln entspricht im wesentlichen der des geraden Stammes. Sie breiten sich also nach allen Seiten aus, aber nach vorn etwas weniger stark.

Eine ausgewogene Krone wird erst durch sorgfältig plazierte Äste erzielt, die aus den kon-vexen Krümmungen des Stammes herauswachsen. Sie sollten in ihrer Stellung und Länge der Aufwärtsbewegung des Stammes so folgen, daß die Krone annähernd ein Dreieck bildet. Dies kann nur gelingen, wenn an den Biegungen Knospen oder schon Seitenzweige vorhanden sind, die sich als Seitenäste eignen. Wenn man den Stamm an der ersten seitlich plazierten Knospe nach rechts oder links biegt, an der zweiten wieder zurück und so weiter, macht dies im allgemeinen keine Probleme.

Die gesamte Vorderseite wird so gestaltet, daß der Beschauer möglichst große Partien des Stammes sieht, ohne daß dieser nackt wirkt. Die Krümmungen im Stamm finden in den Haupt- und Nebenästen sowie in den Zweigen ihren Widerhall. Gute Wirkung erzielt man wie beim Stamm mit einer Hauptkrümmung und zunehmend schwächeren Bewegungen.

Allerdings wirkt es langweilig, wenn jeder Ast immer mit den gleichen Krümmungen geformt wird, deshalb sollte man sich stets um eine

Entwicklung einer frei aufrechten Form aus
einem Sämling am Beispiel von Acer palmatum (Fächerahorn).

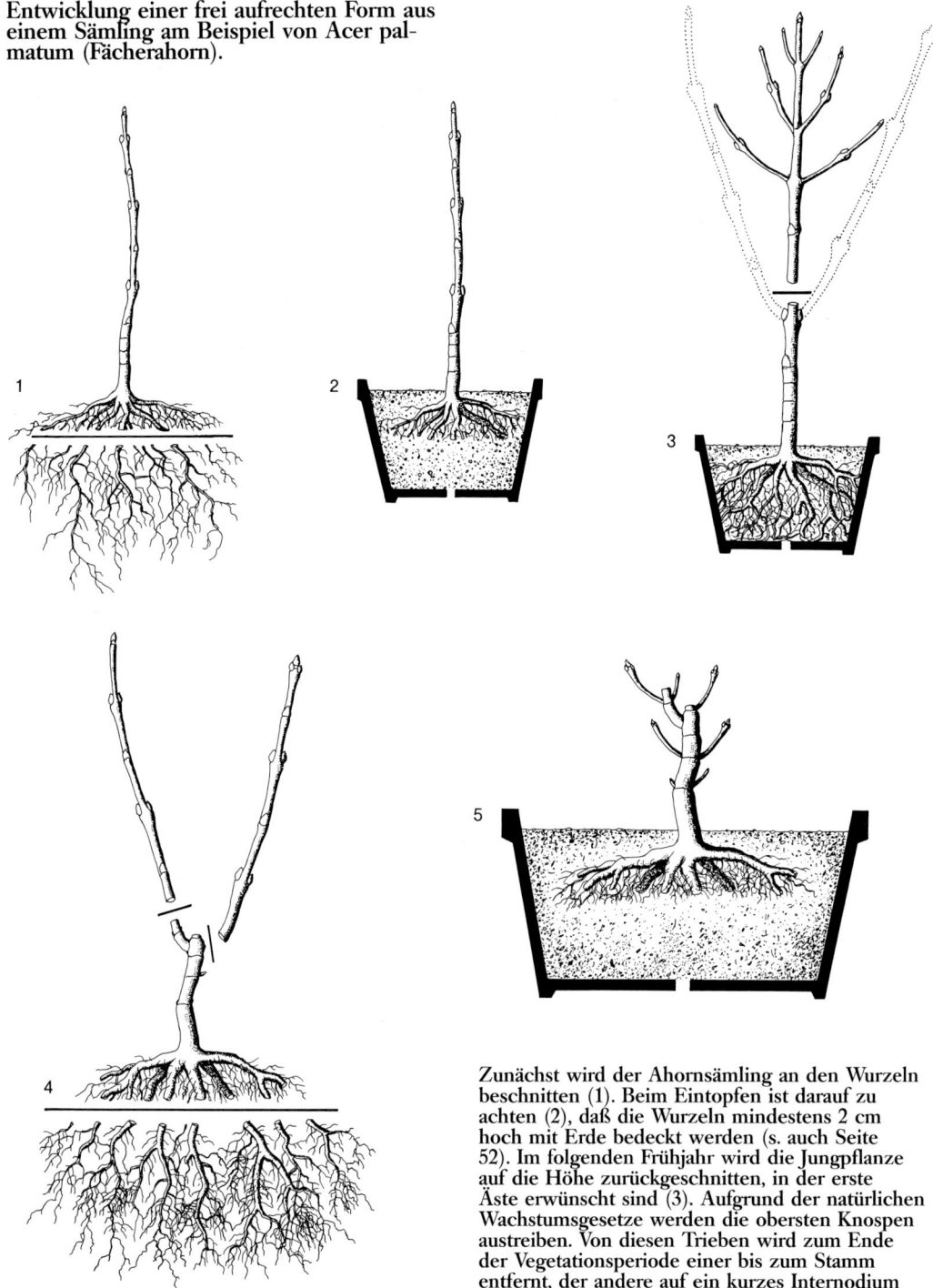

Zunächst wird der Ahornsämling an den Wurzeln
beschnitten (1). Beim Eintopfen ist darauf zu
achten (2), daß die Wurzeln mindestens 2 cm
hoch mit Erde bedeckt werden (s. auch Seite
52). Im folgenden Frühjahr wird die Jungpflanze
auf die Höhe zurückgeschnitten, in der erste
Äste erwünscht sind (3). Aufgrund der natürlichen
Wachstumsgesetze werden die obersten Knospen
austreiben. Von diesen Trieben wird zum Ende
der Vegetationsperiode einer bis zum Stamm
entfernt, der andere auf ein kurzes Internodium

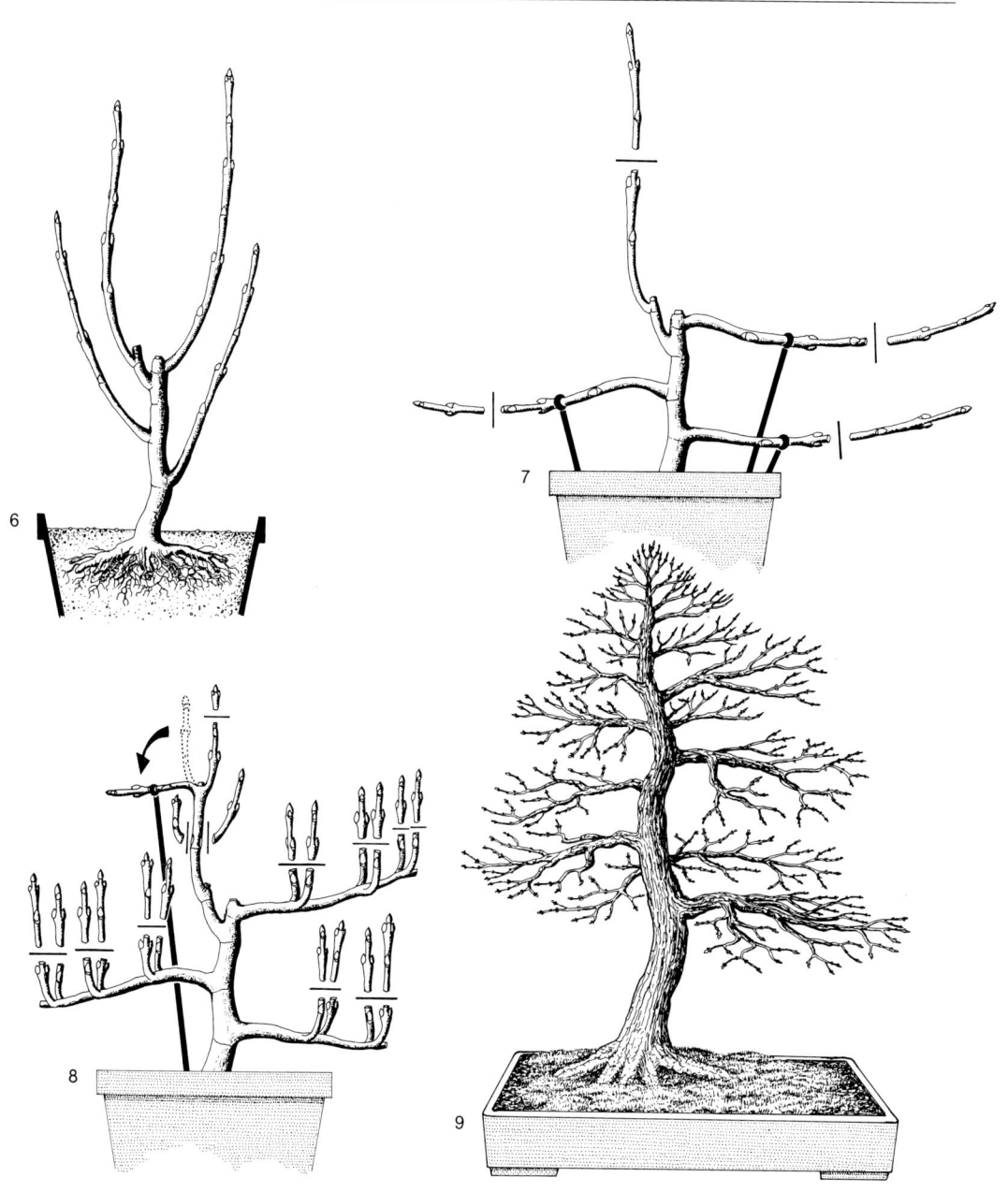

zurückgeschnitten, die Pflanze wird umgepflanzt (4). Aufgrund des starken Rückschnitts werden in der folgenden Vegetationsperiode nicht nur die am höchsten stehenden, sondern auch einige der weiter unten liegenden (in Ruhe befindlichen) Knospen austreiben (5 und 6). Zum Ende der Vegetationsperiode werden die unteren

Triebe (sie ergeben die ersten Äste) durch Spannschnüre oder Drahten in die Horizontale gebogen und der Haupttrieb eingekürzt (7). In den nächsten Jahren wird dann mit der Gestaltung der Äste und Zweige begonnen (8, s. auch Seite 125 f.). Bild 9 zeigt den Bonsai nach etwa 15 Jahren Wachstum und Gestaltung.

Kombination aus welligen und festeren Linien bemühen. Die Äste sollen stets nach unten weisend aus dem Stamm herauswachsen. Die frei aufrechte Form wirkt als nicht gelungen, wenn die Äste erst nach oben wachsen, bevor sie sich nach unten neigen. Die Astprofile werden so gestaltet, daß sie in der Ebene eine dreieckige und von vorn gesehen eine leicht kuppelförmige Gestalt zeigen (siehe Seite 97 und 126).

Für die Auswahl von Baumschulpflanzen zur Gestaltung der frei aufrechten Form gelten im wesentlichen die Kriterien für den geraden Stamm (siehe Seite 99). Die krümmenden Bewegungen des Stammes als ein wesentliches Element dieser Baumform lassen sich durch Drahten erreichen, im jüngeren Bereich durch Beschneiden und anschließende Plazierung des dort entstehenden Triebes.

Bei Verwendung von Sämlingen, bewurzelten Stecklingen oder sonstigen Jungpflanzen läßt sich bei Laubgehölzen die Grundgestalt weitgehend durch Schnittmaßnahmen herausformen.

Die Stammverlängerung wird immer so beschnitten, daß die stehengebliebene Knospe in die Richtung zeigt, in die der Stamm weiterwachsen soll. Dies wird an den Neuaustrieben kurz hintereinander (mindestens zweimal) wiederholt. Nur so wird eine deutliche Richtungsänderung möglich. Die ideale Form erreicht man in der Regel nicht ohne andere Gestaltungstechniken wie das Drahten.

Am Beispiel der Entwicklung einer frei aufrechten Baumform aus einem Sämling stellen wir den Entwicklungsprozeß näher dar (Seite 104 und 105). Mit gewissen Abweichungen (die insbesondere zeitlicher Natur sind) läßt sich dieses Beispiel auch auf vegetativ vermehrte oder gekaufte Baumschulpflanzen übertragen.

Die Kaskadenformen

Kaskadenformen spiegeln den ständigen Kampf ums Überleben wider, dem Pflanzen ausgesetzt sein können. In der freien Natur findet man Vorbilder an Steilklippen über dem Meer oder an Felsvorsprüngen im Gebirge (s. Abb.). Ein Erdrutsch oder ein Felsabbruch hat dem Baum die eigentliche Wuchsplattform genommen. Die

Wurzeln können den Baum noch fest verankern, doch neigt sich der Stamm nach unten und hält weit heruntergeneigtes Astwerk fest.

In der Bonsaigestaltung haben sich eine Reihe von Kaskadenformen herausgebildet, die im wesentlichen auf zwei Grundformen basieren, der Halb- und der Vollkaskade (in Japan Han-Kengai und Kengai). Während bei der Halbkaskade die am tiefsten hinabhängenden Zweige allenfalls bis zur Höhe des Topfbodens hinabreichen, führen sie bei der Vollkaskade bis tief unter das Topfniveau (s. Abb.).

Die Halbkaskade erfordert ausgewogene Proportionen von Astmasse und Stammneigung. Die freiliegenden Obeflächenwurzeln werden so herausgearbeitet, daß sie mit ihrer Masse in Stammneigungsrichtung wachsen. Die Spitze des Baumes wird gewöhnlich schirmförmig gestaltet und steht zentral über dem Gefäß. Dazu wird der erste Ast des Baumes verwendet. Bei

Dieser Baum am natürlichen Standort dient als Bonsai-Vorbild für die Kaskadenform.

der Vollkaskade fällt der Stamm bis weit unterhalb des Gefäßbodens herab. Die weit herunterreichende Astkaskade dominiert über Stamm und Wurzelhals. Die Länge der eigentlichen Kaskade unterliegt keiner Beschränkung. Der besondere Reiz liegt gerade in einer möglichst langen Stammverlängerung, der noch erhöht wird, wenn sich die ersten Äste von dem schräg aus dem Boden wachsenden Stamm abheben. Die anderen Äste ergießen sich dann in einem spitzen Dreieck in die Tiefe.

Man kann die Vollkaskade mit einer geraden oder einer gekrümmten Stammverlängerung gestalten. Bei der gekrümmten Variante ähnelt der Aufbau der frei aufrechten Form, nur wächst der Baum nach unten. Bei der geraden Variante ähnelt der Aufbau der streng aufrechten Form, nur daß der Baum optisch herabstürzt.

Diese Pinus parviflora, Mädchenkiefer, wurde in Form einer Vollkaskade gestaltet.

Pinus parviflora, Mädchenkiefer, als Halbkaskade. Die formvollendete Struktur der Äste und Zweige ist trotz der dichten Benadelung deutlich erkennbar.

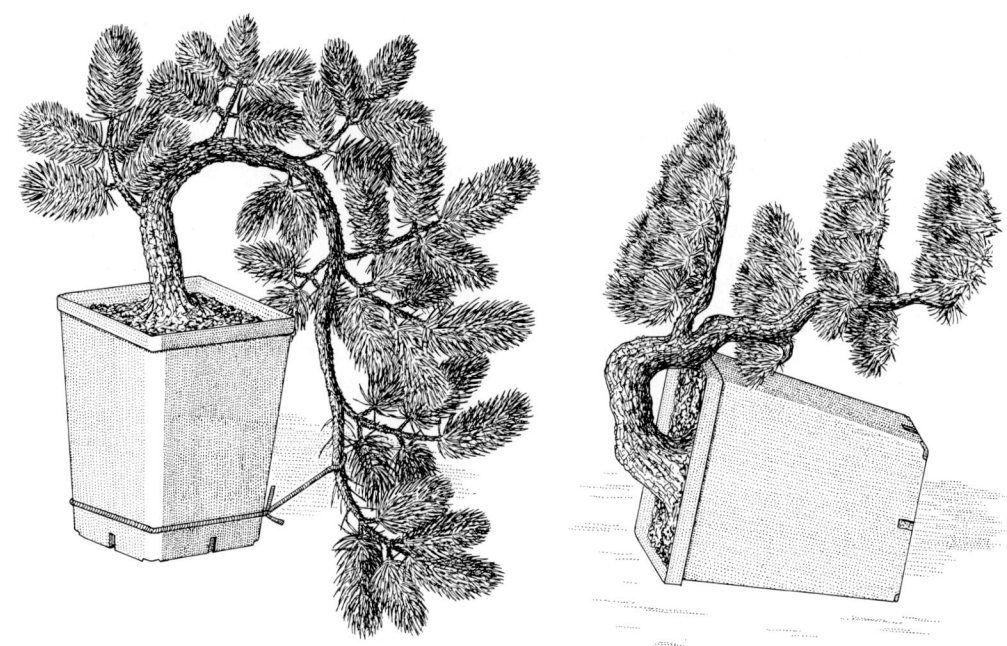

Die für die Kaskadenform erwünschte Stammneigung und die Neigung der Äste erzielt man durch Herabbinden des Haupttriebes (links) und zeitweiliges Kippen des Gefäßes (rechts).

Unter Baumschulpflanzen findet man in der Regel gutes Ausgangsmaterial für die verschiedenen Kaskadenformen. Wenn auch die Pflanzen im allgemeinen relativ biegsam sind, wird dennoch bei der Auswahl mehr Rücksicht auf die angestrebte Gestaltungsform genommen als sonst üblich. Diejenigen Varietäten und Gartenformen der verschiedenen Gehölzarten, die natürlicherweise einen kriechenden Wuchs zeigen, sind besonders gut geeignet. Bei der Auswahl wird darauf geachtet, daß auch im unteren Drittel des Stammes Äste vorhanden sind. Es eignen sich ebenso Pflanzen mit einem kräftigen unteren Ast, der sich zur Kaskade umgestalten läßt, während man die ursprüngliche Stammverlängerung verwirft. Eine Vorkultur für Kaskadenformen im Garten auf Beeten ist im allgemeinen nicht möglich, hier sind tiefe Töpfe besser geeignet.

Eines haben alle Kaskadenformen gemeinsam: In einer natürlich wirkenden Biegung neigt sich der Stamm über den Rand des Pflanzgefäßes. Diese Stammneigung wird, wie die Abbildungen zeigen, auf verschiedene Art und Weise erreicht: durch Drahten, mit Hilfe von Spannschnüren schräges Einpflanzen oder durch vorläufiges Kippen des Gefäßes (s. Abb.).

Da die Triebe dazu neigen, sich entgegen dem Erdschwerpunkt in ihrer Wuchsrichtung zu bewegen, ist ein Drahten der Triebspitzen oder die Anwendung anderer Gestaltungstechniken auf Dauer meist erforderlich. Hier spielt jedoch die Auswahl der Pflanzen eine Rolle: je langsamer die Baumart wächst, um so besser kann man die Wuchsrichtung der Triebspitzen nach unten steuern. Das Drahten muß immer wieder erfolgen, da die Triebe weiterhin bestrebt sind, vom Erdmittelpunkt weg, lotrecht nach oben zu wachsen.

Die Gestaltung der Äste ist weitgehend identisch mit der frei aufrechten oder auch der streng aufrechten Form. Durch exaktes Drahten wird dafür gesorgt, daß jeder belaubte Bereich möglichst breit und ausladend wirkt. Die Äste sollten ein kuppelförmiges Profil zeigen, um die schlichte Wirkung des Stammes zu unterstreichen. Die Unterseite der Äste wird daher von störendem Blattwerk befreit.

Der Stamm wird in der Regel in die Mitte des Gefäßes gepflanzt. Da eine solche Plazierung die Aufmerksamkeit auf die Wurzeln und den unteren Stammteil lenkt, müssen diese kraftvoll und einfach gestaltet sein. Sie erlangen nach der üblichen Methode Geltung.

Die Größe der Schale richtet sich bei den Kaskadenformen nach etwas anderen Kriterien als bei den meisten anderen Gestaltungsformen. In jedem Fall gehört eine Vollkaskade in ein tiefes, schweres Gefäß, welches das nötige Gegengewicht für die hinabwallende Pflanze bildet. Für die Halbkaskade wählt man flachere Gefäße.

Mehrfachstammformen und Gruppenpflanzungen

Zwischen Mehrfachstammformen und Gruppenpflanzungen zu unterscheiden, ist nicht immer ganz einfach und es gibt auch keine wirklich klare Abgrenzung. Eine Mehrfachstammform stellt in der Regel eine Baumgruppierung dar, bei der die Stämme als dichte Einheit aus dem Boden oder aus einem gemeinsamen Wurzelstock wachsen oder sie teilen sich einen nur sehr kurzen, gemeinsamen Stumpf. Es können zwei oder auch mehr Stämme sein. Ver-

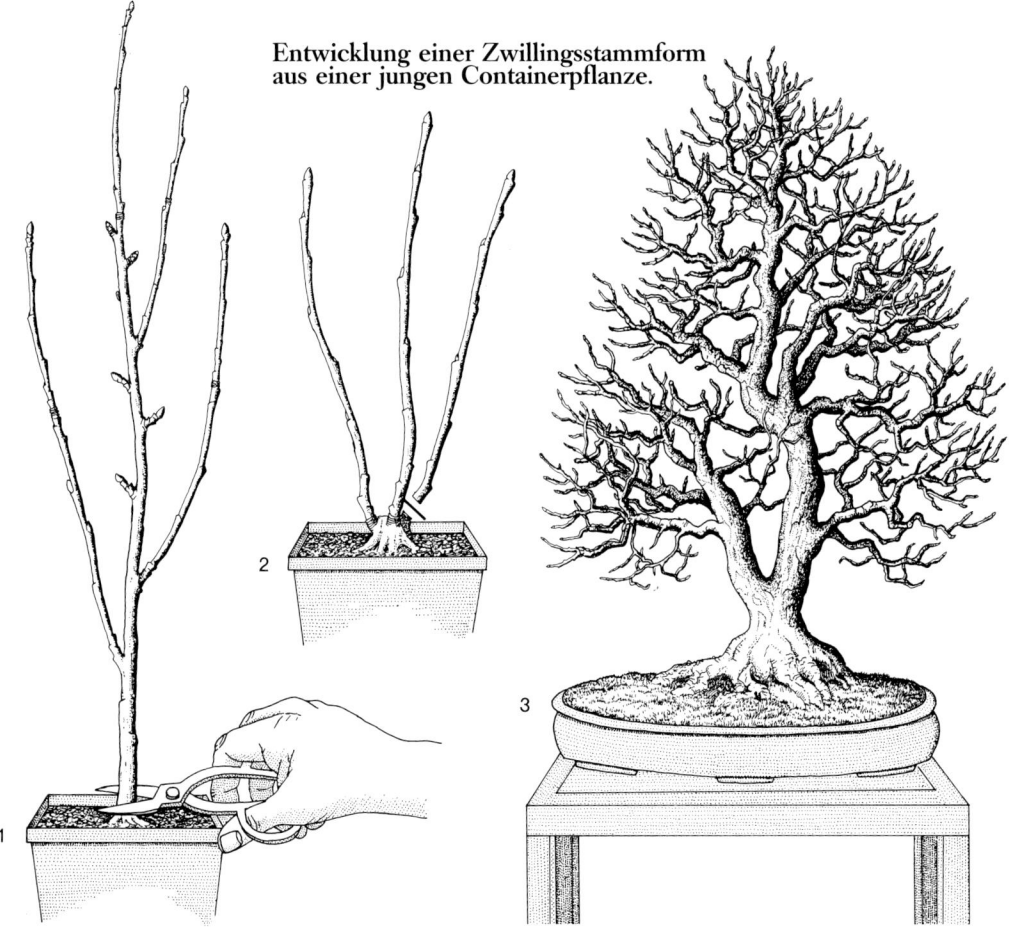

Entwicklung einer Zwillingsstammform aus einer jungen Containerpflanze.

Kurz über der Erdoberfläche wird die Pflanze abgeschnitten (1). Der Austrieb wird auf zwei Triebe reduziert (2). Abbildung 3 zeigt beispielhaft eine Möglichkeit für die Anordnung der Stämme und Äste bei einer Zwillingsstammform.

Acer palmatum, der Fächerahorn, als Zwillingsstamm. Der herrliche Bonsai zeigt eine Möglichkeit für den Aufbau der Krone.

pönt sind, mit Ausnahme des Zwillingsstamms, Formen mit einer geraden Anzahl von Stämmen, weil die Gefahr einer unerwünschten Symmetrie zu groß wäre. Eine ungewöhnliche, aber beliebte Bonsaiform, die aus mehreren Stämmen besteht, ist die sogenannte Floßform – eine Form, bei der aus einem horizontal liegenden Stamm die nach oben gerichteten Äste im Laufe der Zeit zu neuen Stämmen heranwachsen (siehe Seite 121).

Eine Gruppenpflanzung stellt im Gegensatz zu den Mehrfachstammformen (in der Regel) einen Wald, einen Hain oder ein kleines Gehölz dar, für die oft ein Dutzend oder noch mehr Bäume verwendet werden.

Der Zwillingsstamm

Zwei Stämme, die aus einer Wurzel wachsen und verschieden stark sind, bilden den Zwillingsstamm-Bonsai (in Japan Sokan). (Gelegent-lich werden auch zwei Pflanzen, die gut zueinander passen, zusammengepflanzt = Soju.) Der typische Zwillingsstamm ist als freie Form zu klassifizieren. Er läßt sich ebensogut als geneigte oder windgepeitschte Form gestalten. Beide Stämme können sich zu einer gemeinsamen Krone vereinigen. Aber der Zwillingsstamm kann auch so gestaltet werden, daß der Hauptbaum dreimal höher ist als der Nebenbaum. In einem solchen Fall sollte der Hauptbaum auch dreimal so dick sein wie der Nebenbaum. Wie man sich auch entscheidet, stets muß ein Eindruck der Zusammengehörigkeit entstehen.

Die Stammlinien sollten einander in Form und Ausrichtung ähneln, das heißt bei gekrümmten oder geneigten Stämmen folgen beide Stämme der gleichen Richtung, trotzdem behalten sie ihre eigene Identität. Die inneren Stammlinien sollten bis zu zwei Drittel der Höhe klar sichtbar sein.

Es liegt in der Natur der Anordnung, daß bei unterschiedlichen Höhen der Bäume die Krone des größten Baumes die des kleineren überragt, dabei dürfen sich die Kronen nicht unnötig gegenseitig beschatten.

Die Äste werden so angeordnet, daß sich ein Wechsel vom Haupt- zum Nebenstamm und zurück ergibt. Sie sollten sich nirgends kreuzen. Die Abbildungen auf Seite 109 zeigen die Entwicklung einer Zwillingsstammform aus einer Containerpflanze.

Mehrstämmige Varianten

Für Mehrfachstammformen (Kabudachi) mit drei, fünf oder mehr Stämmen gelten die Grundsätze des Zwillingsstammes. Die größere Zahl der Stämme gibt Gelegenheit, Pflanzungen mit größerer Tiefenwirkung zu gestalten. Die Unterschiede im Stammdurchmesser sind hier besonders wichtig, weil die verschiedenen Dicken dieser Form Perspektive geben. Kein Baum sollte direkt vor einem anderen stehen oder einen anderen überkreuzen. Die Höhe der Stämme und ihr Abstand voneinander sollten unterschiedlich sein. Die Stammdicke kann durch Regulierung der Blattmasse beeinflußt werden (siehe Seite 140). Je größer die Blattmasse, desto dicker der Stamm. Dieser Faktor wird beim Auslichten des Astwerks berücksichtigt. Die Abbildungen auf der nächsten Seite zeigen, wie sich eine Mehrfachstammform aus einer älteren Baumschulpflanze entwickeln läßt.

Laubgehölze treiben in der Regel willig aus schlafenden Augen am Wurzelansatz aus. Dies ist die Voraussetzung für die Gestaltung von Mehrfachstammformen. Bei Nadelgehölzen, die nicht immer so leicht austreiben, läßt sich folgende Methode anwenden (wenn nicht die ersten Verzweigungen am Wurzelansatz beginnen): An einjährigen Sämlingen wird im Bereich des Wurzelansatzes die Rinde bis auf das Holz entfernt, wie für das seitliche Anplatten und das Ablaktieren (siehe Seite 46 und 49) beschrieben.

Der Zwillingsstamm von Carpinus betulus, der Hainbuche, wurde aus einer gesammelten Pflanze gestaltet.

Die Pflanzen werden dann so an der Basis zusammengefügt, daß die Kambien sich berühren (s. Abb.). Anschließend bindet man die Pflanzen mit Bast fest zusammen, um ein Verrutschen zu verhindern. Die Pflanzen werden eingetopft und an einen geschützten Ort aufgestellt, bis sie miteinander verwachsen sind. Sobald der Bast einzuschnüren beginnt, wird er entfernt. Diese Methode eignet sich ebensogut für Laubgehölze. Dieser Weg führt schnell zu schönen Mehrfachstammformen.

Mehrere Sämlinge oder Stecklinge werden direkt nach der Keimung bzw. Wurzelbildung zusammengepflanzt. Die Rinde muß nur bei schon stärker verholzten Pflänzchen entfernt werden. Auch sie bindet man zusammen und stellt sie zunächst an einen geschützten Ort.

Eine andere Methode verspricht ebenfalls Erfolg: die Samen werden häufchenweise ausgesät. Allerdings bleibt hier die Anzahl der Stämme dem Zufall überlassen, da man im voraus nicht weiß, wie viele der Samen keimen.

Entwicklung einer Mehrfachstammform aus einer älteren Baumschulpflanze.

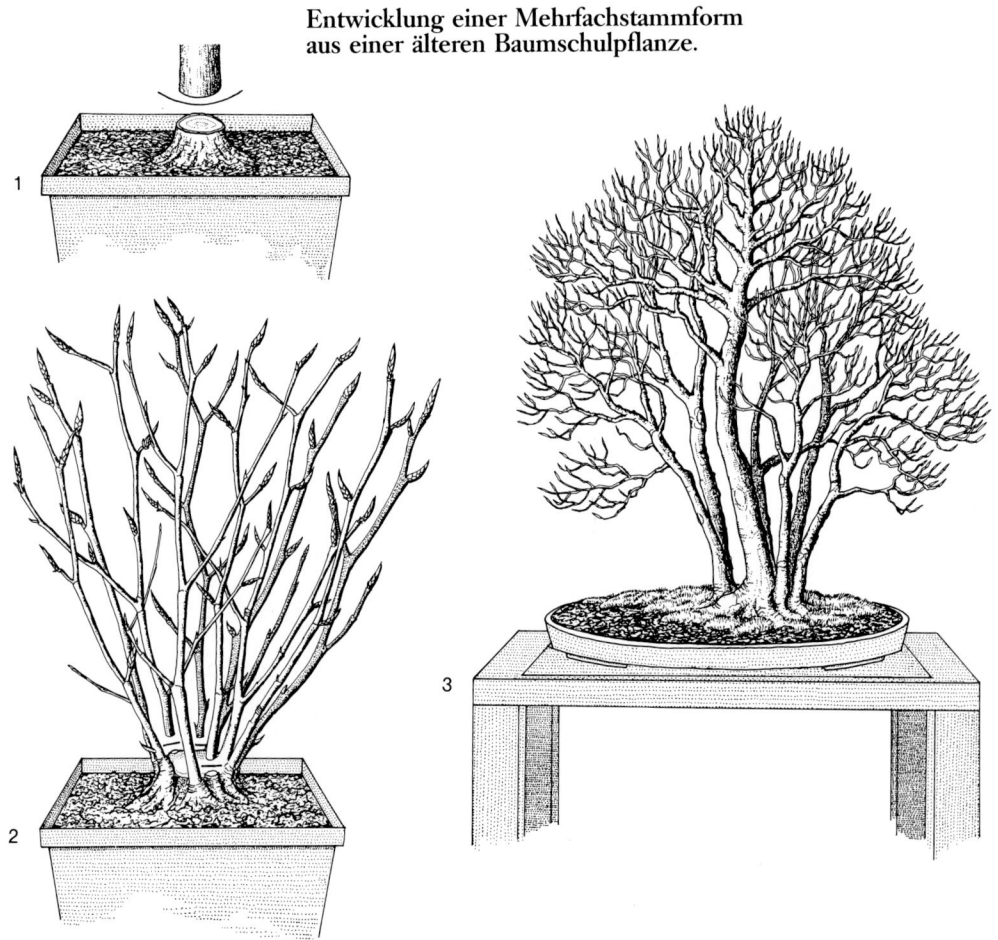

Kurz über dem Wurzelansatz wird die Pflanze abgeschnitten (1). Nach dem Austrieb werden soviel Triebe belassen, wie man Stämme haben will (2). Abbildung 3 zeigt beispielhaft eine Möglichkeit für die Anordnung der Stämme, Äste und Zweige bei Mehrfachstammformen.

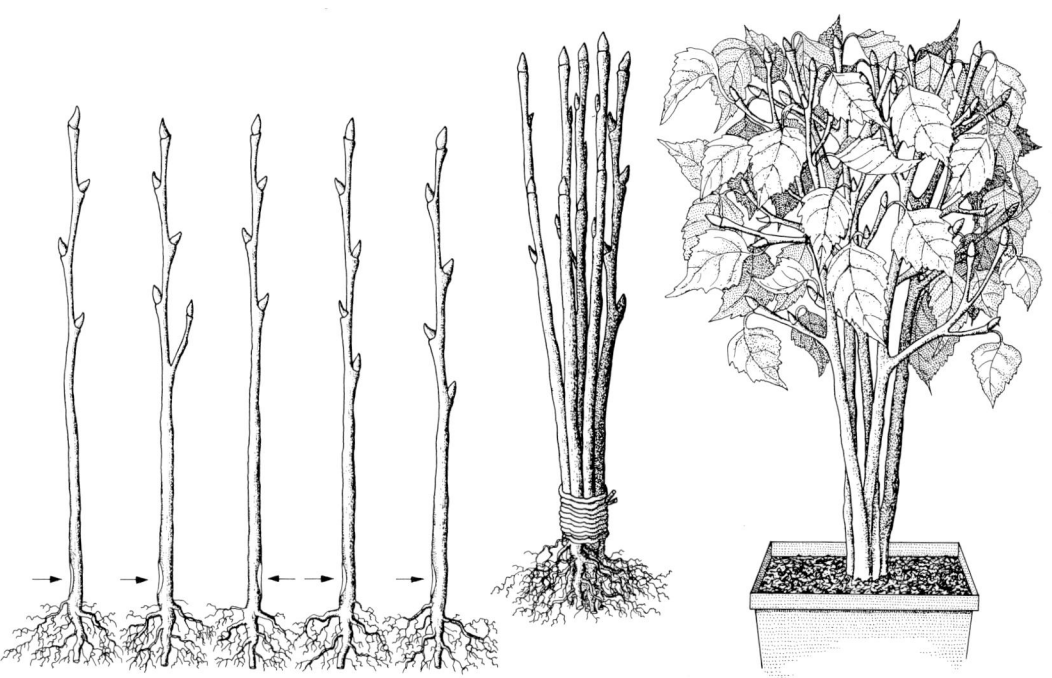

Entwicklung einer Mehrfachstammform aus Sämlingen durch Anplatten.

Auch durch Veredlung auf den Wurzelansatz lassen sich Mehrfachstammformen schaffen. Es wird so veredelt, daß sich die Veredlungsstelle dicht über oder unter der Erdoberfläche befindet, so daß die beim Zusammenwachsen zu erwartende Verdickung entweder nicht sichtbar wird oder sich als natürliche Verdickung des Stammes interpretieren läßt. Als Veredlungsmethoden kommen für Laubgehölze das Spaltpfropfen, das Pfropfen hinter die Rinde und bei Unterlagen mit größerem Stammdurchmesser die Geißfußveredlung in Frage (s. Seite 42). Bei Nadelgehölzen verspricht das Anplatten und Einspitzen Erfolg (s. Seite 44).

Gruppen- und Waldformen

Der Bonsaianfänger kann mit der Pflanzung eines Waldes (in Japan Yose-ue) einen guten Start zum Selbstgestalten finden, weil hier die Gesamtkomposition und nicht so sehr der perfekt gestaltete Einzelbaum wirkt. Auch braucht man nicht Jahre, um an seiner Vollendung zu arbeiten. Da sich in der Regel relativ junge Bäume eignen, hat man auch sehr preisgünstiges Ausgangsmaterial.

Wenn man schon bei Einzelbonsai bevorzugt kleinblättrige Pflanzenarten verwenden sollte, gilt dies erst recht für Waldformen. Pflanzen mit großen Blättern, Blüten oder Früchten würden die Proportionen beeinträchtigen und eignen sich deshalb kaum für diese Form. Auch müssen die Pflanzen einen starken Rückschnitt vertragen, sowohl an Trieben als auch an den Wurzeln.

Normalerweise wird für eine Gruppenpflanzung nur eine Baumart verwendet. Die Gestaltung ist einfacher, die Wirkung angenehmer, einheitlicher und die Pflege einfacher. Zwar sehen Mischwälder reizvoll aus, doch treten unter Umständen im Laufe der Zeit Probleme auf, da sich Wachstum und Lebensbedingungen der einzelnen Baumarten in der Regel unterscheiden und sich die Bäume in ihrer Entwicklung gegenseitig stören können. Womöglich müßte

113

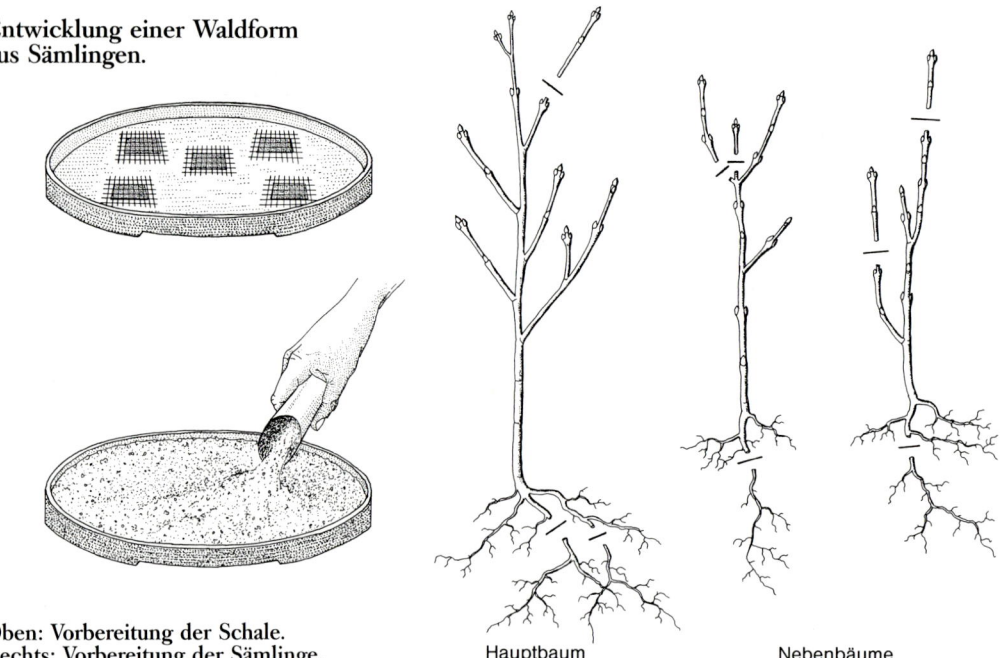

Durch das Zusammenpflanzen mehrerer Jungpflanzen entstand dieser Wurzelansatz.

Entwicklung einer Waldform aus Sämlingen.

Oben: Vorbereitung der Schale.
Rechts: Vorbereitung der Sämlinge.

Hauptbaum   Nebenbäume

Pflanzung einer Waldform.

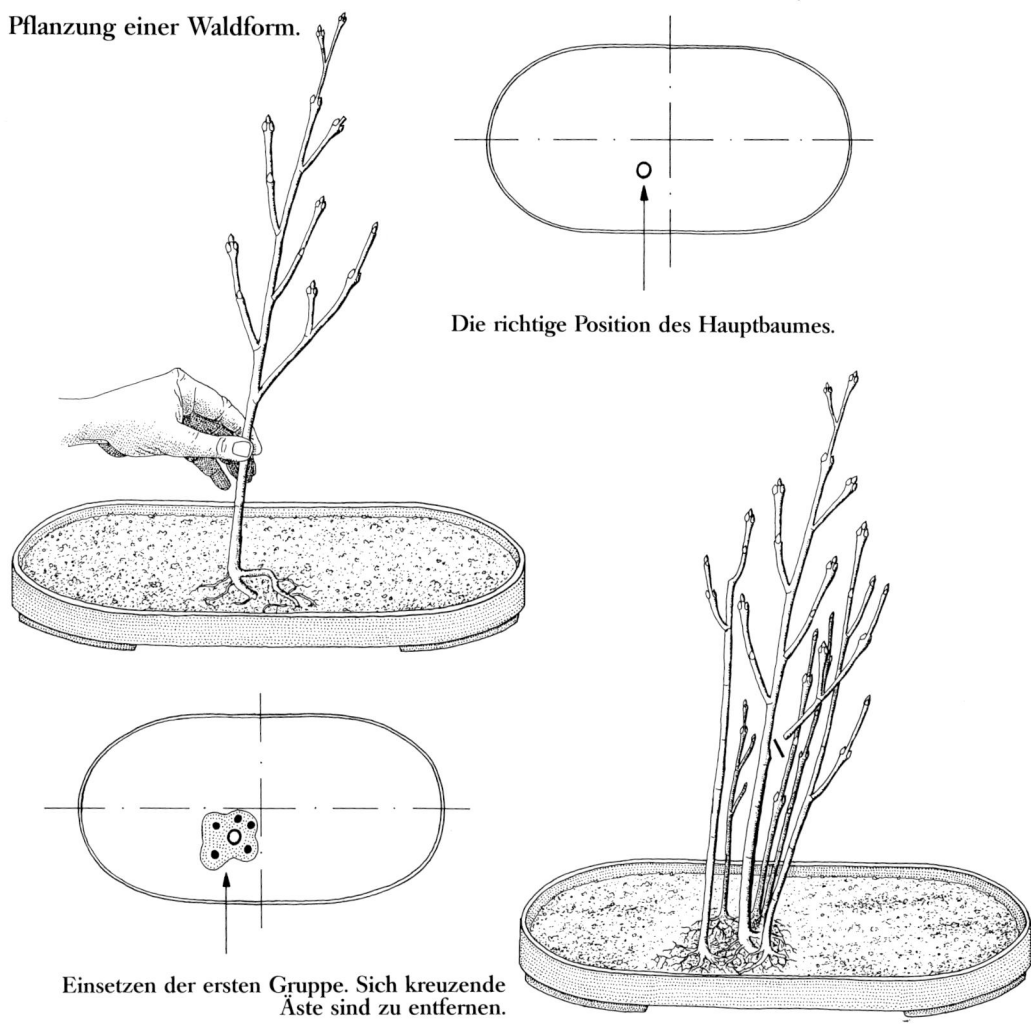

Die richtige Position des Hauptbaumes.

Einsetzen der ersten Gruppe. Sich kreuzende
Äste sind zu entfernen.

man die eine Art ständig stutzen, damit die andere nicht verdeckt wird. Wer dennoch auf seinen Mischwald nicht verzichten möchte, sollte Baumarten mit gleichen Boden- und Klimaansprüchen verwenden.

Es ist zu empfehlen, die für Gruppenpflanzungen vorgesehenen Pflanzen vorzuformen. Verwendet man Stecklinge oder Sämlinge, sollte man sie schon frühzeitig zu einzelnen Untergruppen zusammenpflanzen. Eine Plazierung von eng beieinanderstehenden Bäumen ist bei voll ausgebildetem Wurzelwerk nur schwer zu

erreichen. Allerdings erscheint es angebracht, bei Verwendung von gleichmäßigem Material die natürlichen Techniken zur relativen Stammverdickung anzuwenden (siehe Seite 136 ff.). Auf diese Weise variiert der Stammdurchmesser dann von Baum zu Baum.

Unabhängig von den anderen Ausmaßen der Bäume ist es nützlich, bei der Vorkultur Pflanzgefäße von gleicher Tiefe zu verwenden. Man kann dann die Bäume in Augenhöhe gegeneinander verschieben, um eine ungefähre Vorstellung über ihre spätere Anordnung zu erhalten.

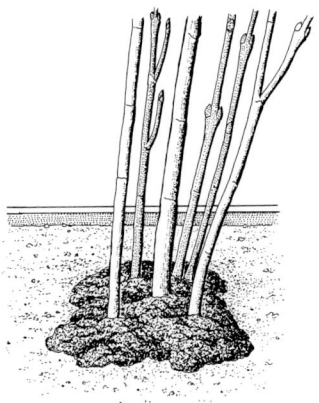

Zur Verankerung der Sämlinge wird
feuchte Erde verwendet.

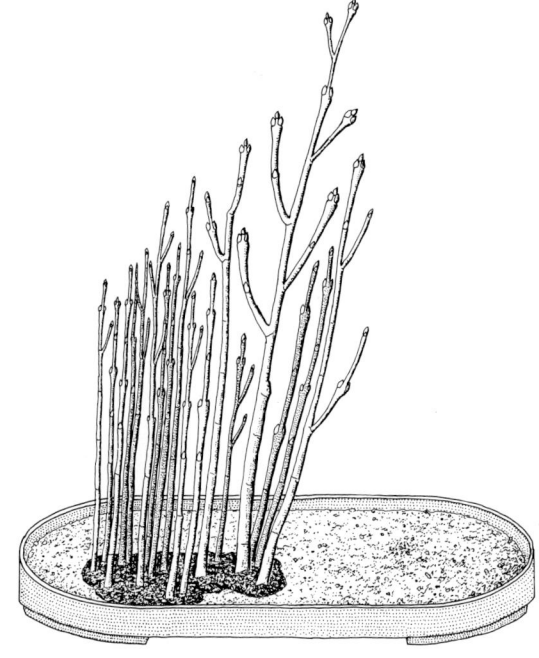

Stellung der zweiten Gruppe.

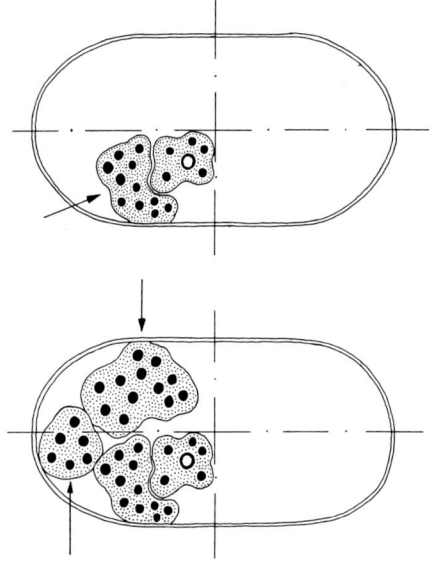

Einsetzen der dritten und vierten
Gruppe.

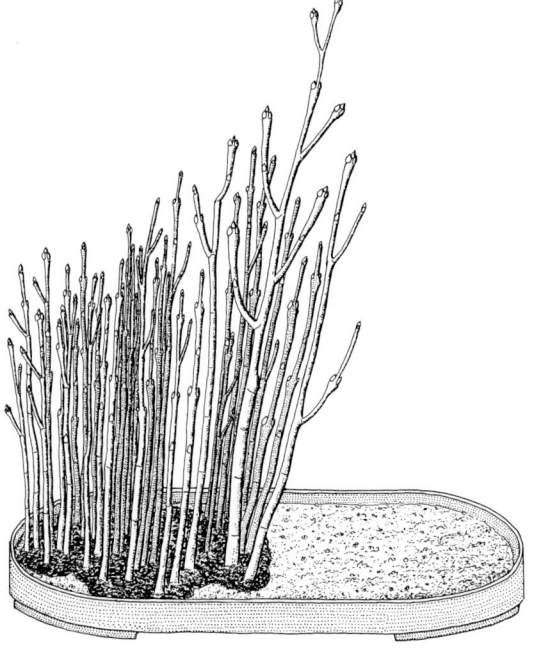

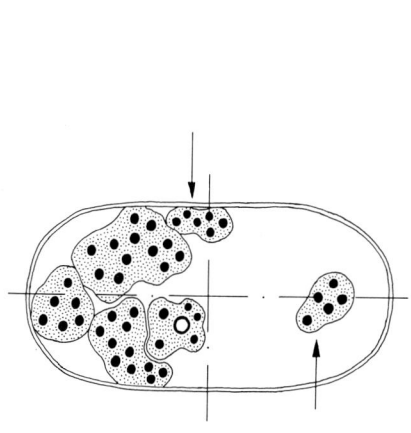

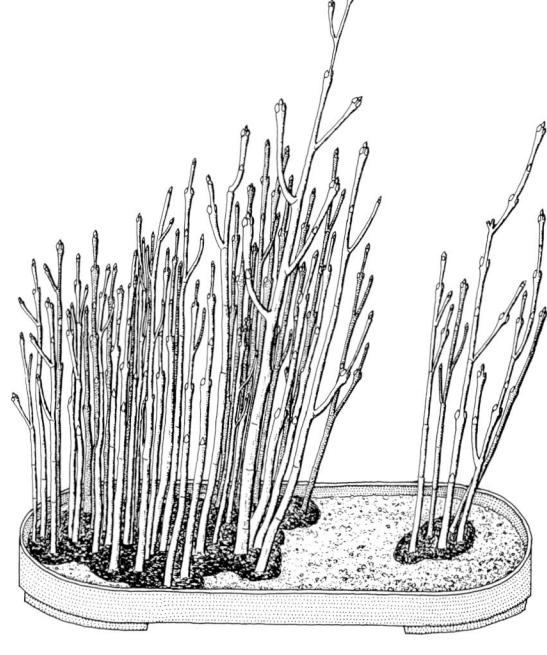

Stellung der fünften und sechsten
Gruppe.

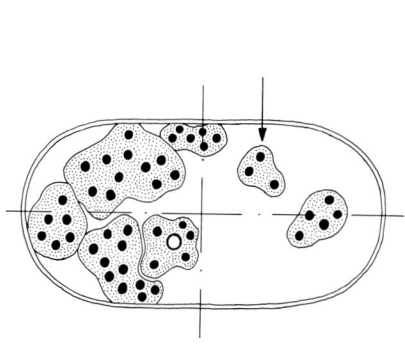

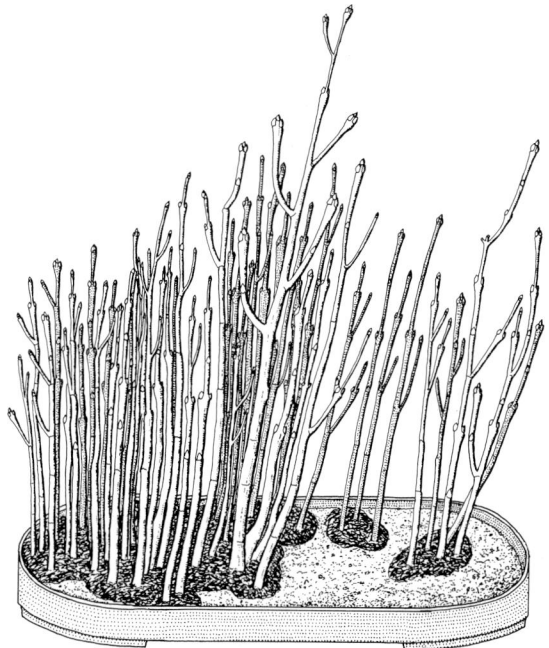

Stellung der siebten Gruppe.

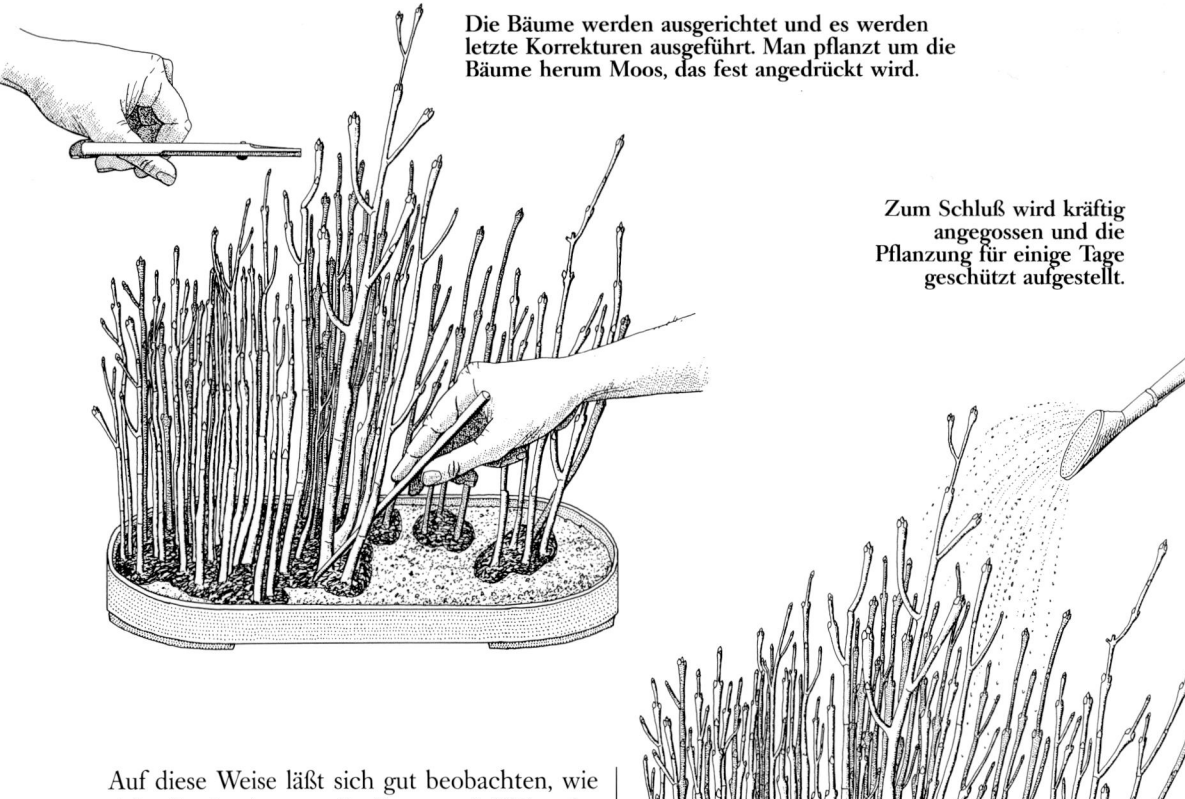

Die Bäume werden ausgerichtet und es werden letzte Korrekturen ausgeführt. Man pflanzt um die Bäume herum Moos, das fest angedrückt wird.

Zum Schluß wird kräftig angegossen und die Pflanzung für einige Tage geschützt aufgestellt.

Auf diese Weise läßt sich gut beobachten, wie sich die Astebenen, die Form und Höhe der Bäume und die Umrißlinien entwickeln.

Es gibt im Grunde genommen keine verbindlichen Regeln zur Zahl der gepflanzten Bäume. Im allgemeinen entscheidet man sich jedoch für eine ungerade Zahl. Dies gilt besonders dann, wenn die Zahl der vorhandenen Bäume weniger als zehn beträgt. Dieser Hinweis hinsichtlich der Zahl gilt nicht nur für Einzelbäume, sondern auch für die Zahl der Gruppen, wenn man mit Untergruppen arbeitet.

Um Harmonie zu erreichen, sollten sich die Bäume in der Form ähneln und unterschiedliche Dicken aufweisen. Ist das nicht der Fall, fehlt die Abwechslung, und man wird Schwierigkeiten haben, einen Eindruck von Distanz und damit von Perspektive zu erzeugen.

Für die Höhe gilt das gleiche wie für die Dicke der Bäume. Je deutlicher die Größenunterschiede sind, desto interessanter das Gesamtbild. Ist das Ausgangsmaterial dennoch gleich hoch, läßt sich dieser Nachteil bei der Pflanzung durch Aufschütten von Hügeln ausgleichen.

Waldpflanzungen bzw. Baumgruppen werden in flache, großflächige Gefäße gepflanzt, da sich in solchen Gefäßen der Eindruck eines Waldes besser erzielen läßt. Ovale Formen zieht man rechteckigen vor, da man dort die Ecken nur schwer ausfüllen kann. Das Gefäß sollte schlicht sein, ohne oder mit nur sparsamer Verzierung. Auch flache Steinplatten eignen sich recht gut.

Noch unvollendet wirkt diese Waldform aus Cryptomeria japonica 'Vilmoriana', der Sicheltanne. Das Bild entstand 1 Jahr nach der Pflanzung.

Ausrichtung der Bäume und Position im Gefäß

Der Schwerpunkt einer Waldpflanzung bedeutet einen besonders wichtigen Faktor bei der Gestaltung. Man kann der Pflanzung entweder einen Schwerpunkt geben oder aber kleinere Gruppierungen mit mehreren Schwerpunkten gestalten. Das größte Exemplar mit dem dicksten Stamm stellt den jeweiligen Schwerpunkt dar. Die Wirkung des Schwerpunktes wird verstärkt, wenn man die Bäume in der unmittelbaren Nähe des Hauptbaumes besonders eng pflanzt.

Man kann die Bäume dicht oder mit Abstand pflanzen. Die Pflanzung mit Abstand hat den Vorteil, daß das Einpflanzen einfacher ist, da sich der Wurzelrückschnitt in Grenzen hält und eine besonders gute Tiefenwirkung erzielt wird. Die dichte Pflanzung bringt den Vorteil, daß man ganz junge Pflanzen, selbst einjährige Sämlinge oder Stecklinge, verwenden kann.

Man wählt die Bäume so aus, daß einer eine dominierende Rolle erhält. Ist die Pflanzung in mehrere Untergruppen unterteilt, dann sollte in jeder Untergruppe ein Baum dominieren. Die einzelnen Gruppen werden wie Einzelbäume behandelt, so dominiert immer eine der Gruppen. Die anderen müssen sich ihr in der Höhe deutlich unterordnen und auch deutlich von ihr getrennt sein. Wenn möglich schließen kleinere Gruppen an größere an. Die Abstände zwischen den Stämmen sollten verschieden groß sein. Eine gedachte Verbindungslinie zwischen drei beliebigen Stämmen sollte ein unregelmäßiges Dreieck ergeben.

Niemals sollten drei Bäume, von welcher Seite auch immer betrachtet, eine gemeinsame Linie bilden. Wenn man die Pflanzung von vorn betrachtet, darf kein Baum den anderen verdekken. Diese Pflanzweise verhindert Symmetrie und gibt der Pflanzung Tiefenwirkung. Tiefenwirkung bedeutet: wenn man die größeren und stärkeren Bäume vorn und die kleineren Bäume hinten postiert, die hinteren Stämme enger pflanzt als die vorderen, erhält man einen Blick in einen tiefen Wald.

Die Pflanzen brauchen nicht unbedingt die gesamte Schalenfläche auszufüllen. Unbepflanzte, freie Räume sind ebenso wichtig und können zur Belebung des Gesamteindrucks genausogut beitragen wie bepflanzte Bereiche.

Will man einen größeren Teil der Schale nicht bepflanzen, so sollte man als Grenze möglichst nicht die Mittellinie wählen. Die Pflanzung wirkt sonst zu symmetrisch und dadurch steif.

Es wurde schon auf die notwendige Abstimmung der Bäume aufeinander hingewiesen. Liegt eine Stammbewegung, eine Neigung oder Krümmung vor, sollte sie jeder Stamm in Variationen zeigen. Bäume mit geneigten Stämmen sollten sich von der Seite gesehen nicht kreuzen, sie sollten sich nach vorne neigen in Richtung auf den Schalenrand, zum Betrachter hin.

Der Umriß (Silhouette) einer Gruppenpflanzung wirkt am besten, wenn ihre Spitzen eine halbkreisförmige, leicht gewölbte, gewellte oder dreieckige Umrißlinie bilden, wobei der Hauptbaum bzw. die Hauptgruppe den höchsten Punkt ausmacht. Ist die obere Umrißlinie flach oder zu geradlinig, wirkt die Pflanzung ziemlich eintönig und uninteressant. Das gleiche gilt für die untere Umrißlinie. Verläuft sie gerade, wirkt die Pflanzung flach und steif, ist sie unregelmäßig, so verleiht sie der Pflanzung Tiefe und macht sie interessanter. Die Silhouette der Pflanzung darf aber kein wildes Auf und Nieder bilden, sondern muß einen harmonischen Gesamteindruck bieten.

Der Pflanzvorgang

Die beste Pflanzzeit ist auch für Waldpflanzungen das Frühjahr, sprich die Zeit, bevor sich die Knospen öffnen. Dann vertragen die Pflanzen einen kräftigen Wurzelschnitt noch am besten. Bevor man mit der Pflanzung beginnt, fertigt man sinnvollerweise eine Skizze an, in der man den Standort der einzelnen Bäume festlegt.

Zunächst werden die einzelnen Pflanzen beschnitten und, soweit es erforderlich ist, gedrah-

tet. Die Pflanzen werden mit möglichst viel Wurzelmasse umgepflanzt. Verlief die Vorkultur in kleineren Gefäßen, wird der Wurzelballen nur leicht aufgelockert. Bei engen Pflanzungen wird man aber nicht vermeiden können, etwas von der Wurzelmasse zu entfernen. Anschließend stellt man alle Pflanzen entsprechend ihrer späteren Position im Gefäß beiseite. Es muß wohl nicht besonders betont werden, daß die freiliegenden Wurzeln nicht der direkten Sonne ausgesetzt werden dürfen. Es ist zu empfehlen, die Wurzeln ab und zu mit einer Sprühflasche zu befeuchten oder noch besser in feuchten Torf einzuschlagen, wenn die Arbeiten so lange dauern, daß der Ballen zwischenzeitlich austrocknen könnte.

Vor der Pflanzung wird die Bonsaischale in gewohnter Weise vorbereitet. Jüngere Pflanzen mit wenigen Wurzeln verfügen über eine nur geringe Standfestigkeit und die Anordnung in der Schale bereitet Probleme, weil die Pflanzen wieder umfallen. Um ein Umfallen zu verhindern, bieten sich folgende Möglichkeiten an:

● Man zieht Draht durch die Abzugslöcher, an dem man die Hauptbäume befestigt. Stehen diese fest, können die Nebenbäume an den Hauptbäumen angebunden werden. Der Draht ist etwa nach einem halben Jahr wieder zu entfernen bzw. an den Stämmen aufzuschneiden.

● Die Abzugslöcher am Schalenboden werden mit Plastiknetzen bedeckt und man zieht soviel Drähte hindurch, daß alle Pflanzen damit befestigt werden können. Diese Methode kann nur für kleinere Gruppen empfohlen werden.

● Ein Gitter zur Befestigung der Pflanzen aus gespaltenem Bambusrohr (im Handel als Bambussplitstäbe erhältlich) wird geknüpft und am Schalenboden mit Drähten befestigt.

● Der Wurzelballen jeder einzelnen Pflanze wird mit einem nassem Lehm-Torfgemisch zu einer Kugel geformt, wodurch man Schwere und Standfestigkeit der Bäume erreicht.

Nachdem man auf den Schalenboden eine dünne Schicht Erde aufgebracht hat, wird ein Baum nach dem anderen arrangiert. Wenn alle Bäume an ihrem Platz stehen, kontrolliert man die Pflanzung auf ihren Gesamteindruck. Man ändert – falls nötig – die Schräglage der Bäume.

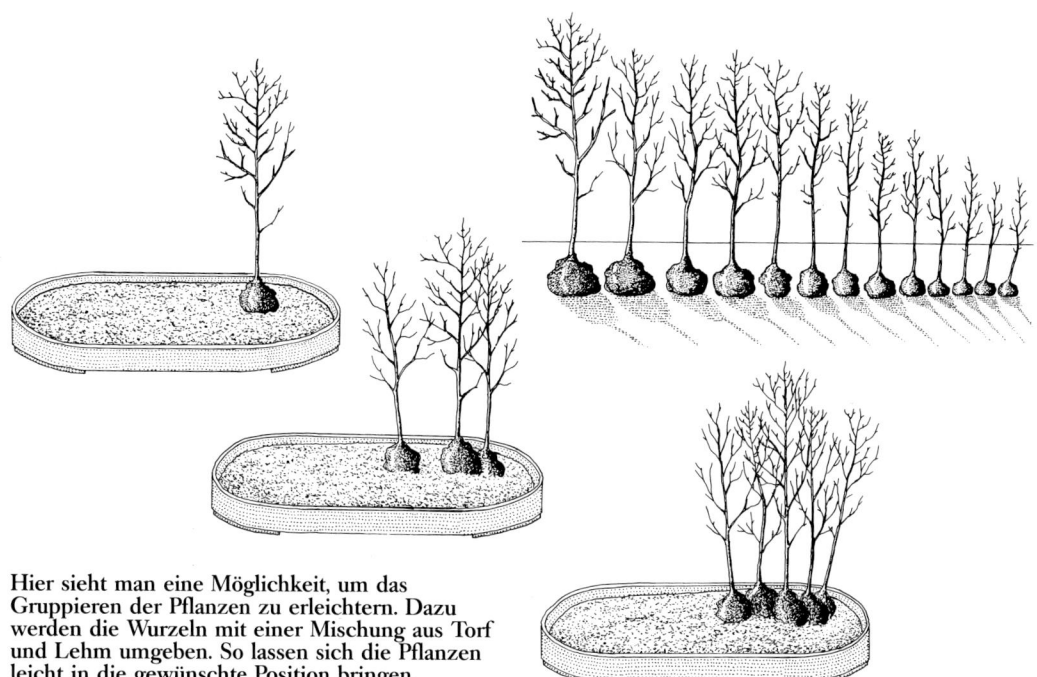

Hier sieht man eine Möglichkeit, um das Gruppieren der Pflanzen zu erleichtern. Dazu werden die Wurzeln mit einer Mischung aus Torf und Lehm umgeben. So lassen sich die Pflanzen leicht in die gewünschte Position bringen.

Ist das Arrangieren beendet, wird die Schale mit Erde aufgefüllt. Man fügt frische Erde hinzu, indem man den Baum mit einer Hand fest an seinem Fuß faßt und sorgfältig darauf achtet, daß er seine Position und Lage nicht verändert. Die Erde muß die Wurzeln dicht umgeben, eventuell hilft man mit einem Holzstäbchen nach. Nach dem Auffüllen der Zwischenräume mit Erde wird die Erde leicht angedrückt, am Schalenrand etwas stärker.

Zum Schluß verfeinert man die Konturen der Bodenoberfläche, pflanzt eventuelle Unterpflanzungen zu und legt Moos auf. Bei der Modellierung der Bodenoberfläche ist zu beachten, daß eine einfache, deutliche Bewegung besser wirkt als viele kleine.

Danach wird vorsichtig gewässert. Man stellt die Schale bis zum Rand in ein Wassergefäß, bis die Erde gut naß ist. Dann überbraust man die Pflanzen. Die Erde setzt sich, die Wurzeln finden dadurch Halt und die Bäume stehen jetzt stabil. Die weitere Pflege ist die gleiche wie beim normalen Umpflanzen (siehe Seite 167 ff.).

Die Floßform

Eine Baumgruppe muß nicht unbedingt aus mehreren einzelnen Bäumen bestehen. Dies konnten wir bei der Beschreibung der einzelnen Gestaltungsformen schon sehen. So haben der Zwillingsstamm (Sokan), der Dreierstamm (Sankan) oder auch der Mehrfachstamm (Kabudachi) in der Regel eine gemeinsame Wurzel. Dies gilt auch für die Floßform (in Japan Ikadabuki). Eine Gestaltungsform, bei der aus einem horizontal liegenden Stamm (von Witterungseinflüssen umgeworfenen Baum) die nach oben gerichteten Äste im Laufe der Zeit zu neuen Stämmen heranwachsen. Die Bezeichnung Floßform kommt daher, weil die Stämme auf dem Hauptstamm wie auf einem Floß dahinzudriften scheinen. Gestaltet wird die Floßform genau nach dem Bild, das der fertige Bonsai in der Phantasie des Betrachters wachrufen soll: Ein Sturm hat einen Baum umgeworfen; der Stamm liegt flach auf dem Boden. Die Äste sind teilweise abgebrochen oder haben sich in das

Die Floßform von Fagus sylvatica, der Rotbuche, wurde aus einer gesammelten Pflanze gestaltet.

weiche Erdreich gedrückt. Wenn der Baum gestürzt ist, funktioniert das Wurzelwerk weiterhin. Die Zweige, die nicht »abbrachen«, ordnen sich neu und wachsen, den natürlichen Wuchsgesetzen folgend (siehe Seite 67), scheinbar als Bäume weiter.

Entwicklung einer Floßform aus einer Containerpflanze.

Links: An der Unterseite des später liegenden Stammes werden alle Äste entfernt.
Rechts: An den Astansatzstellen wird ein Teil der Rinde entfernt und mit einem Bewurzelungsmittel eingepudert. Vom Wurzelballen wird etwa ein Drittel entfernt. Die Pflanze wird auf der Seite liegend in ein dem Wurzelballen entsprechend tiefes Gefäß eingepflanzt. Wenn sich nach 1 bis 2 Jahren am horizontal liegenden Stamm ausreichend Wurzeln gebildet haben, wird der ursprüngliche Wurzelballen abgeschnitten und die Pflanze in eine passende Bonsaischale gepflanzt.

Die Gestaltung einer Floßform ist nicht schwieriger als bei den anderen Formen, allerdings muß man etwas Geduld aufbringen. Bis aus einer Baumschulpflanze eine »fertige« Floßform entsteht, vergehen nicht selten 3 bis 5 Jahre. Dies hängt damit zusammen, daß der ursprüngliche Wurzelballen nicht sofort entfernt werden kann, sondern erst dann, wenn sich der horizontal liegende Stamm ausreichend Wurzeln gebildet hat und damit die Wasser- und Nährstoffversorgung der neuen Stämme gewährleistet. Dies ist gerade bei Nadelgehölzen zu beachten. Bei ihnen merkt man häufig erst nach Monaten, wenn man vom ursprünglichen Wurzelballen zuviel entfernt hat.

Als Zeitpunkt kommt das frühe Frühjahr (vor dem Austrieb), in Ausnahmefällen auch der Herbst (nach dem Blattfall), in Frage. Den Baum sollte man sorgfältig auswählen. Am besten geeignet sind Pflanzen, deren Äste größtenteils nach einer Seite des Stammes wachsen.

Die Zeit, die notwendig ist, um ausreichend Wurzeln aus dem Stamm zu entwickeln, hängt von der jeweiligen Art ab. Während es z. B. bei Ahorn 1 bis 2 Jahre dauert, benötigt die Mädchenkiefer nicht selten 5 Jahre.

Bei der Gestaltung der Floßform unterscheidet man zwischen einer geradlinigen und einer gekrümmten Variante. Bei der geradlinigen Variante ist eine Stammbasis relativ kurz und dick, die einzelnen Äste (Stämme) sind streng in einer Linie angeordnet. Sie stehen gewöhnlich aufrecht oder leicht geneigt. Wenn überhaupt Bewegungen vorhanden sind, sollten sie in allen Stämmen wiederklingen.

Bei der gekrümmten Variante ist die Stammbasis relativ dünn (schlank) und mehrfach gekrümmt. Die »einzelnen« Bäume werden dementsprechend meist im freien Stil mit leichten Windungen gestaltet. Ob man in der geradlinigen oder gekrümmten Variante gestaltet, bestimmt in erster Linie das Ausgangsmaterial, also die jeweiligen Pflanzenarten.

Die Zuckerhutfichte (*Picea glauca* 'Conica'), die von der Natur aus steif wächst, wird man in der geradlinigen Form gestalten, während für die Mädchenkiefer *(Pinus parviflora)* und den Fächerahorn *(Acer palmatum)* mit seinen vielen Formen, die gekrümmte Variante ideal ist. Die Technik für die Gestaltung einer Floßform aus einer Containerpflanze ist in den Abbildungen dargestellt.

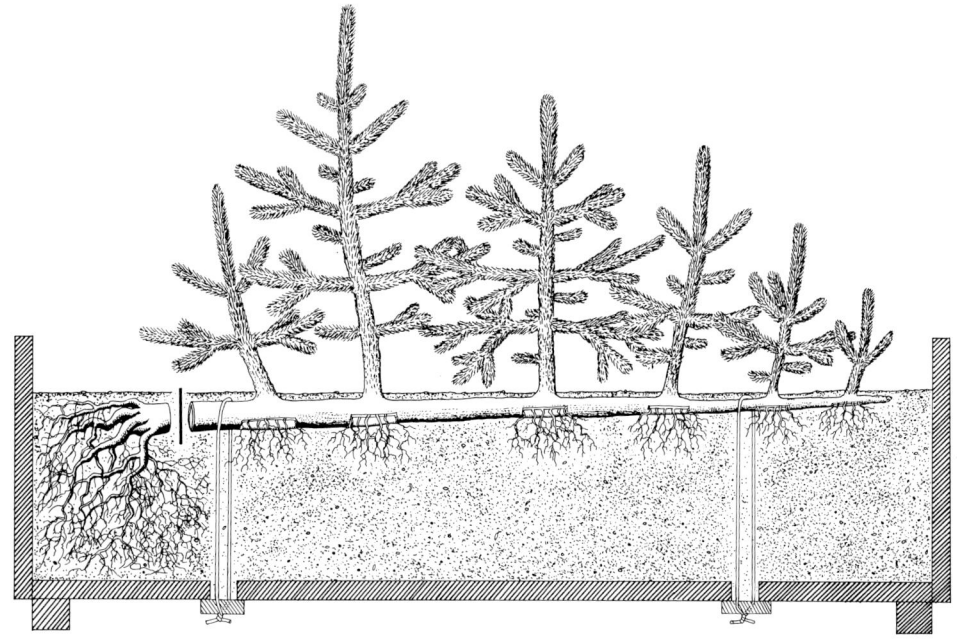

Der Kleine und der Miniaturbonsai

Der Kleine und der Miniaturbonsai (in Japan Mame-Bonsai) bilden keine besonderen Gestaltungsformen, sondern sind, wie die Namen deutlich machen, Miniaturausgaben eines »normalen« Bonsai.

Wenn man Bonsai nach der Größe einteilt, unterscheidet man folgendermaßen:
Miniaturbonsai: unter 12 cm,
Kleine Bonsai: 12 bis 18 cm,
Bonsai für eine Hand: 18 bis 40 cm,
Mittlerer Bonsai: 45 bis 90 cm,
Großer Bonsai: 90 bis 130 cm.

Größen, die darüber hinausgehen, bezeichnet man als Gartenbonsai (Einteilung nach John Naka. Die Größenangaben beziehen sich auf die Baumhöhe ohne Schale).

Miniaturbonsai und Kleiner Bonsai sind so klein, daß sie in einer Handfläche Platz haben. Zum Tragen von Bonsai mittlerer Größe braucht man schon zwei Hände, und für die ganz Großen sind sogar vier Hände, also zwei Personen erforderlich. So etwa werden in Japan Bonsai nach ihrer Größe eingeteilt.

Wer keinen Garten besitzt, das heißt wenig Platz zur Verfügung hat, um sich eine größere Bonsaisammlung aufzubauen, kann sich mit Miniatur- und Kleinen Bonsai eine sehr viel größere Sammlung schaffen als mit den erheblich größeren normalen Pflanzen.

Miniaturbonsai sind nicht empfindlicher als die anderen, und für ihre Kultur und Gestaltung gelten mit einigen wenigen Abweichungen die gleichen Regeln. Auch muß man wie bei den »Großen« Geduld haben. Denn 5 bis 10 Jahre sind nötig, um einen Miniaturbonsai so zu formen, daß er diesen Namen auch verdient.

Bezüglich der geeigneten Pflanzenarten gibt es im Prinzip keine Unterschiede zu den üblichen Größen, nur daß man hier noch sorgfältiger auf kleine Blätter achten muß. Sämlinge, Stecklinge und Containerpflanzen in kleinen Töpfen bilden das Ausgangsmaterial für die Erziehung des Miniaturbonsai.

Bei der Gestaltung ist das Schneiden die wichtigste Technik, denn für umfangreiches Drahten sind die Pflanzen zu klein, die Äste und

Ulmus parvifolia mit kleinen Blättern und guter Schnittverträglichkeit eignet sich besonders gut zum Miniaturbonsai.

Zweige zu winzig. Gedrahtet wird deshalb nur, wenn keine andere Wahl bleibt. Die ersten Eingriffe bei selbst vermehrten Pflanzen sollten noch im Vermehrungsjahr erfolgen. Bei Gruppenpflanzungen betrachtet man die Stecklinge oder die Samen von vornherein als eine Einheit, sät sie gemeinsam aus bzw. steckt sie gemeinsam.

Miniaturbonsai werden im Prinzip in ähnlichen Zeitintervallen umgetopft wie die größeren Bonsai. In der Regel erscheint es aber günstiger, in kürzeren Intervallen umzupflanzen, weil die geringe Erdmenge in den kleinen Gefäßen schnell ausgelaugt ist. Wird jährlich umgepflanzt, kann in der Regel auch ein Nachdüngen während der Wachstumsperiode entfallen. Das Gießen ist zu jeder Jahreszeit besonders wichtig, weil die Erde in den kleinen Schalen rasch austrocknet. Nicht selten muß zwei- bis dreimal täglich gegossen werden.

Gestaltung der Äste und Zweige

Bei der Gestaltung von Baumformen, die durch die Stammführung wirken, haben wir schon darauf hingewiesen, daß sich die Umrißlinie der Baumkrone in den Formen der Äste widerspiegeln sollte. Vor allem liegende Dreiecke, flache Kuppeln und abgewandelte Rautenprofile sind mögliche Formen. Auch hier liefert uns die Natur die Vorbilder.

Besser als Worte es sagen können, zeigen die Zeichnungen die Entwicklung der Äste und die wichtigsten Techniken.

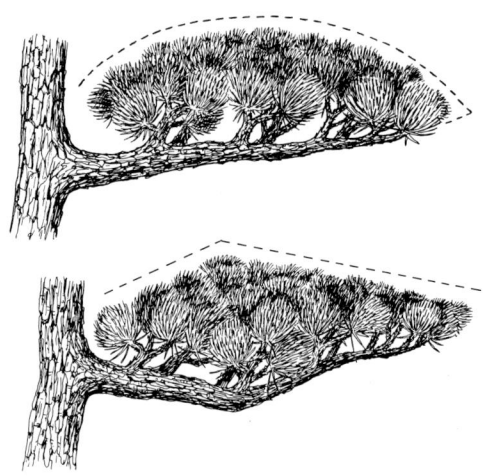

Die hier gezeigten Astformen der Kiefer wurden durch wiederholtes Pinzieren und Drahten gestaltet.

Entwicklung der Äste und Zweige durch Schnittmaßnahmen.

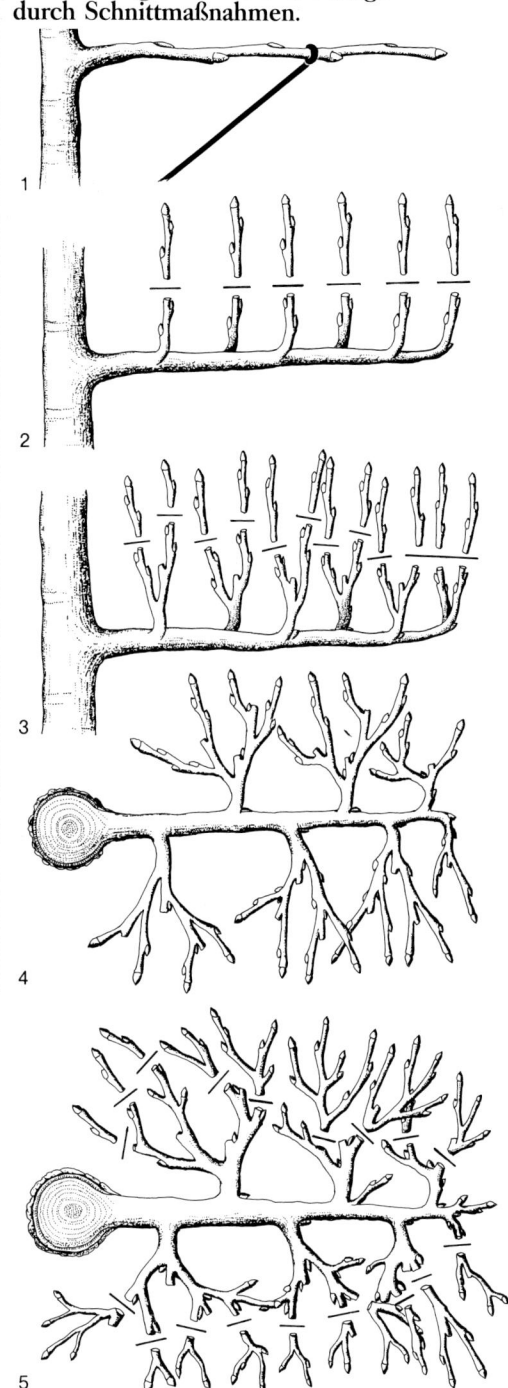

Durch Herabbinden des Triebes (1) in die Horizontale sind alle am Trieb befindlichen Knospen im Austrieb gleichberechtigt. Die Neuaustriebe werden auf ein bis zwei Knospen zurückgeschnitten, sobald sie vier bis fünf Knospen ausgebildet haben (2). So wird bei jedem Neuzuwachs verfahren (3). Durch das wiederholte Einkürzen aller vertikal wachsenden Triebe wird der Austrieb in seitlicher Richtung gefördert (4). So bildet sich die gewünschte Astform in vertikaler und horizontaler Richtung aus (5).

Juniperus chinensis, der Chinesische Wacholder, wurde in einer frei aufrechten Form gestaltet.

Entwicklung der Äste und Zweige durch Drahten und Schneiden.

Der Trieb wird durch Drahten in die Horizontale gebogen (1). Dadurch sind alle am Trieb befindlichen Knospen im Austrieb gleichberechtigt. Den Neuaustrieb läßt man so lang heranwachsen, bis man ihn drahten kann (2). Diese Triebe werden seitlich in die Horizontale gebogen (3). In der Folge werden die Neuaustriebe in die gewünschte Astform geschnitten (4).

Der Instandhaltungsschnitt (Erhaltungsschnitt)

Während die Baumform im Rahmen des Erziehungsschnittes (Formschnittes) in einigen Jahren festgelegt und die dafür erforderlichen Schnittmethoden damit erledigt sind, zieht sich die Behandlung der Baumkrone über die ganze Lebensdauer des Bonsai hin. Der Erziehungsschnitt wurde weitgehend bei der Gestaltung der einzelnen Baumformen und dem Formschnitt der Äste und Zweige behandelt.

Bei den immer wiederkehrenden Schnittmaßnahmen geht es nicht nur um die Erhaltung der äußeren Form, indem man zu lang gewordene Triebe zurückschneidet, sondern auch um die Erhaltung der Lebenskraft und der Gesundheit der Bonsai. Hier muß der Schnitt zu einer ständigen Ersatzbildung von alternden und funktionsuntüchtig gewordenen Teilen führen. Und bei Bonsai, die durch ihre Blüten oder Früchte wirken, geht es außerdem noch um die Erhaltung der Blühfähigkeit und Blühwilligkeit. Es wird zwischen dem Rückschnitt und dem Auslichtungsschnitt unterschieden.

Der Rückschnitt

Der Rückschnitt dient dazu, Stamm- und Astlänge zu begrenzen, möglicherweise Formen und Richtungsänderungen festzulegen, die Konturen des Blattwerks in Ordnung zu halten und die Baumgestalt in Nuancen zu verändern und zu verfeinern. Ließe man nämlich die neuen Triebe eines Bonsai sich frei entfalten, so geriete die angestrebte Gestalt bald aus der Form.

Neben dem Rückschnitt der Äste und Zweige im Frühjahr müssen Neuaustriebe während der Wachstumsperiode immer wieder zurückgeschnitten werden. Durch einen wiederholten Rückschnitt der Triebe werden die einzelnen Äste und Zweige buschiger, es bildet sich eine feinere Verästelung der gesamten Baumkrone aus.

Wie weit die Triebe jeweils zurückgenommen werden, hängt davon ab, ob eine Größenzunahme der Pflanze erwünscht oder unerwünscht ist. Im ersten Fall schneidet man die Triebe

Rückschnitt der Triebe.

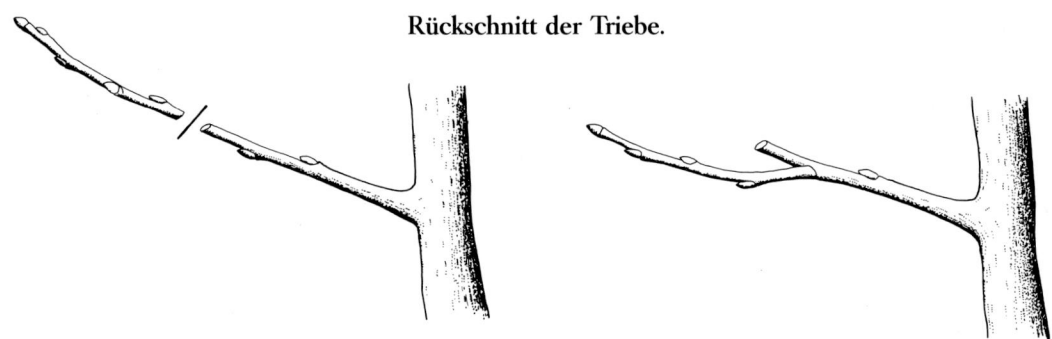

Richtig. Die Knospe ist nach unten gerichtet.

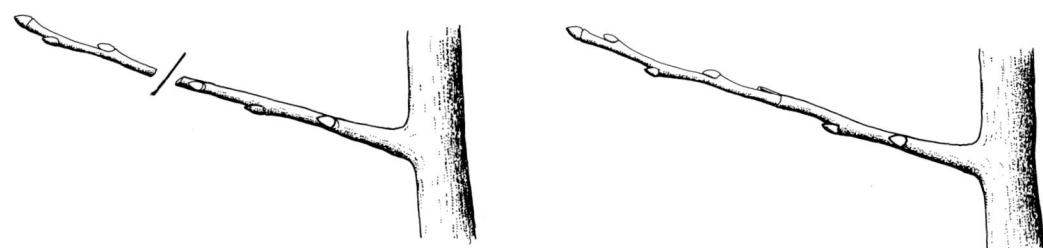

Richtig. Die Knospe steht seitlich.

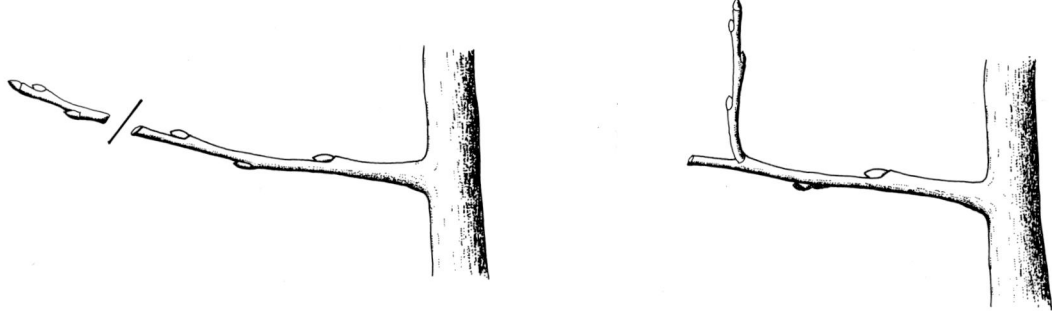

Falsch. Die Knospe ist nach oben gerichtet.

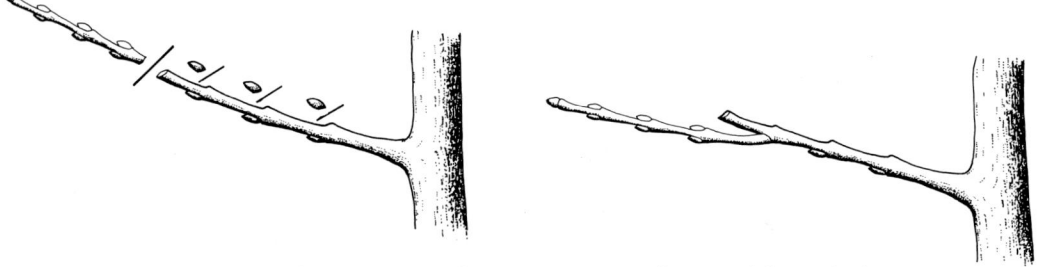

Bei gegenständiger oder spiralförmiger Knospenstellung sind die nach oben
gerichteten Knospen abzurubbeln.

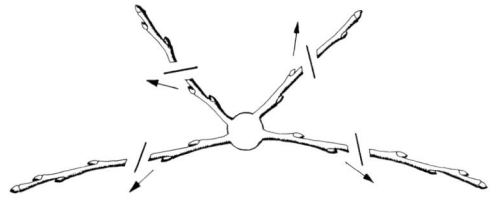

Die Knospen zeigen uns die Richtung an, in die
der Trieb wachsen wird. Es wird so geschnitten,
daß sich nach allen Seiten Zweige entwickeln.

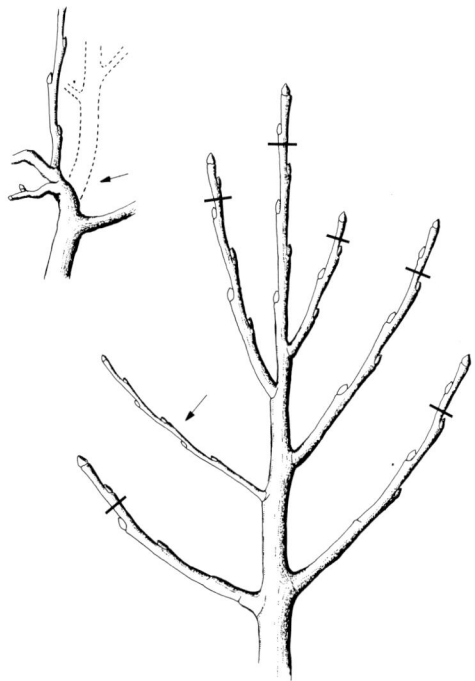

Wenn man die Richtung des Stammes oder eines
stärkeren Astes ändern will, schneidet man direkt
an der Gabelungsstelle. Wenn möglich sind große
Schnitte nur an der Rückseite des Baumes auszu-
führen.

Soll ein schwacher Zweig in die Baumform eingebaut werden, wartet man mit dem Rückschnitt
zunächst noch einige Zeit.

Auslichtungsschnitt am Beispiel von Alnus incana,
Erle. Aber so weit sollte man es erst gar nicht

kommen lassen. Pflanze vor (links) und nach dem
Auslichtungsschnitt (rechts).

nach dem Austrieb immer wieder auf zwei Blattansätze zurück, im anderen Fall wird jeder
Neuaustrieb bis zum Ansatz entfernt.

Bei diesen Schnittmaßnahmen nimmt man besondere Rücksicht auf die Stellung der Knospen
und damit auf die Wuchsrichtung (s. Abb. S. 128/
129). Stamm- und Astverlängerungen schneidet
man auf eine nach außen stehende Knospe oder
Seitenverzweigung zurück. Bei Pflanzenarten
mit gegenständiger Knospenstellung wie dem
Ahorn, bei denen jeder Austrieb zu einer in der
Bonsaigestaltung verpönten gabeligen Verzweigung führt, wird die unerwünschte Knospe abgerubbelt, bevor sie sich entwickeln kann.

Wie oft im Laufe des Jahres zurückgeschnitten bzw. pinziert werden muß, hängt von der
jeweiligen Baumart ab. Einige Arten treiben nur
einmal im Frühjahr aus, andere während der
gesamten Wachstumszeit, deren Triebe man
dann bis zum Herbst immer wieder zurückschneiden muß (siehe auch Seite 73).

Der Auslichtungsschnitt

Bei älteren Bonsai mit herausgestalteter Grundform geht es nicht nur um die Erhaltung der
äußeren Form, sondern auch um die Erhaltung
der Lebenskraft und der Gesundheit des Bonsai.
Der Schnitt muß zu einer ständigen Ersatzbildung von alternden und funktionsuntüchtig ge-

Oben: Die Abbildung zeigt die völlig vernachläs-
sigte Krone eines Apfel-Bonsai. Unten: Um
die Krone neu aufzubauen, ist ein kräftiger Rückschnitt erforderlich.

Der gleiche Apfel-Bonsai zwei Jahre später. Der
Rückschnitt hat sich gelohnt.

Bei dieser dichten Krone des Rotblättrigen Fächerahorns ist der Auslichtungsschnitt überfällig.

wordenen Teilen führen. Es genügt also bei älteren, geformten Bonsai nicht, wie man leider immer wieder sieht, nur die überlangen Triebe des letzten Jahres einzukürzen, die über die angestrebte Form des Bonsai hinausgewachsen sind.

Will man die Lebenskraft eines Laubholzbonsai erhalten, ist alle 2 bis 4 Jahre ein stärkeres Auslichten der fertigen Baumkrone notwendig. Das Wort Auslichten weist schon darauf hin,

daß dabei zu dichtes, schlecht belichtetes Holz entfernt wird. Infolge des gedrängten Neben- und Durcheinander zahlreicher Äste und Zweige verkahlt das Kroneninnere oder auch nur das Innere einzelner Äste allmählich von der Basis her. Dies hängt damit zusammen, daß die Wachstumskräfte einseitig auf die Spitzen der Triebe ausgerichtet sind, was noch durch den Rückschnitt der Triebe während der Wachstumsperiode unterstützt wird.

Bonsai vor (oben) und nach
dem Auslichtungsschnitt
(unten). Alle geschwärzten
Teile werden entfernt.

Wer ein Gefühl für Formen hat – im Grunde genommen eine Voraussetzung für die Bonsaigestaltung –, dem wird es nicht schwer fallen, das Richtige herauszuschneiden. Ein kritischer Blick genügt meist, um zu sehen, wo ein Übermaß an Trieben und Zweigen weggenommen werden muß (s. Abb.).

Während sich der jährlich durchzuführende Auslichtungsschnitt in der Regel auf ein Wegschneiden eines Teils der im letzten Jahr gewachsenen Triebe bezieht, wird alle 2 bis 4 Jahre auch ins zwei- und mehrjährige Holz (alte Holz) zurückgeschnitten. Davon aber wollen viele Bonsaigärtner nichts wissen. Die Erfahrung zeigt jedoch, daß bei Bonsai, die ihre Endgröße erreicht haben, von Zeit zu Zeit ein stärkerer Rück- bzw. Auslichtungsschnitt notwendig wird. Bei japanischen Bonsaigärtnern ist es durchaus üblich, weit ins alte Holz zurückzuschneiden. So wird gelegentlich empfohlen, alle 3 bis 4 Jahre alle Zweige an den Hauptästen der Laubgehölzbonsai bis auf kleine Reste zurückzunehmen.

Bei einem Rückschnitt ins alte Holz kann in der Regel nicht auf eine Knospe geschnitten werden. Man kann aber erwarten, daß genügend schlafende Knospen (siehe Seite 64) vorhanden sind, die schließlich austreiben.

Im Laufe der Wachstumsperiode – und nicht erst im kommenden Frühjahr – wird bei einem stärkeren Auslichtungsschnitt der Neuaustrieb gesichert und in die Gestaltungsform eingeordnet. Die Krone wird sonst schnell wieder zu dicht, da durch das zeitweise Wurzelübergewicht viele der schon im Jugendstadium angelegten Reserveknospen (schlafende Knospen) zu neuen Trieben austreiben. Unterbleibt die Nachbehandlung, war das Auslichten umsonst.

Der Schnitt des Blütenbonsai

Beim Blütenbonsai geht es nicht nur um die Erhaltung des äußeren Erscheinungsbildes, sondern auch darum, durch Schnittmaßnahmen zur richtigen Zeit die Blühfreudigkeit zu erhalten oder gar zu verbessern. Das Blühverhalten der einzelnen Gehölze kann sehr stark variieren. In der Regel werden die Triebe der blühenden und früchtetragenden Pflanzenarten, wie zum Beispiel Aprikose, Apfel und Kirsche, bei denen die Blütenanlagen in Gestalt von Blütenknospen bereits im Herbst vorgebildet sind, erst nach der Blüte beschnitten. Bei anderen Pflanzenarten bilden sich die Blütenanlagen an den wachsenden Trieben. Bei ihnen erfolgt der Schnitt in der Regel im Frühjahr vor der Blüte. Die Blütenbildung ist sehr vielgestaltig, daher können wir keine allgemeingültigen Hinweise für den Schnitt von Blütenbonsai geben. Genauere Angaben finden sich bei den Kulturhinweisen.

Rückschnitt bei Nadelgehölzen

Bei Kiefern strecken sich die im Vorjahr angelegten Knospen, sobald Tageslicht, Wärme und Wasser im Frühjahr ausreichend vorhanden sind, zu länglichen, dünnen kerzenförmigen Gebilden, die man deshalb als Kerzen bezeichnet. Sie befinden sich an den Spitzen aller gesunden Triebe in unterschiedlichen Stückzahlen zu zweit, dritt, viert oder zu fünft. Rund um diese Kerzen stehen die neuen Nadeln zu fünft (z.B. bei der Mädchenkiefer) oder zu zweit (z.B. bei der Schwarzkiefer), in einer Hülle verpackt. Zu Anfang sind diese Nadelbüschel noch kleine,

Bei Wacholder und Scheinzypresse werden die Triebspitzen ständig so weit abgezupft, daß immer nur ein kleiner Rest des Austriebs bleibt.

133

Birken-Bonsai vor dem Rückschnitt und Blattschnitt.

Die Triebe sind zurückgeschnitten.

Der Birken-Bonsai nach dem Blattschnitt.

runde Höcker und der neue Sproß wirkt noch weich und glasig.

Durch Ausbrechen oder Einkürzen der Kerzen (s. Abb. Seite 72) kann man das Längenwachstum, die Verzweigung und die Nadellänge beeinflussen. Näheres ist in den Kulturhinweisen bei den einzelnen Pflanzenarten aufgeführt. Zu dieser Arbeit benutzt man weder eine Schere noch sonst ein Werkzeug, sondern man faßt die Kerzen mit Daumen und Zeigefinger am oberen Ende und bricht sie mit einer leicht drehenden Bewegung ab oder aus. Durch dieses Ausbrechen werden die an der Pflanze verbleibenden Nadeln nicht verletzt.

Bei Fichten wachsen die Triebe in Form von Kugeln, die länglicher werden, bevor sich die Nadeln öffnen. Die noch weichen Triebe werden, wenn sie etwa 2 cm lang sind, auf etwa 1 cm mit den Fingern abgezupft (s. Abb. Seite 72). Diese Arbeit läßt sich nicht in einem Arbeitsgang durchführen, da sich die Triebe unterschiedlich entwickeln. Sie verteilt sich meist auf 2 bis 4 Wochen. Bei unausgewogenen Kronen wird nur der Neuaustrieb der stärkeren Äste eingekürzt, die schwächeren Äste läßt man durchtreiben.

Bei Wacholder und Scheinzypressen mit nicht klar umrissenen ruhenden Knospen werden die Triebspitzen im Laufe der Wachstumsperiode immer wieder abgezupft (s. Abb. Seite 72).

Der Blattschnitt

Bei einem Bonsai wird großer Wert auf harmonische Größenverhältnisse zwischen Blatt, Ästen und Stamm gelegt. Wenn man von Natur aus kleinblättrige Pflanzenarten zur Bonsaigestaltung verwendet, stimmt dieses Verhältnis in der Regel. Bei von Natur aus großblättrigen Arten passen die Größenverhältnisse häufig nicht, Korrekturmaßnahmen sind erforderlich. Abhilfe schafft bei vielen Laubgehölzen ein Blattschnitt.

Fast alle laubabwerfenden Bäume können ihr Blattwerk erneuern. Denn für Bäume in der freien Natur ist die Fähigkeit oft entscheidend, nach Katastrophen (Spätfrost, Schädlingsbefall, Hagelschlag und anderem) eine zweite Blattgar-

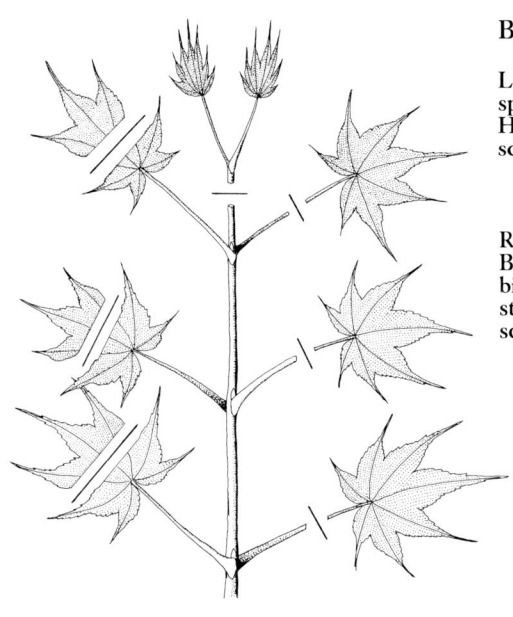

Blattschnittmethoden.

Links: Die Blattspreite wird zur Hälfte abgeschnitten.

Rechts: Die Blattspreite wird bis auf den Blattstiel abgeschnitten.

Auswirkung des Blattschnittes.

nitur zu bilden, um die notwendige Photosynthese wieder aufzunehmen. Die Möglichkeiten der Lauberneuerung der Laubgehölze nach irregulärem Verlust der Blätter variiert allerdings bei den einzelnen Pflanzenarten sehr stark. Linde und Flieder zum Beispiel haben nur eine schwache und auf einen frühen Zeitpunkt beschränkte Fähigkeit zur Lauberneuerung. Eine schwache, aber länger andauernde Fähigkeit zur Blatterneuerung besitzt die Pappel. Ulme, Eiche, Ahorn, Zelkowe und Eberesche können unter Umständen sogar zweimal im Jahr ihr Laub erneuern. Bis zu viermal im Jahr können es Birke und Erle. Fast jederzeit und wiederholbar zur Lauberneuerung befähigt ist die Robinie. Bei Flieder, Birke und Erle bilden allerdings unbeschädigte Spitzen der wachsenden Triebe die Voraussetzung. Bei Laubgehölzen mit Blüten- oder Fruchtschmuck ist ein Blattschnitt nicht zu empfehlen.

Ein Blattschnitt regt die in den Blattachseln angelegten ruhenden Knospen, die normalerweise erst im folgenden Jahr austreiben, zum vorzeitigen Austrieb an. Damit entspricht der Blattschnitt in der Auswirkung dem Pinzieren (siehe Seite 71 f.). Während beim Pinzieren keine nennenswerte Schwächung der Pflanze eintritt,

kommt es beim Blattschnitt zu einer vorübergehenden Schwächung, da die Photosynthese ja unterbrochen wird und die Pflanze bis zur Bildung neuer Blätter von der Substanz lebt. Etwa 1 bis 2 Wochen nach einem Blattschnitt bildet sich eine zweite Garnitur Blätter, die wesentlich kleiner sind als die ersten. Die kleineren Blätter erscheinen allerdings nur jeweils in dem betreffenden Sommer.

Mit einem Blattschnitt läßt sich auch regulierend auf das Dickenwachstum einzelner Äste einwirken. Ein Ast ist um so kräftiger, je mehr Blätter er trägt (siehe auch Seite 136 ff.). Ein Blattschnitt ist aber nur bei wirklich gesunden Bäumen zu empfehlen, die wuchsfreudig genug sind, um diesen Eingriff zu verkraften. Unmittelbar vor und nach dem Blattschnitt sollte man nicht düngen (allerdings gehen hier die Meinungen etwas auseinander).

Die Blätter werden abgeschnitten, wenn sich das Laub des laufenden Jahres voll entwickelt hat und sich die Pflanze im vollen Wachstum befindet. Dies ist etwa Anfang Juni der Fall. Zwei Blattschnittmethoden sind in den Abbildungen dargestellt. Nicht empfohlen werden kann das Abstreifen der Blätter mit den Fingern. Die gelegentlich empfohlene Methode ist ungeeignet, weil beim Abstreifen die in den Blattachseln sitzenden Knospen verletzt werden können.

Die Methode, bei der im Laufe der Wachstumsperiode immer nur ein Teil der Blätter entfernt wird, um die Pflanze nicht zu sehr zu schädigen, befriedigt nicht immer, weil von den verbliebenen Blättern ein Wuchsstoffstrom ausgeht, der einen Neuaustrieb verhindert.

Die Jin-Technik

Schönheit und Charakter eines Baumes kommen erst dann zum Ausdruck, wenn er ein bestimmtes Alter erreicht hat und dies hat beim Bonsai einen besonderen Stellenwert. Wird unter Bonsaifreunden über den Wert eines Bonsai diskutiert, steht in der Regel das Alter im Vordergrund. Bonsaiausstellungen ohne Altersangaben der einzelnen Pflanzen sind undenkbar. Wenn in der Presse über Bonsai berichtet wird, ist immer vom enormen Alter der Bäume die Rede. Kunden, die ein Bonsaigeschäft betreten, um einen Bonsai zu kaufen, fragen zunächst meist nach dem Alter der Pflanzen. Auf Wunsch wird dem Käufer ein Bonsai-Paß ausgestellt, der unter anderem Angaben über das Alter enthält.

Die Entwicklung und Lebenserwartung einer Pflanze ist beim Bonsai nicht anders als bei einem in der Natur wachsendem Exemplar. Auch läßt sich der natürliche Vorgang des Alterns bei Bonsai genausowenig beeinflussen wie bei den Artgenossen in der Natur. Durch spezielle Gestaltungstechniken lassen sich Altersmerkmale oder das, was man dafür hält, künstlich schon an jüngeren Pflanzen hervorrufen.

Merkmale, die dem Betrachter eines Baumes ein hohes Alter suggerieren, sind unter anderem abgebrochene Äste und Stammspitzen sowie teilentrindete Äste und Stämme, bei denen das blanke Holz sichtbar wird. Pflanzen mit solchen Merkmalen, die für die Bonsaigestaltung als Vorbild dienen, findet man in der Natur an exponierten Standorten, etwa im Hochgebirge oder an der Küste. Dort bewirken unwirtliche Bodenverhältnisse, Regen, Frost, Schnee, Dürre und intensive Sonnenbestrahlung Formveränderungen an den Pflanzen. Starke Winde, die häufig Sandpartikel mitführen, scheuern an Ästen

und Stämmen die Rinde teilweise ab, bis das blanke Holz zum Vorschein kommt. Der Baum wird noch über einige Reste aktiven Gewebes versorgt.

Selbstverständlich haben sich Bonsai-Spezialisten diese von hohem Alter und ungebrochenem Lebenswillen kündenden Baumgestalten nicht entgehen lassen und Techniken entwickkelt, die den Bonsai älter erscheinen lassen, als er tatsächlich ist.

Eine dieser Techniken ist Jin. Jin steht für eine abgestorbene Baumspitze, einen toten Stamm, eine abgestorbene Astspitze oder einen abgestorbenen Ast. Die Jin-Technik wird aber nicht nur angewandt, um Pflanzen älter erscheinen zu lassen, sondern auch, um beschädigte oder unvollkommen geformte Pflanzen noch verwenden zu können. Aber auch, um die Höhe einer Ausgangspflanze oder die Länge eines Astes zu reduzieren, wird die Jin-Technik herangezogen.

Die Jin-Technik eignet sich allerdings nicht für alle Baumarten. In der Regel wendet man diese Technik nur an Nadelgehölzen an, unter anderem bei Wacholder, Kiefer, Fichte, Zeder und Eibe. Diese Technik eignet sich nicht für Gehölze mit weichem Holz, da es leicht zu Fäulnis kommen kann. Die Jin-Techniken müssen sehr kritisch und genau gehandhabt werden, sonst wirken sie künstlich und der Baum verliert seinen Wert.

Kurze, dicke, zugespitzte Jin wirken robust und werden am besten im unteren Drittel des Baumes gezeigt. Leichtere, längere Formen sind für die oberen Äste am günstigsten. Als Jin gestaltete Stammspitzen sollten gleichmäßig spitz zulaufen und möglichst gut an die Stammverjüngung anklingen.

Die einzelnen Arbeitsschritte, um eine Stamm- oder Astspitze als Jin zu gestalten, sind in den Abbildungen dargestellt.

Verdickung von Stamm und Ästen

Kauft man sich einen Bonsai oder wird in Kreisen von Bonsaifreunden über die Schönheit und den Wert eines Bonsai diskutiert, so erfährt der Stamm der Pflanze besondere Aufmerksamkeit. Ist er besonders dick, rissig oder gefurcht, wird dies gleichgesetzt mit besonders alt und besonders wertvoll.

Wirkt der Stamm oder auch Ast eines Bonsai im Verhältnis zur Krone oder zu seiner Länge zu dünn, gibt es Möglichkeiten, den Stamm oder Ast zu verdicken. Um die Methoden der Stamm- und Astverdickung besser zu verstehen, erscheint es notwendig, sich zunächst näher mit dem Dickenwachstum der Gehölze zu beschäftigen.

Der Sproß einer »Höheren Pflanze« entwickelt sich beim Keimling aus der Sproßanlage im Samen. Die Sproßachse ist in der Regel beblät-tert und wächst senkrecht nach oben. Die Stellen, an denen die Blätter sitzen (Blattansatzstellen), nennt man Knoten (Nodium) und zwischen zwei Knoten sitzt das Zwischenknotenstück (Internodium). Nodium und Internodium unterscheiden sich an jungen Pflanzen deutlich voneinander. Im Laufe des Wachstums verwischt sich dieser Unterschied immer mehr, bis der Sproß schließlich verholzt und man Nodien und Internodium nicht mehr voneinander unterscheiden kann. Während dieses Wachstumsprozesses nimmt der Umfang der Sproßachse ständig zu.

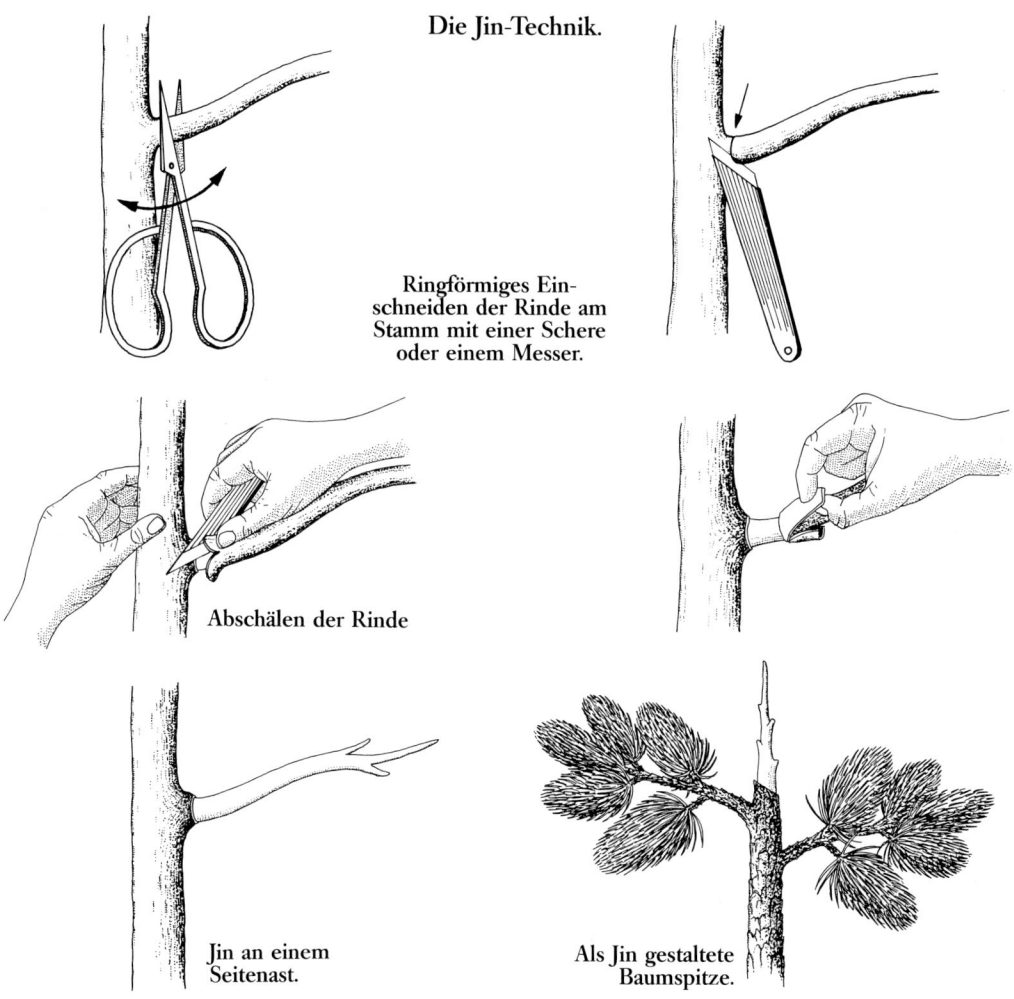

Die Jin-Technik.

Ringförmiges Einschneiden der Rinde am Stamm mit einer Schere oder einem Messer.

Abschälen der Rinde

Jin an einem Seitenast.

Als Jin gestaltete Baumspitze.

Bei diesem Chinesischen Wacholder wurden die Techniken des künstlichen Alterns angewandt.

Diese Zunahme im Umfang des Stammes erfolgt durch sekundäre Prozesse, die zeitlich und räumlich von der Teilungsaktivität des Vegetationskegels getrennt sind und aus Zellteilungen eines Bildungsgewebes (dem Kambium) besteht, welches sich zwischen Rinde und Holz befindet. Dieses Kambium bildet einen geschlossenen Zylinder bildungsfähiger (meristematischer) Zellen, die sich fortwährend teilen. Aus diesem Kambiumring bildet sich nach innen das Leitungsgewebe (Xylem), der Holzteil, der die Aufgabe übernimmt, Wasser und Nährstoffe aus dem Boden zu den Verbrauchspunkten zu leiten. Nach außen hin entwickelt das Kambium den Bast (Phloem), welches die in den Blättern durch Photosynthese gebildeten Kohlenhydrate zu den Verbrauchspunkten (Bildungsgewebe im Sproß und Wurzel) oder Speicherorganen leitet. Durch die Teilungstätigkeit des Kambiums vergrößert sich der Umfang des Stammes ständig. Man bezeichnet diesen Vorgang auch als sekundäres Dickenwachstum (s. Abb.). Das Kreislaufsystem eines Baumes ist also in einer dünnen Zone von Phloem, Kambium und den jungen äußeren Holzringen untergebracht. Diese lebende, sich teilende Zellschicht ist nicht dicker als eine Folie!

Das sekundäre Dickenwachstum ermöglicht es den Bäumen erst, in der freien Natur weit über 100 m an Höhe und einen Umfang von 10 und mehr Metern zu erreichen. Die an der Sproßspitze gebildeten Gewebeelemente sind nämlich im Durchmesser und in der Anzahl trotz ihrer Leistungsfähigkeit zu begrenzt, um eine von Jahr zu Jahr ansteigende Wasserversorgung und Ernährung, kurz ein entsprechendes Wachstum zu gewährleisten. Das Dickenwachstum verläuft nicht, wie man vermuten könnte, gleichmäßig während der gesamten Vegetationsperiode, sondern schubweise. Die Aufnahme der Teilungstätigkeit und damit die Wiederaufnahme des sekundären Dickenwachstums steht in engen Beziehungen zum Schwellen der Knospen im Frühjahr. Von den Knospen bzw. jungen Blättern wandert ein Wuchsstoffstrom nach unten (basalwärts), der in dem Maße, wie er sich vorwärts bewegt, auch die Teilungstätigkeit des Kambiums auslöst. Dieser Vorgang läßt

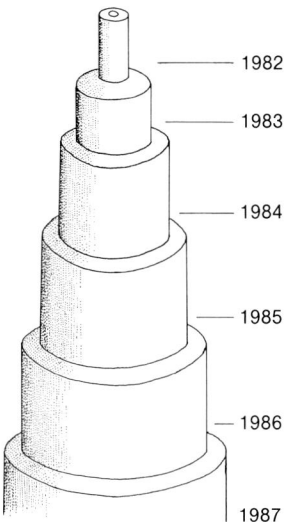

1982
1983
1984
1985
1986
1987

Schema des sekundären Dickenwachstums.

sich leicht an der fortschreitenden Schälbarkeit der Rinde erkennen, die ja nichts anderes bedeutet als eine Aufweichung der Verbindung zwischen Holz und Bast durch das Kambium.

Bei der Kiefer kennt man beispielsweise zwei Wachstums- und zwei Ruhephasen. Die erste Ruhephase fällt mit dem Austrieb der Nadeln zusammen (etwas Ende April) und dauert etwa 14 Tage. Die zweite Ruhephase mit der Entwicklung der weiblichen Zapfen (ab Ende Mai) dauert etwa 3 Wochen. Bei beiden Entwicklungsprozessen reichen die gespeicherten Kohlenhydrate für einen zusätzlichen Wachstumsprozeß, in diesem Fall dem sekundären Dickenwachstum, nicht aus. Bei starker Trockenheit kann es zu weiteren Unterbrechungen der Teilungstätigkeit kommen. Bei den meisten Laubgehölzen stellt das Kambium Mitte Juli seine Teilungen ein. Ende September ist dann in jedem Fall Schluß.

Man weiß, daß Pflanzen, die ständig feucht stehen, früher das Dickenwachstum beenden als Pflanzen, die ganzjährig relativ trocken gehalten werden. Bei den letzteren arbeiten die Kambien langsamer. Allgemein kann man davon ausgehen, daß die Hauptaktivität des Kambiums im Mai liegt. Daher ist in dieser Zeit besonders darauf zu achten, daß die Wachstumsfaktoren Licht, Luft, Wasser, Nährstoffe und Wärme in

Technik der Stammverdickung.

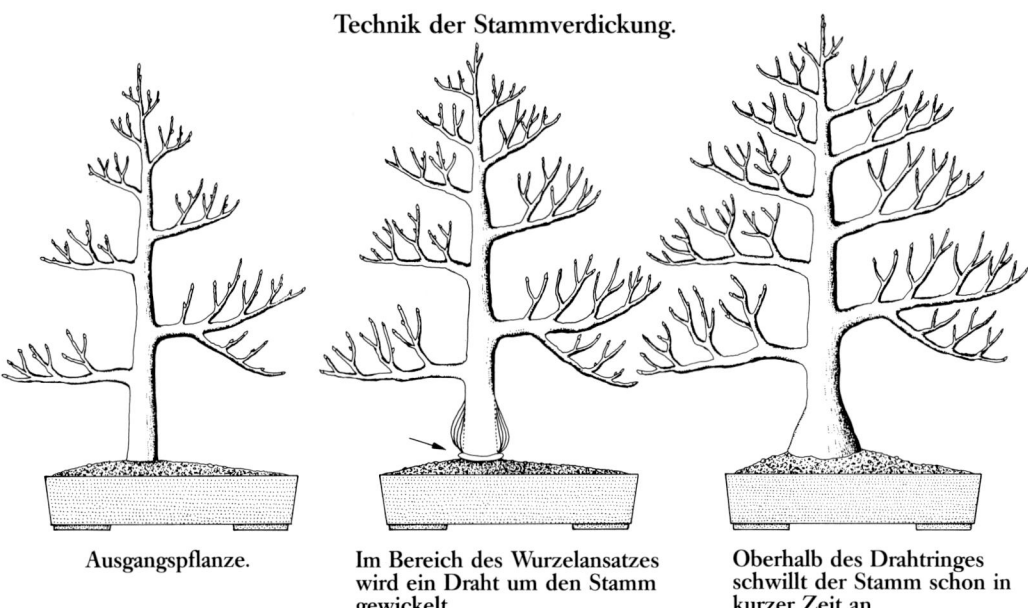

Ausgangspflanze.

Im Bereich des Wurzelansatzes wird ein Draht um den Stamm gewickelt.

Oberhalb des Drahtringes schwillt der Stamm schon in kurzer Zeit an.

einem optimalen Verhältnis den Pflanzen zur Verfügung stehen.

Der Umfang eines Astes oder Stammes wird von der Fülle an Pflanzenteilen bestimmt, die er trägt. Je mehr Zweige, Triebe und somit Blätter ein Baum trägt, um so schneller wächst er und um so dicker wird er, weil er verstärkt Photosynthese betreiben kann. Daher sollten Zweige erst dann zurückgeschnitten und überflüssige Blätter erst dann entfernt werden, wenn der Stamm oder Ast die gewünschte Stärke erreicht hat, auch wenn die Pflanzengestalt im Moment darunter leidet. Will man nur einzelne Stammabschnitte im Dickenwachstum fördern, gilt als Regel: Viele Blätter an den unteren Ästen bewirken eine Verdickung des unteren Stammbereiches, viele Blätter an den darüberliegenden Ästen stärken unmittelbar die dort befindlichen Stammabschnitte.

Auch bei einzelnen Ästen läßt sich nach diesem Prinzip das Dickenwachstum beeinflussen. Viele Blätter an einem Ast bedeutet verstärktes Dickenwachstum, wenig Blätter das Gegenteil.

Eine wesentliche Verdickung des Stammes wird erreicht, wenn man den Baum aus dem Pflanzgefäß herausnimmt und für ein Jahr auf ein Beet im Garten pflanzt. Die größere Erdmenge, die der Pflanze dort zur Verfügung steht, fördert das Wurzelwachstum und viele Wurzeln unterstützen das Dickenwachstum des Stammes.

Um einen zu dünnen Stamm an der Basis zu verdicken, bietet sich folgende Methode an (s. Abb.): Im Frühjahr, zu Beginn der Vegetationsperiode, wird dicht unter der Erdoberfläche, im Bereich des Wurzelansatzes ein Draht um den Stamm geführt und so festgedreht, daß er der Rinde fest anliegt. Oberhalb dieses Ringes schwillt der Stamm in verhältnismäßig kurzer Zeit an. Die Anschwellung des Stammes in diesem Bereich beruht auf der Tatsache, daß die Assimilate (Kohlenhydrate) von den Orten ihrer Entstehung (den Blättern) zu den Verbrauchspunkten, unter anderem auch zu den Wurzeln geleitet werden. Im Bereich des Drahtes stauen sich durch die Verengung der Leitbündel die Kohlenhydrate, der Stamm schwillt an. Der Draht darf nicht zu lange am Stamm bleiben. Spätestens im Herbst des gleichen Jahres muß er wieder entfernt werden, da er sonst den Baum zu sehr einschnürt und dadurch zum Absterben bringen kann.

Das allgemeine Wachstum (Trieb-, Blatt- und Dickenwachstum) wird allerdings unter dieser Methode leiden. Wasser und Nährstoffe werden zwar im Holzteil nach oben transportiert, eingeschnürt wird nur der Bastteil. Die von den Blättern abwärtswandernden Kohlenhydrate können die Wurzeln aber nicht mehr in dem normalen Maß erreichen. Sie verlieren damit zum Teil die Fähigkeit, zu wachsen und neues Erdreich auszubeuten.

Um über die gesamte Länge des Stammes oder eines Astes zusätzliches Dickenwachstum zu erzeugen, wird für Bonsai gelegentlich das Schröpfen empfohlen. Hierzu führt man im Mai–Juni mehrere Schritte parallel zur Stammachse, bei Stämmen also in vertikaler Richtung, durch die Rinde bis auf das Holz, um den Saftfluß anzuregen. Zum Einschneiden verwende man ein scharfes Messer oder eine Rasierklinge.

Gestaltung der Erdoberfläche

Neben der Gestaltung des Baumes und der Wahl der geeigneten Schale hat die Gestaltung der Erdoberfläche große Bedeutung bei der Gesamtbeurteilung eines Bonsai. Einen Baum in der freien Natur ohne Begleitpflanzen bzw. Unterwuchs gibt es nicht. Eine bepflanzte Erdoberfläche hat aber nicht nur eine dekorative, sondern auch eine nützliche Funktion. Eine bedeckte Oberfläche schützt die Erde beispielsweise vor zu raschem Austrocknen und verhindert ein Abschwemmen der Erde beim Gießen.

Bei der Gestaltung der Erdoberfläche unterscheidet man zwischen den Pflanzen, die die Erdoberfläche bedecken und denen, die der Zwischen- oder Unterpflanzung dienen.

Pflanzen zur Unterpflanzung

Die nachfolgend aufgeführten Pflanzenarten eignen sich nicht nur als Unterpflanzung bei Einzelbonsai, sondern spielen bei der Gestaltung von Landschaften eine große Rolle. Sie können einen Bonsai farbiger und attraktiver machen, wichtig ist aber, daß die verwendeten Arten mit dem Bonsai in Wuchsform und Farbe harmonieren. Mit blühenden Arten lassen sich besonders interessante Effekte erzielen. Sie dienen als schöner Kontrapunkt zu nichtblühenden Baumarten und geben der Gesamtgestaltung dadurch mehr Leben.

Eine ganze Anzahl von kleinwüchsigen Stauden, Gräsern und Farnen eignet sich für diese Zwecke. Natürlich gibt es eine Reihe von Grundbedingungen für die Verwendung, an denen man zuverlässig ablesen kann, ob eine besondere Art den verschiedenen Ansprüchen genügt. Die Pflanzen müssen so beschaffen sein, daß sie von Natur aus klein sind und bleiben. Sie müssen widerstandsfähig sein und noch an schattigen Plätzen wachsen. Nachfolgend stellen wir eine Auswahl geeigneter Arten vor, die in Gartencentern und Staudengärtnereien angeboten werden.

Stauden

Acaena buchananii und *A. microphylla*. Das Stachelnüßchen ist eine bekannte immergrüne bodenbedeckende Staude, die besonders durch die schöne Belaubung wirkt. Die Sorte 'Kupferteppich' besitzt eine auffallend braunrote Belaubung.

Achillea conjuncta, A. serbica und *A. tomentosa*. Diese kleinbleibenden Schafgarben eignen sich zur Unterpflanzung bei größeren Bäumen und als Komplementärpflanzen. Sie blühen von Mai bis Juli weiß, *A. tomentosa* goldgelb.

Acorus gramineus. Der Kalmus, an sich eine Sumpfpflanze, ist sehr anpassungsfähig und wird häufig zur Unterbepflanzung oder als Komplementärpflanze verwendet.

Alyssum montanum. Von diesem Steinkraut ist insbesondere die Sorte 'Berggold' geeignet. Die Blüten sind leuchtend hellgelb und erscheinen im Mai–Juni.

Anacyclus pyrethrum var. *depressus*. Diese Ringelblume mit kamilleartigen Blüten (Mai–Juni), bildet einen guten Moosersatz.

Androsace-Arten. Mehrere Arten des Mannsschildes, insbesondere *A. sempervivoides*, Blüten rosarot, Mai–Juni, eignen sich als Unterpflanzung.

141

Anemone nemorosa 'Plena' ist ein kleinbleibendes Buschwindröschen mit weißen Blüten (April–Mai). Es verträgt Schatten sehr gut.

Arabis caucasica, A. ferdinandi-coburgi und andere Arten. Insbesondere *A. ferdinandi-coburgi* 'Variegata' ist ein guter Moosersatz. 'Compinkie', eine flachwachsende Gänsekresse mit kräftigen rosa Blüten im April–Mai.

Arenaria tetraquetra ist ein Sandkraut mit weißen Blüten im Juni–Juli; sehr guter Moosersatz.

Armeria juniperifolia (syn. *A. cespitosa*). Diese Grasnelke bildet dichte, kugelige, grasartige, reichblühende Polster; Blütenköpfchen rosa im Mai–Juni.

Asperula lilaciflora, A. nitida. Zwei Waldmeisterarten mit nadelförmigen Blättern, die dichte Polster bilden. Beide blühen rosa im Juni–Juli.

Aster andersonii ist eine rasenbildende Aster mit kleinen lila Blüten im Mai–Juni. Sehr schöne Komplementärpflanze.

Aubrieta-Hybriden. Zur Unterpflanzung eignen sich die Sorten 'Cascade Blau', blaublühend; 'Cascade Purpur', dunkelpurpur, und 'Cascade Rot' mit karminroten Blüten, alle blühen im April–Mai.

Azorella trifurcata. Das Rosettenpolster bildet aus steifen, stacheligen Rosettchen dichte, dunkelgrüne Kissen; guter Moosersatz.

Cerastium alpinum ssp. *lanatum, C. tomentosum* var. *columnae.* Diese beiden Hornkraut-Arten bilden dichte Rasen (Moosersatz) aus weißfilzigen Blättern und weißen Blüten von Mai–Juni.

Chrysanthemum weyrichii. Diese kleinbleibende Wucherblume wird in freier Natur nur 10 cm hoch; Blüte rosa, Mai–Juni.

Cotula dioica, C. potentillina, C. squalida. Diese drei Fiederpolster-Arten bilden dichte, flache, rasenartige Teppiche aus. Ein guter Moosersatz.

Cylamen-Arten. Die verschiedenen Wildalpenveilchen sind reizende blühende Stauden zur Unterpflanzung oder eignen sich als Komplementärpflanzen.

Dianthus gratianopolitanus (syn. *D. caesius*) Diese Pfingstnelke bildet dichte, meist geschlossene Polster. Reizend die verschiedenfarbigen Blüten im Mai–Juni.

Draba bruniifolia, D. haynaldii. Diese beiden Hungerblümchen bilden dichte Polster mit hübschen, gelben Blüten im April–Mai. Geeignet als Moosersatz.

Edraianthus graminifolius. Die Büschelglocke bildet kleine rasenförmige Polster, Blüten blauviolett, Juni–August.

Gentiana acaulis, G. farreri. Der Stengellose und der Herbstenzian sind zwei Arten, die sich zur Unterpflanzung eignen, wenn man deren Standortansprüche berücksichtigt.

Geum reptans. Diese Nelkenwurz treibt oberirdische Ausläufer, die schon bald die ganze Schalenoberfläche bedecken. Blüte gelb, Juni–Juli.

Globularia cordifolia. Die immergrünen, grundständigen Blätter des Kugelblümchens bilden zierliche, dichte Rosetten. Die kleinen blauen

Links außen: Leontopodium alpinum, ssp. alpinum,
Edelweiß. Eine herrliche Komplementärpflanze.
Links mitte: Solch kleinrosettigen Semperviven eig-
nen sich besonders gut als Komplementärpflanzen.
Oben links: Acaena buchananii 'Kupferteppich',
Stachelnüßchen.
Oben rechts: Phlox subulata 'Rose Cushion',
Moosphlox.
Mitte links: Sedum spathulifolium 'Cape Blanco'.
Mitte rechts: Sedum album 'Coral Carpet'.
Rechts: Thymus serpyllum, Feldthymian.

Blüten stehen in dichten Köpfchen. Ein guter Moosersatz.

Helianthemum lunulatum. Dieses kleinbleibende Sonnenröschen mit lanzettlich graugrünen Blättern und goldgelben Blüten im Juni–August ist zur Unterpflanzung oder als Komplementärpflanze geeignet.

Hepatica-Arten. Das Leberblümchen stellt mit seinem schönen Blattwerk und anemonenähnlichen Blüten eine reizende kleine Staude zur Unterpflanzung dar.

Herniaria serpyllifolia, ein Bruchkraut, das schöne, flache, dunkelgrüne Rasenteppiche ausbildet. Ein sehr guter Moosersatz.

Iberis saxatilis ist eine niederliegend wachsende Schleifenblume, die von April bis Juni überreich blüht.

Leontopodium ssp. *alpinum.* Das bekannte Alpenedelweiß ist eine interessante Komplementärpflanze. Neben der Art ist die dicht polsterartig wachsende Sorte 'Mignon' besonders gut geeignet.

Lewisia nevadensis. Diese kleine, fast stengellose Bitterwurz kann zur Unterpflanzung verwendet werden. Blüte weiß, Mai–Juni.

Linaria-Arten. Von den verschiedenen Arten ist besonders das Leinkraut *L. pallida* (syn. *Cymbalaria pallida*) zur Unterpflanzung bzw. als Moosersatz geeignet. Löwenmaulähnliche, blauviolette Blüten von Juni bis September.

Lysimachia nummularia, ein kriechendes Münzkraut zur Unterpflanzung; Blüten goldgelb, Mai–Juli. In Japan wird zur Unterpflanzung *L. japonica* 'Minutissima' verwendet, eine Art, die bei uns wohl nicht erhältlich ist.

Matricaria caucasica. Die Teppichkamille ist eine besonders widerstandsfähige Staude zur Bedeckung der Erdoberfläche. Die kleinen Margeritenblüten erscheinen im Juni–August.

Minuartia laricifolia. Die Granitmiere mit ihren nadelförmigen Blättern und den weißen Blüten, die im Juli–August erscheinen, ist ein guter Moosersatz.

Ophiopogon japonicus. Beliebte, kleine Schlangenbart-Art zur Unterpflanzung.

Oxalis inops, ein sich schnell ausbreitender Sauerklee mit leuchtend rosaroten Blüten im Juni–Juli.

Paronychia kapela. Die Mauermiere ist eine kleine rasenbildende Staude mit stumpf-lanzettlichen, graugrünen Blättern. Ein sehr guter Moosersatz.

Phlox subulata, P. douglasii. Der Moosphlox (*P. subulata*) mit seinen vielen Sorten eignet sich gut zur Unterpflanzung oder als Komplementärpflanze. Noch kleiner bleibt *P. douglasii* 'Georg Arends'. Diese Sorten bildet rundliche, wintergrüne Polster mit rosalila Blüten im Mai–Juni.

Potentilla nevadensis, P. nitida, P. tridentata. Diese niedrig wachsenden Fingerkraut-Arten sind zur Unterpflanzung zu empfehlen. *P. tridentata* blüht weiß, das noch zierlichere *P. nevadensis* hellgelb und *P. nitida* zartrosa, im Juli–August.

Primula glaucescens, P. juliae, P.-Juliae-Hybriden. Diese drei Arten sind zur Unterpflanzung geeignet. *P. glaucescens* blüht rosa bis purpurlila im März–April. *P. juliae*, die Polsterprimel, blüht rötlichpurpur mit gelbem Auge. Von *P.-Juliae-*Hybriden, der Kissenprimel, gibt es eine Reihe von Sorten in unterschiedlichen Farben.

Raoulia australis, R. glabra. Diese beiden Arten des Schafteppichs sind interessante Polsterpflanzen, die einen idealen Moosersatz bilden.

Sagina subulata. Das Sternmoos bildet flache sattgrüne 'Moospolster'. Schön auch die weißen Blüten im Juni–Juli. Ein guter Moosersatz.

Saponaria × oliviana. Dieses Seifenkraut bildet kleine, feste Polster aus lanzettlichen Blättern. Die rosaroten Blüten erscheinen im Juni–Juli. Ein dankbarer Blüher.

Saxifraga-Arten. Verschiedene Arten aus der Sektion der Moossteinbreche sind sehr gut zur Unterpflanzung geeignet unter anderem *S. muscoides* 'Findling'. Das gleiche gilt für die Rosettensteinbreche unter anderem *S. × burnatii* und die Polstersteinbreche unter anderem *Saxifraga × eudoxiana* 'Haagii'. Sie vertragen aber alle keine Nässe.

Sedum album 'Coral Carpet', *S. dasyphyllum, S. sexangulare.* Das Rotmoossedum *S. album* 'Coral Carpet' ist eine teppichbildende Sorte, die sich im Herbst schön broncerot verfärbt. *S. dasyphyllum* mit kugelig, graugrün bereiften Blättern und sternförmigen, weißlichrosa Blüten im Mai–

Juni bildet dichte Rasen. Das Goldmoossedum *S. sexangulare* hat walzenförmige Blätter und hellgelbe Blüten. Die genannten Arten sind als Moosersatz geeignet, jedoch vertragen sie keine stauende Nässe. Auf Felsen gepflanzt entwickeln sie sich besonders schön.

Sempervivum-Arten. Die Dachwurz ist eine anspruchslose, trockenresistente Staude, die sich gut als Komplementärpflanze eignet. Von der großen Zahl der Arten und Sorten sind besonders die kleinrosettigen wie z.B. *S. arachniodeum, S. dolomiticum, S. ingwersii* und *S. octopodes* geeignet.

Silene acaulis. Das stengellose Leimkraut bildet dichte, flache Polster und kann als Moosersatz verwendet werden. Blüten rosa, Mai–Juni.

Thymus-Arten. Die nachfolgend aufgeführten Arten mit ihren Sorten sind ein besonders guter Moosersatz. Ideal zur Unterpflanzung auch bei Kaskadenformen. Die kriechenden Polster sind im Juni–Juli mit reinrosa, leuchtendpurpurroten oder auch weißen Blüten übersät. Zu empfehlen sind *T. doerfleri* 'Bressingham Seedling', *T. praecox* var. *pseudolanuginosa, T. rotundifolius* 'Purpurteppich' und *T. serpyllum* mit vielen Sorten.

Vitaliana primuliflora (syn. *Douglasia vitaliana*). Die Goldprimel ist mit ihren kleinen, dicht zusammenstehenden Rosetten, die gedrungene Polster bilden, und den goldgelben Blüten (April–Mai) eine schöne, kleinbleibende Staude zur Unterpflanzung.

Viola cornuta, V. odorata, V. rupestris. Das Hornveilchen, *V. cornuta*, das wohlriechende Veilchen *V. odorata* und *V. rupestris* eignen sich zur Unterpflanzung. In Japan wird häufig *V. yakushimana* 'Nana' verwendet. Diese Art bzw. Sorte wird bei uns kaum erhältlich sein.

Farne

Schon aus ihrer äußeren Gestalt geht hervor, daß Farne im Pflanzenreich eine Sonderstellung einnehmen. Sie zählen zu den typischen Waldpflanzen, die im allgemeinen hohe Luft- und Bodenfeuchtigkeit zu ihrem Wachstum benötigen und trockene, vollsonnige Standorte meiden. In der Natur finden wir sie auf Waldlichtungen, an den Rändern der Waldwege, zwischen Gestein oder an absonnigen Hängen.

Den tiefen Schatten meiden sie. Trotz der spezifischen Ansprüche der Farne sind einige Arten auch in der Bonsaigestaltung zur Unterpflanzung oder als Komplementärpflanzen geeignet.

Adiantum pedatum, Zwergpfauenradfarn. Neben der Art ist die Sorte 'Imbricatum' besonders gut geeignet.

Athyrium filix-femina 'Minutissima'. Dieser Zwerg-Frauenfarn ist besonders gut zur Unterpflanzung geeignet.

Asplenium-Arten. Besonders geeignet ist die zierliche Mauerraute *A. ruta-muraria* und der etwas größer werdende Nördliche Streifenfarn, *A. septentrionale*, der braunstielige Streifenfarn *A. trichomanes* und der grünstielige Streifenfarn *A. viride*.

Blechnum penna-marina. Der Feuerland-Rippenfarn eignet sich gut zur Unterpflanzung, doch wird diese Art nur selten angeboten.

Ceterach officinarum. Der Schriftfarn zeichnet sich durch seine einfach gefiederten, oberseits stumpfgrünen, unterseits silbrigen Wedel aus.

Polypodium vulgare. Diese Tüpfelfarn-Art (Engelsüß) bildet lederartige, dunkelgrüne Wedel aus.

Thelypteris phegopteris. Der Buchenfarn bildet zarte, dreieckige, einfach gefiederte Wedel aus.

Woodsia alpina. Der Alpenwimperfarn wird selbst in der freien Natur nur 10 cm hoch. Eine besonders schöne Art.

Gräser

Die drei Familien des Gräserreiches umfassen eine große Zahl verschiedener Arten, entsprechend vielfältig sind die Formen. Sie reicht von Zwergen von wenigen Zentimetern Höhe bis zu mehreren Metern hohen Riesen. Ein Teil der kleinbleibenden Arten eignet sich hervorragend zur Unterpflanzung oder auch als Komplementärpflanzen.

Bouteloua oligostachya. Die Blätter des Moskitograses sind sehr schmal. Die braunen, waagerecht abstehenden Ähren sehen in der Gesamtheit einem Insektenschwarm ähnlich.

Carex-Arten. Die Zwergsegge, *C. humilis*, die Bergsegge, *C. montana*, die gelbgestreifte Japansegge, *C. morrowii* 'Variegata Aurea', die Vogelfußsegge *C. ornithopoda* 'Variegata' und die

Schattensegge *C. umbrosa* sind besonders gut geeignet.

Eleocharis parvula ist eine Sumpfried-Art, die man in Japan zur Unterpflanzung verwendet.

Festuca-Arten. Von den bekannten Schwingel-Arten gibt es einige auch in Natur kleinbleibende Arten, die zur Unterpflanzung oder als Komplementärpflanzen geeignet sind. Der Alpenschwingel, *F. alpina*, hat borstig-haarförmige Blätter, *F. amethystina* 'Aprilgrün', treibt sehr früh aus, *F. glacialis*, der Gletscherschwingel, bildet besonders flache Polster aus. Weithin bekannt ist der eigentliche Blauschwingel *F. glauca*. *F. ovina* 'Blaufuchs' bildet auffallend stahlblaue Polster. *F. punctoria*, der Stachelschwingel, trägt seinen Namen wegen der starren, aufrechten Blätter. In unseren Gärten häufig angepflanzt wird der Bärenfellschwingel *F. scoparia*. Besonders gut geeignet ist der Zwergblauschwingel *F. valesiaca* 'Glaucantha'.

Juncus tenuis. Diese interessante Zwergbinse benötigt viel Feuchtigkeit.

Luzula pilosa. Von den Hainsimsen ist insbesondere der Haarmarbel zu empfehlen.

Poa glauca (syn. *P. caesia*). Kleinbleibendes, hechtblaues Rispengras, das feste Polster bildet.

Bedeckung der Erdoberfläche

Moose sind zur Bedeckung der Erdoberfläche besonders geeignet, da sie den Wasserhaushalt recht gut regulieren. Aber nicht alle Moose, die in der freien Natur vorkommen, sind zu empfehlen. Für die Bonsaigestaltung kommen nur die flachwachsenden Erdmoose in Frage, besonders Arten von sonnigen, kalkfreien und nährstoffarmen Böden. Moose, die man an Bäumen, auf morschem Holz, auf feuchtem Rohhumus oder an feuchten Erdstellen findet, sind aufgrund ihrer Standortansprüche in der Regel nicht sehr dauerhaft und nur bedingt zu verwenden. Nicht geeignet ist Waldmoos, da es zu hoch wird. Auch Lebermoos ist zur Bedeckung der Erdoberfläche nicht geeignet. Dieser Moostyp breitet sich sehr schnell aus, bildet flache Polster mit Mulden, ist wasserabweisend und hält beim Wässern die Feuchtigkeit zurück, so daß diese nicht einsickern kann.

Es gibt mehrere Möglichkeiten, zu einem dichten Moosrasen auf den Bonsaischalen zu kommen.

Durch Nichtstun. Bei ganzjähriger Aufstellung der Schalen im Freien fliegen staubfeine Moossporen von selbst an, die bei gleichmäßig feuchter Unterlage auskeimen. Die so spontan angesiedelten Moose lassen sich problemlos weiterkultivieren, da ungeeignete Arten gar nicht erst keimen.

Vermehrung durch Sporenaussaat. Man sammelt reife Sporenkapseln (Sporenreife tritt je nach Art von Herbst bis Frühjahr ein) und sät sie auf ein Torf-Sandgemisch oder einem anderen nährstoffarmen Substrat aus. Damit die »Aussaat« möglichst gleichmäßig erfolgt, werden die Sporen zuvor mit Sand vermischt. Sehr gut geeignet ist feiner Quarzsand, den man in Zoohandlungen als Vogelsand erhält. Da sich der helle Sand gut von der Aussaaterde abhebt, kann man erkennen, ob die Aussaat gleichmäßig erfolgt. Nach vorsichtigem Wässern von unten stellt man das Gefäß an einem schattigen Ort im Freien auf und sorgt für gleichmäßige Feuchtigkeit.

Bei gleichmäßiger Luft- und Bodenfeuchtigkeit keimen die Sporen und bilden ein Protonema aus, aus dem sich nach einigen Wochen oder auch erst nach Monaten (ist von der jeweiligen Moosart abhängig) ein Moosrasen entwickelt.

Nachdem sich ein dichter Moosrasen ausgebildet hat, teilt man ihn in kleine Moosstückchen und legt sie, wie beim »Auflegen gesammelter Moospolster« beschrieben, der Erde auf. Natürlich ist es auch möglich, die Sporen direkt auf die Erdoberfläche in der Bonsaischale auszusäen, doch besteht hier die Gefahr, daß man bei dem notwendigen Wässern der Pflanzen die Moossporen wieder abspült.

Vermehrung durch getrocknete Moose. Diese weitverbreitete Methode ähnelt der Sporenaussaat. Sie ist aber einfacher in der Durchführung. Es werden Moospolster gesammelt, anschließend getrocknet, fein zerkrümelt und wie bei der Sporenaussaat beschrieben »ausgesät«. Die in den Mooskrümeln enthaltenen Sporen beginnen schon bald zu keimen und nach und nach bildet sich ein schöner gleichmäßiger Moosteppich aus. Diese Methode ist deshalb einfacher, da das Sammeln von Sporen wesentlich mehr Arbeitsaufwand erfordert als das Sammeln von ganzen Moospolstern.

Vermehrung auf vegetativem Wege. Hier werden die gesammelten Moosstückchen zwar wie bei der vorigen Methode zerkleinert, aber nicht getrocknet, sondern sofort auf der Erdoberfläche ausgebracht. Diese Methode beruht auf der Tatsache, daß viele Moose in der Lage sind, aus Stengel- und Blattbruchstücken ein sekundäres Protonema zu bilden, aus dem neue Moospflänzchen heranwachsen. Auch hier ist ein sorgfältiges Wässern bis zum Anwachsen sehr wichtig.

Auflegen gesammelter Moospolster. Stehen genügend flache Moospolster zur Verfügung, können sie direkt der Erdoberfläche aufgelegt werden. Am besten schneidet man das Moos in 4 bis 5 cm große Stücke. Beim Auflegen auf guten Bodenschluß achten. Einfaches Auflegen oder Anquetschen per Daumendruck vermeiden.

Die Bonsaipflege

Die Pflege einer Pflanze als Bonsai gestaltet sich zwar aufwendiger und anspruchsvoller als die Pflege der gleichen Pflanzenart in irgendeiner anderen Verwendungsform. Sie ist aber sicherlich nicht schwieriger. Ein Sprichwort sagt: Pflanzen reagieren auf die Pflege, die man ihnen angedeihen läßt. Viele Fehlschläge lassen sich vermeiden, wenn man ein bißchen davon versteht, was in der Pflanze selbst vorgeht. Daher enthalten die nachfolgenden Abschnitte nicht nur praktische Hinweise über das »Wie«, sondern man erfährt auch etwas über das »Warum«, um das richtige Gespür für die Pflege der Bonsai zu finden. Zur Bonsaipflege gehören die Wahl des richtigen Standortes, die Überwinterung, das Umpflanzen, das Gießen, das Düngen und der Pflanzenschutz.

Der Standort

Die in diesem Buch behandelten, zur Bonsaigestaltung geeigneten Pflanzenarten sind Bewohner gemäßigter Gebiete, die es gelernt haben, mit einer wärmeren (Frühjahr und Sommer) und einer kälteren Jahreszeit (Herbst und Winter) zu leben. Pflanzen aus gemäßigten Gebieten bezeichnet man auch als winterhart, da sie im richtigen Augenblick das Richtige tun und ihre empfindlichen Wachstumsphasen nicht in eine Zeit legen, in der das Wetter gefährlich werden kann. Sie haben eine Uhr entwickelt, die ihnen sagt, wann sich im Frühjahr sicher der Anfang machen läßt und wann es Zeit ist, das Wachstum vorübergehend einzustellen.

Immer noch werden viele Freiland-Bonsai dadurch verdorben, daß sie wie Zimmerpflanzen behandelt werden. Sie gehen aber ein, wenn man sie ans Fenster neben der Birkenfeige, San-

severie, Kakteen oder Begonien aufstellt. Für die hier behandelten Pflanzenarten kommt nur ein Standort im Freien, im Garten, auf der Terrasse, dem Dachgarten oder auf dem Balkon in Frage. Nur stundenweise, vielleicht auch einen Tag lang, dürfen sie als Dekorationsobjekte in der Wohnung stehen. Ansonsten brauchen sie die natürlichen Temperaturen.

Bei der Wahl des Standortes sind die Lichtansprüche der einzelnen Pflanzenarten zu beachten, die sehr verschieden sein können. Bei der einen Pflanzenart kann eine direkte Sonnenbestrahlung die Entwicklung positiv beeinflussen,

Stufenartiges Bonsaibord aus Holz.

148

bei einer anderen kann es zu Entwicklungsstörungen kommen. Wählt man Standorte, die denen der Pflanzenart in der freien Natur entsprechen, liegt man immer richtig. So lieben die meisten Nadelgehölze volle Sonne, während viele Laubgehölze besser im Halbschatten stehen.

Nähere Angaben über die Standortansprüche der einzelnen Pflanzenarten sind den Kultur- und Gestaltungshinweisen zu entnehmen.

Die Präsentation

Die Freude am Bonsai ist erst vollkommen, wenn man sie auch angemessen zur Geltung bringen kann. Bonsai sollten ähnlich präsentiert werden wie Ausstellungsstücke in einer Kunstgalerie: in der richtigen Höhe, einzeln, ohne störendes und überflüssiges Beiwerk. Ein Bonsai ist eine Pflanze, die Raum um sich benötigt, um ihre Wirkung zu entfalten.

Wichtig erscheint insbesondere die Standhöhe. Wenn der Betrachter den Stamm mit Wurzelhals genau in Augenhöhe hat, dann hat er die gleiche Perspektive wie bei einem großen Baum. Er schaut herunter auf die Wurzeln und schaut aber gleichzeitig von unten herauf in die Astkrone. Dadurch wird die Illusion von einem großen Baum noch verstärkt. Unterstreichen kann man das Gesamtbild noch durch einige Accessoires: einen Stein, eine Staude oder ein Gras in einer Bonsaischale (als Komplementärpflanze), die man daneben stellt. Jedoch dürfen diese Accessoires den Gesamteindruck nur unterstreichen und nicht etwa mit dem Baum konkurrieren.

Beim Arrangieren der Bonsai sind der Phantasie keine Grenzen gesetzt (s. Abb.). In Japan werden die Pflanzen häufig auf freistehenden Bänken mit Pfosten aus Beton, Backsteinen oder stärkeren Rundhölzern gestellt. Als Auflage dienen 30 cm breite und etwa 2,5 cm starke Bohlen, die mit pflanzenfreundlichen Holzschutz-

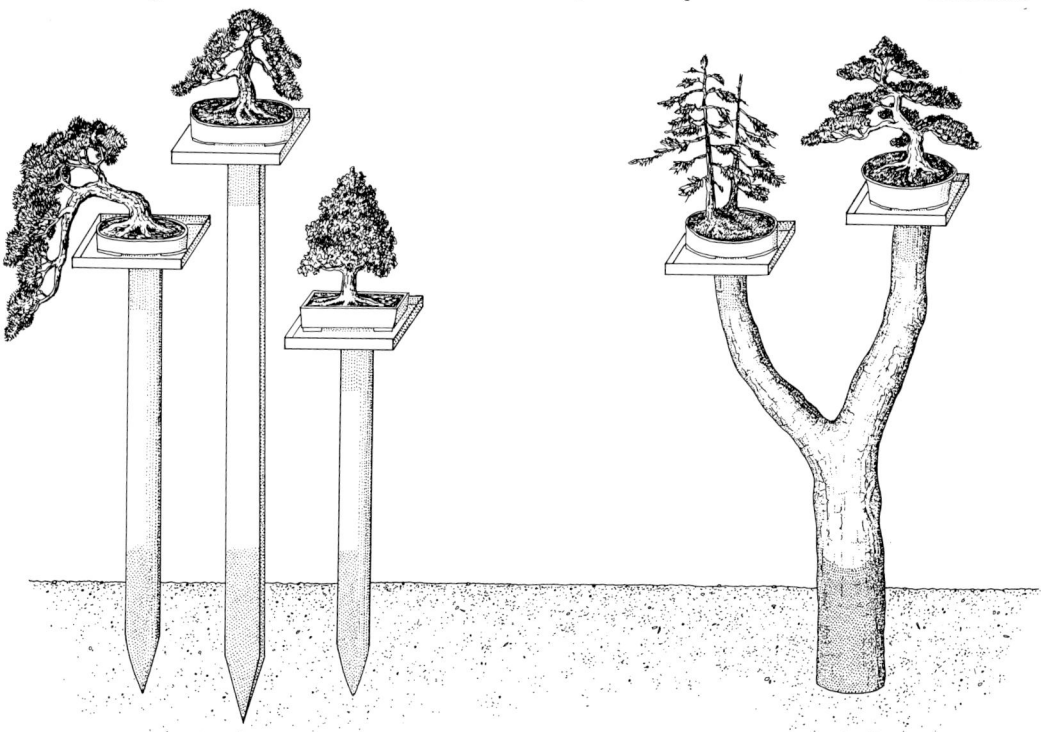

Präsentation von Bonsai auf bearbeiteten Rund- oder Vierkanthölzern (links) oder unbearbeiteten Ast- oder Stammstücken (rechts).

Durch Aufstellen von Holzwänden auf der Südseite sind die Bonsai in den Mittagsstunden vor direkter Sonne geschützt.

mitteln imprägniert sind. Beliebt sind auch stufenartige Bonsaiborde. Man kann aber auch Regale an Hauswänden und Garagenwänden anbringen. Bei hellen Rückwänden, die Sonnenlicht und Wärme reflektieren, ist allerdings Vorsicht geboten, da es zu einer Überhitzung der Pflanzen kommen könnte. Auch sollte der Abstand zwischen Pflanzen und Mauer ausreichend groß sein (etwa 60 bis 80 cm), da die Pflanzen sonst nur von einer Seite Licht bekommen und einseitig wachsen.

Auf Ausstellungen sieht man Bonsai häufig auf Kanalrohren aus Ton oder Eternit (Belüftungsrohre) oder auch auf Stammstücken präsentiert, eine Möglichkeit, die man auch dem Bonsaigärtner empfehlen kann. Da das Grau des Eternits nicht sehr dekorativ wirkt, sollte man die Rohre mit erdfarbener Dispersionsfarbe streichen oder mit Kokosstrick umwickeln (den

man mit Pattex oder einem ähnlichen Kleber festklebt), der besonders dekorativ wirkt. Diesen Kokosstrick, der normalerweise als Bindematerial zum Anbinden von Bäumen verwendet wird, gibt es im Gartenbaubedarfshandel.

Ein Aufstellen von Freiland-Bonsai in der Wohnung ist nur zeitweise möglich und dann auch nur während der Wachstumszeit, das heißt etwa von Ende März bis Mitte September. Wird ein Bonsai zum Schmuck in die Wohnung gestellt, muß er spätestens nach zwei Tagen wieder an seinen Platz im Freien zurückkommen. Auf einen Tag in der Wohnung sollten mindestens 4 Tage draußen folgen. Im Winter dürfen die Pflanzen auf gar keinen Fall im Zimmer stehen, auch nicht für wenige Stunden. Der Wechsel zwischen der hohen Zimmertemperatur und der Kälte im Freiland wäre unter Umständen tödlich für die Pflanze.

Praktisches Bonsairegal für den Balkon.

Die Überwinterung

Die hier behandelten Pflanzenarten sind Bewohner gemäßigter Gebiete und benötigen einen ständigen Standort im Freien. Diese in der Regel winterharten Arten überstehen in der freien Natur zwar tiefe Frosttemperaturen ohne Schaden, doch als Bonsai müssen sie während der kalten Jahreszeit besonders geschützt und versorgt werden. Um ihren Ansprüchen gerecht zu werden, sollte man wissen, wie es um ihre Winterhärte bestellt ist. Für bedingt winterharte Bonsaiarten sollte man sich erst dann entschließen, wenn man die Möglichkeit hat, sie in einem überdachten Raum frostfrei zu überwintern. Jede andere Überwinterungsart – sie mag im Einzelfall noch so gut funktionieren – birgt in der Regel ein zu großes Risiko für die kostbaren Pflanzen.

In einem milden Winter gestaltet sich die Versorgung der Bonsai recht einfach. Würde man sie ausreichend feucht halten, könnten sie an ihrem Sommerstandort bleiben. Aber wer kann schon im voraus sagen, wie der Winter wird. In den meisten Fällen müssen wir mit längeren Frostperioden rechnen. Aus diesem Grund sind einige Maßnahmen zum Schutz der Pflanzen erforderlich. Es gibt auch für die Überwinterung keine Patentrezepte, denn zu verschieden und begrenzt sind die Möglichkeiten, über die ein jeder verfügt. Nur in Ausnahmefällen kann eine Überwinterung in einem ungeheizten Zimmer, an einem hellen Fenster im Treppenhaus oder Keller empfohlen werden. Auf keinen Fall dürfen die Temperaturen längere Zeit +10° C übersteigen. Die Immergrünen (Nadelgehölze) benötigen den hellsten Standort. Die laubabwerfenden Arten dagegen kön-

So ungeschützt, wie im Bild gezeigt, dürfen Bonsai nicht überwintert werden.

Bonsai lassen sich mit Schale im Schutz von Gehölzen überwintern.

152

Im Überwinterungshaus (hinten rechts im Bild) sind die Bonsai vor Wind und Wintersonne geschützt.

nen, da sie das Laub ja abgeworfen haben, etwas dunkler stehen.

Überwinterung im Freien

Das Einsenken der Bonsai mit Gefäß in ein Gartenbeet erscheint für den Gartenbesitzer die einfachste Art der Überwinterung. Der Aufstellungsort wird so gewählt, daß er den Pflanzen Schutz vor austrocknenden Winden und vor zu intensiver Sonnenbestrahlung bietet. Ideal ist ein Standort zwischen immergrünen Laub- oder Nadelgehölzen (s. Abb.) oder unter einem vorgezogenen Dach am Haus. Solche Standorte bieten Schutz vor Sonne und kalten Winden und die Bonsai sind auch weitgehend sicher vor Schneebruch.

Einige Bonsaigärtner schwören auf eine Überwinterung ihrer Bonsai ohne Schalen. Der Vorteil dieser Art der Überwinterung ist, daß die Kontrolle des Wurzelballens bezüglich der Feuchtigkeit nur in größeren Abständen notwendig ist. Der Bonsai wird vor Winterbeginn (nach den ersten leichten Frösten) aus seinem

So sieht es im Innern des Überwinterungshauses aus.

153

Bonsai können ohne Schalen im Schutz einer Holzwand überwintern.

Gefäß genommen (dabei dürfen Wurzelballen und Wurzeln nicht beschädigt werden) und im Garten in eine leichte, lockere Erde oder gut durchfeuchteten Torf auf Beete eingesenkt (s. Abb.). Pflanzen, die erst kurze Zeit im Gefäß stehen und noch keinen festen Wurzelballen gebildet haben, sollte man nicht auf diese Art und Weise überwintern.

Bei einer Überwinterung im freien Land, ob mit oder ohne Pflanzgefäß, ist ein Schutz vor Wildverbiß im allgemeinen erforderlich.

Überwinterungsräume

Viele Bonsaigärtner überwintern ihre Bonsai in selbst gebauten Überwinterungshäusern. Solche Überwinterungshäuser sind sowohl für absolut winterharte als auch für etwas empfindlichere Pflanzenarten gleichermaßen geeignet und dienen im Sommer als Standort für Jungpflanzen, kranke oder besonders empfindliche Pflanzen. In solchen Überwinterungsräumen können die Bonsai im Winter in der Regel auch frei stehen, ohne daß die Schalen eines besonderen Schutzes bedürfen.

Ein Überwinterungshaus muß folgende Forderungen erfüllen: Vermeidung starker Temperaturschwankungen – eine kurzzeitige Sonneneinstrahlung darf nicht zu einer zu starken Aufheizung des Überwinterungsraumes führen. Auch ist für eine gute Belüftung zu sorgen. Hermetisch abgedichtete Überwinterungshäuser bedeuten für die Bonsai den Tod durch Erstikken oder Verfaulen. Das Baumaterial für ein Überwinterungshaus muß weitgehend witterungsbeständig sein, um eine langjährige Verwendung zu gewährleisten. Bei Häusern, die nur der Überwinterung dienen, sollte die Einrichtung zerlegbar sein. In der Zeit des Jahres, in der sie nicht gebraucht wird, nimmt sie sonst wertvollen Standraum weg. Neben dem Selbstbau hat man die Möglichkeit, auf Konstruktionen zurückzugreifen, die der Handel als Bausätze anbietet.

Auch ein Kleingewächshaus kann ein idealer Überwinterungsort für Bonsai sein, wenn man das beachtet, was unten für den Folientunnel und den Frühbeetkasten beschrieben ist, nämlich rechtzeitiges Lüften und Schattieren. Vorsicht an sonnigen Tagen. Bei zu hohen Temperaturen beginnen die Bonsai zu treiben, ein Vorgang, der sie schwächt und häßlich macht.

Zu den Überwinterungsräumen im weitesten Sinne gehören auch Treppenaufgänge in Kellerhöhe, die vom Haus nach draußen führen oder Lichtschächte von Kellerfenstern. Messungen zeigten, daß die Temeraturen hier selten unter $-2°$ bis $-3°C$ abfallen, so daß dort auch frostempfindliche Arten sicher überwintern. Auch steigen die Temperaturen nie so stark an, daß die Bonsai aus ihrer Winterruhe gerissen werden.

Überwinterung im Folientunnel oder Frühbeetkasten

Aufgrund der guten Erfahrungen, die Baumschulen mit ihren Container-Pflanzen gemacht haben, überwintern eine Reihe deutscher Bonsaigärtnereien und -händler ihre Bonsai in Folientunneln mit einer Eindeckung aus gelochter sogenannter Winterfolie. Eine Möglichkeit, die auch dem Bonsailiebhaber zu empfehlen ist. Die eingetrübte Folie gestattet dem Sonnenlicht nicht den vollen Zutritt, so daß es an sonnigen Tagen im Winter nicht zu den befürchteten starken Temperaturgegensätzen zwischen Tag und Nacht kommen kann. Außerdem stehen die Pflanzen im Tunnel windgeschützt und in hoher relativer Luftfeuchtigkeit. Gießen ist auch bei monatelanger Übertunnelung nicht notwendig.

Temperaturmessungen im Folientunnel ergaben, daß sich die Nachttemperaturen nur unwesentlich von den Freilandtemperaturen unterscheiden. Am Tage liegen die Temperaturen im Folientunnel bei wolkigem Wetter um nur etwa 2° C höher, bei sonnigem Wetter bis zu 6° C höher als im Freiland. Da die niedrigsten Temperaturen nachts auftreten, kann von der Temperatur her gesehen der gute Überwinterungseffekt kaum erklärt werden. Der größere positive Effekt geht wahrscheinlich von der hohen relativen Luftfeuchtigkeit in Verbindung mit der Windabschirmung aus.

Die Folientunnel für Überwinterungszwecke werden aus 0,15 mm starker und 3 bis 4 mm breiter UV-stabilisierter Folie hergestellt. Für mittelhohe Tunnel werden bei Beetbreiten von 1,50 m Federstahlstäbe von 3,25 m Länge verwendet, bei 2 m Beetbreite sind 4 m lange Stäbe erforderlich.

Für den Hobbybereich sind solche Folientunnel im Handel als sogenannte faltbare Frühbeete bzw. Gewächshäuser erhältlich. Die Maße dieser Folientunnel betragen in der Breite 120 cm, in der Länge 250 cm und in der Höhe 90 cm. Die Länge läßt sich durch Herauslassen von Drahtbögen mühelos variieren.

Die Stirnseiten können aufgrund der verlängerten Folie bei Bedarf geschlossen werden. Ein Einsatz auf dem Balkon ist mit diesem Typ ebenfalls möglich. Hier müssen die Enden allerdings beschwert werden, während man sie sonst in die Erde eingräbt. Im Frühjahr wird bei steigenden Temperaturen und stärker werdender Sonneneinstrahlung gelüftet, um einerseits ein frühzeitiges Austreiben und anderseits Pilzbefall zu verhindern.

Ein idealer Überwinterungsort für Bonsai ist ein Frühbeetkasten. Er muß tief genug sein und Schutz vor direkter Sonne bieten.

Auch ein Frühbeetkasten stellt einen guten Platz zur Überwinterung der Bonsai dar. Da aber ein Frühbeet meistens so gebaut ist, daß es möglichst viel Sonne bekommt, wird bei starker Sonne sorgfältig schattiert, um eine pflanzenschädliche Überhitzung des Innenraumes zu verhindern. An frostfreien Tagen wird zusätzlich gelüftet. Die Pflanzen dürfen die Scheiben nicht berühren. Sie sollten nicht näher als 10 bis 15 cm an die Fenster herankommen. Man kann die lichte Höhe des Frühbeetes durch Ausgraben vertiefen oder bei einem Kasten aus Holz durch Aufstecken von Brettern erhöhen.

Überwinterung auf Balkon und Terrasse

Auch auf Balkon und Terrasse ist eine Überwinterung möglich. Man füllt eine Kiste mit Torf oder einer anderen humusreichen, lockeren Erde und senkt den Bonsai dort ein. Die Schale und damit die Wurzeln des Bonsai sind so vor dem Durchfrieren weitgehend geschützt. Das

Der Überwinterungskasten auf dem Balkon kann ein Dach mit einem Gerüst aus Feder-
stahlstäben oder Weidenruten erhalten.

Volumen der Kiste sollte rund viermal so groß sein wie das Volumen der unterzubringenden Bonsaischalen und doppelt so tief wie die tiefste Bonsaischale. Bedeckt man die Oberfläche der Bonsaischale 2 bis 3 cm hoch mit dem Einschlagsubstrat, wird ein Austrocknen des Wurzelballens weitgehend verhindert.

Guten Schutz vor dem Durchfrieren der Bonsaigefäße bieten auch Styroporblöcke, in die man Löcher in Schalengröße schneidet. Allerdings muß man hier der Wasserversorgung besondere Aufmerksamkeit schenken.

Als Schutz gegen die Wintersonne kann man einfach den Balkontisch über die Pflanzen stellen. Und für die kältesten Tage hält man eine alte Decke als Überzug bereit. Sie muß nach der Kälteperiode wieder entfernt werden. Wem der Balkontisch zu simpel oder zu schade ist, der

sollte für seinen Überwinterungskasten ein Dach bauen (s. Abb.). Diagonal von einer Ecke zur anderen werden entweder Federstahlstäbe, Haselnuß- oder Weidenruten in einem möglichst steilen Bogen in die Ecken der Kiste gesteckt. Über dieses Gerüst zieht man gelochte Milchfolie oder Sackleinen und befestigt das Ganze an den Rändern der Kiste. Klare Folie ist nicht geeignet, da diese die Sonneneinstrahlung nicht genügend abhält und es zu pflanzenschädlichen Temperaturschwankungen kommen kann.

Eine Seite der Überdachung wird so eingerichtet, daß sie sich leicht öffnen läßt. Dadurch hat man eine bessere Kontrolle und eine Möglichkeit zum Gießen und Lüften.

Man kann solche Überwinterungskästen aber noch eleganter bauen. Der Phantasie sind da keine Grenzen gesetzt. Wer ein wenig handwerklich begabt ist, wird schnell einen Weg finden, sich eine Möglichkeit zur Überwinterung zu schaffen.

Interessant zur Überwinterung auf dem Balkon oder auch auf der Terrasse erscheinen neben den angesprochenen Möglichkeiten Balkongewächshäuser, die man beweglich oder fest installieren kann. Es gibt sie mit oder ohne Heizung und sie sind im Fachhandel in Form von Bausätzen erhältlich.

Vorbereitung auf den Winter

Es wurde schon darauf hingewiesen, daß Pflanzen aus unserem Klimabereich (gemäßigte Gebiete) eine oft erstaunliche Frostresistenz aufweisen. Lassen sich doch selbst nach strengen Wintern bei den meisten Bäumen keine Schäden erkennen. Kommt es aber im Frühjahr nach dem Austrieb oder im Sommer zu einem plötzlichen Kälteeinbruch mit Temperaturen um $0°$ C, erkennt man häufig deutliche Schädigungen. Offensichtlich verfügen Bäume gemäßigter Breiten über einen Regelmechanismus, der sie auf den Winter einstellt. Die Vorbereitung auf den Winter wird entscheidend durch die Ausbildung der Knospen an den Zweigen eingeleitet. Dies geschieht bei einigen Pflanzen schon im Juli. Der Vegetationskegel streckt sich nicht mehr, die Blattanlagen (Knospen) wachsen nicht mehr aus. Schließlich bauen sich die Pflanzen durch die abnehmenden Temperaturen zum Herbst hin ihre Frostresistenz nach und nach selbst auf. Der Beginn der eigentlichen Ruhezeit ist bei den sommergrünen Laubgehölzen eng mit dem Abwerfen der Blätter verbunden (ein Charakteristikum der Laubbäume gemäßigter Breiten).

Der Bonsaigärtner kann durch verschiedene Maßnahmen die Frostresistenz der Bonsai steigern und damit erreichen, daß sie die kalte Jahreszeit besser überstehen:

● Im Spätsommer–Herbst nicht mehr düngen, damit die Pflanzen rechtzeitig mit ihrem Wachstum abschließen.

● Eine langsame Reduzierung des Wasserangebots im Herbst wirkt sich günstig auf den Triebabschluß aus. Trocken dürfen die Pflanzen dabei aber nicht stehen, da es sonst zu vorzeitigem Triebabschluß kommen kann und im Herbst bei günstigen Außenbedingungen zu einem vorzeitigen Austrieb. Dieser Neuaustrieb wäre der winterlichen Kälte schutzlos ausgeliefert, da die jungen Triebe vor Beginn des Winters nicht mehr genügend ausreifen (verholzen).

● Kein Rückschnitt von Trieben im Spätsommer. Ein möglicherweise notwendiger Rückschnitt wird auf das Frühjahr des kommenden Jahres verschoben. Ein Rückschnitt führt bei günstigen Außenbedingungen nicht selten zu einem Neuaustrieb, welcher wie oben beschrieben nicht mehr ausreift.

● Zur Kultur von Bonsai möglichst mineralische Substrate verwenden. Die verschiedenen Ausgangserden verhalten sich hinsichtlich des Durchfrierens und Wiederauftauens unterschiedlich. Je humusreicher ein Substrat, desto schneller gefriert es und um so langsamer taut es wieder auf. Das bedeutet, daß in einem humusreichen Substrat die Gefahr der Frosttrocknis größer ist als in einem mineralischen Substrat. Ein Bonsai in einem mineralischen Substrat kann seinen Wasservorrat schneller wieder ergänzen.

● Die Winterhärte läßt sich bei einigen Pflanzenarten durch Pinzieren der Endknospen im Spätsommer erhöhen. Das Pinzieren begünstigt sehr das Ausreifen, sprich das Verholzen der Triebe. Diese wirksame Methode setzt aber eine genaue Beobachtung und Kenntnis der Gehölzeigenart voraus. Besonders geeignet ist dieses Verfahren bei Pflanzenarten, die infolge zu langen Wachstums in den Herbst hinein nicht richtig ausreifen und dann leicht durch Frost geschädigt werden. Als ein zusätzlicher Effekt des Pinzierens geht die Kraft in die Seitenknospen, wodurch deren Ausbildung begünstigt wird.

● Man sollte den Bonsai nicht übereilt ins Winterquartier bringen. Denn alle Gehölze bereiten sich, wie schon oben beschrieben, mehr oder weniger intensiv auf die Winterruhe vor und bauen langsam ihre Frostresistenz auf. Sie können ruhig ein paarmal leichten Frösten ausgesetzt sein, ehe man sie ins eigentliche Winterquartier holt.

Pflegemaßnahmen während der Überwinterung

Wachstumsruhe bedeutet nicht Stillstand. Die Bonsai benötigen zwar jetzt weniger Wasser, kommen aber in der Regel nicht ohne zusätzliche Wassergaben aus. Selbst bei einem Standort im Freien, wo die Pflanzen der Witterung direkt ausgesetzt sind, können die Pflanzen austrocknen. Dies gilt auch bei den in Torf eingesenkten Schalen. Man darf sich nicht dadurch täuschen lassen, daß der Torf außen herum noch feucht ist. Denn die bei hoher Temperatur gebrannte Keramik läßt nicht wie ein normaler Blumentopf die Feuchtigkeit durch die Wandungen dringen, sondern sie isoliert die Erde innerhalb der Schale vollkommen von dem umgebenden Torf ab. Deshalb werden die Bonsai von Zeit zu Zeit kontrolliert. Gegossen wird nach Bedarf.

In diesem Zusammenhang wollen wir auf die Frosttrocknis hinweisen, eine der häufigsten Ursachen für ein Absterben von Gehölzen und auch von Bonsai im Winter. Bei längeren Frostperioden besteht die Gefahr, daß das in der Schale enthaltene Bodenwasser gefriert. Die Wurzeln können das in den oberirdischen Teilen auch im Winter reichlich verdunstende Wasser nicht nachliefern. Dies kann, wenn der Zustand länger anhält, zum Tod der Pflanze führen. Beschleunigt wird dieser Vorgang, wenn starke Fröste in der Nacht mit sonnigem Wetter am Tage wechseln. Daher wird, wie schon weiter oben beschrieben, ein Schutz vor direkter Sonne und austrocknenden Winden erforderlich und bei offenem Wetter muß zugewässert werden.

Eigentlich sollte man annehmen, daß die Frosttrocknis für Laubbäume im blattlosen Zustand keine Rolle spielt, da sie ja ihre empfindlichen Transpirationsorgane, die Blätter, abgeworfen haben. Es konnte aber nachgewiesen werden, daß die Wasserverluste blattloser Laubgehölze im Winter ebenso hoch sein können wie die der immergrünen Nadelgehölze. Wir müssen also im Winter hinsichtlich der Wasserversorgung den sommergrünen Laubgehölzen die gleiche Aufmerksamkeit schenken wie den immergrünen Nadelgehölzen.

Bei Nadelgehölzen kann es durch Frosteinwirkung zur Verfärbung (meist rötlich-violett) der Blätter (Nadeln) kommen. In der Regel ist dies nicht gefährlich und die Erscheinung verschwindet im Frühling wieder. Typisch für Frosteinwirkung sind gelbe Nadelspitzen oder eine Verfärbung des ganzen Laubes nach Grau oder Bläulichviolett hin. Ein Verbräunen älterer Nadeln ist ein normaler Vorgang, denn auch Nadelgehölze verlieren ihre Blätter von Zeit zu Zeit (die Lebensdauer ist von Art zu Art verschieden), die sie bevorzugt in den Herbst- und Wintermonaten abwerfen.

Ein großer Feind im Überwinterungsquartier sind hohe Temperaturen. Nimmt man einer Pflanze durch zu hohe Temperatur im Winter die Winterruhe, so ist dies genauso, als wenn man einem Menschen die Nachtruhe raubt. Die Temperaturen sollten im Überwinterungsquartier auf Dauer +8° bis +10 °C nicht übersteigen. Daher sind überdachte Überwinterungsplätze (Kleingewächshaus, Frühbeetkasten usw.) rechtzeitig zu lüften, wenn diese Werte erreicht werden.

Der Winterschutz beginnt und endet je nach Empfindlichkeit der Pflanzen früher oder später. Wenn sich die allerersten Anzeichen neuen Wachstums erkennen lassen, nimmt man die Pflanzen aus dem Winterquartier. Dies ist gerade bei einer Überwinterung im Kleingewächshaus, Folientunnel, Frühbeetkasten usw. zu beachten. Neue Knospen und Triebe, die in der geschützten Atmosphäre des Überwinterungskastens heranwachsen, finden dort nur unzureichend natürliche Bedingungen vor.

Das Umtopfen oder Umpflanzen

Zu den immer wiederkehrenden Pflegemaßnahmen bei der Bonsaikultur gehört das Umpflanzen oder Umtopfen. Die Gründe, die ein Umpflanzen erforderlich machen, können sehr vielfältig sein. Davon hängt auch die Häufigkeit des Umtopfens ab. Diese Gründe können auch mit der Gesundheit der Pflanzen in Verbindung stehen, deshalb wollen wir uns zunächst damit beschäftigen.

Die Erde ist ausgelaugt

Da das Wachstum eines Bonsai allein schon durch die Enge der Pflanzschale eingeschränkt ist, erscheint kaum verwunderlich, wenn das Pflanzgefäß mit der Zeit zu klein für die Pflanze wird. Die Wurzeln haben dann den vorhandenen Erdvorrat in der Schale völlig durchdrungen, daß man vor lauter Wurzeln keine Erde mehr sieht. Wenn aber das Wurzelwachstum aufhört, fängt die Pflanze früher oder später an zu kränkeln. Solch ein Baum besitzt keine Kraftreserven mehr, weil die Erde vollkommen ausgelaugt ist und keine Nährstoffe mehr speichern kann. Auch Luft dringt kaum noch in die Wurzelmasse ein. Häufig heben die Wurzeln den Bonsai regelrecht aus der Schale heraus.

Vor allem Pflanzen mit starker Wuchsleistung sind davon betroffen. Je intensiver geschnitten werden muß, desto stärker ist auch der Wurzelzuwachs, denn das Wachstum der oberirdischen Teile steht im direkten Zusammenhang mit dem Wurzelwachstum. Jedem Triebwachstum geht Wurzelwachstum voraus, denn die sich neubildenden Organe müssen schließlich mit Wasser und Nährstoffen versorgt werden.

Das Bodengefüge stimmt nicht mehr

Sauerstoff im Boden ist Voraussetzung für das Wurzelwachstum. Daher muß die Erde eine gute Struktur haben, (siehe auch Seite 161), damit Luft bzw. Sauerstoff eindringen kann. Im Laufe der Zeit verändert sich aber die Struktur der Erde. Dies hat zur Folge, daß feinste Erdteilchen bisherige Hohlräume ausfüllen. In einer solchen Erde ist die Nachlieferung von Sauerstoff, insbesondere bei Vernässung, so langsam, daß das Wurzelwachstum gehemmt und die Pflanze in ihrem Gedeihen beeinträchtigt ist.

Ein Bonsai kann in einer solchen Erde im Extremfall vertrocknen. Beim Gießen füllen sich die wenigen Hohlräume, die sich noch in der Erde befinden, mit Wasser und die Wurzeln sterben infolge von Sauerstoffmangel schließlich ab. Die Pflanze kann, obwohl genügend Feuchtigkeit zur Verfügung steht, kein Wasser mehr aufnehmen, da die Faserwurzeln abgestorben sind. Die Pflanze vertrocknet. Dies kann man äußerlich daran erkennen, daß die Blätter zunächst schlaff herabhängen. Das gleiche Erscheinungsbild zeigt übrigens eine Pflanze in trockener Erde, was nicht selten zu falschen Schlußfolgerungen führt.

Wann es für Wasser und Luft schwierig wird, in den Boden einzudringen, die Struktur der Erde also vom optimalen Zustand abweicht, erkennt man daran, daß das Gießwasser nicht gleichmäßig aufgesaugt wird, sondern an der Oberfläche kleine Lachen bildet.

Versalzung der Erde

Zu einer Versalzung der Erde kann es im Laufe der Zeit durch Ballaststoffe, die in Düngern enthalten sind, oder durch das Gießwasser kommen. Eine Versalzung ist aber nur bei Düngern zu erwarten, bei denen die Nährstoffe an Trägerstoffe (Ballaststoffe) gebunden sind, die ihrerseits zur Bodenversalzung führen (z.B. Natrium, Sulfate oder Chloride). Organische Dünger tragen nur wenig zur Bodenversalzung bei. Vorsicht geboten ist allerdings bei Verwendung von organisch-mineralischen Düngern. Bei den meisten handelsüblichen Flüssigdüngern sind die Nährstoffe an Trägerstoffe gebunden, die den Salzgehalt der Erde nicht erhöhen.

Da man Bonsai im allgemeinen relativ wenig und in geringen Konzentrationen nachdüngt und zur Grunddüngung meist organische Dünger oder solche ohne Ballaststoffe verwendet, kommt eine Bodenversalzung durch Dünger relativ selten vor. Eine pflanzenschädliche Versalzung der Bonsaierde wird vor allem durch das Gießwasser verursacht. Wasser aus dem örtlichen Wassernetz enthält je nach Ursprung und in verschiedenen Mengen Calcium-, Magnesium- und Schwefelsalze, ferner Nitrate und Chloride (siehe auch Seite 173). In der freien Natur werden die Salze durch die natürlichen Niederschläge in den Untergrund ausgewaschen. In einer Schale oder in einem Blumentopf verbleiben sie dagegen in der Erde, lagern sich im Laufe der Zeit an der Innenwand oder bei porösem Material auch in den Wandungen der Schale ab.

Sehr deutlich ist dies bei Tontöpfen bzw. Tonschalen, die außen nicht glasiert sind, zu sehen. Aufgrund der Durchlässigkeit der Wände dringen im Laufe der Zeit die Salze durch die Wände hindurch, zu erkennen an dem weißlich-kristallinen Belag auf den Außenwänden.

Warum ist aber ein hoher Salzgehalt in der Erde pflanzenschädlich? Die Wasser- und Nährstoffaufnahme der Pflanzen beruht unter anderem auf dem Konzentrationsgefälle zwischen der Pflanze (dem Zellsaft in den Wurzelhaarzellen) und der Bodenlösung. Der Zellsaft in den Zellen der Wurzelhaare ist normalerweise stärker konzentriert als die Bodenlösung. Entscheidend für die Wasseraufnahme aus dem Boden wirkt sich die Tatsache aus, daß die Zellwände nicht ganz durchlässig, sondern nur halbdurchlässig sind. Wassermoleküle und andere darin gelöste Mineralsalze können deshalb in die Wurzelhaarzelle eindringen. Die Zellwand läßt jedoch keine Makromoleküle aus der Wurzelhaarzelle durch. Diesen Vorgang der Wasseraufnahme bezeichnet man als Osmose.

Ist nun das Bodenwasser durch Salze des Gießwassers und der Ballaststoffe der Dünger stärker konzentriert als der Zellsaft der Wurzelhaarzellen, so verläuft der osmotische Vorgang umgekehrt. Das stärker konzentrierte Bodenwasser zieht das Zellwasser durch die halbdurchlässige Zellwand nach außen, die Zellen schrumpfen zusammen und die Pflanze geht schließlich aufgrund von Wassermangel ein.

Schäden an Pflanzen durch hohe Salzkonzentrationen in der Erde treten nicht abrupt, sondern allmählich auf. Zunächst verlangsamt sich das Wachstum, die Pflanze kümmert und zeigt Welkeerscheinungen (obwohl die Erde in der Schale ausreichend feucht ist). Am Blattrand zeigen sich Chlorosen und Nekrosen, die Blätter rollen sich zusammen, was schließlich im Vertrocknen der Triebe und der ganzen Pflanze endet.

Ein weiterer Grund zum Umpflanzen ist dann gegeben, wenn die Pflanze gegenüber der Schale zu groß wurde und die Proportionen nicht mehr stimmen. Dies kommt gerade bei jungen Pflanzen vor, die ihre endgültige Form noch nicht erreicht haben.

Der Zeitpunkt

Die Häufigkeit des Umpflanzens hängt vom Gesundheitszustand des Bonsai, der Größe des Gefäßes, der Beschaffenheit der Erde, der Pflanzenart und dergleichen mehr ab. Als Faustzahl gilt: Junge Bonsai bis zu einem Alter von 10 bis 15 Jahren werden jährlich umgepflanzt, geformte Pflanzen je nach Art nur alle 2 bis 5 Jahre.

In Töpfen oder Bonsaischalen gezogene Pflanzen mit kompakten Wurzelballen kann man theoretisch zu jeder Zeit umpflanzen, wenn kein Wurzelschnitt vorgenommen wird. Da aber in der Regel die Wurzeln beschnitten werden müssen, ist die beste Zeit das zeitige Frühjahr, unmittelbar vor dem Austrieb, wenn die Pflanzen aus der Winterruhe erwachen. In dieser Jahreszeit erholen sich die Wurzeln am schnellsten von dem Eingriff des Rückschnitts. Ein Umtopfen im Herbst ist nur dann zu empfehlen (für Nadelgehölze gelegentlich empfohlen), wenn gewährleistet ist, daß sich vor Wintereinbruch ausreichend neue Wurzeln bilden.

Wenn die Wurzeln so stark aus den Löchern herausgewachsen sind, wird es Zeit zum Umpflanzen.

Bonsaierden

Die Erde spielt bei einer erfolgreichen Bonsaikultur eine große Rolle. Das ist nicht verwunderlich, wenn man an den geringen Wurzelraum denkt, der den Pflanzen zur Verfügung steht und wenn man die großen Intervalle beim Umpflanzen berücksichtigt.

Bonsaigärtner verwenden für ihre Bonsai die verschiedensten Substrate in den unterschiedlichsten Zusammensetzungen und verzeichnen damit gute Erfolge. Daraus läßt sich folgern, daß der Zusammensetzung einer Erde nur untergeordnete Bedeutung zukommt, was Untersuchungen beweisen. In vielen Versuchen wurde nämlich nachgewiesen, daß die meisten Pflanzenarten keine spezifischen Ansprüche an die Erde stellen. Die Erde muß jedoch eine gute Krümelstruktur, das heißt beste physikalische Eigenschaften besitzen, ein hohes Porenvolumen aufweisen und selbst bei voller Sättigung seiner möglichst hohen Wasserkapazität einen noch ausreichenden Luftaustausch gewährleisten. Die Krümelstruktur soll aber auch jahrelang erhalten bleiben. Die Struktur muß deshalb verschlämmungsfest und mikrobiell schwer abbaubar sein.

Erden vom natürlichen Standort oder einfache Gartenerde, mag sie für Bäume im Freiland noch so optimal erscheinen, erfüllen niemals alle an eine Bonsaierde gestellten Forderungen. Nicht zuletzt, weil sich die Lebensbedingungen für Pflanzen in einem Gefäß ändern. Auch sind solche Erden nicht frei von schädlichen Bakterien, Pilzen, tierischen Schädlingen und Unkrautsamen.

Standardmischungen. Die drei wichtigsten Grundbestandteile einer guten Bonsaierde sind Lehm (Ton), Torf und scharfer Sand. Lehm hat eine gute Wasserkapazität und kann große Mengen an Nährstoffen binden. Lehm ist in seiner Zusammensetzung nicht genau definiert. Liegt sehr sandhaltiger Lehm vor, wird der Sandanteil beim Mischen gesenkt, ist der Lehm sehr tonig, erhöht man den Sandanteil.

Weißtorf ist im Handel als Düngetorf erhältlich. Dies führt nicht selten zu der Schlußfolgerung, dieser Torf enthalte Dünger. Die Bezeichnung »Düngetorf« wurde von der Torfindustrie gewählt, weil nach der wissenschaftlichen Definition alle Stoffe, die den Pflanzenertrag oder die Qualität verbessern, zu den Düngemitteln gehören. Weißtorf besteht auf das Volumen bezogen zu 90% aus Hohlräumen. Die Wasserkapazität liegt etwa bei 45 bis 55%vol. Daher hat Torf bei voller Wasserkapazität immer noch Luftkapazität von 35 bis 45%vol.

Die Strukturstabilität von Weißtorf läßt im Laufe der Zeit nach, da er als organisches Material einem mikrobiellen Abbau unterliegt. Je feiner der Torf im Ausgangsmaterial, um so schneller gehen seine guten physikalischen Eigenschaften verloren. Bei Verwendung groben Torfs läuft dieser Abbauprozeß entsprechend langsamer ab.

Weißtorf besitzt nur einen geringen Feststoffanteil (100 g Trockensubstanz je Liter) und ist deshalb im trockenen Zustand sehr leicht. Dies kann sich unter Umständen ungünstig auf die Standfestigkeit der Pflanze und des Gefäßes auswirken, wenn zu viel Torf für die Bonsaierde verwendet wird.

Als Ersatz für Weißtorf eignet sich in gewissem Umfang auch Laubkompost oder normaler Kompost. Doch liegt die Strukturstabilität dieser Erden im allgemeinen unter der von Weißtorf. Schwarztorf ist nicht geeignet. Zwar liegt der Feststoffanteil wesentlich höher als bei Weißtorf (300 g je Liter). Doch aus dem deutlich niedrigeren Porenvolumen resultiert ein geringeres Wasserhaltevermögen und eine geringere, für Pflanzen nutzbare Wasserkapazität. Durch den hohen Anteil an Feinporen kommt es bei starker Bewässerung oder anhaltenden Regenfällen zu einer Vernässung des Substrats und damit zum Luftmangel.

Sand hat lockernde Wirkung, dient der Vergrößerung des Porenvolumens, der Wasserdurchlässigkeit und der Durchlüftung. Am besten geeignet sind Flußsande (scharfer Sand oder Gärtnersand) und fast alle hellen (weißen) Natursande, die gewaschen diesen Bedingungen voll entsprechen, da sie fast nur aus Quarz bestehen. Durch Eisen gelb oder braunrot gefärbte Grubensande sind nicht brauchbar, weil sie zu viele Feinanteile enthalten und zum Verschlemmen neigen. Verwendet werden sollten diese Sande (im Handel auch als Kies bezeichnet) in der Korngröße 1 bis 3 mm.

Der Verfasser verwendet seit einigen Jahren anstelle von Sand feinen Blähton, wie ihn der Gärtner zur Anzucht von Hydrokulturpflanzen einsetzt. Auch Lavalit und Bimskies (beide Materialien werden häufig zur Kakteenkultur verwendet) dienen als Sandersatz.

Als Bonsaierden nicht geeignet sind reine Laub-, Mistbeet-, Nadel- und andere Komposterden. Sie haben den Nachteil, daß sie noch im Topf bzw. in der Schale weiterrotten. Die anfangs gute Krümelstruktur verschwindet sehr schnell und die Pflanze zeigt schon bald Entwicklungsstörungen.

Die Pflanzen erweisen sich im allgemeinen toleranter gegenüber der Erde, als man gelegentlich wahrhaben will. Daher ist es in der Regel nicht nötig, für jede Pflanzenart eine eigene Erdmischung zu verwenden. Nachfolgend zwei Standardmischungen, die man, falls notwendig, variieren kann. Die Kulturhinweise zu den einzelnen Pflanzenarten enthalten entsprechende Angaben.

Standardmischung I
1 Teil Lehm : 1 Teil Sand : 1 Teil Torf
Standardmischung II
2 Teile Lehm : 3 Teile Sand : 3 Teile Torf

Selbst hergestellte Erdmischungen werden vor Gebrauch sterilisiert, damit sie sicher keine Krankheitskeime, Schädlinge und Unkrautsamen enthalten. Dadurch vermeidet man Schäden oder gar den Verlust des Bonsai.

Man gibt die durchfeuchtete Erde auf ein altes Backblech und läßt die Erde im Backofen bei 200° C für etwa 15 Minuten trocknen. Eine andere Möglichkeit ist, die Erde auf einem festen Untergrund im Freien flach auszubreiten, und mehrmals mit kochendem Wasser zu übergießen.

Nach dem Sterilisieren und Abtrocknen wird die Erde gesiebt, um alle feinen (unter 0,5 mm) und groben Bestandteile (über 5 mm) auszusondern. Im Handel gibt es hierzu Siebe in unterschiedlichen Maschenweiten zu kaufen, die man übereinanderstapelt, so daß die oben ein-

gefüllte Erde nach Krümelgröße getrennt in den darunterliegenden Sieben aufgefangen wird.

Neben den physikalischen Eigenschaften besitzen Erden eine Reihe chemischer Eigenschaften, die für die Nährstoffversorgung der Pflanzen wichtig sind. Sie beeinflussen die Nährstoffverfügbarkeit und wirken sich auch auf die physikalischen Eigenschaften einer Erde aus. Als wichtigste chemische Eigenschaft gilt der Säuregehalt der Erde, der im pH-Wert ausgedrückt wird. Erden, die weder sauer noch alkalisch reagieren, haben einen pH-Wert von 7, sie sind neutral. Bonsaierden werden auf einen pH-Wert im mittleren Bereich von 6 bis 6,5 eingestellt. Ausgenommen davon sind die säureliebenden Moorbeetpflanzen (z. B. Rhododendron) und einige wenige besonders kalkliebende Pflanzen. In den Kulturhinweisen sind bei den einzelnen Pflanzenarten eventuelle Abweichungen angegeben.

Um die Erde auf den entsprechenden pH-Wert einzustellen, wird zunächst der pH-Wert der sterilisierten Erde ermittelt. Dazu verwendet man pH-Teststäbchen, die man im Gartenbaubedarfshandel oder in Apotheken erhält. Zunächst schwemmt man etwas Erde in einem Gefäß mit destilliertem Wasser im Verhältnis 1:2 auf. Dann hält man eines der Teststäbchen in die Flüssigkeit und nach kurzer Zeit läßt sich anhand der Verfärbung des Teststäbchens, die man mit der mitgelieferten Farbskala vergleicht, feststellen, welchen pH-Wert die Erde hat.

Zur Regulierung des pH-Wertes stehen uns in der Regel zwei Materialien zur Verfügung. Zur pH-Absenkung dient Torf und zur pH-Anhebung Kalk. Kohlensaurer Kalk eignet sich von den verschiedenen Kalkarten am besten. Löschoder Branntkalk darf nicht verwendet werden.

Um den pH-Wert um 0,5 bis 0,75 Stufe zu erhöhen, benötigt man je Liter Erde 1 g kohlensauren Kalk (Faustzahl). Wichtig ist, daß man den Kalk erst kurz vor dem Umpflanzen zusammen mit dem Grunddünger der Erde beimischt.

Grunddüngung

Die hier aufgeführten Ausgangserden besitzen von Natur aus einen geringen Nährstoffgehalt.

Er reicht für eine optimale Ernährung der in Schalen kultivierten Bonsai in der Regel nicht aus. Daher erhält die Erde eine Grunddüngung.

Zur Grunddüngung eignen sich organische, organisch-mineralische oder Langzeit-Mehrnährstoffdünger. Rein mineralischer Dünger (z.B. Blaukorn) sind für Bonsaierden ungeeignet, sie wirken zwar sehr schnell, verbrauchen sich aber auch schnell, und es kann durch falsche Anwendung zu Salzschäden kommen.

Der Verfasser verwendet seit einigen Jahren zur Grunddüngung und zur Nachdüngung den Langzeitdünger Osmocote mit gutem Erfolg. Dieser kunststoffummantelte Dünger ist im Gartenbau weit verbreitet, wird aber auch in Kleinpackungen für Balkonpflanzen angeboten. Der Handel führt ihn in folgenden Formulierungen: Osmocote 15:12:15 mit einer Langzeitwirkung von 3 bis 4 Monaten, Osmocote 16:10:13 mit einer Langzeitwirkung von 8 bis 9 Monaten und Osmocote plus 15:11:13:2 mit einer Langzeitwirkung von 3 bis 4 Monaten. Während die ersten beiden Formulierungen nur Hauptnährelemente enthalten, enthält Osmocote plus auch die notwendigen Spurenelemente (siehe auch Seite 181). Je Liter Erde mischt man 1 bis 2 g (Faustzahl) der obengenannten Dünger zu.

Wichtiger Hinweis: Der Dünger wird der Erde immer erst unmittelbar vor Gebrauch zugemischt. Denn sowohl bei organischen als auch bei Langzeitdüngern beginnt die Freisetzung der Nährstoffionen unmittelbar, nachdem die Dünger mit der Erde Kontakt bekommen haben. Wird eine aufgedüngte Erde über einen längeren Zeitraum gelagert, kommt es zur Anhäufung von Nährstoffionen, Überdüngungsschäden sind die mögliche Folge.

Selbstverständlich kann die Grunddüngung entfallen, wenn man frühzeitig mit der Nachdüngung beginnt.

Amerikanische Bonsaigärtner mischen ihren Bonsaierden Bentonitmehl bei, um die Krümelstruktur der Erde zu verbessern und um sie länger zu erhalten. Bentonit fördert in Verbindung mit organischen Substanzen den Erdaufbau, verbessert die Luftführung (Krümelstruktur), erhöht die Speicherkraft für Wasser und Nährstoffe, verbessert deren Ausnützung und verringert

Wachstumsstörungen durch äußere Einflüsse. Bentonit besteht in der Hauptsache aus den Tonmineralien Montmorillonit (40 bis 60%), Illit (15 bis 20%) und Kaolinit (5 bis 10%). Weitere Begleitminerale sind Feldspat, Glimmer und Quarz. Beim Handelsprodukt (z.B. Agrar-Bentonit »Edasil«) handelt es sich um ein helles, feines weißliches Pulver mit einer leicht alkalischen Reaktion. Bentonit ist temperaturunempfindlich und läßt sich bei trockener Lagerung unbegrenzt lagern. Die gleichen Eigenschaften mit gleicher Wirkung besitzt Agrosil, ein neutrales Silikat-Kolloid mit 20% Phosphor.

Gekaufte Bonsaierden

Wer kein Risiko eingehen möchte oder keine Möglichkeit hat, seine Erde selbst herzustellen, kann fertige Bonsaierde von seinem Fachhändler beziehen. In der Regel handelt es sich um Erde aus eigener Herstellung. Einige Bonsaihändler bieten aber auch aus Japan importierte Bonsaierde an, die aus einem feinen, sehr schweren und eisenhaltigen Ton nach einem besonderen Verfahren hergestellt wird. Diese Erde zeichnet sich sowohl durch gute Wasserabsorption als auch durch gute Luftführung aus. Hinsichtlich der Nährstoffanteile unterscheiden sich diese japanischen Bonsaierden nicht von den in Deutschland hergestellten Erden. Die für Zimmerbonsai angebotenen Bonsaierden können für Nadelgehölze sowie für Laubgehölze in der Jugendphase empfohlen werden.

Blumenerden, die für Zimmerpflanzen in den verschiedenartigsten Geschäften und in unterschiedlicher Zusammensetzung angeboten werden, eignen sich nicht als Bonsaierde. Sie sehen zwar gut aus, erfüllen aber die Forderungen an eine gute Bonsaierde nicht, außerdem enthalten sie meist zuviel Dünger.

Bonsaigefäße

Bei Bonsai, dem »Baum im Topf«, bildet das Gefäß einen wesentlichen Teil des Gesamtbildes. Die Pflanzgefäße stehen zu einem Bonsai wie ein Rahmen zum Bild. Ein Faktor kann auf den anderen nicht verzichten, beide dürfen

Pflanze und Schale sind, wie bei diesem Beispiel sichtbar, bei einem guten Bonsai in Form und Farbe harmonisch aufeinander abgestimmt (vgl. Abb. S. 267).

nicht miteinander konkurrieren. Das Bild wie der Baum steht immer im Vordergrund. Rahmen wie Schale vervollkommnen nur.

Bei der Vielzahl von Pflanzenarten, Baumformen und Bonsaischalen erscheint es unmöglich, detaillierte Hiweise für alle denkbaren Kombinationen zu geben. Wir wollen vielmehr allgemeine Überlegungen mitteilen, die zusammen mit den im Laufe der Zeit erworbenen eigenen Erfahrungen jedem die Möglichkeit geben, mit sicherem Griff die richtige Entscheidung zu treffen. Hilfreich ist es, wenn man sein Geschmacksurteil und Formgefühl an gelungenen Beispielen der Bonsaikunst schult. Denn das Betrachten von guten Beispielen auf Ausstellungen und Fotos trägt zur Entwicklung des Empfindens für die richtige Form, Größe und Farbe des Pflanzgefäßes mehr bei als eine umfangreiche theoretische Darstellung.

Ein Bonsaigefäß braucht mindestens ein Loch im Boden, größere Gefäße haben besser zwei oder drei Löcher. Gefäße ohne Löcher sind für Pflanzungen auf dem Fels vorgesehen. Wichtig ist auch ein flacher, glatter Boden, damit überschüssiges Wasser vollständig abfließt. Gefäße mit gewelltem, unebenem Boden oder

bei denen ein Wulst die Abzugslöcher umgibt, sind ungeeignet.

Die Oberfläche der Schalen kann glasiert oder unglasiert sein. Nicht selten diskutieren Bonsaifreunde darüber, welche der Ausführungen besser für die Gesundheit des Bonsai ist. Einige schwören auf die durchlässigen unglasierten Schalen, andere auf die für Wasser und Luft undurchlässigen glasierten Schalen. Die Wasserdurchlässigkeit besitzt nur scheinbare Vorteile. Denn durch die porösen Wände verdunstet ein erheblicher Teil des Gießwassers. Schon bei kurzfristiger Trockenheit können die der inneren Topfwand anliegenden Saugwurzeln absterben. Außerdem setzen sich im Laufe der Zeit die vom Wasser mitgeführten Mineralsalze in weißen Belägen an der Schalenwand und an der Oberfläche ab, man bezeichnet sie als Ausblühungen (siehe auch Seite 160). Luftdurchlässige Wände von Pflanzgefäßen wirken sich daher eher ungünstig aus. Viel zweckmäßiger und bequemer erscheinen daher die nichtporösen glasierten Pflanzgefäße.

Die Farbe der Schale sollte nicht nur eine Frage des persönlichen Geschmackes sein. Rot- und Brauntöne, der Farbe der Erde entsprechend, eignen sich im Grunde genommen für alle Bäume. Zurückhaltung und Bedacht ist bei auffallenderen Farben wie Blau, Purpur, Gelb und Weiß angezeigt. Sie drohen die Pflanzen zu erschlagen. Das heißt jedoch nicht, daß man auf lebhafte Farben verzichten sollte. Ahornarten kommen in blauen Gefäßen beispielsweise gut zur Geltung. Andere Pflanzenarten wirken gut in blaßgrünen oder türkisfarbenen Gefäßen.

Nicht nur durch die Farbe, auch durch seine Form wirkt ein Gefäß. Neben quadratischen, rechteckigen, ovalen und runden Gefäßen mit geraden Wänden gibt es Gefäße mit ausgezogenem oder verziertem Rand und geschwungenen Kanten.

Die Seitenwände können gerade, schräg, gewölbt oder geschwungen sein. Gerade Linien passen zu strengen Bonsaiformen, während runde Umrißlinien mit weichen und gebogenen Baumformen harmonieren. Aufrecht wachsende Bäume wirken besonders gut in flachen ovalen oder rechteckigen Schalen.

Auch die praktische Seite ist zu berücksichtigen. Gefäße mit nach innen verengtem Rand bereiten beim Bepflanzen und Umpflanzen mehr Schwierigkeiten als solche mit geraden Seitenwänden.

Soll die Höhe eines Baumes hervorgehoben werden, sind quadratische, runde oder modifiziert runde Gefäße besonders gut geeignet. Hat dagegen die seitliche Ausbreitung der Äste größere Bedeutung für die Gestaltung als die Höhe des Baumes, verwendet man am besten rechteckige oder ovale Gefäße. Gruppenpflanzungen und Mehrfachstammformen mit relativ dicht beieinanderstehenden Stämmen lassen sich in runden oder sechseckigen Gefäßen effektvoll anordnen.

Für Wälder, Felspflanzungen und Landschaften kommen in der Regel nur große, flache ovale oder rechteckige Gefäße in Betracht, weil sie die Landschaft größer erscheinen lassen. Für Landschaften gibt es darüber hinaus spezielle Schalen, die es sogar erlauben, Seenlandschaften zu gestalten. Für Kaskaden passen stets hohe Gefäße mit runder oder quadratischer Form, wobei sie in der Regel höher als breit sein sollten.

Die Höhe der Schale sollte allgemein (mit Ausnahme der Kaskadenformen) der Dicke des Stammes entsprechen (s. Abb.), bei Gruppenpflanzungen der Dicke des größten Baumes. Die Länge des Gefäßes macht bei einem Einzelbonsai im Idealfall ungefähr zwei Drittel der Höhe

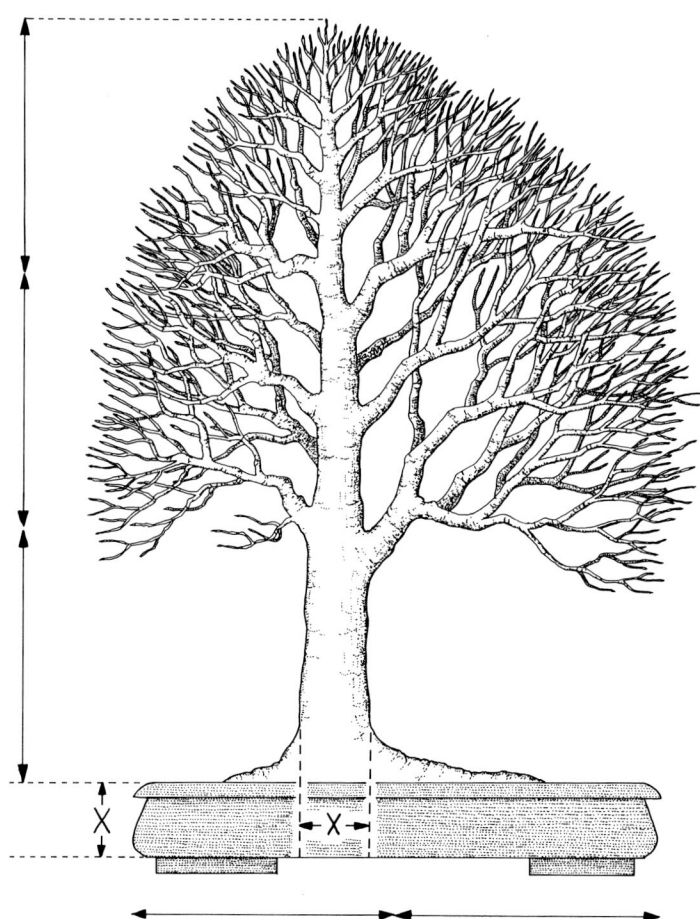

Größenverhältnis zwischen Bonsai und Pflanzgefäß. Die Höhe der Schale sollte der Dicke des Stammes entsprechen, die Länge der Schale zwei Drittel der Höhe des Baumes.

des Bonsai aus, bei Gruppenpflanzungen zwei Drittel der Höhe des größten Baumes.

Ist ein Baum breiter als hoch, sollte die Schale um ein Drittel kürzer sein als die größte Breite der Pflanze. Keinesfalls darf man sich bei der Auswahl der Schale von der Größe des Wurzelballen leiten lassen. Ein unverhältnismäßig großer Ballen wird schrittweise reduziert.

Wurzelsystem und Wurzelschnitt

Zwei wichtige Leistungen müssen die Wurzeln einer Pflanze erbringen: Sie verankern den Baum, geben seiner Belastungen ausgesetzten Gestalt Halt und sie müssen Wasser und Nährstoffe aus dem Boden aufnehmen. Anhand eines Sämlings wollen wir die Entwicklung des Wurzelsystems einmal näher verfolgen. Zwei grüne Keimblätter richten sich über der Oberfläche des Bodens auf. Gleichzeitig dringt die Keimwurzel in den Boden ein. Sie ist »programmiert«, senkrecht nach unten zu wachsen (was der Botaniker »positiv geotrop« nennt) während der Sproß, der spätere Stamm, vom Erdmittelpunkt weg wächst (er verhält sich also »negativ geotrop«). Pflanzen nehmen demnach die Schwerkraft der Erde wahr und reagieren mit Wachstumsbewegungen darauf.

Positiv geotrop wächst in der Regel nur die Hauptwurzel. Von dieser leitet sich bei vielen Baumarten das Pfahlwurzelsystem ab. Die ersten Seitenwurzeln (man bezeichnet sie als Wurzeln erster Ordnung) zweigen von der Hauptwurzel schräg nach unten gerichtet ab. Die Seitenwurzeln zweiter und höherer Ordnung sind geotrop weitgehend unempfindlich. Sie durchziehen den Boden auf der Suche nach Wasser und Nährstoffen in allen Richtungen.

Die in Schalen und Töpfen gezogenen Pflanzen besitzen in der Regel die ursprüngliche Hauptwurzel nicht mehr. Sie wurde bewußt beim Pikieren oder Eintopfen entfernt, um die Seitenwurzelbildung anzuregen, oder unbewußt abgerissen. Daher besteht das Wurzelwerk eines Bonsai in der Regel überwiegend aus Wurzeln zweiter und höherer Ordnungen.

Wichtig zu wissen ist aber, daß nur die jüngsten und feinsten Wurzeln (Faserwurzeln) Was-

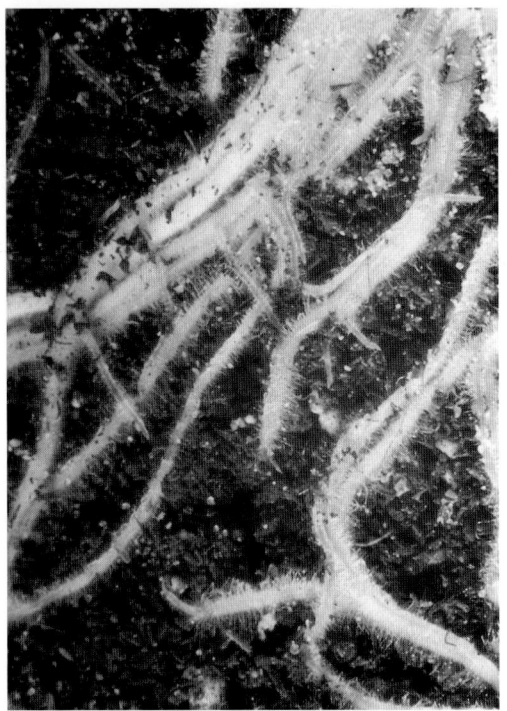

Im Bild erkennt man Wurzelhaare, die eigentlichen Orte der Wasser- und Nährstoffaufnahme.

ser und Nährstoffe aufnehmen können. An den Enden dieser Faserwurzeln sitzen die eigentlichen Organe der Wasser- und Nährstoffaufnahme, die Wurzelhaare, die mit bloßem Auge als zarter Flaum zu erkennen sind. Die Lebensdauer dieser Wurzelhaare beträgt in der Regel nur wenige Tage. Sie werden von der Wurzelspitze her immer wieder neu gebildet und sterben nach hinten ab. So trägt also immer nur ein relativ kleiner Teil (wenige Millimeter) der jungen Wurzeln auch Wurzelhaare.

Die Kurzlebigkeit der Wurzelhaare hängt mit der aktiven Suche nach feuchten Stellen und Nährstoffen zusammen. Sie sterben ab, sobald sie die Bodenteilchen in ihrem Bereich abgeweidet haben. Inzwischen hat die wachsende Wurzelspitze längst mit ständig neugebildeten Wurzelhaaren weitere Feuchtigkeits- und Nährstoffvorräte erschlossen.

Beim Umpflanzen legt man daher besonderen Wert auf den Erhalt der jungen Wurzeln mit

Wurzelhaaren. Wurzelwerk und oberirdische Pflanzenteile müssen in einem ausgeglichenen Verhältnis stehen, wenn alle Organe ihre Aufgaben erfüllen sollen. Schneidet man Wurzeln stark zurück, ist die Versorgung oberirdischer Pflanzenteile stark beeinträchtigt. Man hat sogar nachgewiesen, daß zwischen einzelnen Wurzelpartien und Zweigen ein direkter Zusammenhang besteht. Ein starker Rückschnitt bestimmter Wurzelpartien kann zur Folge haben, daß einzelne Zweige oder Äste der Pflanze absterben. Umgekehrt gilt das gleiche: werden Zweige am Baum entfernt, dann stellen die dafür zuständigen Wurzeln ihre Tätigkeit ein.

Oft denkt man, der Bonsai hat die Erde in der Schale reich durchwurzelt. Aber nach Entwirrung des Wurzelballens erkennt man, daß das Wurzelwerk nur aus einer Hauptwurzel und wenigen Seitenwurzeln besteht. Die Hauptwurzel hat sich an der Schalenwand entlanggeringelt, nur weil die Pflanze im Jugendstadium nicht ausreichend an den Wurzeln beschnitten wurde. Schneidet man diese Wurzel stark zurück und werden nicht gleichzeitig oberirdische, verdunstungsfördernde Organe (einzelne Äste und Zweige) entfernt, um Wasseraufnahme und -abgabe ins Gleichgewicht zu bringen, ist das Anwachsen und damit das Überleben des Bonsai stark gefährdet. Aus diesem Grund wachsen gesammelte Pflanzen mit Pfahlwurzelsystem meist sehr schlecht an. Gefahrlos ist ein Wurzelschnitt dann, wenn der Bonsai schon als Jungpflanze häufig an der Wurzel beschnitten wurde und sich somit ein reichverzweigtes Wurzelwerk

entwickelt hat, welches nicht nur auf wenigen Hauptwurzeln beruht.

Wir haben feststellen können, daß Pflanzen Wasser und Nährstoffe in der Regel durch zahlreiche Wurzelhaare aufnehmen, die sich an den Enden der feinen Faserwurzeln befinden. Der Kiefer fehlen aber, wie auch vielen anderen Nadelgehölzen und einigen Laubgehölzen, diese Gebilde. Wie sich dagegen bei schwacher Vergrößerung (bei der Buche meist schon mit dem bloßen Auge) erkennen läßt, sind die Wurzelenden von einem dichten Geflecht zarten Pilzfäden umsponnen (der sogenannten Mykorrhiza). Von diesem Pilzmantel strahlen zahlreiche Fäden aus, sie durchwuchern die Erde und entnehmen ihr Wasser samt den darin gelösten Nährstoffen. Die Fäden legen sich dicht um die Wurzelenden und dringen zum Teil in die Wurzel ein. Die Wurzel entnimmt den Pilzzellen Wasser und macht es dienstbar für die Pflanze.

Der Vorgang des Umpflanzens

In der Regel pflanzt man in ein größeres Gefäß. Ältere fertige, sogenannte ausgereifte Bonsai (dies gilt in der Regel auch für Miniaturbonsai) können auch wieder in die alte Schale zurückgepflanzt werden. Man spricht dann auch von Rücktopfen. Der beim Umpflanzen vorgenommene Wurzelschnitt verschafft den Wurzeln neuen Wuchsraum und versorgt die Erde mit Nährstoffen.

Um ein Ausrieseln der Erde zu vermeiden, werden die Abzugslöcher mit feinen Plastiknet-

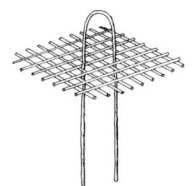

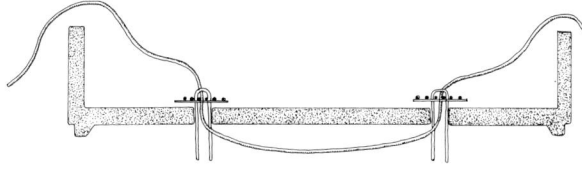

Vorbereitung der Schale. Ein Stück gebogener Draht wird durch das Plastiknetz geschoben.

Der durch die Abzugslöcher gezogene Draht dient der Verankerung der Pflanze in der Schale.

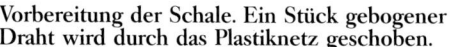

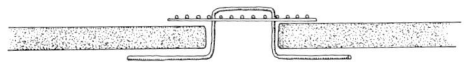

Fixierung des Plastiknetzes durch Umbiegen der Drahtenden.

Umtopfen.

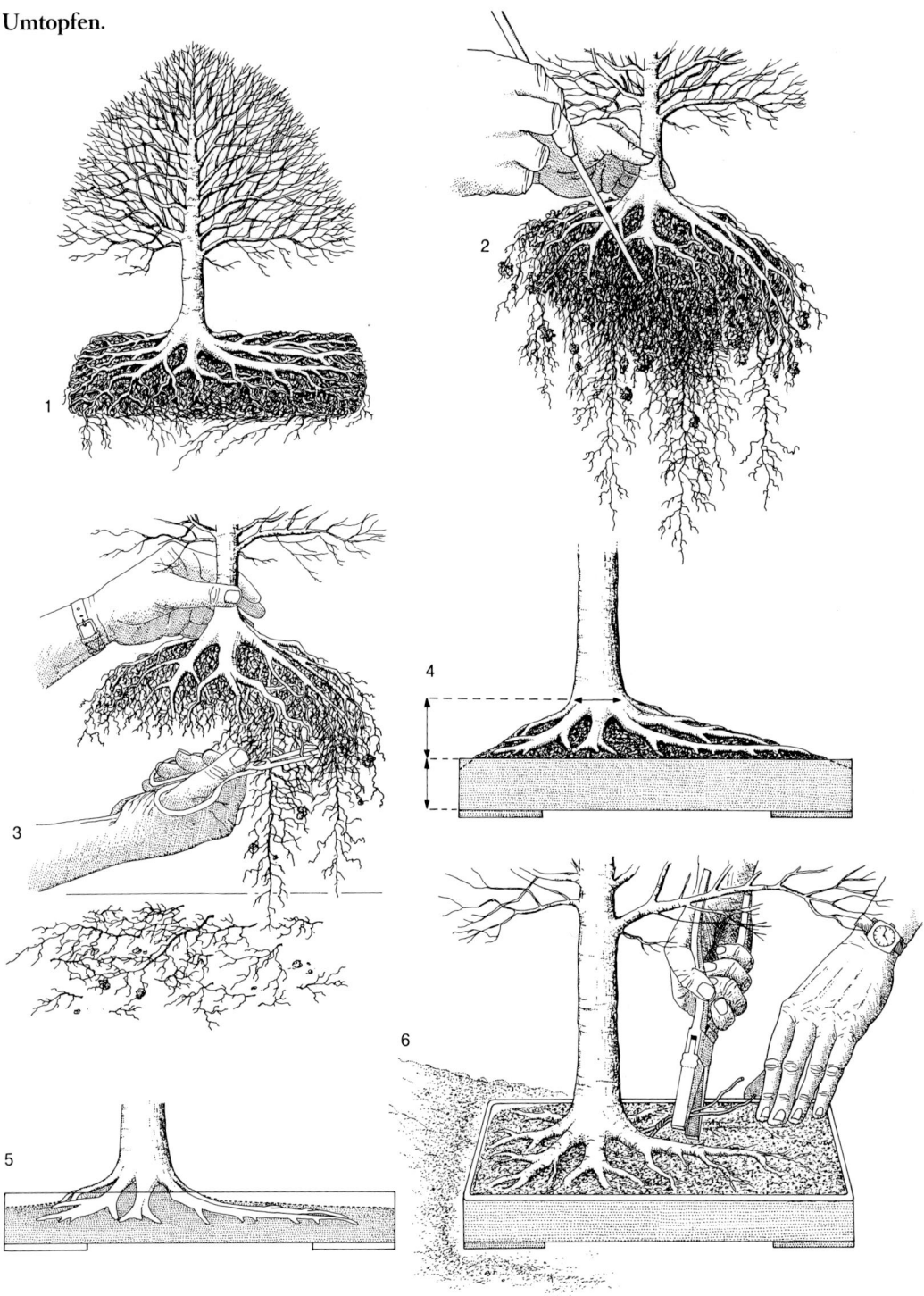

Für einen Bonsai hat der Übergang vom Stamm in den Boden besondere Bedeutung. Die Wurzelansätze sollten frei liegen, um den Eindruck von Festigkeit und Sicherheit zu erwecken.

zen abgedeckt (s. Abb. Seite 167). Damit sich die Netze nicht verschieben, fixiert man sie mit Draht. Dazu biegt man den Draht U-förmig zurecht, führt ihn von innen durch das Netz und das Loch und biegt die nach außen ragenden freien Enden seitlich gegen den Gefäßboden. Falls eine Verankerung des Bonsai nötig erscheint, wird durch die Abzugslöcher im Boden Draht gezogen, der später, über dem Ballen zusammengedreht, die Pflanze im Gefäß fixiert.

Nachdem die eventuell vorhandene Verankerung gelöst wurde, nimmt man die Pflanze unter

Der stark verfilzte Wurzelballen zeigt an, daß es Zeit ist umzupflanzen (1). Mit einem Holzstäbchen wird die Erde aus dem Wurzelballen herausgelöst (2). Die Wurzeln werden um ein Drittel zurückgeschnitten (3). Die richtige Pflanzhöhe (4). Falsch. Der Baum ist zu tief eingepflanzt (5). Alle Zwischenräume werden gut mit Erde aufgefüllt und der Baum mit Draht in der Schale befestigt (6).

Schonung des Wurzelballens aus dem Bonsaigefäß (s. Abb.). Eventuell wird durch Klopfen mit dem Handballen auf den Schalenrand nachgeholfen. Oder man dreht die Bonsaischale um, so daß die Pflanze nach unten zeigt, und klopft leicht gegen die Gefäßwand. Löst sich der Wurzelballen trotzdem nicht, hilft ein Messer, welches man senkrecht an der Gefäßwand entlangführt und dadurch den Wurzelballen löst.

Nach dem Herausnehmen wird das Wurzelwerk entflochten. Dies gelingt besser, wenn 24 Stunden vor dem Umtopfen nicht mehr gewässert wurde und die Erde leicht antrocknen konnte. Wieviel Erde man aus dem Wurzelballen entfernt, hängt vom Alter, von der Größe des Wurzelballens und vom Zustand der Pflanze ab. Keinesfalls darf die gesamte alte Erde entfernt werden. Mit den Fingern entfernt man von außen nach innen etwa die Hälfte der alten Erde. Bei stark verfilzter Erde verwendet man ein dünnes Stöckchen mit stumpfer Spitze z.B.

Position des Bonsai im Gefäß.

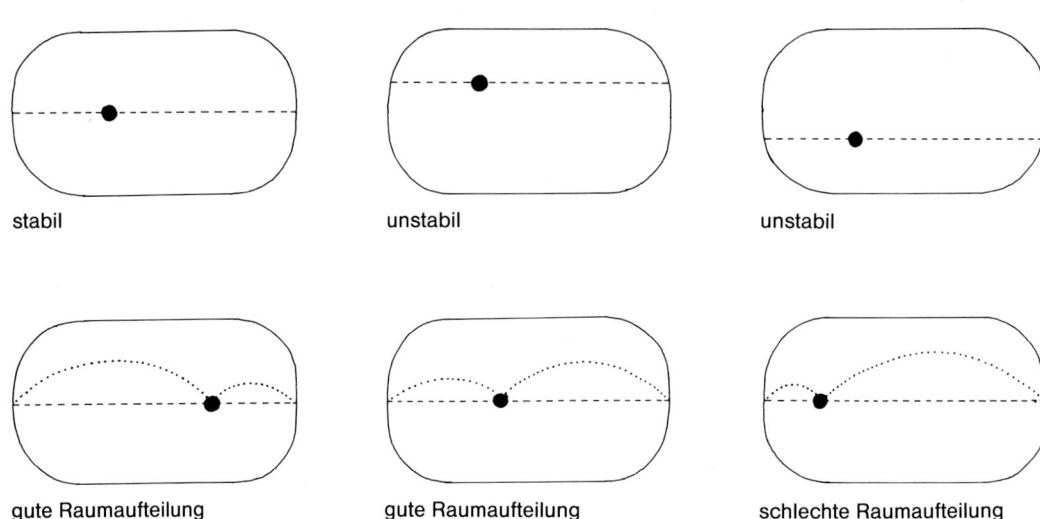

| stabil | unstabil | unstabil |

| gute Raumaufteilung | gute Raumaufteilung | schlechte Raumaufteilung |

Schaschlikstäbchen, die Japaner benutzen Eßstäbchen. Dieser Vorgang muß sehr vorsichtig geschehen, um nicht mehr Wurzeln als notwendig zu beschädigen.

Ist die Erde herausgelöst, werden die Wurzeln beschnitten. Es werden selbstverständlich nur scharfe Werkzeuge, die sauber schneiden, verwendet. Zunächst entfernt man alle alten und abgestorbenen Wurzeln. Die übrigen Wurzeln werden etwa um ein Drittel eingekürzt. Bei stärkeren Wurzeln ist darauf zu achten, daß die Schnittstellen nach unten zeigen.

Die einzelnen Arbeitsgänge sollten gut vorbereitet sein und schnell ausgeführt werden. Dies gilt vor allem für das Herausnehmen der Pflanze, das Beschneiden der Wurzeln und das Einpflanzen. Oft sind Pflanzen nur deshalb nicht angewachsen, weil sie zu lange nach dem Herausnehmen und dem Wurzelschnitt herumlagen und die Wurzeln eingetrocknet sind.

Der Gärtner pflanzt eine normale Topfpflanze in die Mitte des Blumentopfes, damit sich die Wurzeln nach allen Seiten gleichmäßig ausbilden können. Aber ein Bonsai ist nun mal keine einfache Topfpflanze. Deshalb sollte man versuchen, durch geeignete Plazierung eine möglichst interessante optische Wirkung zu erzielen (s. Abb.).

In runden und quadratischen Gefäßen setzt man die Bäume in der Regel in die Mitte, während bei ovalen und rechteckigen Gefäßen im allgemeinen eine seitliche Plazierung angebracht ist.

Bei seitlich plazierten Pflanzungen berücksichtigt man die Gesetze der Raumaufteilung in Dritteln. Das heißt die Entfernung des Stamms bis zum Gefäßende beträgt auf einer Seite ein Drittel und auf der anderen zwei Drittel der Gefäßlänge. Dabei wird der Baum etwas nach hinten gesetzt.

Nun sollte die Aufteilung des Raums nicht penibel mit dem Metermaß geschehen, sondern man sollte es als künstlerisches Gestalten verstehen, das die Besonderheiten der Pflanze berücksichtigt und mit dem Gefäß in Einklang bringt. Auf welche Seite man den Baum stellt, hängt von der Neigung des Stammes und vom Gewicht der Äste ab. Asymmetrisches Gleichgewicht wird dann erzielt, wenn die Ausdehnung der Äste an die des Gefäßes anklingt. Verlagert sich das Astgewicht nach rechts, wird der Baum auf die linke Seite gepflanzt und umgekehrt.

Häufig wird empfohlen, die Erde in verschiedenen Granulierungen zu verwenden und in mehreren Schichten in das Bonsaigefäß einzubringen. Nach unten kommt eine grobe Körnung als Dränage, in die Mitte eine mittlere Körnung usw. Dies ist nach eigener Erfahrung nicht notwendig, wenn man Erden verwendet, die eine gute Krümelstruktur besitzen. Zumal es bei einem Großteil der Bonsaigefäße unmöglich ist (flache Schalen), die Erde in verschiedenen Granulierungen in drei Schichten in die Schale einzubringen. Nur bei sehr hohen Gefäßen (z.B. für Kaskadenformen) empfiehlt sich grobes Material als Füllsubstrat.

Wurde die Pflanze an den Wurzeln beschnitten und das Bonsaigefäß vorbereitet, folgt das Eintopfen. Zunächst streut man etwas Erde auf den Schalenboden. Dann hält man die Pflanze in der ausgewählten Position so in das Gefäß, daß der Wurzelansatz etwas über der Höhe des Schalenrandes liegt. Die erhöhte Position wird gewählt, um den Wurzelansatz zur Geltung zu bringen, schließlich bildet er einen wichtigen Bestandteil der Gesamtgestalt eines Bonsai.

Dann breitet man die aufgelockerten Wurzeln fächerförmig nach allen Seiten aus, damit der Baum sicher steht und der Wurzelraum gut genutzt wird. Zur Verankerung können anschließend die Drähte über dem Wurzelballen zusammengeknotet werden.

Beim Umpflanzen läßt sich sehr gut die Stammneigung verändern. Entweder schneidet man den Wurzelballen unten schräg oder man stellt ihn durch einseitiges Erhöhen der Erdschicht schräg. Man sollte aber bei solchen Veränderungen immer wieder prüfen, ob der Baum sicher steht.

Dann wird die Schale mit Erde aufgefüllt. Die Erde sollte nicht zu feucht sein, damit sie gut rieselt und sich die Hohlräume zwischen den Wurzeln leicht ausfüllen lassen. Bei einem reichverzweigten Wurzelsystem kann es schwierig werden, an alle Wurzelteile Erde zu bringen. Durch vorsichtiges Stochern mit einem Holzstäbchen und leichtes Klopfen gegen den Schalenrand lassen sich Hohlräume zwischen den Wurzeln auffüllen. Allerdings setzt man das Stäbchen sehr vorsichtig ein, denn es besteht die Gefahr, daß die Wurzeln beschädigt werden.

Um das Gießen zu erleichtern, drückt man die Erde am Schalenrand mit den Daumen so an, daß ein kleiner Gießrand verbleibt. Ein sol-

cher Gießrand verhindert auch, daß die Erde aus dem Gefäß herausgeschwemmt wird. Da die Erdoberfläche an die Weite der Landschaft erinnern soll, darf der Gießrand keineswegs tiefer liegen, weil sonst der Übergang der Erdoberfläche zum Schalenrand zu abrupt wäre. Wurzeln, die über die Erdoberfläche hochragen, werden mit Drahtklammern befestigt.

Das erste Wässern nach dem Umpflanzen muß sehr vorsichtig geschehen. Entweder bewässert man mit einer sanften Brause von oben oder stellt das Gefäß bis zur halben Gefäßhöhe in eine Schale mit Wasser, damit die Erde sich von unten vollsaugen kann. Die Bewässerung von unten hat den Vorteil, daß die Erde gleichmäßig durchfeuchtet wird, ohne wegzuschwimmen. Beim Wässern mit der Gießkanne beginnt man neben der Schale und erst wenn das Wasser als eine gleichmäßige Brause aus der Kanne kommt, gießt man über die Schale. Will man die Bewässerung beenden, geht man langsam von der Schale weg und hört erst hier mit dem Gießen auf.

Noch ein nützlicher Tip, der von einem Bonsailiebhaber stammt: Nicht selten macht es dem Besitzer einer größeren Bonsaisammlung Schwierigkeiten, von Jahr zu Jahr zu erkennen, bei welchen Bonsai es Zeit wird zum Umpflanzen. Eine gute Möglichkeit, seine Bonsai zu kennzeichnen, ist die Verwendung von verschiedenfarbigen Plastikstäbchen, die man beim Umtopfen am hinteren Schalenrand einsteckt, und zwar so tief, daß sie kaum sichtbar sind und dadurch das Bild auch nicht beeinträchtigen. Die einzelnen Farben gelten für bestimmte Jahresendziffern. Zum Beispiel steht Weiß für 1, Gelb für 2, Rot für 3, Grün für 4 und Blau für 5. Hierdurch werden fünf Jahre abgedeckt, was aus Erfahrung als ausreichend angesehen werden kann. Über dieses sehr nützliche Hilfsmittel sieht man sofort, wann der betreffende Bonsai umgepflanzt wurde. Zum Beispiel stehen rote Stäbchen für 1983 usw., man kann sofort errechnen, wann für den betreffenden Bonsai der nächste Umtopftermin fällig ist, wenn nicht Gründe für ein vorzeitiges Umtopfen sprechen.

Nach dem Umpflanzen wird der Bonsai an einem hellen, vor direkter Sonne geschützten,

zugfreien Ort aufgestellt, um die Verdunstungs-
rate der oberirdischen Pflanzenteile so niedrig
wie möglich zu halten. Wurde ein starker Wurzelrückschnitt vorgenommen, so daß sich ein
ungünstiges Verhältnis zwischen Wurzeln und
Krone ergibt, ist ein zusätzlicher Verdunstungs-
schutz erforderlich. Dazu stülpt man einen mit
Folie bespannten Kasten über den Bonsai. Hat
der Bonsai genügend neue Wurzeln gebildet, etwa 15 Tage später, wird der Folienkasten wieder
entfernt.

Das Gießen

Am Gießen erkennt man den Gärtner, sagt eine
alte Gärtnerweisheit. Dies gilt im übertragenen
Sinne auch für das Gießen der Bonsai. Von keiner anderen Pflegemaßnahme hängt das Wohl
und Wehe der Pflanzen so sehr ab wie von der
Wasserversorgung. Man kann davon ausgehen,
daß sich ein Großteil aller Fehlentwicklungen
bei Bonsai auf Wurzelschäden zurückführen
lassen, verursacht durch falsches Wässern.

Die Wasserqualität

Bei den sehr langen Standzeiten der Bonsai
spielt die Wasserqualität eine besonders große
Rolle. Selbst ein farbloses, klares Wasser ist niemals absolut rein. Es enthält stets gewisse Mengen an gelösten Stoffen mit um so höherem Anteil, je länger sein Weg bis zur Entnahmestelle
war und je mehr lösbare Stoffe es auf diesem
Wege aufnehmen konnte. Deshalb ist Gebirgswasser meist reiner als Quellwasser im flachen
Lande. Dem Bonsailiebhaber steht in der Regel
weder Quellwasser noch Gebirgswasser zur Verfügung. Er ist auf Regen- oder Leitungswasser
angewiesen.

Viele Bonsaigärtner gießen ihre Bonsai mit
Regenwasser, anderes Gießwasser kommt für
sie nicht in Frage. Galt früher das Regenwasser
als das beste und reinste Wasser, kann es heute
nicht mehr bedingungslos empfohlen werden.
Gerade in dichtbesiedelten Räumen ist das Regenwasser durch die Verschmutzung der Luft
nicht selten stark verunreinigt. Ob man Regen-

wasser unter den heutigen Gegebenheiten noch
verwenden kann, hängt vom Säuregehalt und
vom Verschmutzungsgrad des aufgefangenen
Wassers ab.

Alle Wassersammelbecken erfordern Rein-
lichkeit. So gehört zum Sammeln des Regenwassers die regelmäßige Reinigung der Dach-
rinnen, besonders nach dem Laubfall im Spätherbst. Für das Fallrohr der Regenrinnen gibt es
im Handel ein spezielles Aufsatzsieb, das Blätter
und Zweige in der Rinne zurückhält.

Für das Auffangen des Regenwassers kennt
man eine Reihe von Möglichkeiten. Neben dem
Bau von stationären Zisternen aus Brunnenrin-
gen (im Baustoffhandel in diversen Durchmessern angeboten) gibt es Regenfässer aus Kunststoff zu kaufen. Sie verfügen über unterschiedliche Volumina und haben Auslaufvorrichtungen.

Um Schwebstoffe aus dem Wasser zu entfernen, können Papier-, Watte- oder Sandfilter hilfreich sein. Der Papierfilter wird nach Gebrauch
weggeworfen, Watte kann unter Leitungswasser
immer wieder gereinigt werden. Sandfilter für
den Hausgebrauch sind Miniaturausgaben der
in öffentlichen Wasserwerken gebrauchten Filter. Sie werden gereinigt, indem man entweder
den Sand – oder einen Teil – austauscht oder
diesen in Gegenstrom mit Leitungswasser rei-
nigt, das beim Überlaufen die Schmutzpartikel
ausschwemmt.

Die weiterreichende Reinigung des Regenwassers gestaltet sich problematischer, da Filter
und Siebe nur die schwebenden Verunreinigun-
gen erfassen. Das Regenwasser hat jedoch, wie
oben schon angedeutet, aus der Luft und von
den Dachflächen, vor allem in Industrie- und
großen Siedlungsgebieten, auch Stoffe aufgenommen, die chemische Veränderungen hervorrufen. Ausfiltern hilft hier nicht weiter. Sau-
res Regenwasser mit pH-Werten um 4 bzw. unter 4 ist zum Gießen ungeeignet. Mit Hilfe von
Indikatorstäbchen läßt sich ohne großen Auf-
wand feststellen, wie sauer das Wasser ist (siehe
Seite 162).

Der Säuregehalt des Wassers läßt sich von
uns kaum beeinflussen. Eine gewisse Abhilfe
schafft eine im Fallrohr installierte Umschalt-
vorrichtung, die es ermöglicht, bei stärkeren

Niederschlägen zunächst 1 bis 2 Stunden das anfallende Wasser in den Abfluß zu leiten und erst dann, wenn Luft und Dachflächen sauber gewaschen sind, das Regenwasser in die Sammelbehälter laufen zu lassen.

Viele Bonsaigärtner müssen aus den verschiedensten Gründen auf die örtliche Wasserversorgung zurückgreifen. Aber auch Leitungswasser erscheint nicht ganz unbedenklich. Obwohl für den menschlichen Genuß geeignet, braucht es nicht gleichermaßen als Gießwasser ideal sein. Zwar bestehen keine Befürchtungen gegen die Hygiene, doch können die im Leitungswasser gelösten salzartigen Stoffe unter Umständen die Pflanzen beeinträchtigen. Entweder der Gesamtgehalt an Salzen ist zu hoch oder es liegt eine hohe Wasserhärte vor. Beides ist eng miteinander gekoppelt, das heißt hartes Leitungswasser hat in der Regel einen höheren Gesamtsalzgehalt als weiches.

Die Wasserhärte bezieht sich auf den Anteil an Magnesium- und Calciumsalzen. Man unterscheidet zwischen der vorübergehenden (temporären) Härte, gebildet aus Calciumhydrogenkarbonat und Magnesiumhydrogenkarbonat und der bleibenden (permanenten) Härte, die sich aus Calciumsulfat, Magnesiumsulfat, Calciumchlorid und Magnesiumchlorid zusammensetzt. Beide Härten bilden zusammen die Gesamthärte. Sie wird gemessen in deutschen Härtegraden (°dH) bzw. unter Bezugnahme auf das Äquivalentgewicht und mit Hilfe moderner Analysemethoden in mval/l (1 mval/l $\triangleq$ 2,8 dH). Nach Din 8104/19640 ist 1 °dH dadurch definiert, daß 1 ml genormter Seifenlösung einen mindestens 2 Minuten bleibenden Schaum erzeugt. Bei 1 °dH finden sich pro Liter etwa 10 mg CaO oder 7,14 MgO. Die Tabelle gibt die Einteilung der Gesamthärte an.

Welche nachteiligen Auswirkungen Salze im Gießwasser haben, wurde bereits beschrieben (siehe Seite 159 f.).

Ein Bonsai in einer Schale, welche etwa 3 Liter Erde faßt, benötigt bei warmem Wetter täglich etwa einem halben Liter und mehr Wasser, im Monat somit um 15 Liter. Wasser von rund 15° dH enthält etwa 0,5 Gramm Salz je Liter. Das bedeutet eine Zufuhr von 7,5 g Salzen je

Einteilung der Gesamthärte des Wassers in ° dH bzw. mval/l

	° dH	mval/l
sehr weich	0–4	0–1,43
weich	4–8	1,43–2,68
mittelhart	8–12	2,68–4,29
hart	12–18	4,29–6,43
sehr hart	18–30	6,43–10,70
ultrahart	–30	–10,70

Topf in einem Sommermonat. Robuste Pflanzen vertragen solche Salzgehalte auch über einen längeren Zeitraum hinweg ohne Schwierigkeiten. Bei Bonsai kann es wegen dem geringen Erdvorrat in der Schale sehr schnell zu Salzschäden kommen. Wieviel und wie lange eine Pflanze hartes Wasser vertragen kann, hängt nicht zuletzt auch von der verwendeten Erde ab. Nachteile sind um so weniger zu erwarten, je mehr organische Stoffe (z.B. Torf) die Erde enthält.

Nachteilig wirkt sich aber auch die meist alkalische Reaktion von Leitungswasser aus. Dadurch wird der pH-Wert der Erde angehoben und somit die Nährstoffaufnahme und Wüchsigkeit beeinträchtigt. Auch entstehen auf den Blättern deutliche Kalkflecke, wenn man die Pflanzen überbraust.

Vor Schäden durch die Wasserhärte bewahrt eine Enthärtung.

Wasserenthärtung

Bis zu 10 ° Deutscher Gesamthärte läßt sich jedes Wasser bedenkenlos zum Gießen verwenden. Bei Wasser über 10 °dH muß man an Enthärtung denken. Wasser über 25 °dH wird nicht nur enthärtet, sondern auch entsalzt. Wer nicht enthärten will, kann durch jährliches Umpflanzen Schäden vermeiden. Die Wasserhärte des Leitungswassers erfährt man beim örtlichen Wasserversorgungsunternehmen.

Welche der nachfolgenden Enthärtungsmethoden man auch anwendet, auf gar keinen Fall darf man die Härte völlig beseitigen. Mindestens ein kleiner Rest muß erhalten bleiben, damit das Gießwasser nicht unversehens sauer wird.

Die Carbonathärte läßt sich auf einfache Weise durch Abkochen entfernen, eine weder bequeme noch billige Methode, wenn man größere Mengen benötigt. Eine andere, aber auf Dauer auch nicht billige Methode stellt die Verwendung von Enthärtetabletten oder -lösungen (z.B. Aquisal) dar. Sie enthalten Indikatorfarben, so daß man den Grad der Enthärtung an der Wasserverfärbung ablesen kann. Der Kalk (Gips bzw. Calciumoxalat) schlägt sich am Boden nieder.

Eine relativ kostengünstige Methode für den, der kleinere Wassermengen benötigt, ist die Enthärtung mit Hochmoortorf (= Düngetorf siehe Seite 161). Etwa 0,5 l aufgelockerter Torf, den man in einem dichten, aber durchlässigen Stoff (z.B. Damenstrumpf) in 10 l Wasser von rund 20 °dH über Nacht einhängt, beseitigt die Härte bis auf etwa 5 bis 9 °dH.

Größere Mengen Wasser enthärtet man wirtschaftlicher mit Oxalsäure. Die für 1 m³ Wasser notwendige Menge ist gering, das Mittel selbst preiswert. Für die Reduzierung um 1 °dH benötigt man auf 1 m³ Wasser 22,5 g Oxalsäure. Da sich mit der Zusetzung von Oxalsäure der pH-Wert verändert und kleinste Mengenänderungen der zugefügten chemischen Substanzen starke Verschiebungen bewirken, muß der erreichte pH-Wert immer wieder kontrolliert werden. Mit Hilfe von Indikatorpapier (siehe Seite 162) wird der Wert auf etwa 7 pH eingestellt (Azaleen 5,8 bis 6 pH). Die Härte schlägt sich bei diesem Verfahren in Form von Calciumoxalat am Grunde des Gefäßes nieder. Vor Gebrauch wird das Wasser kräftig gerührt, um die freigesetzte Kohlensäure auszutreiben.

Neben den genannten Möglichkeiten zur Enthärtung des Gießwassers bietet die Industrie voll- und halbautomatisch arbeitende Enthärtungsanlagen an, die nach dem Prinzip des Ionenaustauschers arbeiten. Dabei werden die Calcium- und Magnesiumionen des harten Rohwassers beim Lauf durch einen Kunstharzfilter festgehalten. Wenn die Tauschware verbraucht ist, dann muß sich der Filter regenerieren oder er wird erneuert.

Solche Ionenaustauscher sind im Haushalt schon vielfach gebräuchlich, unter anderem werden sie verwendet, um das Wasser für Dampfbügeleisen zu entkalken. Diese mit Kochsalz regenerierfähigen Ionenaustauscher eignen sich für die Gießwasseraufbereitung allerdings nicht.

Seit einiger Zeit gibt es auf dem Markt Gießkannen bis 2 Liter Inhalt, auf deren Boden mit Ionenaustauschern gefüllte Filterpatronen eingebaut sind. Man füllt die Kannen mit Leitungswasser, läßt es einige Stunden stehen und kann es dann zum Gießen verwenden. Allerdings ist der Ionenaustauscher, nachdem etwa 40 bis 45 l enthärtet wurden, aufgebraucht und muß regeneriert werden. Daneben gibt es auch Filterpatronen, die sich nicht regenerieren lassen und nach einiger Zeit ausgewechselt werden.

Ein neues Verfahren, die Umkehrosmose, bietet sich für sehr hartes bzw. salzreiches Wasser an. In Gärtnereien ist dieses Verfahren schon weit verbreitet. Auch für den Kleinbedarf gibt es in der Zwischenzeit Geräte, die nach diesem Prinzip arbeiten.

Richtiges Gießen

In den einzelnen Organen der Pflanze muß je nach Pflanzenart und Pflanzengröße ein ständiges Gleichgewicht zwischen Wasserabgabe und Wasseraufnahme erhalten bleiben. Verschiebt sich die Wasserbilanz einseitig, verdunstet z.B. mehr Wasser als aufgenommen wird, welkt die Pflanze und geht, falls dieser Zustand länger anhält, zugrunde. Auf der anderen Seite kann ein Zuviel an Wasser die Pflanzen ebenfalls gefährden. Das Wasser staut sich in den Hohlräumen, es kommt zu einer ungenügenden Durchlüftung und somit zu Sauerstoffmangel für die Wurzeln. Halten diese Mängel längere Zeit an, sterben Wurzeln ab und es kann zu schwerwiegenden Wachstumsstörungen kommen, die zum Absterben des Bonsai führen können (siehe auch Seite 159).

Es gibt keine allgemeingültige Gießregel, wie oft und wieviel man gießen muß. Gießregeln wie »Man gieße täglich einmal oder zweimal, oder nur jeden zweiten Tag« kann bei einem

Bonsai dazu führen, daß er totgegossen wird, bei einem anderen, daß wegen zu geringer Feuchtigkeit das Wachstum stockt. Solchen Rezepten steht entgegen, daß zu viele Faktoren die Häufigkeit der Wassergaben beeinflussen.

Der jeweilige Wasserbedarf liegt vom Zeitpunkt der Quellung des Samenkorns bis zum ausgereiften Bonsai, aber auch bei den verschiedenen Pflanzenarten, unterschiedlich hoch. Eine junge Pflanze mit wenig Blättern benötigt weniger Wasser als ein fertiger Bonsai mit vielen Blättern. Der Wasserbedarf hängt auch ab vom Standort der Bonsai. Bei viel Licht und hoher Temperatur wird mehr Wasser benötigt als an einem schattigen, kühlen Standort. Ebenso schwankt der Wasserbedarf mit der Witterung – ob es regnet oder die Sonne scheint. Auch das vorhandene Erdvolumen im Pflanzengefäß spielt eine Rolle. Ein Bonsai in einer hohen Schale benötigt in der Regel weniger oft Wasser als eine Pflanze auf einem flachen Tablett. Beachtet werden muß auch das Material der Schale. Ein Bonsai in einem unglasierten, für Wasser damit durchlässigen Gefäß benötigt mehr Wasser als eine Pflanze in einer glasierten Schale (siehe auch Seite 164). Eine gewisse Rolle spielt auch die Farbe der Schale. Dunkle Pflanzengefäße beschleunigen die Wasserverdunstung, weil sie mehr Sonnenstrahlen absorbieren und sich stärker erwärmen als helle.

Wie oft gegossen werden muß, hängt nicht zuletzt von den individuellen Gießgewohnheiten eines jeden ab. Wer das Wasser nur tropfenweise verabreicht, muß möglicherweise mehrmals am Tag zur Gießkanne greifen. Nutzt man dagegen die Wasserkapazität der Erde voll aus, braucht man weniger oft zu gießen.

Feste Regeln lassen sich nicht aufstellen. Wie man Bonsai richtig wässert, muß man durch Erfahrung und vom Baum lernen. Ziel des Gießens muß es sein, die Wasserversorgung den Bedürfnissen der Pflanze anzupassen.

Die Geschwindigkeit des Wassertransportes und damit der Wasserverbrauch unterliegen jahreszeitlichen Schwankungen. Der Jahresgang des Wasserverbrauchs hängt aber nicht nur von der jeweiligen Wuchsintensität ab, sondern stärker noch vom Klima, insbesondere von Temperatur, Luftfeuchtigkeit und Niederschlagsverhältnissen. Daher ist der Wasserbedarf eines Bonsai nicht während der Zeit des stärksten Wachstums am höchsten, sondern in den heißen Monaten Juli und August. Im Frühling ist ein gut dosiertes Wässern besonders wichtig. Gießt man zu häufig, wächst die Pflanze zu schnell, die Internodien werden lang, die Blätter groß. Bei Nadelgehölzen, insbesondere bei Kiefern läßt sich durch Regulierung der Wasserzufuhr die Nadellänge reduzieren. Im Herbst, wenn es kühler wird und die Luftfeuchtigkeit ansteigt, wird weniger gegossen.

Im Winter ist bei frostfreier Überwinterung in kühlen Räumen mit einem Bewässerungsprogramm von einmal täglich bis einmal wöchentlich im allgemeinen eine angemessene Wasserversorgung gewährleistet. Bei in feuchten Torf eingefütterten Bonsai braucht man nur in größeren Abständen nachschauen. Erst wenn die Oberfläche des Torfes beginnt, trocken zu werden, ist es Zeit zum Wässern.

Lassen sich auch keine Regeln aufstellen, wie oft ein Bonsai zu gießen ist, gelten doch einige grundsätzliche Dinge:
● Die Pflanzen werden täglich kontrolliert.
● Die Erde darf nie völlig austrocknen, weil sonst die feinen Faserwurzeln absterben.
● Wenn die Erde beginnt, trocken zu werden, ist es Zeit zu wässern. Zum Nachprüfen verwendet man am besten die Finger als Feuchtigkeitsmesser: man nimmt etwas Erde zwischen Daumen und Zeigefinger und drückt sie zusammen. Zerbröselt sie zu feinem Pulver, ist sie zu trocken; bleibt sie fest und läßt sich zwischen den Fingern rollen, ist sie gerade richtig. Auch die Farbe der Erde gibt Aufschluß über ihren Feuchtigkeitszustand. Trockene Erde ist heller als feuchte. Schabt man die Oberfläche ein wenig ab, und ist die Erde darunter deutlich dunkler als die oberste Schicht, dann hat das Substrat im allgemeinen noch genügend Feuchtigkeit gespeichert. Zieht sich die Erde vom Schalenrand ab, ist es allerdings höchste Zeit zu wässern. Wer ganz sicher gehen will, kann einen Feuchtigkeitsmesser benützen, der den Feuchtigkeitsgrad der Erde genau anzeigt. Allerdings ist ein solcher Feuchtigkeitsmesser nicht ganz billig.

● Nach einem Blattschnitt wird weniger gegossen, da die Verdunstungsfläche durch die Entfernung der Blätter reduziert wurde.

● Bäume mit hohem Wasserbedarf, wie z.B. Weiden, sollten auch dann gewässert werden, wenn die Erde noch merklich feucht ist. Bei Nadelgehölzen hingegen, die bei trockenen Bedingungen besser gedeihen, wartet man mit dem nächsten Gießen, bis die Erde sich trocken anfühlt.

● Auch bei Regenwetter müssen die Bonsaigefäße kontrolliert werden. Bei einem dichten, ausladenden Blätterdach wird bei Regen in der Regel die Erdoberfläche nur leicht benetzt. Deshalb muß man bei sehr dicht belaubten Bäumen häufig auch bei Regenwetter gießen, auch wenn die Erdoberfläche im Bonsaigefäß feucht erscheint. Ein länger andauernder Dauerregen kann aber auch schädlich sein. Wenn sich bei Dauerregen zuviel Wasser im Topf ansammelt, sollte man den Topf ankippen, indem man an einer Seite einen Stein oder ein Stück Holz unterlegt. Oder man bastelt eine Manschette aus Plastik-, Aluminiumfolie oder starken Karton und legt sie auf die Erdoberfläche, so daß der Regen abrinnt und erst gar nicht in die Erde eindringt.

● Der Zeitpunkt des Gießens spielt aufgrund langjähriger Erfahrung im Grunde genommen keine Rolle. Abgesehen von den heißen Mittagsstunden kann man Bonsai zu jeder Tageszeit wässern.

● Die Temperatur des Gießwassers ist bei Freiland-Bonsai kein kritischer Faktor, sollte jedoch nicht allzu stark von der Umgebungstemperatur abweichen.

Wie Gießen?

Für die tägliche Bewässerung empfiehlt sich bei größeren Stückzahlen ein Gartenschlauch mit Gießgerät oder eine Gießkanne, bei kleineren

Bei kleineren Stückzahlen und für Miniaturbonsai sind Laborflaschen und Ballbrausen zur Bewässerung gut geeignet.

Stückzahlen Laborflaschen oder Ballbrausen. Brauchbare Kannen zum Gießen bietet der Bonsaifachhandel an. Aber auch in Gartencentern und im Gartenbaubedarfshandel findet man geeignete Kannen. Besonders geeignet sind Kannen mit langem Schnabel.

Eine Bewässerung mittels Gartenschlauch ist noch nicht sehr weit verbreitet, weil sich der Wasserdruck bisher nur unbefriedigend regeln ließ. In der Zwischenzeit sind aber Gießgeräte auf dem Markt, die hier keine Probleme mehr bereiten.

Es erscheint zweckmäßig, die Pflanzen mehrmals zu überbrausen, damit die Erde möglichst gleichmäßig und ausreichend durchfeuchtet wird. Dadurch ist auch ausgeschlossen, daß lediglich die oberste Erdschicht durchfeuchtet wird und das darunterliegende Substrat trocken bleibt. Ein mehrmaliges Überbrausen ist in der Regel auch deshalb notwendig, weil Bonsai aus gestalterischen Gründen keinen hohen Gießrand haben.

Wurde die Erde in der Schale einmal sehr trocken, taucht man die Bonsai so lange in ein größeres Gefäß mit Wasser, bis keine Luftblasen mehr aufsteigen. Oder man stellt die Pflanze bis zum Schalenrand in Wasser, bis die Erde sich von selbst vollgesaugt hat.

Wer seine Bonsaischalen im Untersetzer stehen hat, muß darauf achten, daß überschüssiges Wasser, welches sich nach dem Gießen angesammelt hat, weggeschüttet wird. Die Wurzeln könnten sonst faulen.

Das häufig empfohlene Überbrausen der Pflanzen bedeutet kein absolutes Muß. Es ist allein dann sinnvoll, wenn man damit Staub von den Blättern enfernen will. Der mit dem Übersprühen verfolgte Zweck, die Luftfeuchtigkeit zu erhöhen, um den Verlust an Wasser, das durch die Blätter verdunstet, auszugleichen, ist nur von kurzer Dauer. Ein pflanzenphysiologischer Effekt wird kaum erzielt. Wer dennoch auf das Überbrausen nicht verzichten möchte, darf dies nicht bei direkter Sonnenbestrahlung tun. Denn es läßt sich nicht vermeiden, daß Wassertropfen auf den Blättern verbleiben, die wie ein Brennglas wirken. Dadurch kann es zu Verbrennungen auf den Blättern kommen.

Bewässerungsanlagen

Bonsaigefäße bieten nur für eine geringe Erdmenge Platz, deren Feuchtigkeit rasch aufgebraucht ist. Dies macht die Pflanzen besonders abhängig von einer zuverlässigen Wasserversorgung. An heißen Sommertagen kann mehrmaliges Gießen pro Tag notwendig werden. Noch größere Probleme bringt das Gießen der Bonsai während des Urlaubs. Häufig sind Nachbarn oder Freunde, die das Gießen übernehmen würden, zur gleichen Zeit im Urlaub, und der Bonsaihändler ist meist auch überfordert, wenn er ganze Sammlungen pflegen soll. So mag der Wunsch nach einer Vereinfachung oder gar nach Automatisierung der Gießarbeit wach werden.

Ein kurzer Wochenendurlaub bedeutet meist kein Problem, denn mit ein paar einfachen Vorkehrungen kann man dafür sorgen, daß die Pflanzen 2 bis 3 Tage ohne Pflege auskommen. Dazu stellt man die Pflanzen an einen schattigen Platz im Garten oder unter den Balkontisch, gießt vor der Abreise die Pflanzen gründlich durch und deckt die Schalen mit feuchtem Moos, Torf, Zeitungspapier oder Sackleinen ab. Eine gute Lösung ist auch das Einfüttern der Bonsaischalen in feuchten Torf. Bonsai, die sonst mindestens einmal am Tag gegossen werden müssen, kommen so 2 bis 3 Tage ohne zusätzliche Wassergaben aus.

Neben der individuellen und damit sehr arbeitsaufwendigen Behandlung der Einzelpflanze gibt es auch Verfahren der pauschalen Bewässerung bis hin zu Einrichtungen, die einer gesteuerten, vollautomatischen Wasserversorgung nahe kommen.

Eine Überpflanzen-Bewässerung (Bewässerung von oben) über Rohre aus Kunststoff, verzinkten Stahl oder Aluminium, die mit Metall- oder Kunststoffdüsen versehen sind, eignet sich nicht für die Bewässerung von Bonsai, da sie nicht gleichmäßig genug arbeitet. Die Erde im Pflanzgefäß wird häufig nicht genügend durchfeuchtet, da das dichte Blätterdach das Wasser nicht durchläßt. Hochliegende Rohre mit sehr fein sprühenden Düsen dienen allenfalls der Luft- und Pflanzenbefeuchtung. Daher kommt

Bonsai können mit Hilfe von Tropfschläuchen bewässert werden.

für Bonsai in der Regel nur eine Bewässerung von unten (Unterpflanzen-Bewässerung) in Frage.

Von den selbsttätigen Unterpflanzen-Bewässerungssystemen stellt die Bewässerung der Bonsai mit Tröpfelschläuchen eine der besten Möglichkeiten dar (s. Abb.). Die Kapillarbewässerung, bei der die Bonsaigefäße auf eine feuchte Sandschicht oder eine spezielle Matte gestellt werden, und die Anstaubbewässerung kommen nur in Ausnahmefällen in Betracht.

Das Prinzip der Tröpfchenbewässerung besteht darin, daß das Wasser durch Schläuche mit immer kleiner werdenden Durchmessern geleitet und dabei so abgebremst wird, daß es aus den letzten Schläuchen (den Tropfschläuchen) nur noch tropfenweise austritt.

Es gibt verschiedene Fabrikate auf dem Markt. Das Grundprinzip ist bei allen gleich: Aus einem Verteilerrohr, welches im Pflanzenbestand oder unter der Stellfläche (Bonsaibord,

Regal usw.) verlegt wird, führen ein oder mehrere Tropfschläuche zu den einzelnen Bonsaigefäßen. Jedes Bonsaigefäß bekommt seinen eigenen Wasseranschluß. Angesichts der vielen Tropfschläuche spricht man auch vom Spaghetti-System.

Der Austritt des Wassers aus den Tropfschläuchen wird bei den einzelnen Fabrikaten unterschiedlich reguliert. Bei einem System wird in das Ende des dünnen Tropfschlauches ein Kunststoffstab mit einer Rille eingeschoben. Das spitze Ende des Stäbchens steckt man in das Substrat. Aus den Kapillaren, gebildet von den Rillen und der Innenwand des dünnen Schlauches, tritt das Wasser drucklos aus und rieselt an dem Stäbchen entlang in das Gefäß. Einzelne Tropfschläuche können, wenn notwendig, durch Einschieben eines vollrunden Rillenstabes von der Bewässerung ausgeschlossen werden. Bei anderen Fabrikaten haben die Tropfschläuche einen Wasseraustrittskopf aus

Blei oder Tröpfchenkörper aus Kunststoff- oder Messingschrauben, die das Wasser zwischen den Gewindegängen tropfenweise austreten lassen.

Den unterschiedlichen Wasserbedarf der einzelnen Pflanzenarten bekommt man weitgehend in den Griff, wenn man bei kleinen Schalen einen Tropfschlauch installiert, bei größeren nach Bedarf zwei oder noch mehr. Damit das Verstopfen der kleinen Tropfschläuche nicht zum Problem wird, baut man in die Zuführung einen Schmutzfilter ein. Da alle Tröpfchenbewässerungen einen niederen und gleichbleibenden Wasserdruck in der Zuleitung voraussetzen, muß in der Regel auch ein Druckminderer eingebaut werden.

Eine Bewässerungsanlage bringt erst den gewünschten Erfolg, wenn sie automatisch arbeitet. Bei einer halbautomatischen Anlage wird der Beginn und das Ende der Bewässerung von Hand geschaltet. Bei der vollautomatischen Regelung sind verschiedene Steuerungsmechanismen möglich. Die Wassergaben erfolgen in Abhängigkeit von der Wassermenge, der Zeit oder der Feuchtigkeit im Boden.

Bei der Regelung der Steuerung in Abhängigkeit von der Wassermenge wird in die Zuleitung zur Bewässerungsanlage ein automatisches Mengenventil eingebaut, welches sich schließt, wenn die auf dem Gerät vorher eingestellte Wassermenge durchgeflossen ist. Für den Hobbybereich sind dazu Waschmaschinen-Sicherheitsventile geeignet, da sie auch bei kleineren Wassermengen ansprechen.

Ventile mit Zeituhr lassen sich leichter den verschiedenartigen Bedürfnissen eines wechselnden Pflanzenbestandes anpassen. An der Zeitschaltuhr werden die Dauer der Bewässerung und die Pausen zwischen den einzelnen Wassergaben eingestellt. Die Schaltuhr wird an den Haushaltsstrom angeschlossen. Es gibt aber auch batteriebetriebene Schaltuhren, so daß man unabhängig wird von der örtlichen Stromversorgung. Je nach Fabrikat können diese Uhren in 24 Stunden bis zu 72 Schaltungen durchführen. An diese Schaltuhren wird ein Magnetventil angeschlossen, welches den Wasserzufluß sperrt oder freigibt.

Bei der Regelung der Wassergaben in Abhängigkeit von der Feuchtigkeit wird ein Feuchtefühler eingesetzt, der über ein Regelgerät immer dann das Öffnen des Magnetventils veranlaßt, wenn Feuchtigkeit benötigt wird. Das Magnetventil bleibt so lange geöffnet, bis das Substrat im Bonsaigefäß wieder ausreichend mit Wasser versorgt ist.

Als Feuchtefühler hat sich der sogenannte Tensioschalter bewährt. Er besteht aus einem Tonkörper, einem Plexiglasrohr und einem Vakuumschalter. Der Tonkörper des Tensioschalters wird neben eine Pflanze in das Substrat des Bonsaigefäßes gesteckt (sie dient als Leitpflanze). Verdunstet nun die Pflanze Wasser, wird die Erde trockener. Bei Erreichen einer bestimmten Trockenheit schließt sich ein elektrischer Kontakt im Schalter. Jetzt fließt ein elektrischer Strom, der das Magnetventil an der Wasserleitung öffnet, die Pflanzen erhalten Wasser. Sobald der Tensioschalter wieder eine ausreichende Feuchtigkeit im Boden mißt, wird der elektrische Kontakt unterbrochen, das Magnetventil in der Zuführungsleitung schließt sich. Auf diese Art und Weise werden die Bonsai optimal mit Wasser versorgt. Neben dem Tensioschalter gibt es Steuereinrichtungen, die in Abhängigkeit von der Sonneneinstrahlung oder der Verdunstung arbeiten, und solche, die abhängig von der elektrischen Leitfähigkeit schalten.

Alle uniform arbeitenden Bewässerungssysteme sollte man aber nicht über einen längeren Zeitraum hinweg täglich verwenden, weil sonst sicher ein Teil der Pflanzen falsch gegossen wird. Zu verschieden sind die Ansprüche der einzelnen Pflanzenarten im gemischten Bestand eines Bonsaigärtners. Theoretisch wäre es möglich, jeden einzelnen Bonsai mit einem Feuchtefühler zu versehen, dann hätte man die perfekte Bewässerung. Es würde jedoch nicht nur unschön aussehen, wenn in jedem Gefäß ein Feuchtefühler steckte, es wäre zudem wirtschaftlich nicht vertretbar. Jedes Gefäß benötigt nämlich nicht nur einen eigenen Feuchtefühler, sondern auch eine eigene Zuleitung mit eigenem Magnetventil. Und die optische Wirkung der Bonsai ginge in einem Gewirr von Zuleitungen verloren.

Das Düngen

Vereinzelt wird immer noch die Meinung vertreten, man dürfe Bonsai nicht oder nur wenig düngen, weil sie doch so klein sind. Diese Ansicht ist falsch. Auch für einen Bonsai stellt eine ausreichende und harmonische Nährstoffversorgung die Voraussetzung für seine Gesundheit dar. Schließlich haben Pflanzen in Bonsaigefäßen nur einen kleinen Bruchteil der Erdmenge zur Verfügung, der ihnen frei ausgepflanzt im Garten zur Verfügung stehen würde.

Entzieht die Pflanze der Erde die durch Grunddüngung mitgegebenen Nährstoffe, müssen sie durch eine Nachdüngung ergänzt werden. Dies ist überfällig, wenn der Bonsai zu kümmern beginnt, keinen Zuwachs mehr ausbildet, die Blätter vergilben und schließlich abfallen. Gerade der Abwurf von älteren Blättern während der Wachstumszeit ist bei intaktem Wurzelsystem und schwachem Zuwachs ein sicheres Zeichen für einen Düngermangel, da die Pflanze gespeicherte Stoffe aus den älteren Blättern abzieht, um weiterwachsen zu können.

Die Pflanze benötigt zum Wachstum eine Reihe von Nährelementen, die sie mit ihren Wurzeln dem Boden entnimmt. Da sie in sehr unterschiedlichen Mengen benötigt werden, unterscheidet man zwischen Haupt- und Spurennährelementen. Die Bezeichnung sagt aber nichts über deren Wichtigkeit aus. Eine Pflanze kann nicht normal wachsen, wenn die Versorgung mit auch nur einem der Elemente unzureichend ist.

Die wichtigsten Nährelemente sind:
Stickstoff (N), Phosphor (P), Kali (K), Kalk (Ca), Schwefel (S), Magnesium (Mg), Eisen (Fe), Mangan (Mn), Zinn (Sn), Kupfer (Cu), Bor (B), Molybdän (Mo).

Da bei den zur Verfügung stehenden Düngern die Palette der Möglichkeit relativ groß ist, wollen wir zunächst einen Überblick über die wichtigsten Düngergruppen geben. Zumal bei dem heutigen vielfältigen Angebot Zweifel aufkommen können, ob dieser oder jener Dünger für den vorgesehenen Zweck richtig ist.

Die Düngemittelindustrie bietet eine Reihe von Mehrnährstoffdüngern (sogenannte N-P-K-Dünger) an, die aufgrund der Mittelwerte einer großen Reihe von Entzugszahlen verschiedener Pflanzenarten entwickelt wurden. Diese Mehrnährstoffdünger entsprechen in der Mehrzahl den Nährstoffansprüchen der Pflanzenarten für die Bonsaigestaltung. Deshalb braucht man in der Regel nicht für jede Pflanzenart und für jedes Entwicklungsstadium einen eigenen Dünger.

Die traditionellen japanischen Dünger sind allesamt organischer Herkunft. Sie bestehen in der Regel aus Rapsschrot, Knochen- und Fischmehl und werden in Form von Düngerkugeln angeboten. Die Nährstoffe liegen in verschiedenen Bindungsformen vor, in denen die Pflanze sie nicht ohne weiteres aufnehmen kann. Sie werden in der Erde erst von Mikroorganismen in die für Pflanzen verfügbare Formen umgewandelt. Dies geschieht allmählich und hängt unter anderem von der Temperatur ab. Der Vorteil organischer Dünger besteht in der langsamen, langanhaltenden Düngewirkung und der relativ einfachen Anwendung. Die Gefahr, der Pflanze durch zu reichliche Düngung Schaden zuzufügen, ist gering, auch eine Bodenversalzung tritt nicht ein. Von Nachteil sind die relativ geringen Nährstoffanteile, ein Nährstoffmangel läßt sich nur langsam beheben.

Neben organischem Kugeldünger bietet der Bonsaihandel organische Pulverdünger und in der Zwischenzeit auch einen organischen Bonsai-Flüssigdünger an.

Die in Deutschland hergestellten und angebotenen organischen Düngemittel sind in der Regel Einzelnährstoffdünger mit den Nährstoffen Stickstoff (Hornspäne, Blutmehl, Rizinusschrot) oder Phosphor (Knochenmehl), die sich nur bedingt zur Bonsaidüngung eignen.

Mineralische Dünger, die im Gartenbau weitverbreitet sind, haben den Vorteil, unmittelbar nach der Verabreichung zu wirken. Damit eignen sie sich aber auch nur für eine kurz- bis mittelfristige Versorgung. Größere Mengen in einer Gabe verabreicht, führen zu überhöhten Salzkonzentrationen mit entsprechenden Pflanzenschäden. Die Nachdüngung während der Kultur kann in flüssiger und fester Form erfolgen. Feste (granulierte) Dünger (wie z.B. Blaukorn) sind zur Nachdüngung der Bonsai nicht geeignet. Die Düngemittelindustrie bietet aber eine Vielzahl von vollwasserlöslichen Düngern zur Flüssigdüngung in Form von flüssigen Konzentraten oder Mikrogranulaten an. Da sie vollwasserlöslich sind und ausschließlich aus Nährstoffionen bestehen (bzw. keine pflanzenschädlichen Ballaststoffe enthalten), erhöhen sie den Salzgehalt der Erde nur vorübergehend.

Diese Dünger gibt es zum Teil mit unterschiedlichen Anteilen der Hauptnährelemente, ausgedrückt im Verhältnis N : P : K. Verwenden sollte man für Bonsai ausschließlich Dünger mit einem ausgeglichenen bis leicht stickstoffbetonten Nährstoffverhältnis.

Viele Bonsaigärtner verwenden organisch-mineralische Dünger. Sie vereinigen die langanhaltende Wirkung des organischen mit der schnellwirkenden des mineralischen Düngers. Wird diese Düngeform in zu hoher Konzentration angewendet, kann es aufgrund des mineralischen Anteils (insbesondere Kalium) zu Überdüngungsschäden kommen.

Die Verwendung von Langzeit- oder Depotdüngern, die aus dem Gartenbau nicht mehr wegzudenken sind, findet auch im Hobbygartenbau immer mehr Anklang. Das Prinzip der Langzeitdüngung beruht auf der Sicherung des Nährstoffbedarfs über einen breiten Zeitraum, ohne Pflanzenschäden durch zu hohen Salzgehalt des Substrates zu provozieren.

Man unterscheidet zwei Typen von Langzeitdüngern. Bei dem einen Typ ist der Dünger von einer Kunststoffhülle umgeben, durch die ein kontinuierlicher Strom aller Nährstoffe fließt (z.B. Osmocote und Nutricote). Die anderen enthalten den Stickstoff als Harnstoff-Kondensat (z.B. Plantosan 4D und Triabon), der zum Teil erst nach einem chemischen Verwandlungsprozeß frei wird. Für Phosphor und Kalium trifft dies nur in geringem Umfang zu. Der Verfasser verwendet seit einigen Jahren den Langzeitdünger Osmocote mit gutem Erfolg. Die Mobilisierung der Nährstoffe hängt bei diesem Dünger von der Temperatur und von der Bodenfeuchtigkeit ab. Hohe Temperaturen erhöhen die Abgaberate, bei Temperaturen von 5° C erfolgt dagegen kaum noch eine Nährstoff-

mobilisierung. Osmocote gibt es in drei Formulierungen und unterschiedlicher Wirkungsdauer auf dem Markt:
Osmocote 15-12-15 mit einer Wirkungszeit von 3 bis 4 Monaten,
Osmocote 16-10-13 mit einer Wirkungszeit von 8 bis 9 Monaten und
Osmocote plus 15-11-13 (der neben den Hauptnährelementen auch Spurennährelemente enthält) mit einer Wirkungszeit von 3 bis 4 Monaten.

Leider gibt es bisher nur Osmocote 15-12-15 in Kleinpackungen auf dem Markt (als Dünger für Balkon und Beetpflanzen), während die anderen Typen nur in Abpackungen zu 25 kg angeboten werden. Man kann aber davon ausgehen, daß die Industrie sich schnell auf Kleinpackungen einstellen wird, wenn sich ein Bedarf aufbaut.

Spurennährelemente

Wie schon erwähnt, sind für das Wachstum der Pflanzen die Spurennährelemente genauso wichtig wie die Hauptnährelemente. Ihr Fehlen oder ein Mangel kann zu ernsthaften Entwicklungsstörungen führen.

Ein echter Mangel an Spurennährelementen kann in der Regel nur in reinem Torf oder in reinem Sand auftreten. In allen anderen Fällen handelt es sich um Nährstoff-Festlegungen, ausgelöst durch zu hohen oder zu niedrigen pH-Wert, etwa durch Gießen mit saurem (z.B. Regenwasser) oder alkalischem Wasser (z.B. hartes Leitungswasser). Auch durch ein unharmonisches Nährstoffverhältnis oder durch schlechten Luftaustausch in der Erde kann ein Mangel auftreten.

Den unterschiedlichen Mangelsituationen läßt sich nicht mit einem einfachen Mehrnährstoffdünger zur Flüssigdüngung begegnen. Vielmehr ist es erforderlich, sichtbare und latente Mangelerscheinungen gezielt anzugehen. Dafür wurden verschiedene Düngertypen entwickelt.

Zum einen gibt es Einzelspurenelementdünger, mit denen man den offensichtlichen Mangel eines bestimmten Spurenelements beheben kann, z.B. bei Eisenmangel Fetrilon. Es gibt aber auch sogenannte Spurenelement-Volldünger (Radigen, Hortrilon, Fetrilon Combi, Mikromax), mit denen man gegen einen verdeckten Mangel vorgehen kann, bzw. wenn man nicht weiß, was für ein Mangel vorliegt. Im wahrsten Sinne des Wortes erfolgt ihre Anwendung »auf Verdacht«. In derartigen Kombinationsprodukten sind in der Regel Eisen, Kupfer, Mangan und Molybdän besonders betont und die Gehalte an Bor und Zink etwas leichter bemessen.

Wann und wie oft düngen?

Bonsai sind keine Hochleistungspflanzen, die reichlich Nährstoffe brauchen, um ihr genetisches Potential in meist kurzen Vegetationsperioden zu realisieren. Sie müsen keine hohen Erträge liefern, wie dies beim Getreide beispielsweise der Fall ist. Aber ganz ohne Dünger kann auch ein Bonsai nicht auskommen. Eine Nachdüngung muß in richtiger Dosierung, der Jahreszeit und damit dem Wachstumsrhythmus entsprechend, erfolgen.

Man beginnt mit der Düngung nach dem Austrieb im Frühjahr und setzt sie fort bis zum Beginn des Laubabwurfes im Herbst. Bei der Verwendung des Depotdüngers Osmocote kann diese Regel durchbrochen werden, da die Abgabe der Nährstoffe im wesentlichen von der Temperatur abhängt, und bei Temperaturen unter 5 °C keine Nährstoffionen mehr fließen.

Nach dem Verpflanzen wird erst wieder gedüngt, wenn die Nährstoffe aufgebraucht sind. Bei einer Grunddüngung mit mineralischen Düngern ist dies nach etwa 6 bis 8 Wochen der Fall. Beim Einsatz von organischen oder organisch-mineralischen Düngern und bei ausschließlicher Verwendung von Langzeitdüngern muß in der laufenden Wachstumsperiode in der Regel nicht mehr nachgedüngt werden. Kranke oder sonstwie geschwächte Bäume erhalten keine Düngung. Viele düngen gerade dann, weil sie meinen, sie müßten den Pflanzen Lebenskraft zuführen. Leider werden dadurch Bonsai oft getötet.

Das richtige Düngen erscheint beim Bonsai besonders schwierig, weil ein möglichst geringer Zuwachs bei einem optimalen Gesundheitszustand der Pflanze erzielt werden soll. Düngt man zu stark, werden die Internodien sehr lang und der Bonsai schießt aus der Form. So sollte man den Fächerahorn nicht zu Beginn des Austriebs düngen. Eine in die beginnende Wachstumsperiode hineingegebene Düngergabe nötigt die Triebe zu starkem Längenwachstum und regt verstärkte Blattbildung an.

Wer zur Düngung organische Düngemittel verwendet, sollte beim Ausbringen eine gewisse Vorsicht walten lassen. Die Hersteller und Importeure dieser zum Teil aus pflanzlichen und tierischen Produkten zusammengemischten Düngemitteln betonen, dieses Material sei wegen des Erhitzens seuchenhygienisch einwandfrei. Dennoch ist zu empfehlen, sich vor der Einschleppung von Seuchenerregern zu schützen.

Untersuchungen gemäß liegen die Gesamtkeimzahlen organischer Düngemittel zwischen 100 und 10 000. Allerdings fanden sich nur in seltenen Fällen menschliche und tierische Krankheitserreger wie Kolibakterien oder Salmonellen. Werden die Düngemittel auf die Erdoberfläche ausgebracht, so sterben die für den Menschen gefährlichen Keime ab. Der Anwender sollte jedoch die Grundsätze der Hygiene beachten und nicht leichtfertig beim Düngen sein Brot verzehren. Als eine weitere unangenehme Begleiterscheinung von manchen organischen Düngern legen Fliegen dort ihre Eier ab bzw. haben sie abgelegt. Daraus entwickeln sich Maden, die sich dann von dem Dünger ernähren. Welche Düngerform man verwendet, bleibt jedem selbst überlassen. Jeder sollte den verwenden, mit dem er am besten zurechtkommt. Wenn ein akuter Nährstoffmangel vorliegt, ist eine flüssige Düngung vorzuziehen.

Düngekugeln. Die Düngekugeln werden auf die Erdoberfläche gelegt, wo sie sich mit der Zeit zersetzen. Sind sie verbraucht, legt man neue Kugeln auf. Dann aber auf eine andere Stelle, denn überall dort, wo die Kugeln gelegen haben, stirbt die Moosschicht ab. Die Aufwandmenge hängt ab von der Schalengröße. Man verwendet für kleine Schalen (10 × 15 cm) eine Kugel, für mittlere Schalen (20 × 15 cm) zwei Kugeln und für die großen Schalen (40 × 30 cm) vier Kugeln.

182

Zum Abmessen granulierter und organischer Dünger ist ein solcher Kartonstreifen mit Markierungslinien hilfreich.

Organisch-mineralische Dünger. Bei Verwendung von organisch-mineralischen Düngern richtet sich die Menge nach dem Erdinhalt (Volumen) des Pflanzgefäßes. In der Wachstumsperiode wird im Abstand von etwa 4 Wochen je Liter Erdinhalt 2 g Dünger auf die Erdoberfläche gestreut und gut eingewässert. Vor Hinweisen, einer bestimmten Erdmenge einen oder einen halben Teelöffel des Düngers in bestimmten Abständen aufzustreuen, sei gewarnt. Nicht alle Teelöffel sind gleich, und bei einem gilt der Löffel als voll, wenn er bis zum Rand mit Dünger gefüllt ist, bei einem anderen muß noch ein kleines Häufchen drauf sein. Aber Vorsicht ist angebracht. Auf der Moosschicht kann es aufgrund des mineralischen Anteils zu Verbrennungen kommen, wenn der Dünger nicht gut eingewässert wird.

Flüssigdünger. Wie oft gedüngt wird und in welchen Konzentrationen, hängt nicht nur von der Jahreszeit, sondern auch von der jeweiligen Pflanzenart ab. Die Anwendungskonzentration sollte 0,2 % (2 ml oder 2 g je Liter Wasser) nicht überschreiten. Mikrogranulat-Dünger (sogenannte Salzdünger) werden grundsätzlich in Wasser aufgelöst. Sie dürfen unter keinen Umständen auf die Erdoberfläche gestreut werden, da die Gefahr der Überdosierung besteht. Einer häufigen Flüssigdüngung in niedrigen Anwendungskonzentrationen ist gegenüber seltener Anwendung in hoher Dosierung der Vorzug zu geben. Wachstumsunterbrechungen infolge von Nährstoffmangel und Schocks durch erhöhte Salzkonzentrationen lassen sich so vermeiden. In der Regel düngt man mit Beginn des Austriebes bis Ende September wöchentlich 0,1 % (1 ml oder 1 g je Liter Wasser). Trockene Pflanzen dürfen nicht gedüngt werden, will man Schäden vermeiden. Daher ist der Erdballen vorher anzufeuchten.

Blattdüngung. Pflanzen sind in der Lage, die Nährstoffe auch über die Blätter aufzunehmen. Nach der Benetzung gehen die Nährstoffe unmittelbar in den Stoffwechselprozeß der Pflanzen ein. Die Blattdüngung nimmt so kurzfristig und direkt auf die Pflanzenentwicklung Einfluß. Eine vollständige Nährstoffversorgung über das Blatt ist aber nicht möglich. Die Blattdüngung stellt deshalb keinen Ersatz dar, sondern nur eine sinnvolle Ergänzung der Nährstoffgaben über den Boden. Die Düngung über das Blatt wird bevorzugt in den Morgen- und Abendstunden oder bei bedecktem Himmel vorgenommen, da eine maximale Aufnahme der Nährstoffe nur dann zu erreichen ist, wenn der Spritzbelag möglichst lange in gelöstem Zustand auf der Blattoberfläche vorliegt. Das Ausbringen kann mit Pflanzenschutzspritzen, Handsprühgeräten oder einer Gießkanne mit feiner Brause erfolgen. Die übliche Anwendungskonzentration liegt bei 0,05 % (= 0,5 ml oder 0,5 g je Liter Wasser) und darf 0,1 % (= 1 ml oder 1 g je Liter Wasser) nicht übersteigen. Bei zu hoher Konzentration können Verbrennungsschäden auftreten.

Langzeitdünger Osmocote. Die Anwendungsmenge von Osmocote hängt vom Erdinhalt (Volumen) des Pflanzgefäßes ab. Das heißt, man

muß wissen, wieviel Erde sich in der Bonsaischale befindet. Aber die Rechnung braucht man ja nur einmal zu machen und häufig lassen sich die Angaben auf vergleichbare Schalengrößen übertragen. Je Liter Erdvolumen bringt man 2 g Osmocote auf der Erdoberfläche aus und drückt die Granulate leicht in die Erde ein. Dies ist wichtig, da die Nährstoffe sonst nicht gelöst werden. Das Granulat muß in Kontakt mit der Bodenlösung stehen. Es sind im Handel verschiedene Formulierungen erhältlich, die jeweils für 3 bis 4 Monate oder 6 bis 9 Monate wirken. Je nachdem, welche Formulierung man einsetzt, wird nach dieser Zeit die Anwendung wiederholt.

Bei kleinen Schalen macht das Messen der benötigten Düngermenge etwas Schwierigkeiten. So benötigt eine Schale mit 200 ml Erdinhalt 0,4 g Dünger. Aber auch hier kann man sich helfen. Zunächst wiegt man 1 g Dünger ab und füllt diesen in einen mit Markierungslinien versehenen Kartonstreifen (siehe Abbildung Seite 183). Anhand der Markierungen kann man ablesen, wie viele Markierungsfelder belegt sind. Man braucht also später nicht immer von neuem abzuwiegen, sondern kann anhand der Markierungsfelder die in etwa benötigte Menge in den Kartonstreifen einbringen und die entsprechenden Düngeranteile mit einem Hölzchen oder Spatel vom Kartonstreifen auf der Schalenoberfläche gleichmäßig verteilen. Andere Varianten sind denkbar. So lassen sich auch an einem dünnen Glasröhrchen (Reagenzglas oder Tablettenröhrchen) entsprechende Markierungen anbringen.

Pflanzenschutz

Seit der Mensch Pflanzen kultiviert, bereiten ihm Pflanzenkrankheiten und Pflanzenschädlinge Kummer. Auch Bonsai bleiben von Schädlingen und Krankheiten nicht verschont. Sie sind genauso anfällig wie ihre großen Artgenossen in der freien Natur. Eine Vielzahl belebter (parasitischer) und unbelebter (nicht parasitärer) Ursachen können Krankheiten oder Schädigungen hervorrufen.

Unbelebte Schadursachen

Es mag manchem unverständlich erscheinen, daß trotz der Vielzahl der Schädlinge und sonstigen Krankheitserreger, die eine Pflanze gefährden können, die meisten Schäden durch Einflüsse der unbelebten Welt verursacht werden.

Krankheiten aufgrund unbelebter Schadursachen können im Gegensatz zu den eigentlichen Infektionskrankheiten nicht von kranken auf gesunde Pflanzen übertragen werden. Im wesentlichen sind dies Mangel oder Überschuß an Wasser, Nährstoffen, Licht und Temperatur, daneben Luftverunreinigungen und sonstige Umwelteinflüsse. Schäden durch unbelebte Einflüsse schaffen oft erst die Voraussetzung für den Befall durch Krankheitserreger oder Schädlinge, indem sie Wunden hervorrufen oder zu einer allgemeinen Schwächung des pflanzlichen Gewebes führen.

Wassermangel bewirkt Welke- und Vertrocknungserscheinungen an den oberirdischen Pflanzenteilen: Gipfeldürre, vorzeitigen Laubfall oder Nadelabwurf. Ballentrockenheit führt zum Vertrocknen der Blätter, zum Abfallen von Knospen und Blüten, und schließlich zum Absterben der Pflanze. Welkeerscheinungen können wir aber auch bei Wasserüberschuß (stauende Nässe) beobachten. Die Durchlüftung und damit die Atemtätigkeit der Wurzeln werden beeinträchtigt. Durch den Sauerstoffmangel können gleichzeitig pflanzenschädliche Stoffe entstehen. Die Folgen sind Wuchshemmung, Welke, und schließlich Absterben der Pflanze (siehe auch Seite 174).

Nährstoffmangel läßt die Pflanzen kümmern. Bei Nährstoffüberschuß wird das Pflanzengewebe weich und schwammig. Absterbeerscheinungen an Blatträndern und Nadelspitzen können auf einem zu hohen Salzgehalt der Erde beruhen. Ursachen sind zu hohe Düngergaben oder Salze im Gießwasser (siehe auch Seite 159 ff.). Durch einen ungünstigen pH-Wert kann es zur Festlegung einzelner Nährstoffe kommen.

Lufttrockenheit kann Blattfall und Eintrocknen der Blätter, Blattvergilbung und dergleichen bewirken. Außerdem wird durch Lufttrocken-heit die Vermehrung mancher tierischer Schädlinge (z.B. Spinnmilben) begünstigt. Zu hohe Luftfeuchtigkeit erhöht die Gefahr, daß Pilzkrankheiten auftreten. An manchen hartlaubigen Pflanzenarten entstehen auf den Blättern Korkwucherungen. Auch Schäden durch niedrige Temperaturen gehören hierher, die Folgen wurden bereits behandelt (siehe Seite 158).

Durch zu hohe Temperaturen können an Stämmen dünnrindiger Gehölze Brennflecken auftreten, bei Laubgehölzen kommt es zum vorzeitigen Laubfall (sogenannter Hitzelaubfall). Sonnenbrandschäden, zunächst Vergilbung, dann Bräunung und schließlich Absterben des Laubes, treten bei zu langer unmittelbarer Sonnenbestrahlung (Lichtüberschuß) auf. Bei Lichtmangel wird das Streckungswachstum stark gefördert, er bewirkt das »Vergeilen« der Triebe (= übermäßige Verlängerung der Stengelteile). Lichtmangelschäden kann man häufig im Frühjahr bei zu warmer Überwinterung und frühzeitigem Austrieb beobachten. Schwere Schäden kann auch die unsachgemäße Anwendung von Pflanzenbehandlungsmitteln hervorrufen.

Bakterien und Viren

Pflanzenkrankheiten, die durch Bakterien verursacht werden, spielen bei Gehölzen nur eine geringe Rolle. Bakterien sind sehr kleine, einzellige Organismen, die ihre Wirtspflanze auf unterschiedlichen Wegen infizieren können. Über Wurzelhaare, Blütennarben, die Spaltöffnungen der Blätter, aber vor allem über Wunden dringen sie in die Pflanze ein. Bakterien führen zu Absterbeerscheinungen der Rinde bei verschiedenen Gehölzen (wie der gefürchtete Feuerbrand an *Cotoneaster*). Auch krebsartige Wucherungen (z.B. Wurzelkropf) können von Bakterien verursacht werden. Schließlich kennt man auch Bakterien, die Welkekrankheiten herbeiführen.

Viren als Ursachen von Gehölzkrankheiten sind bisher noch wenig erforscht. Sie können sehr unterschiedliche Schadbilder hervorrufen. Besonders häufig findet man Aufhellungen der Blätter, sogenanntes Mosaik. Es kann aber auch zu Wachstumsstörungen kommen, ohne daß

Echter Mehltau an der Stieleiche. Die Krankheit befällt häufig junge Bäume.

sich Symptome zeigen. Viren sind nicht in der Lage, aus eigener Kraft in eine Pflanzenzelle einzudringen. Sie sind auf Wunden oder besondere Überträger angewiesen. Viren werden übertragen bei der Vermehrung (z.B. über Stecklinge, Veredlung), mit dem Samen oder durch Vektoren (Überträger).

Eine direkte Bekämpfung von Bakterien und Viren ist praktisch nicht möglich. An erster Stelle steht deshalb bei der Bekämpfung die Pflanzenhygiene. Ausgangspunkte einer Infektion sind häufig verseuchte Pflanzen, Erden, Kulturgefäße, Vermehrungseinrichtungen und nicht zuletzt die Werkzeuge. Auch das Gießwasser kommt als Infektionsquelle in Frage. Bei Bakterien haben manche Pilzbekämpfungsmittel eine gewisse eindämmende Wirkung.

Pilzkrankheiten

Die Hauptmasse der pflanzlichen Schädlinge stellen die Pilze. Die Verbreitung der Pilze erfolgt durch Sporen, die in ungeheurer Zahl produziert und durch Wind, Wasser, Insekten und andere Tiere transportiert werden. Schon eine einzelne Spore reicht aus, um eine Infektion hervorzurufen. Sporen können dem Saatgut anhaften und werden auf diesem Weg verbreitet. Im Pflanzengewebe sitzende Sporen werden meist mit den Pflanzenabfällen verschleppt.

Eine Spore, die auf eine geeignete Unterlage trifft, keimt aus und entwickelt Hyphen, die versuchen, in die Zellen des Wirtes einzudringen. Wenn die Zellen empfänglich sind, vermag der Pilz das Wachstum fortzusetzen. Die Infektion nimmt ihren Verlauf.

Pilzkrankheiten treten in unterschiedlicher Art und Weise in Erscheinung. Verschiedene Schwächepilze (Vermehrungspilze) leben im Boden und ernähren sich dort von abgestorbenen organischen Stoffen. Sie sind aber auch in der Lage, auf Sämlinge und Stecklinge überzugreifen. Binnen weniger Tage, oft binnen weniger Stunden, können sie alle Sämlinge in einer

Aussaatschale vernichten. Dabei kommt es meist zu einer Schwarzfärbung der Wurzel und des Wurzelhalses. Die Fäulnis führt schließlich zum Umfallen der jungen Pflänzchen, weshalb der Ausdruck Umfallkrankheit gebräuchlich ist.

Jedoch auch ältere Pflanzen sind noch von einer großen Zahl von Pilzinfektionen bedroht. Es gibt Pilze, die über die Wurzeln in die Pflanze eindringen und schließlich das Holz zerstören. Andere Pilzkrankheiten dringen in die Gefäße der Bäume ein, wo sie sich rasch ausbreiten. Ihre schnelle Vermehrung erschwert die Wasserbewegung, schließlich verstopfen die Gefäße, wodurch der Nachschub für die Krone ausbleibt. Die Blätter welken mehr oder weniger schnell, einzelne Äste sterben ab, bis schließlich die ganze Pflanze eingeht. Das Ulmensterben ist zum Beispiel eine typische Gefäßerkrankung.

Außerdem kennt man Pilze, die Fäulnis an der Pflanze erzeugen. Die Infektion erfolgt meist über Wunden, über abgestorbene oder abgebrochene Äste, auch über Schnittstellen. Eine solche Pilzkrankheit ist z.B. der Grauschimmel (*Botrytis*).

Eine Reihe von Pilzkrankheiten beschränkt sich auf einen bestimmten Platz, so zum Beispiel befallen die Mehltaupilze überwiegend Blätter. Der Echte Mehltau überzieht die befallenen Pflanzenteile mit einem weißen, mehlartigen Belag. Man findet ihn bevorzugt auf der Blattoberseite, aber auch auf Stengeln, Knospen und Blüten. Der Pilz lebt auf der Pflanzenoberfläche und sendet zu seiner Ernährung Nährhyphen in die Pflanzenzellen. Der Falsche Mehltau verursacht auf den Pflanzen ebenfalls mehlartige Beläge. Allerdings findet man ihn fast ausschließlich auf der Blattunterseite. Im Gegensatz zum Echten Mehltau lebt er im Innern der Pflanze. Dies gilt auch für die Teerfleckenkrankheit an Ahornblättern.

Krankheiten an Blättern wirken sich in der Regel weniger gravierend aus als Schäden an Wurzeln und Stämmen. Nur junge Pflanzen können unter Umständen ganz absterben.

Rostpilze findet man auf Blättern, an Stämmen und Ästen. Der Blasenrost, ein besonders gefährlicher Pilz, befällt bevorzugt Kiefern. Dieser spezialisierte Pilz besitzt einen verwickelten

Birkenrost an einer Containerpflanze von Betula pubescens.

Lebenszyklus. Die an kranken Kiefern gebildeten Sporen sind nicht fähig, andere Kiefern unmittelbar zu infizieren. Sie müssen erst die Blätter von Johannisbeer- oder Stachelbeerarten befallen. Die dort erzeugten Sporen können wieder Kiefern befallen.

Nadelgehölze werden von Blattkrankheiten in der Regel schwerer getroffen als Laubgehölze. Während Laubgehölze auch größere Blattschäden und Entlaubung aushalten, ist der Verlust der Nadeln bei Koniferen begleitet von einer entsprechenden Einbuße an Lebenskraft.

Einige Blattkrankheiten infizieren auch junge Triebe und lassen sie absterben. Doch kann eine solche Gipfeldürre (fortschreitendes Absterben der Zweige von der Spitze her) auch ein sekundäres Merkmal für viele andere schädliche Einwirkungen sein.

Wie die Keimung der Pilzsporen nur bei Gegenwart von Feuchtigkeit vor sich geht, so ist auch für die Weiterentwicklung der meisten Pilze Feuchtigkeit Bedingung. Daher herrschen namentlich in feuchten Jahren durch Pilze verursachte Pflanzenkrankheiten vor.

Tierische Schädlinge

Die meisten tierischen Schädlinge an Gehölzen werden durch das biologische Gleichgewicht in Schach gehalten. Klima, Abwehrmittel der Pflanzen, ferner Nützlinge und auch der Kampf um Nahrung und Lebensraum verhindern ein Überhandnehmen. Wird aber das Gleichgewicht gestört, kann es zur Massenvermehrung kommen. Je nach Art der Nahrungsaufnahme der Schädlinge unterscheidet man zwischen »beißenden« und »saugenden« Insekten. Die beißenden Insekten sind mit zangenförmigen, scharfen Mundwerkzeugen versehen, die saugenden Insekten haben röhrenförmig verlängerte Mundteile (Stech- oder Saugborsten).

Dem Betrachter fallen am ehesten die beißenden Schädlinge auf, die an den Blättern fressen und die Pflanzen entlauben. Raupen und viele andere Insekten schädigen auf diese Weise, ebenso die Schnecken. Zu den saugenden Insekten gehören unter anderem Wanzen, Zikaden, Milben, Weiße Fliege (Mottenschildlaus), Blatt-, Schild- und Wolläuse. Zwar bringen tierische Schädlinge die Pflanzen selten zum Absterben, das Wachstum können sie aber erheblich beeinträchtigen. Nicht selten werden die von Läusen und Milben befallenen Pflanzenteile von Rußtaupilzen überzogen, die vom Honigtau der Insekten leben.

Ahornblätter sind gelegentlich bedeckt mit kleinen hellroten Schwellungen, die von einer Gallmilbe hervorgerufen werden. Gallen sind Gebilde, die die Pflanzen als Reaktion auf die Saugtätigkeit von bestimmten Insekten und Milben entwickeln. Die minierten Gänge in den Blättern, mehr noch die Gallen selbst, sehen häßlich aus, ein Schaden entsteht in den meisten Fällen nicht.

Andere Insekten leben in den Trieben, in der Rinde und im Holz. Die Raupe des Kieferntriebwicklers bohrt sich in Knospen und Leittriebe von Kiefern ein, tötet sie oder verursacht Krümmungen.

Bei manchen Insektenarten wirken sich nur die Larvenstadien schädigend aus (Raupen der Schmetterlinge, Afterraupen der Blattwespen, Maden der Fliege und Mücke), während die fertigen Insekten infolge ihrer gänzlich geänderten Lebensweise kaum Schäden verursachen. Andere Insekten schädigen sowohl als Larve als auch als fertiges Tier (viele Käferarten, Läuse und Wanzen). Im allgemeinen wird die Vermehrung der Insekten durch Wärme und mäßige Feuchtigkeit begünstigt. So kann man in warmen, regenarmen Jahren ein Überhandnehmen von Insekten feststellen.

Pflanzenschutzmaßnahmen

Der Anstoß für das Zustandekommen einer Krankheit oder Schädigung geht nicht immer allein von der Anwesenheit des Parasiten aus. In vielen Fällen, insbesondere bei allen durch Schwäche- oder Gelegenheitsparasiten hervorgerufenen Krankheiten und Schädigungen, ist auch der Zustand der Pflanze wesentlich. Die Pflanze muß sozusagen empfänglich sein. Verschiedene äußere Einflüsse wie schlechte Ernährung, Überdüngung, Trockenheit, übermäßige Nässe, Verletzungen usw. können diesen Zustand herbeiführen. Die Ausschaltung gerade solcher Faktoren, die die Krankheit oder Schädigung erst ermöglichen, ist für die Verhütung von Krankheiten und Schädigungen meist viel wichtiger als die Bekämpfung selbst. Deshalb gilt als Grundsatz: Optimale Wachstumsbedingungen für die Pflanzen schaffen heißt eine der wichtigsten und wirkungsvollsten Voraussetzungen für die Gesunderhaltung der Bonsai.

Ist es aber trotzdem zu einem Befall oder einer Schädigung der Pflanzen gekommen, stehen verschiedene Verfahren zur Verfügung, Schäden durch Krankheitserreger oder Schädlinge an Pflanzen zu verhindern bzw. zu mindern.

Die Biologische Bekämpfung, die sich auf natürliche Feinde oder Widersacher der Schädlinge und Krankheiten stützt, hat seit einigen Jahren großes Interesse gefunden, besonders im Hinblick auf die Bekämpfung tierischer Schädlinge. Sie umfaßt die Behandlung mit selbsterzeugten Kräutertees, Kaltauszügen, Pflanzenjauchen und Spritzbrühen, daneben die Behandlung mit käuflichen biologischen Pflanzenschutzmitteln und den Einsatz von Nützlingen. Während der Einsatz von Kräutertees auch bei Bonsai eine gewisse Rolle spielt, sind dem Einsatz von Nützlingen wegen ihrer starken Umweltabhängigkeit Grenzen gesetzt. Häufig bleibt nur noch der Einsatz von chemischen Mitteln.

Sinnvoller chemischer Pflanzenschutz erfordert aber eine hohe Verantwortung des Anwenders. Er sollte chemische Präparate nur dann anwenden, wenn keine andere Möglichkeit der Abwehr besteht. Pflanzenbehandlungsmittel sind oft nicht ungefährlich, da sie zum überwiegenden Teil Schadorganismen, also Lebewesen, vernichten sollen. Viele dieser Mittel wirken jedoch nicht spezifisch auf den zu bekämpfenden Organismus, sondern können bei unsachgemäßem Einsatz auch die Pflanzen oder die Gesundheit des Menschen gefährden und andere Lebewesen beeinträchtigen.

Für die Bekämpfung führt der Markt eine große Auswahl von Pflanzenbehandlungs- und Schädlingsbekämpfungsmittel. Da das Angebot geeigneter Mittel einem ständigen Wandel unterliegt, wollen wir darauf verzichten, bestimmte Wirkstoffe oder Produkte zu nennen. Der Fachhandel oder die Pflanzenschutzämter beraten bei der Auswahl.

Die Ursache einer Pflanzenkrankheit oder -schädigung zu erkennen, ist nicht immer leicht. Beim ersten Anzeichen eines Befalls wird man zunächst versuchen, selbst eine Diagnose zu stellen. Wenn man aber über die Ursache einer Krankheit oder Schädigung im unklaren bleibt und selbst nicht weiter weiß, hat man die Möglichkeit, beim Pflanzenschutzdienst der Pflanzenschutzämter Auskunft einzuholen. Für eine erfolgreiche Diagnose schickt man Pflanzenmaterial, das die Schadsymptome zeigt, ein.

Die nachfolgende Checkliste soll helfen, das Richtige zu tun, falls Pflanzenschutzmaßnahmen notwendig werden.

● Befallene Bonsai sind sofort von den gesunden zu trennen. Die Umgebung wird auf weitere Schädigung hin beobachtet. Abgeschnittene, geschädigte Pflanzenteile verbrennen.
● Vor Beginn einer Spritzbehandlung die Deckerde mit Folie abdecken und so lange zugedeckt lassen, bis das Bäumchen wieder abgetrocknet ist. Gelangen bestimmte giftige Spritzmittel in die Bonsaierde, werden die dort tätigen nützlichen Mikroorganismen abgetötet.
● Chemische Behandlungsmittel bekämpfen zwar die Krankheiten und Schädlinge, die Ursachen bekämpfen sie jedoch nicht.
● Man verwendet stets nur zugelassene, wirksame, dabei relativ ungiftige Mittel.
● Schutzvorschriften beachten.
● Die Gebrauchsanweisungen der Hersteller beachten und einhalten.
● Nicht überdosieren. (Viel hilft nicht immer viel).
● Die Behandlung sollte an einem warmen Tag, jedoch nicht bei voller Sonne erfolgen. Das Aussprühen bei voller Sonne führt zu schweren Verbrennungsschäden an den Blättern.
● Bei der Behandlung auf eine gleichmäßige Benetzung aller Pflanzenteile achten, besonders dann, wenn es sich um sogenannte Kontaktmittel handelt.
● Pflanzenschutzmittel wechseln. Eine ständig wiederholte Anwendung gleicher Pflanzenschutzmittel oder Präparate auf gleicher Wirkstoffbasis fördert die Resistenzbildung bei den Schädlingen.
● In der Regel töten selbst hochgiftige Pflanzenschutzmittel nur das lebende Insekt. Eier dagegen bleiben am Leben. Deshalb die Behandlung mindestens einmal nach 8 bis 10 Tagen wiederholen.
● In der Regel wirken die Pflanzenbehandlungsmittel nur gegen bestimmte Arten von Pilzen oder Schädlingen. Durch deren Unterdrückung ermöglichen sie aber vielleicht anderen Schadpilzen und Schädlingen eine um so bessere Entwicklung.

Kultur- und Gestaltungshinweise

Jede Bonsaisammlung wird von dem persönlichen Geschmack und den Neigungen des Besitzers geprägt. Deshalb erscheint es auch müßig, darüber zu spekulieren und zu diskutieren, ob nun ein als Bonsai gestaltetes Nadelgehölz schöner ist als ein Laubbaumbonsai.

Dieser spezielle Teil enthält Kultur- und Gestaltungshinweise für eine Auswahl von Laub- und Nadelgehölzen gemäßigter Gebiete, die sich zur Bonsaigestaltung eignen. Neben Pflanzenarten, die häufig und schon lange mit Erfolg als Bonsai gestaltet werden, sind auch solche Arten aufgeführt, die man bis jetzt nur selten als Bonsai gestaltet findet. Besondere Betonung liegt auf den einheimischen Baumarten. Aufgeführt sind zum Teil auch strauchartig wachsende Gehölze, die nicht erst seit heute zum Bonsai erzogen werden, wie der Flieder *(Syringa)* oder die Zaubernuß *(Hamamelis)*. Sicher konnten nicht alle Pflanzenarten berücksichtigt werden, die sich zur Bonsaigestaltung eignen. Betrachtet man allein die ungeheure Mannigfaltigkeit der Baumarten in unseren Breiten, scheint die Auswahl unbegrenzt.

Ein Teil der aufgeführten Pflanzenarten ist als Bonsai im Handel erhältlich. Von anderen Arten, insbesondere den einheimischen, wird man im Bonsaihandel in der Regel nur Jungpflanzen finden. Ein breites Sortiment an jüngeren und älteren Pflanzenarten zur Bonsaigestaltung führen die örtlichen Baumschulen oder auch Versandbaumschulen, die sicherlich auch bereit sind, die nicht vorhandenen Arten zu beschaffen. Sämereien führt – neben dem Bonsaifachhandel – der einschlägige Samenhandel. Bei einigen wenigen Arten kann die Beschaffung von Pflanzenmaterial noch einige Schwierigkeiten bereiten. Der Fachhandel wird sein Sortiment aber um solche Pflanzenarten erweitern, für die es einen Markt gibt.

Wer mit Pflanzen umgeht, sollte wissen, wie sie heißen. Schon als sich die Sprache bei unseren waldbewohnenden Vorfahren entwickelte, erhielten die Pflanzen Namen. Der Nahrung sammelnde Mensch hatte seinen Gefährten nur den Begriff des fruchttragenden Baumes wie »Apfel«, oder des nüssetragenden Baumes wie »Hasel« zu übermitteln. Bei der geringen Zahl von bekannten Pflanzen reichten früher solche volkstümlichen Namen (Vulgärnamen) zur Verständigung aus. Aber heute läßt sich mit dem Vulgärnamen noch nicht einmal im eigenen Lande die Pflanze deutlich genug bezeichnen. So trägt beispielsweise der Feldahorn *(Acer campestre)* nicht nur den volkstümlichen Namen Maßholder oder Kleiner Ahorn, sondern noch mehr als ein Dutzend mundartlicher Bezeichnungen. Nicht selten gibt es auch einen einzigen volkstümlichen Namen für verschiedene Pflanzenarten. Das heißt, ein bestimmter Pflanzenname kann für verschiedene Leute an verschiedenen Orten eine andere Pflanze kennzeichnen. Solche Vulgärnamen reichen also nicht aus, wenn man sich untereinander über Pflanzen verständigen will.

Heute tragen alle bekannten Pflanzen wissenschaftliche (botanische) Namen. Sie ermöglichen Menschen aus der ganzen Welt eine gegenseitige Verständigung und ermöglichen erst einen zwischenstaatlichen Pflanzenverkehr. Solche wissenschaftlichen Namen haben universelle Bedeutung, weil sie der Chinese oder Japaner ebensogut versteht wie der Europäer oder der Amerikaner. In der botanischen Namensgebung verwendet man fast ausschließlich lateinische, latinisierte oder altgriechische Bezeichnungen und Namen. Für den Laien sind die oft unverständlichen botanischen Pflanzennamen schwierig auszusprechen und schlecht zu merken, und doch erlauben nur sie eine eindeutige

Namensgebung. Sie sind gewissermaßen das Etikett, mit dem man jede Art zu jeder Zeit und in jedem Land der Welt sicher ansprechen kann.

Die wissenschaftliche Benennung der Pflanzen unterliegt zwei von den Wissenschaftlern aller Länder beachteten Regelbüchern: dem Internationalen Code der Botanischen Nomenklatur (ICBN) und dem Internationalen Code der Nomenklatur der Kulturpflanzen (ICNCP), in dem die Benennung der land-, wald- und gartenbaulichen Sorten geregelt ist.

Der botanische Name besteht aus zwei Teilen, dem Gattungs- und dem Artnamen. So ist z.B. mit dem Gattungsnamen *Acer* und dem Artnamen *palmatum* der Fächerahorn gemeint. Es gibt aber auch einen *Acer palmatum* var. *dissectum*. Mit var. *dissectum* wird eine Varietät gekennzeichnet, die am natürlichen Standort zu finden ist, sich in ihren Merkmalen aber nur geringfügig (hier durch tief gesägte bis fiederförmig geteilte Blätter) von der Art unterscheidet. Sie kann daher nicht als eigene Art angesprochen werden. Bei *Acer palmatum* 'Osakazuki' weist der in einfachen Anführungszeichen stehende Name die betreffende Pflanze als Gartenform aus.

In den nachfolgenden Kultur- und Gestaltungshinweisen wurde bei der Benennung der Arten auf die derzeit gültige und korrekte Namensgebung Wert gelegt. Noch gebräuchliche und oft in den Katalogen geführte, aber ungültige Namen (Synonyme) wurden in Klammern mit der Abkürzung syn. beigefügt.

Die Gattungen und Arten

Die Kultur-, Pflege- und Gestaltungshinweise gliedern sich in verschiedene Abschnitte. Das Grundsätzliche zur Gestaltung, Pflege und Vermehrung findet man im allgemeinen Teil. Nun folgen spezielle Angaben, die über das Allgemeine hinausgehen und nur die einzelnen Pflanzengattungen oder -arten betreffen. Die Aufstellung erfolgt in alphabetischer Reihenfolge nach Gattungen. Bei der Darstellung wurde ein einheitliches Prinzip eingehalten. Es richtet sich nach folgender Gliederung:

Dieser einst in freier Natur gesammelte Feldahorn wurde bereits mehrere Jahre lang gestaltet.

Beschreibung der Gattung. Der botanische und wenn vorhanden der volkstümliche Name der Pflanzengattung bzw. -art wird angegeben. Außerdem finden sich in diesem Abschnitt eine Kurzbeschreibung der Gattung, Angaben zum natürlichen Verbreitungsgebiet, Bestimmungsmerkmale, dazu alle wissenswerten Besonderheiten dieser Gattung. Im Anschluß daran erfolgt eine Beschreibung der zur Bonsaigestaltung geeigneten Arten und deren Gartenformen. Großer Wert wurde auf die Schilderung der natürlichen Wuchsform der einzelnen Arten gelegt, die Hilfestellung geben soll bei der Gestaltung artgemäßer Baumformen. Ist nur eine beschränkte Artenzahl der jeweiligen Gattung aufgeführt, so gelten in der Regel die Kulturhinweise auch für die nicht aufgeführten Arten der Gattung.

Die Wege. Dieser Abschnitt beschreibt die Möglichkeiten, wie man zu Pflanzen kommen kann: Ob die Arten als Bonsai im Handel sind, wo man Jungpflanzen oder Ballenpflanzen beziehen kann und auf welchem Wege man die Arten vermehren kann. Dabei sind die für die Bonsaigestaltung wichtigsten Methoden aufgeführt.

Standort. Dieser Abschnitt enthält Hinweise zum Standort während der Wachstumsperiode (Vegetationsperiode). Zusätzliche Hinweise zur Überwinterung erscheinen nur dort, wo es notwendig erscheint. Sonst gelten die Angaben aus dem allgemeinen Teil.

Gießen und Düngen. Hier finden sich zusätzliche Hinweise zu den allgemeinen Angaben. Dies gilt auch für die Düngung. Hier sind nur Hinweise für den Zeitraum der Düngung gegeben. Zum Beispiel, daß mit der Düngung erst begonnen werden soll, wenn sich die Blätter voll entwickelt haben.

Umpflanzen. Dieser Abschnitt gibt an, in welchen Zeiträumen ältere, gestaltete Bonsai im Normalfall umgepflanzt werden sollten. Es sind auch die für die jeweilige Pflanzenart empfehlenswerten, selbsthergestellten Erdmischungen genannt, wenn nicht gekaufte Erden vorzuziehen sind. Hinweise auf den Rückschnitt der Wurzeln sind dort enthalten, wo es notwendig erscheint.

Pflanzenschutz. Die Schadbilder der wichtigsten artspezifischen Krankheiten und Schädlinge sind in Kurzform beschrieben.

Gestaltung. Hier finden sich Hinweise zur Gestaltung der jeweiligen Pflanzenart: wie und wann Schnittmaßnahmen durchgeführt werden sollen, ob ein Blattschnitt durchgeführt werden kann, es gibt Hinweise zum Drahten und andere wissenswerte Besonderheiten.

Acer, Ahorn

Die etwa 200 Arten der Gattung *Acer* sind durch die gegenständigen Blätter und Knospen, die breitlappigen, handstrahlnervigen Blätter und die sich paarig gegenüberstehenden geflügelten Samen gekennzeichnet. Ihre Verbreitung erstreckt sich über die ganze nördlich gemäßigte Zone bis zu den Tropen. Die Mehrzahl wächst in Asien. Keiner der ostasiatischen Ahorn-Arten wächst zu einem großen Baum heran, doch bie-

ten sie eine unvergleichliche Vielfalt an verschiedenen Farb- und Formvariationen der Blätter, Stämme und Kronen. Die Ahorne, neben den Kiefern die wichtigsten Bäume der japanischen Bonsaikultur, erfreuen sich auch bei uns größter Beliebtheit. Bei uns in Europa sind nicht viele Arten heimisch. Aber sowohl der Bergahorn als auch der Spitzahorn zählen zu den anspruchslosesten Ahorn-Arten für die Bonsaigestaltung. Man kann ihnen zwar keine exquisite Eleganz bescheinigen, aber sie wirken lebhaft und erweisen sich als durchweg robust und kräftig. Interessant erscheint auch die kleine Gruppe der »Schlangenhaut-Ahorne«, die besonders schöne Rinden ausbilden.

A. buergerianum (syn. *A. trifidum*), Dreispitz- oder Dreizahn-Ahorn. Der Dreispitz-Ahorn war einer der ersten Ahorn-Arten, die aus Japan zu uns als Bonsai kamen. Er ist in den Bergwäldern Japans und in Ost-China beheimatet, wird dort bis zu 15 m hoch und bildet eine dicht belaubte, halbkugelige Krone aus. Die relativ kleinen Blätter haben drei nach vorn zeigende Spitzen. Während des Austriebs sind sie gelborange gefärbt, um die Farbe später von Gelborange nach Dunkelgrün bis Blaugrün zu ändern. Im Herbst verfärben sie sich rot. Von der Art gibt es drei Varietäten, die auch im Handel angeboten werden. Bei var. *formosanum* sind die Spitzen der drei Lappen weniger stark ausgeprägt, die Basis ist herzförmig. Bei var. *ningpoense* sind die Lappen seitwärts gerichtet, die Blattfarbe spielt mehr nach Blaugrün. Bei var. *trinerve* handelt es sich um einen Strauch mit tief eingeschnittenen, schmal zugespitzten Blättern.

A. campestre, Feldahorn, Maßholder. Dieser kleine, in ganz Europa heimische Ahorn mit rundlicher Krone und knorrigem Stamm wächst meist strauchartig. Die Blätter sind klein, drei- bis fünflappig und stumpfgrün. Aufgrund der relativ kleinen Blätter eignet er sich aber gut zur Gestaltung.

A. capillipes, Roter Schlangenhaut-Ahorn. Einer der schönsten Schlangenhaut-Ahorne, heimisch in Japan. Die Rinde ist frischgrün, weiß gestreift, bei jungen Trieben rot. Die Blätter sind dreilappig, im Austrieb rot, später dunkelgrün, meist rot geadert. Die Herbstfärbung erscheint

So wie der Bergahorn,
Acer pseudoplatanus,
in der Natur wächst,
dient er als Bonsai-
Vorbild.

gelb, orange, rot und karmin. Die im spitzen Winkel ansteigenden, besenförmigen Äste sitzen auf einem kurzen Stamm.

A. ginnala, Amurahorn, Feuerahorn, Mandschurischer Ahorn. Der Feuerahorn ist in Nord-China der Mandschurei und in Japan weit verbreitet. Die glänzend dunkelgrünen Blätter, die sich im Herbst leuchtendrot (feuerrot) verfär-ben, sind ähnlich geformt wie beim Dreispitz-Ahorn, jedoch weisen sie gezähnte Ränder und einen langen Mittellappen auf. Den Namen Feuerahorn trägt diese Art zu Recht. Wenn er sich schon früh im August einfärbt, sieht er aus, als würde er brennen. Leider bildet die Art relativ lange Internodien aus, aber durch frühzeitiges Pinzieren erreicht man einen kompakten Wuchs.

Interessant für die Bonsaigestaltung ist neben der Art auch die Zwergform 'Durand Dwarf', die ausgepflanzt nur 50 bis 60 cm hoch wird.

A. japonicum, Japanischer Ahorn. Der Japanische Ahorn hat gewisse Ähnlichkeit mit dem Fächerahorn. Dieser kleine Baum ist an seinen hellgrünen, sieben- bis elflappigen, papierdünnen Blättern, die sich im Herbst prächtig karminrot verfärben, leicht zu erkennen. Von der Art gibt es eine Reihe von Gartenformen, von denen sich einige gelegentlich im Angebot unserer Baumschulen finden. 'Aconitifolium' hat tiefgeteilte Blätter mit farnblättrigen Lappen. Die Sorte zeigt eine schöne karminrote Herbstfärbung. 'Aureum' hat an schattigen Standorten goldgrüne, an der Sonne oft mißfarbene, Blätter. Sie sehen dann wie verbrannt aus. Im Herbst erscheint eine schöne Gelbtönung. 'Microphyllum' hat besonders kleine Blätter.

A. × neglectum (syn. *A. × zoeschense*), Zoeschener Ahorn. Diese Hybride *(A. campestre × A. lobelii)*, im Handel gelegentlich als Bonsai angeboten, steht *A. campestre* nahe. Der kleine Baum hat eine breitgewölbte Krone und fünflappige, herzförmige, glänzend dunkelgrüne Blätter. Besonders schön ist die Gartenform 'Annae', deren Blätter im Austrieb dunkelrot gefärbt sind, und später allmählich ins Olivgrüne übergehen.

A. palmatum, Fächerahorn. Bei uns gilt der Fächerahorn als »der« japanische Ahorn. Diese, in ihrer Heimat Japan kleine, strauchgroße, baumförmig wachsende Art (bis 8 m hoch) mit rundlicher Krone und feingefächerten, oft dunkelroten Blättern ist bei Bonsaifreunden sehr beliebt. Bei der Art sind die Blätter lebhaft rot gefärbt und bis tief unter die Mitte fünf- bis elflappig. Die nachfolgend aufgeführten Varietäten und Gartenformen stellen nur eine kleine Auswahl der zur Bonsaigestaltung geeigneten Formen dar. 'Atropurpureum' (in Japan 'Tanabata' = Name eines Sterns) hat tief fünflappige, grob und doppelt gesägte, fast schwarzrote Blätter, die so bis zum Herbst bleiben. 'Corallinum', der Korallenrinden-Ahorn, erscheint auch unter den Sortennamen 'Senkaki' und 'Sangokaku' im Handel. Die Rinde junger Triebe ist leuchtend korallenrot. Die Blätter sind fünflappig, tief eingeschnitten, hellgrün, im Austrieb leicht rosa getönt. Die Herbstfärbung erscheint orange bis hellrot. 'Dissectum' (in Japan 'Matsukaze') hat grüne, fünf- bis neunlappige Blätter, die fast bis zur Basis eingeschnitten sind mit fiederschnittigen Lappen, die Ränder sind gesägt. 'Dissectum Ornatum' (syn. *A. palmatum* 'Dissectum Atropurpureum') heißt in Japan 'Akai-washino-o', was soviel wie »roter Adlerschwanz« bedeutet. Die Sorte hat Blätter wie 'Dissectum'. Sie sind zunächst braunrot, später hellbraun-grün gefärbt. Der zweite Trieb (Johannistrieb) erscheint dunkelrotbraun. Bei 'Dissectum Garnet' bleiben die Blätter konstant dunkelrot. 'Osakazuki' ist eine besonders schöne Form mit siebenlappigen, dunkelgrünen, meist bis zur Mitte eingeschnittenen, fein gesägten Blättern. Die jungen Blätter sind rosabraun, dann gelbbraun, zuletzt grün, im Herbst orange und karmingefärbt. 'Roseomarginatum' hat von Natur aus ziemlich kleine, fünf- bis siebenlappige, tief eingeschnittene Blätter, die am Rand unregelmäßig gesägt und ausgenagt sind. Das dunkelrosa Blatt wird später heller.

A. platanoides, Spitzahorn. Der Spitzahorn ist eine anspruchslose, heimische Ahorn-Art mit platanenähnlichen, lebhaft grün gefärbten, im Herbst prächtig goldgelben Blättern. Auffallend wirken die gelblichgrünen Blüten, die vor dem Austrieb Ende März–Anfang April erscheinen. Die Krone ist in der Regel hochgewölbt (eiförmig), mitunter auch sehr breit auf kurzem Stamm. Von den zahllosen Formen sind für die Bonsaigestaltung folgende interessant: 'Faassen's Black' mit dunkel purpurbraunen, fast schwarzen Blättern. 'Reitenbachii' hat im Austrieb braunrote, den Sommer über grüne, im Herbst tiefdunkelrote Blätter.

A. pseudoplatanus, Bergahorn. Dieser Riese unter den Ahornarten ist in den mitteleuropäischen Gebirgen bis zum Kaukasus verbreitet. Der dickstämmige Baum mit kurzem Hauptstamm und riesiger, dicht gewölbter Krone wächst im Freistand oft breiter als hoch. Im Frühjahr entfalten sich aus den grünen Winterknospen zahlreiche gelbgrüne Blütentrauben. Die dunkelgrünen fünflappigen Blätter verfärben sich im Herbst kaum. Auch von dieser Art gibt es zahlreiche Gartenformen. Für die Bonsaigestaltung eignet sich unter anderem: 'Brilliantissimum' mit Blättern, die im Austrieb zartrosa und goldfarben sind, sich dann hellgelb, bronzefarben und schließlich grün färben.

Die Wege. Als Bonsai werden der Fächerahorn, der Dreispitzahorn, gelegentlich auch der Zoeschener Ahorn angeboten. Jungpflanzen von den etwas bekannteren Arten findet man gelegentlich im Bonsaifachhandel. Eine größere Auswahl meist auch etwas größerer Pflanzen, die sich als Ausgangsmaterial eignen, halten die Baumschulen bereit. Die Vermehrung kann durch Aussaat (kommt nur für die Arten in Frage), Ableger, Abmoosen, Stecklinge und Veredlung erfolgen.

Aussaat. Die Früchte der meisten Arten reifen im September–Oktober. Da die Samen sehr schnell ihre Keimkraft verlieren, wird sofort nach der Ernte ausgesät. Handelssaatgut wird vor der Aussaat für 2 bis 3 Monate stratifiziert. Die Samen besitzen in der Regel eine sehr geringe Keimkraft, so keimt *A. palmatum* nur zu 20%.

Stecklinge. Die Stecklingsvermehrung ist bei Ahorn nicht einfach, die Anwachsergebnisse befriedigen nicht immer. Besonders leicht gelingt sie beim Feuerahorn. Die beste Vermehrungszeit ist der Juli, wenn die Endknospe ausgebildet ist. Der Steckling wird mit zwei bis drei Nodien (Blattpaaren) geschnitten. Günstig auf den Bewurzelungserfolg wirkt sich eine seitliche Verwundung der Rinde sowie eine Behandlung mit einem Bewurzelungshormon aus.

Veredlung. Die Veredlung stellt für die vielen Gartenformen die wichtigste und häufig auch die einzige Möglichkeit der Vermehrung dar. Als Unterlage verwendet man am besten die zugehörige Art. Veredelt wird bevorzugt durch Anplatten oder seitliches Einspitzen auf im Topf fest eingewurzelte Unterlagen im August. Die Unterlagen sollten bleistiftstark sein. Als Reiser verwendet man einjährige, gut ausgereifte Triebe. Da Veredlungen nur selten gute Bonsai ergeben, erscheint folgendes Verfahren für den Bonsaigärtner interessant: Im ersten Frühjahr nach der Veredlung werden die frischen Veredlungen so tief in den Garten oder in Container gepflanzt, daß die Reiser eigene Wurzeln bilden und die Unterlage abgestoßen (abgeschnitten) werden kann.

Standort. Die japanischen Arten lieben warme, helle Standorte, doch mögen sie keine direkte Sonne. Dies gilt im wesentlichen auch für die anderen aufgeführten Arten. Sie wachsen im Halbschatten bedeutend besser, schneller und kräftiger heran. Eine Südterrasse oder ein Südbalkon sind denkbar ungeeignet, weil hier im Sommer die Luft einfach zu heiß und zu trocken ist. Ein zu sonniger Standort kann beim Fächerahorn die Ursache für braune Blattränder sein. Junge Pflanzen der japanischen Arten sind frostgefährdet und weitgehend frostfrei zu überwintern. Auch später sollte man diese Arten keinen starken Frösten aussetzen. Ständige kalte Winde lassen den Frühjahrstrieb recht unregelmäßig und kümmerlich kommen. Auch erweisen sich japanische Ahorne empfindlich gegen dauernden Luftzug. Die heimischen Arten sind dagegen wesentlich widerstandsfähiger.

Gießen und Düngen. Durch die reiche und meist dichte Belaubung liegt der Wasserbedarf der Arten relativ hoch. An heißen Tagen kann es notwendig sein, mehrmals täglich ausgiebig zu gießen. Dies darf aber im Wurzelbereich nicht zu stauender Nässe führen, denn dies verträgt keine der Arten. Gedüngt wird, wenn die Blätter voll ausgebildet sind (etwa 4 Wochen nach dem Austrieb), bis Ende August.

Umpflanzen. Alle 2 bis 3 Jahre wird umgepflanzt. Dies muß vor dem Austrieb geschehen. (Ende März–Anfang April), denn Ahorne nehmen Wasser auf, lange bevor die Knospen aus der Ruhezeit erwachen. Wird zu spät im Frühjahr umgepflanzt und ein Wurzelschnitt durchgeführt, ist die Wasseraufnahme nachhaltig gestört. Hat man es versäumt, rechtzeitig umzupflanzen, erscheint es sinnvoll, die frisch umgepflanzten Pflanzen einige Tage an geschütztem Ort unter eine Pflanzenglocke zu stellen. Ahorne lieben auch als Bonsai eine etwas humosere Erde (1 Teil Lehm : 2 Teile Torf : 1 Teil Sand).

Pflanzenschutz. Als auffälligste Krankheit tritt die sogenannte Teerfleckenkrankheit auf, von der insbesondere der Bergahorn befallen wird. Die Blätter sehen im Spätherbst aus, als hätte sie jemand mit einer Teerbürste betupft. Ernste

Folgen zeigen sich nicht. Zur Vorbeugung sollten die abgefallenen Blätter gesammelt und verbrannt werden, um einen neuen Befall im Frühling zu verhindern.

Weitaus gefährlicher, zum Glück aber sehr selten, ist ein Pilz, der von den Wurzeln her den Baum befällt, die Leitungsbahnen verstopft und ihn zum Absterben bringt. Eine Bekämpfung ist praktisch nicht möglich.

Treiben im Frühjahr die Knospen nicht aus und scheint sonst alles in Ordnung, kann es sich um das sogenannte Zweigsterben handeln. Eine Bekämpfung ist praktisch nicht möglich, allein ein Rückschnitt ins alte Holz kann dieser Pilzkrankheit Einhalt gebieten. Bei den Schädlingen besonders auf Raupen achten, die in kurzer Zeit den gesamten Baum kahlfressen können.

Gestaltung. Gestalterische Schnittmaßnahmen, also das Schneiden der Zweige und Äste, führt man zu Ausgang des Winters oder auch schon im Spätsommer durch. Der Zeitpunkt für solche starken Eingriffe sollte vor Februar liegen, weil die Ahorne zum »Bluten« neigen. Um die Form zu erhalten, zupft (pinziert) man die Knospen von Frühjahr bis Sommer, sobald neues Wachstum erkennbar ist, vor ihrer Entfaltung heraus, falls sie nicht zur Formkorrektur vorteilhaft erscheinen. Nur wenn ein weiterer Längenzuwachs erwünscht ist, läßt man die Triebe auf die gewünschte Länge heranwachsen und pinziert sie dann. Da die Knospen gegenständig angeordnet sind, führt jeder Austrieb zu einer gabeligen Verzweigung. Da aber in der Regel eine gegenständige Zweigstellung nicht erwünscht ist, wird die unerwünschte Knospe, bevor sie sich entwickeln kann, abgerubbelt (s. Abb. Seite 71). Sehr stark wachsende Triebe schneidet man mit dem ersten Blattpaar ab.

Einige der aufgeführten Arten (unter anderem der Fächerahorn) bilden häufig zu große Blätter aus. Durch einen Blattschnitt oder dem oben beschriebenen frühzeitigen Pinzieren kann diesem Mangel abgeholfen werden. Drahten sollte man nur dann, wenn andere Gestaltungstechniken nicht den erwünschten Erfolg bringen, denn die Rinde des Ahorns ist überaus empfindlich. (Dies trifft insbesondere auf die Schlangenhaut-Ahorne zu). Bevorzugt im Frühjahr, aber auch in der Zeit bis zum Herbst kann gedrahtet werden.

Aesculus hippocastanum, Gemeine Roßkastanie

Bei der Roßkastanie gibt es keine Identifikationsprobleme: Sie zeichnet sich aus durch große, klebrige Gipfelknospen, ein markantes fünf- bis siebenfingriges Blatt, das besonders gut im herbstlichen Gelb wirkt, einen Blütenstand (Rispe), der Blüten trägt, die so originell wie Orchideenblüten sind, und eine riesige, hochgewölbte, aus sehr spitzwinklig ansteigenden Ästen zusammengesetzte, majestätische Krone. Die Roßkastanie gilt als einheimischer Baum. Das natürliche Verbreitungsgebiet liegt jedoch in den Gebirgen Griechenlands, Albaniens und Bulgariens. Die Kastanie konnte auch dem Bonsaigärtner nicht verborgen bleiben. Allerdings ist die Gestaltung aufgrund der Blattgröße und

Machtvoll umklammern die Wurzeln des Dreispitzahorns, Acer buergeranum, den Felsen.

Eine mehrjährige Gestaltungsarbeit hat diese Gemeine Roßkastanie, Aesculus hippocastanum, bereits erfahren. Gesammelt wurde sie in der freien Natur.

des Wuchsverhaltens nicht einfach, aber viele schöne Beispiele auf Bonsaiausstellungen zeigen, daß man auch die Roßkastanie »in Griff« bekommen kann.

In den Baumschulen findet man einige Gartenformen, von denen die schwachwüchsigen Formen mit relativ kleinen Blättern besonders interessant sind wie zum Beispiel 'Digitata', 'Umbraculifera' und 'Monstrosa'. Leider führt der Handel diese Formen nur selten. Neben der Roßkastanie, die weiß blüht, eignet sich *A.* × *carnea*, die rote Kastanie, zur Bonsaigestaltung. Die Gartenform 'Briotii' blüht leuchtend dunkelrot.

Die Wege. Der Bonsaihandel bietet in der Regel nur Jungpflanzen der reinen Art an. In Baumschulen finden sich meist größere Pflanzen (Heister), die sich nach entsprechendem Rückschnitt auch zur Gestaltung eignen. Vermehrt werden Roßkastanien durch Aussaat, die Formen werden vegetativ, durch Abmoosen, Ablegen oder Veredlung vermehrt.

Aussaat. Die Ernte der Samen erfolgt im Oktober–November. Ausgesät wird sofort nach der Ernte oder man lagert die Samen feucht und kühl, um sie dann im Frühjahr mit dem Nabel nach unten auszusäen. Die Keimkraft der Samen hält kaum ein Jahr. Schon nach wenigen Monaten verlieren sie zwei Drittel ihrer Keimkraft. Daher ist bei gekauftem Saatgut Vorsicht geboten.

Standort. Roßkastanien benötigen einen hellen, sonnigen Standort. In den Sommermonaten erscheint in den Mittagsstunden ein Schutz vor direkter Sonne angebracht. Die Überwinterung sollte im Freien erfolgen.

Gießen und Düngen. Roßkastanien benötigen viel Wasser. Während des Austriebs ist maßvoll zu wässern, damit die Blätter nicht zu groß werden. Braune Blattränder zeugen in der Regel von einem zeitweisen Wassermangel. Gedüngt wird, wenn sich die Blätter voll entwickelt haben, bis Ende August.

Umpflanzen. Alle 2 bis 3 Jahre im zeitigen Frühjahr werden Roßkastanien in Erdmischung I umgepflanzt. Wurzeln schonend behandeln!

Pflanzenschutz. Gelegentlich werden Kastanien von der Blattfleckenkrankheit befallen. Auf den Blättern und Blattstielen treten große, dunkelrostbraune Flecken mit gelber Randzone auf. Die Blätter rollen sich ein, werden welk und fallen schließlich ab.

Gestaltung. Zunächst einige Bemerkungen zur Triebentwicklung der Roßkastanie. Zeitig im Frühjahr – sie ist einer der ersten Bäume, die sich belauben – schwellen und öffnen sich die klebrigen, großen Knospen. Der in der Knospe vorgebildete Sproß beginnt sich zu strecken und die äußeren Knospenschuppen rücken auseinander. Dieses »Paket« enthält mehrere Blätter und eine Blütenrispe, die praktisch den Abschluß des diesjährigen Wachstums bildet. Das ganze Jahreswachstum vollzieht sich in diesem einen Schub. Der Trieb hat dann den ganzen Sommer über Zeit zu verholzen. Das Beschneiden der Äste und Zweige sollte schon im Spätherbst erfolgen. Soll die Verzweigung gefördert werden, entfernt man die Gipfelknospe. Die frühzeitige Entfernung der Gipfelknospen stärkt die Seitenknospen. Bei älteren, ausgereiften Pflanzen, bei denen man Wert auf die Blütenbildung legt, wird der Schnitt gleich nach der Blüte durchgeführt. Zu beachten ist, daß die Roßkastanie den Schnitt nicht besonders gut verträgt. Auch ist eine gute Versorgung der Schnittwunden wichtig. Nicht uninteressant für die Gestaltung erscheint die Austriebsförderung der Knospen auf der Zweigunterseite, während ja ansonsten die Knospen auf der Zweigoberseite gefördert werden. Ein Problem der Roßkastanien stellen die relativ großen Blätter dar, die auch nach einem Blattschnitt nicht wesentlich kleiner werden. Ein Drahten der Äste und Zweige ist ganzjährig möglich, doch sollte man möglichst auf andere Gestaltungstechniken zurückgreifen.

Alnus, Erle

Erlen wachsen in Brüchen und auf sumpfigem Gelände. Es handelt sich um laubabwerfende Bäume mit wechselständigen, einfachen, gewöhnlich gezähnten oder gesägten Blättern. Erlen sind vorwiegend in den nördlich gemäßigten Breiten beheimatet. Ihr Laub entfalten die heimischen Erlen erst im Mai und lassen es, wie nur wenige andere Bäume, im Herbst grün fallen. Ihre volle Schönheit entfalten sie gegen Ende des Winters, wenn sie beim Zurückweichen der Kälte aus den gewöhnlich hängenden männlichen Kätzchen die gelben, vom Wind getragenen Pollen ausstreuen und sich mit weiblichen, mehr oder weniger aufrecht stehenden, dunkelroten Gebilden behängen. Nach der Bestäubung verwandeln sich die weiblichen Blüten in weiche, grüne Zapfen, die heranreifen, schließlich verholzen und kleinen Nadelholzzapfen ähneln. Diese Zäpfchen bleiben am Zweig, nachdem der Samen herausgefallen ist.

Ein Bonsai-Vorbild aus der Natur ist diese Schwarzerle, Alnus glutinosa.

Sie sind noch während des folgenden Winters zu sehen. Erlen sind anspruchslose Gehölze, die sich aufgrund der guten Schnittverträglichkeit sehr gut zur Bonsaigestaltung eignen. Diese Gattung verdient mehr Beachtung.

A. glutinosa, Schwarzerle. Die heimische Schwarzerle hat einen schwarzbraunen Stamm, klebrige Zweige und rundliche, an der Spitze oft ausgerandete Blätter. Die Krone baut sich breit kegelförmig auf. Der Stamm reicht gewöhnlich bis in den Gipfel mit anfangs ansteigenden, später mehr waagerechten Ästen, die weit ausgreifen und eine ziemlich lockere Belaubung aufweisen. Die Schwarzerle eignet sich sehr gut zur Gestaltung von Mehrfachstammformen, zumal sie häufig als solche in der Natur anzutreffen ist.

Nahe verwandt mit *A. glutinosa* ist die in Japan heimische *A. hirsuta,* die dort auch gelegentlich zum Bonsai gestaltet wird.

A. incana, Grau- oder Weißerle. Die Grauerle unterscheidet sich von der Schwarzerle durch kleinere, eirunde, oberseits dunkelgraugrüne und auf der Unterseite weißlichgraue Blätter und ihren glatten, hellgrauen Stamm (daher Grauerle). Die Krone baut sich mehr oder weniger kegelförmig auf, im Alter ist sie breit ausladend.

A. japonica, Japanische Erle. Ein bis zu 20 m hoher, meist mehrstämmiger Baum mit einer kegelförmigen Krone. Die eiförmigen, lederartig derben, oben glänzend dunkelgrünen Blätter sind scharf und unregelmäßig gesägt.

A. viridis, Grünerle. Dieser mehrstämmige Strauch besitzt eiförmige bis elliptische, an der Basis breit-keilförmige, oben zugespitzte und unregelmäßig scharf gesägte Blätter. Für die Bonsaigestaltung besonders gut geeignet ist var. *pumila,* ein zwergiger Strauch mit kleinen Blättern.

Die Wege. Fertige Erlen-Bonsai werden kaum im Handel angeboten, allenfalls Pflanzen, die erste Gestaltungsmaßnahmen erfahren haben. Jungpflanzen erhält man im Bonsaihandel, gutes Ausgangsmaterial auch in den Baumschulen. Erlen lassen sich durch Aussaat und besonders leicht durch krautige bis leicht verholzte Stecklinge im Juli vermehren. Ausläufer, die Erlen in der Natur reichlich ausbilden, Absenker und Abmoosen sind weitere Möglichkeiten.

Aussaat. Die Samen der Erlen reifen im Oktober–November, wenn sich die Zapfen von Grün zu Dunkelbraun verfärben. Der natürliche Samenfall beginnt im November, die Zäpfchen müssen also vorher geerntet werden, wenn man nicht leer ausgehen will. Die Samen werden ausgeklengt (siehe Seite 20) und bis zur Aussaat im März–April trocken und kühl aufbewahrt. Ein Vorquellen der Samen erscheint ratsam. Die Keimfähigkeit bleibt 2 bis 3 Jahre lang erhalten, so daß auch Handelssaatgut empfohlen werden kann. Die durchschnittliche Keimfähigkeit beträgt allerdings nur etwa 50%.

Standort. Im allgemeinen bevorzugen Erlen sonnige Standorte, bis auf *A. viridis,* die halbschattig stehen sollte. Bei der Frage nach dem Standort ist zu berücksichtigen, daß Erlen viel Wasser und hohe Luftfeuchtigkeit benötigen. Ein Standort in der Nähe eines Teiches wäre ideal. Für die heißesten Stunden des Tages empfiehlt sich ein Schutz vor direkter Sonne.

Gießen und Düngen. Dem natürlichen Standort an Flußufern oder in Bruch- und Auwäldern ist beim Gießen Rechnung zu tragen. Im Sommer kann es notwendig werden, mehrmals am Tag zu gießen. Ähnlich wie die Hülsenfrüchtler (Leguminosen) beherrschen Erlen die Kunst, mit Hilfe von Mikroorganismen an ihren Wurzeln den Luftstickstoff zu binden und direkt zu verwerten. Eine Düngung ist nur bei erkennbarem Nährstoffmangel notwendig.

Umpflanzen. Alle 2 bis 3 Jahre wird im Frühjahr vor dem Austrieb umgepflanzt. Beim Wurzelschnitt ist besonders auf die Erhaltung der kleinen korallenartigen Gebilde zu achten, in den die bei der Düngung erwähnten Mikroorganismen leben. Erdmischung I, für die Schwarzerle Mischung II verwenden.

Pflanzenschutz. An Jungpflanzen läßt sich gelegentlich das Zweigsterben beobachten. Die Zweigspitzen sterben unter rotbrauner Verfärbung der Rinde ab. Eine direkte Bekämpfung ist nicht möglich, doch sollten kranke Zweige bis ins gesunde Holz zurückgeschnitten werden. Bei der Erlenblattbräune verfärben sich die austreibenden Blätter braun. Bei der Kräuselkrankheit zeigen die Blätter beim Austrieb blasige Verkrümmungen bei gelbroter Verfärbung, später folgt Verbräunung und Blattfall. Gelegentlich kommt es zum Befall durch den Erlenblattkäfer, der durch seinen Fraß schädigt. Auch ein Befall durch Blattläuse am jungen Austrieb ist gelegentlich zu beobachten.

Gestaltung. Die ausgesprochen schnittverträglichen Erlen lassen sich allein durch Schnittmaßnahmen gut gestalten. Formende Schnittmaßnahmen führt man bevorzugt im Februar–März durch. Jedoch ist auch im Laufe der Vegetationsperiode ein Beschneiden möglich. Wenn es um die Erhaltung der Form geht, sollte man sich weitgehend auf das Pinzieren beschränken. Man beginnt damit, sobald die Knospen zu schwellen beginnen. Drahten ist von Frühjahr bis August möglich. Ein Blattschnitt ist in der Regel nicht notwendig, aber möglich.

Berberis, Berberitze, Sauerdorn

Berberitzen werden in letzter Zeit öfter als Bonsai gestaltet. Gründe dafür geben sicherlich die schönen Blüten, die sehr schön gefärbten Früchte und nicht zuletzt die feurige Herbstfärbung einiger Arten. Die Gattung umfaßt sowohl immergrüne als auch sommergrüne stachelige Sträucher mit meist gelbem Holz und wechselständig angeordneten oder auch an Kurztrieben in Büscheln sitzenden Blättern.

Berberis thunbergii 'Bagatelle' in schöner Herbstfärbung. Der Bonsai wurde in einer Form gestaltet, die durch den Kronenumriß zur Geltung kommt.

B. buxifolia 'Nana' ist eine sehr dicht verzweigte, immergrüne Zwergform mit rötlichgrüner Belaubung. Besonders gut eignet sie sich zur Gestaltung von Landschaften.

B. × *rubrostilla*. Diese sommergrüne Hybride hat lebhaft gelbe Blüten und rosa bis karminrote Früchte, die sich von der Herbstfärbung der Blätter schön abheben. Die Gartenform 'Barbarossa' hat dunkelrote, 'Fireflame' lachsfarbene Früchte.

B. × *stenophylla*. Die Blätter dieser immergrünen Hybride sind ganz schmal und wirken fast wie Tannennadeln. Die lebhaft goldgelben Blüten erscheinen Anfang Mai, die Früchte sind schwarz.

B. thunbergii, Thunbergs Berberitze. Diese in Japan heimische Art ist in unseren Gärten weit verbreitet. Die relativ kleinen Blätter zeigen eine schöne leuchtendrote Herbstfärbung. Die Blüten sind hellgelb, die Früchte korallenrot. Noch bekannter und zur Bonsaigestaltung besonders beliebt, übrigens auch in Japan, ist die Blutberberitze 'Atropurpurea'. Diese rotlaubige Form mit bronzefarbenem bis kupferrotem Austrieb zeigt eine reiche Blüte und üppigen Fruchtbehang und eine feurige Herbstfärbung. Schwachwüchsig und gut zur Landschaftsgestaltung geeignet ist 'Atropurpurea Nana'. 'Bagatelle' ist eine langsamwachsende Zwergform mit besonders kurzen, dicht stehenden Trieben und braunroten, später schwarzroten Blättern. Sie wird häufig zum Bonsai gestaltet.

Die Wege. Jungpflanzen als Containerpflanzen erhält man sowohl im Bonsaihandel als auch in Baumschulen. Achtung: Wurzelechte Pflanzen sind Veredlungen vorzuziehen. Vermehrt wird durch Aussaat oder Stecklinge. Abmoosen und Ablegen ist möglich.

Aussaat. Die Ernte der Samen erfolgt im Oktober–Dezember. Nach dem Auswaschen wird sofort ausgesät.

Stecklinge. Die immergrünen Arten schneidet man im September–Oktober mit ausgereiften, aber noch nicht verholzten Kopf- und Teilstecklingen, die sommergrünen im Juni–August. Die Wurzelbildung benötigt eine Bodentemperatur von mindestens 15° C.

Standort. Die sommergrünen Arten lieben sonnige Standorte, während die immergrünen Halbschatten bevorzugen. Die immergrünen Arten sind weitgehend frostfrei zu überwintern.

Gießen und Düngen. Berberitzen werden nur mäßig gegossen, stauende Nässe ist unter allen Umständen zu vermeiden. Die Düngung setzt mit Beginn des Austriebs ein und wird bis Ende August fortgesetzt.

Umpflanzen. Alle 2 bis 3 Jahre wird im Frühjahr vor dem Austrieb in Erdmischung I umgepflanzt.

Pflanzenschutz. Gefürchtet ist der Berberitzenrost (Glatthaferrost). An Blattunterseiten, Trieben und Blüten erscheinen orangefarbene, stäubende Pusteln. Der noch mehr gefürchtete Schwarzrost tritt bei den hier aufgeführten Arten nicht auf.

Gestaltung. Schaut man sich einen blühenden Berberitzenzweig einmal näher an, meint man zunächst, die Blüten wären auf der ganzen Länge der letztjährigen Triebe vorgebildet. In Wirklichkeit sitzen sie aber an besonderen Kurztrieben am zwei- bis mehrjährigen Holz. Den Schnitt der Äste und Zweige und den Auslichtungsschnitt führt man im Frühjahr vor dem Austrieb durch. Im Laufe der Wachstumsperiode werden überlange Triebe immer wieder so weit eingekürzt, wie sie eben nur wachsen sollen. Gedrahtet werden kann von Frühjahr bis Sommer.

Betula, Birke

Die Birke zählt zu den begehrtesten einheimischen Bonsaigattungen. Dies ist nicht verwunderlich, spielt sie doch in vielen Sagen und abergläubischen Gebräuchen eine große Rolle. Kein anderer Baum übertrifft die Birke im Frühjahr mit ihrem zartgrünen, geradezu als Frühlingssymbol geltenden Austrieb. Aber auch im Herbst zeigt sie ihre schönen Seiten, wenn sich die Blätter in ein prächtiges Goldgelb verfärben und im Winter nimmt man ihre schöne Rindenfärbung erst so richtig wahr. Die gestielten Blätter sind im Umriß meist eiförmig, am Rande gesägt, gezähnt oder gelappt. Es gibt rund fünfzig Birkenarten. Sie wachsen in den höheren nördlichen Breiten rund um den Globus, meist baum-, seltener strauchförmig. Immer sind sie aber grazile Gehölze mit leichten Ästen und zierlichen Zweigen. Sie unterscheiden sich in Blattform, Farbe und Textur, am meisten aber noch in ihrem originellsten Merkmal, der Farbe ihrer Rinde.

B. ermanii, Ermanns-Birke. Diese in Japan heimische Art ist ein auffallend schöner Baum mit breiter Krone und gelbweißer Rinde. Schon an zweijährigen Trieben bildet sich eine orangebraune, abrollende Borke aus. In Japan befindet sie sich in Bonsaikultur.

B. nana, Zwergbirke. Die Zwergbirke trägt ihren Namen zu Recht. Es handelt sich um einen niederliegenden, aufstrebenden Strauch, der in freier Natur selten höher als 0,5 m wird. Mit ihren fast kreisrunden, grob gekerbten, nur 1,5 cm langen Blättern erscheint sie zur Bonsaigestaltung ideal.

B. pendula (syn. *B. verrucosa*), Weiß- oder Sandbirke. Mit ihrem grazilen, im Alter oft überhängendem Wuchs, ihrem zunächst weißen, später rissigen, schwarzen Stamm, stellt diese Art eine der beliebtesten Birken für die Bonsaigestaltung dar. In der Jugend hat sie eine schmale, kegelförmige Krone. Ältere Bäume verlieren allmählich den spitzen Gipfel, wölben sich hoch und besitzen lange, hängende Zweige. Die Triebe sind dunkel purpurbraun mit kleinen weißen Warzen (deshalb der Name Sandbirke). Die Baumschulen führen eine Reihe von Formen mit unterschiedlichen Wuchsformen. Interessant für die Bonsaigestaltung sind unter anderem 'Purpurea' mit dunkelroten, im Herbst bronzegrünen Blättern. 'Dalecarlia' hat tief gelappte, auffällig gesägte Blätter. 'Tristis' ist eine Form, die häufig in unseren Gärten angepflanzt wird. Sie wächst zu einem hohen Baum heran, mit geradem Mitteltrieb und langer, eiförmiger Krone.

B. pubescens, Moorbirke. Der Wuchs ist straff aufrecht, nie überhängend, die Rinde weiß, in dünnen Streifen abrollend. Die Krone kann sehr unterschiedlich gestaltet sein, mal spitz zulaufend, mal stärker ausgebreitet. Die Moorbirke liebt feuchte, moorige Standorte, was auch bei der Bonsaikultur berücksichtigt werden muß.

Zur Bonsaigestaltung eignet sich auch *B. lenta,* die Zuckerbirke, mit dunkelrotbrauner Rinde. *B. alleghaniensis,* die Gelbbirke, hat eine gelbliche Rinde, die vogelkirschenartig abrollt. Besonders auffällig ist die orange bis rotorange Rinde der Roten Chinabirke, *B. albosinensis.* Eine der schönsten weißstämmigen Birken ist *B. papyrifera,* die Papierbirke.

Die Wege. Im Bonsaihandel findet man Jungpflanzen, selten gestaltete Birkenbonsai. In der Regel handelt es sich um *B. pendula* und *B. nana.* Die anderen aufgeführten Arten findet man in gut sortierten Baumschulen. Bei Jungpflanzen wird man die schöne Rinde noch nicht vorfinden. Erst bei älteren, etwa zehnjährigen Pflanzen tritt die arttypische Färbung auf. Birken für die Bonsaigestaltung vermehrt man durch Aussaat und Stecklinge. Absenken und Abmoosen ist möglich.

Aussaat. Die Ernte der Samen erfolgt im August, wenn die Zäpfchen eine bräunlichgelbe Färbung annehmen und Neigung zum Aufspringen zeigen. Der normale Samenfall der meisten Arten beginnt im August und dauert bis in den Winter. Die Samen von *B. pendula* fallen bald nach der Reife schon im Juni aus, *B. pubescens* reift einige Wochen später. Die Samen sind bis zur Aussaat im Frühjahr (ab Ende März) trocken zu lagern. Wegen dem relativ feinen Samen wird nur mäßig mit Erde abgedeckt. Die Keimung erfolgt nach etwa 6 bis 8 Wochen. Man rechnet mit einer Keimfähigkeit von 20 bis 30 %. Da Birkensamen bis zu 3 Jahre keimfähig bleibt, ist auch Handelssaatgut geeignet.

Stecklinge. Einfach erscheint die Vermehrung durch Stecklinge, die von leicht verholzten Trieben im Juni–Juli geschnitten werden. Diese Methode ist allerdings nicht sehr verbreitet.

Standort. Birken haben hohe Lichtansprüche. Dies ist beim Bonsai nicht anders als in der freien Natur. Daher sind helle, sonnige Standorte am besten geeignet. Im Sommer kann es allerdings notwendig werden, die Pflanzen in den Mittagsstunden vor direkter Sonne zu schützen. Birken gehören zu den winterhärtesten Bäumen, die Überwinterung sollte daher im Freien erfolgen. Bei zu warmer Überwinterung kommt es zu einem frühen Austrieb mit langen Internodien.

Gießen und Düngen. Für die vielen zur Bonsaigestaltung geeigneten Birkenarten läßt sich keine allgemeingültige Gießregel aufstellen. Die einzelnen Arten stellen unterschiedliche Ansprüche. Während *B. pendula* auch einmal trokken stehen darf, benötigt die Moorbirke viel Wasser. Die Ansprüche der Zuckerbirke und der Gelbbirke liegen zwischen diesen beiden. Gedüngt wird nur in schwachen Konzentrationen, da sonst das Triebwachstum rasch außer Kontrolle gerät und die Form leidet. Die typische Rindenfärbung tritt um so schneller ein, je weniger Stickstoff zur Verfügung steht. Mit der Düngung beginnt man, wenn sich die Blätter voll entwickelt haben und setzt sie bis Ende August fort.

Umpflanzen. Alle 2 bis 4 Jahre wird ein Umpflanzen erforderlich. Birken sind äußerst empfindlich gegen das Verpflanzen. Der Wurzelschnitt muß sich in Grenzen halten. Im Gegensatz zu vielen anderen Bäumen sollten Birken umgepflanzt werden, wenn sie zu treiben beginnen, da sie dann besonders leicht weiterwachsen. Muß man einmal im Herbst verpflanzen, dann nicht vor November. Aufgrund der Bodenverhältnisse am heimatlichen Standort bevorzugen die Sandbirke, Zuckerbirke und die Gelbbirke ein lehmiges Substrat (Erdmischung I), bei der Moorbirke wird der Torfanteil etwas erhöht.

Pflanzenschutz. Gelegentlich wird auch bei Birkenbonsai der Birkenrost beobachtet. Insbeson-

Bei der in freier Natur gesammelten Birke erscheinen der durchgehende Stamm und die schirmförmige Krone interessant.

dere die Sandbirke erweist sich als anfällig. Auf der Blattoberseite bilden sich im Laufe des Sommers chlorotische, fleckenförmige Aufhellungen. An der Blattunterseite entstehen gleichzeitig orangegelbe, unregelmäßige Pusteln, die durch Ausdehnung schließlich zu einer geschlossenen Schicht zusammenfließen. Die Blätter vergilben und fallen frühzeitig ab.

Im Sommer kommt es häufig zum Befall durch die Gemeine Birkenlaus. Die Blätter der Birke sind dann meist mit einem schwärzlichklebrigen Belag überzogen. Die Ursache sind Pilze, die man wegen ihrer schwarzen Farbe »Rußtau« nennt. Sie siedeln sich auf den Ausscheidungen der Läuse an, dem sogenannten Honigtau.

Besonders ärgerlich kann das Auftreten des Springrüßlers sein. Dieser etwa 2 mm große, dunkle Käfer macht sich im Frühjahr zunächst durch Lochfraß an den Blättern bemerkbar. Später legt er Eier in die Mittelrippen. Die Larven fressen dann kleine Löcher in die Blätter. Das Gewebe über den Blattminen verfärbt sich braun. Schließlich fallen die Blätter unter Braunfärbung ab.

Gestaltung. Birken eignen sich gemäß ihrer natürlichen Wuchsformen besonders gut zur Gestaltung frei aufrechter Formen mit hohen, schmalen Kronen. Birken wachsen in freier Natur aber auch nicht selten mehrstämmig. In Gärten und Parks werden sie häufig in Gruppen zusammengepflanzt. Das Schneiden der Äste und Zweige wird lange vor dem Austrieb, am besten schon im Vorwinter, durchgeführt. Ist der Saft schon in Stamm und Ästen emporgestiegen, kann es bei größeren Schnittwunden zu starken Blutungen kommen. Hat man es versäumt, frühzeitig zu schneiden, verschiebt man besser das Schneiden der Äste und Zweige auf den Sommer, da dann die Wunden nicht bluten und leichter und schneller verheilen. Ist die Grundform herausgestaltet, werden die Triebe von Frühjahr bis Ende Juli, immer wenn sich drei bis fünf Blattansätze entwickelt haben, auf ein bis zwei Blattansätze zurückgeschnitten. Wird kein Zuwachs in der Höhe mehr gewünscht, entfernt man die Triebspitzen durch Abzupfen, wenn sie sich zu strecken beginnen.

Eine gute Versorgung der Schnittwunden ist wichtig.

Im allgemeinen wird ein Blattschnitt nicht notwendig, dies gilt zumindest für die einheimischen Arten. Bei den großblättrigen Arten kann ein Blattschnitt durchgeführt werden, wenn sich die Blätter voll entwickelt haben. Ein Drahten ist wegen der Empfindlichkeit der Rinde nicht zu empfehlen. Man verwendet besser Spannschnüre, um Richtungsänderungen des Stammes oder der Zweige herbeizuführen.

Carpinus, Hain- oder Weißbuche, Hornbaum

Bei der Gattung *Carpinus* handelt es sich um laubabwerfende Bäume, die in den gemäßigten Gebieten der nördlichen Erdhalbkugel verbreitet sind. Die in der Regel niedrigen Bäume besitzen eine breite Krone. Die deutlich gerippten Blätter, die häufig den ganzen Winter über haften bleiben und erst mit dem Neuaustrieb im Frühjahr abfallen, sind wechselständig angeordnet. Hainbuchen ähneln den Rotbuchen, aber beim näheren Hinsehen erkennt man deutliche

Carpinus betulus mit schirmförmiger Krone. Beachtung verdient der gut herausgearbeitete Wurzelansatz.

Unterschiede. Die schlanken Einzelknospen neigen sich einwärts gegen den Zweig und die ovalen Blätter haben streng parallel verlaufende Nerven sowie deutlich gesägte Ränder. Und während die Rotbuche einen fast runden Stammquerschnitt bildet, weist die Hainbuche unregelmäßige Wülste auf, so als bestünde der Stamm aus angespannten Muskelsträngen. (Er ist »spannrückig«.) Die glatte, graue Borke zeigt gewöhnlich verstreute Adern mit metallischem Silberglanz.

C. betulus, Gemeine Hain- oder Weißbuche. Uns eher als Heckenpflanze bekannt, wächst die heimische Hainbuche frei wachsend zu einem bis zu 25 m hohen Baum heran mit unregelmäßiger, eiförmig oder breit kegelförmiger, oft bis zum Boden beasteter Krone. Die Gemeine Hainbuche behält ihr Laub bis zum Frühjahr, bleibt frei von Krankheiten und ist auch sonst anspruchslos. Die Verwendung als Heckenpflanze deutet auf die gute Schnittverträglichkeit hin. Sie stellt also eine ideale Pflanze zur Bonsaigestaltung dar, an der der Anfänger seine ersten Gehversuche mit Bonsai wagen kann. Von der Art gibt es eine Reihe von Formen, die sich ebenfalls zur Bonsaigestaltung eignen. Für Waldpflanzungen zu empfehlen sind die Formen 'Columnaris' und 'Fastigiata'.

C. japonica, Japanische Weißbuche. Dieser kleine, bis zu 15 m hohe Baum ist im südlichen Japan heimisch. Die Krone dieser Art lädt weit aus. Die Blätter sind im Austrieb rötlich, beiderseits weich behaart, spitz eilänglich, ungleich und scharf gesägt. Der sehr schöne Baum erweist sich als ebenso anspruchslos wie die Gemeine Hainbuche. Er findet sich in Japan in Bonsaikultur.

C. laxiflora. Der bis zu 15 m hohe Baum besitzt elliptische, plötzlich lang zugespitzte, an der Basis fast herzförmige, doppelt gesägte Blätter. Heimisch ist die Art in Japan, aus China stammt die Varietät *macrostachya. C. laxiflora* hat von allen Hainbuchen die kleinsten Blätter, was sie für die Bonsaigestaltung besonders interessant erscheinen läßt. Neben dieser Art ist in Japan noch *C. tschonoskii* und *C. turczaninovii* in Bonsaikultur. Letztere hat von Natur aus sehr kleine, bonsaigerechte Blätter.

Die Wege. Der Bonsaifachhandel bietet *C. laxiflora* und *C. betulus* gelegentlich als Bonsai an. Jungpflanzen von *C. betulus* bekommt man ebenfalls dort. Baumschulen bieten Heckenjungpflanzen an, die ein gutes Ausgangsmaterial bilden. Zu günstigen Preisen kann man einjährige Sämlinge in Forstbaumschulen erwerben. Vermehrt wird durch Aussaat, weniger durch Ableger und Abmoosen. Eine Vermehrung durch Stecklinge bei hoher Bodenwärme ist im Juni möglich.

Aussaat. Die Früchte reifen im Oktober mit beginnendem Laubfall, der natürliche Samenfall setzt im November–Dezember ein. Wird vor der Vollreife geerntet, kann sofort ausgesät werden. Bei späterer Ernte wird zunächst stratifiziert, um dann im zeitigen Frühjahr (Februar) auszusäen. Handelssaatgut wird sofort nach Erhalt stratifiziert und bei beginnender Keimung ausgesät. Nicht selten liegt der Samen 1 Jahr über. Die Keimfähigkeit liegt bei etwa 60 %.

Standort. Die Hainbuche eignet sich sowohl für sonnige als auch für schattige Standorte. In den Sommermonaten ist bei direkter Sonne leichter Schatten angebracht. Die japanischen Arten sind möglichst frostfrei zu überwintern, dies gilt insbesondere für jüngere Pflanzen.

Gießen und Düngen. Der Wasserbedarf liegt in den Sommermonaten recht hoch. Braune Blattränder lassen sich in der Regel auf kurzfristige Trockenheit zurückführen. Die Düngung setzt ein, wenn neues Wachstum sichtbar wird und setzt sich bis Ende September fort.

Umpflanzen. Im Frühjahr wird vor dem Austrieb alle 2 bis 3 Jahre umgepflanzt in Erdmischung I. Ein Rückschnitt der Wurzeln wird gut vertragen. Wichtig ist die Beachtung des pH-Wertes, der bei 6 liegen sollte.

Pflanzenschutz. Hainbuchen sind robuste Pflanzen. Artspezifische Krankheiten sind nicht bekannt. In trockenen Sommern kommt es häufig zum Befall durch Spinnmilben. Auch Läuse, in deren Folge Rußtaupilze auftreten, sind gelegentlich zu beobachten. Raupen des Großen und Kleinen Frostspanners schädigen durch Fraß an den Blättern.

Gestaltung. Betrachtet man die Triebe der Hainbuche genauer, stellt man fest, daß der

Trieb sich nicht aus der wirklichen Endknospe weiterentwickelt. Sie schließt schon häufig im Sommer mit dem Trieb ab, die Triebspitze trocknet dabei ein und fällt später mitsamt der nicht voll entwickelten Endknospe ab. Im kommenden Jahr entwickelt sich die Triebverlängerung aus der obersten Seitenknospe (siehe auch Seite 60 f.). Das Beschneiden der Äste und Zweige sollte im Februar–März erfolgen, ist aber auch den Sommer über möglich.

In den ersten Jahren des Aufbaus läßt man die Triebe zunächst wachsen, bevor man sie zurückschneidet. So erreichen die Äste schneller einen angemessenen Durchmesser. Wird kein Längenzuwachs mehr gewünscht, zupft man die Knospen, sobald sie sich zu entfalten beginnen, immer wieder aus. Hainbuchen treiben den ganzen Sommer über immer wieder kräftig durch. Ab Ende August sollte nicht mehr geschnitten werden, damit die Triebe ausreifen können. Junge Hainbuchen treiben willig neue Knospen aus, daher sind drastische Schnittmaßnahmen möglich. Ältere Exemplare hingegen treiben bei einem Rückschnitt ins alte Holz nur schlecht aus. Die Unfähigkeit, Knospen am alten Holz zu treiben, läßt sich wohl auf die harte Rinde älterer Bäume zurückführen.

Ein Blattschnitt ist in der Regel nicht erforderlich. Gedrahtet wird von April bis Juli, denn in dieser Zeit läßt sich das Holz leicht biegen. Sehr kleine Äste werden nicht bis zu den Spitzen gedrahtet, sie könnten zu leicht verletzt werden.

Cedrus, Zeder

Die Zedern bilden eine Gruppe von vier nahe verwandten Arten, die vom Mittelmeer bis zum Himalaja beheimatet sind. Bei dieser Nadelgehölzgattung stehen die Blätter (Nadeln) der zweijährigen und älteren Zweige in dichten Büscheln an spornartigen Kurztrieben. Die Seitenknospen bilden sich dabei aus den Seitenknospen vorjähriger Langtriebe. Im Koniferenbereich gibt es nichts, was sich mit den echten Zedern vergleichen ließe. Nicht einmal die Kiefern bringen Bäume solch majestätischer Architektur hervor. So kann es nicht verwundern, daß die Zedern auch den Bonsaigärtnern nicht verborgen blieben. Selbst in Japan, wo keine Art heimisch ist, sieht man Zedern als Bonsai gestaltet.

C. atlantica, Atlaszeder. Die Atlaszeder, die aus dem Atlasgebirge Marokkos stammt, bildet in der Jugend eine breit kegelförmige Krone aus, mit Ästen, die bis zu ihrer Spitze gerade ansteigen, im Alter sich aber horizontal ausbreiten. Die grünnadelige Art ist nicht so sehr beliebt wie die prächtig blaunadelige Form 'Glauca'. Letztere gleicht im Wuchs der Art, ist aber viel dichter beastet.

C. deodara, Himalajazeder. Die Himalajazeder bildet eine kegelförmige Krone aus, die in eine spindelförmige Spitze ausläuft und hat einen deutlich überhängenden Trieb. Sehr alte Bäume sind ausgesprochen breit und besitzen dann auch starke Basaläste und einen hohen astreinen Stamm. Doch ob schmale oder breite Krone, der Gipfel ist immer spitz. Mitunter gabelt sich der Stamm in großer Höhe in zwei gleichwertige Äste. Folgende Gartenformen eignen sich besonders gut zur Bonsaigestaltung: 'Wiesemannii', dichtnadelig, bläuliche Form; 'Eisregen', Triebspitzen stark verzweigt, Nadeln hellblaugrau; 'Karl Fuchs', besonders winterhart; 'Pygmy', eine Zwergform mit fast kugeligem Wuchs und blaugrünen Nadeln.

C. libani, Libanonzeder. Die Krone der im Libanon, Kleinasien und in der südöstlichen Türkei heimischen Art baut sich in der Jugend kegelförmig auf. Im freien Stand wird sie bald breit, hat dann einen kurzen Stamm und viele starke Äste im unteren Bereich, die oft bis zum Boden gehen. Oben teilt sich der Stamm meist in mehrere senkrecht stehende, gleichwertige Äste. Die unteren Äste sind alle ausladend, flach tafelförmig und besitzen kurze, dichte, gebogene, senkrecht stehende Triebe. Im Handel findet sich eine Reihe von Zwergformen, von denen unter anderem 'Nana' und 'Sargentii' für die Bonsaigestaltung interessant sind. Var. *brevifolia* (syn. *C. brevifolia*), die Zypernzeder, bildet eine breite schirmförmige Krone mit kurzen, steifen Ästen. Dieser Varietät zugerechnet wird die Zwergform 'Compacta' mit ausgeprägt graublauen Nadeln und 'Horizontalis', die sich besonders gut zur Gestaltung von Kaskadenformen eignet.

Die Wege. Jungpflanzen der Atlaszeder werden gelegentlich im Bonsaihandel angeboten. Sehr schönes Ausgangsmaterial von allen aufgeführten Arten bieten gut sortierte Baumschulen als Ballenpflanzen an. Schwierigkeiten macht die Beschaffung der Gartenformen. Die Vermehrung erfolgt durch Aussaat und Stecklinge, in Ausnahmefällen auch durch Veredlung. Absenken und Abmoosen ist möglich.

Aussaat. Man ist in der Regel auf importiertes Saatgut angewiesen, da in Deutschland geernteter Samen meist taub bleibt. Die Aussaat erfolgt im Frühjahr (Mai) unter Glas.

Stecklinge. Die Stecklingsvermehrung erfolgt ab Juli bis September durch Kurztriebe, die man auf Astring schneidet.

Standort. Zedern benötigen auch als Bonsai helle, sonnige Standorte. Schatten mögen sie nicht. Die Überwinterung sollte frostfrei erfolgen. Dies gilt im besonderen für die Libanonzeder.

Gießen und Düngen. Obwohl Zedern bis zu einem gewissen Grad Trockenheit vertragen, sollte man für eine gleichmäßige Feuchtigkeit sorgen. Ballentrockenheit ist unter allen Umständen zu vermeiden. Für eine gute Ausfärbung der Nadeln erscheint eine harmonische Nährstoffversorgung wichtig. Bei Nährstoffmangel kommt es zum frühzeitigen Abwurf der Nadeln. Die Düngung beginnt mit dem Austrieb und dauert bis Ende September.

Umpflanzen. Alle 2 bis 3 Jahre wird im Frühjahr vor dem Austrieb umgepflanzt oder, wenn frostfrei überwintert wird, auch schon im Herbst in Erdmischung II. Während die Libanonzeder und die Atlaszeder Erden mit hohem pH-Wert bevorzugen (6 bis 6,5), liebt die Himalajazeder niedrigere Werte (um 5,5). Der Torfanteil ist etwas zu erhöhen.

Pflanzenschutz. Artspezifische Krankheiten der Zeder sind nicht bekannt.

Die Gestaltung dieser Zeder hat sich an der natürlichen Wuchsform der Art orientiert.

Gestaltung. Bei der Gestaltung ist zu berücksichtigen, daß Zedern sowohl Lang- als auch Kurztriebe ausbilden, und daß Kurztriebe nach einem Rückschnitt der Langtriebe zu Langtrieben austreiben. Da Zedern in der Regel frostfrei überwintert werden, können Äste und Zweige den ganzen Winter über geschnitten werden. Ist die Grundform herausgebildet, werden im Frühjahr die sich entwickelnden Knospen einfach herausgezupft, wie es für die Fichten beschrieben ist. Zedern lassen sich gut durch Drahten

gestalten, doch muß man dabei auf die vielen eng beieinanderstehenden Kurztriebe achten. Gegebenenfalls wird ein Teil von ihnen vorher entfernt.

Celtis, Zürgelbaum

Die Gattung *Celtis* umfaßt etwa 60 bis 70 Arten, die in Nord-Amerika, Süd-Europa, dem Nahen und Fernen Osten (China, Korea, Japan) heimisch sind. Es handelt sich um Bäume mit malerischen Kronen und hübschem Herbstlaub. Sie gehören wie die Ulmen und Zelkoven zur Familie der Ulmengewächse und zeigen die Familienzüge deutlich. Was die Zürgelbäume von den Ulmen unterscheidet, sind ihre Früchte: sie tragen rote, gelbe oder schwärzliche, beerenartige Steinfrüchte im Gegensatz zu den trockenen, flachen und geflügelten Ulmenfrüchten.

C. australis, Südlicher Zürgelbaum. »Australis« bedeutet hier nur »südlich« und bezeichnet die Heimat des Zürgelbaumes, das Mittelmeergebiet. Nördlich der Alpen ist diese Art selten, weil sie Wärme und Trockenheit braucht. Die Krone wirkt breit, oft malerisch ausladend. Im Alter wird sie rundlich, bleibt aber unregelmäßig.

C. occidentalis, Abendländischer- oder Nordamerikanischer Zürgelbaum. Das schönste Merkmal des Abendländischen Zürgelbaums ist seine außergewöhnliche Borke. Korkwucherungen liegen zwar in der Familie, aber dieser Zürgelbaum macht etwas Besonderes daraus. Im Alter bedeckt er seinen Stamm mit einer dicken grauen, tief gefurchten Borke. Die Blätter sind schief, spitz-eiförmig, bis zur Mitte scharf gesägt, oben glänzend grün, glatt, unten auf den Nerven schwach behaart. Die Herbstfärbung erscheint goldgelb. Die breit gewölbte Krone hat ziemlich lange, bogenförmige Äste, die manchmal auch sparrig und unregelmäßig sind.

C. sinensis, Chinesischer Zürgelbaum. Dieser in Japan, Korea und China heimische Zürgelbaum hat relativ breite, gegen die Spitze hin tief gezahnte Blätter. Die Borke älterer Bäume ist grau und glatt. Die jungen Triebe sind rotbraun, dicht punktiert und etwas bräunlich behaart. In Japan wird diese Art häufig zum Bonsai gestal-

Der 4 Jahre alte Südliche Zürgelbaum, Celtis australis, wuchs im Garten heran. Ziel des ersten formenden Schnittes ist eine arttypische, breit ausladende Krone.

tet. Bei uns findet man sie gelegentlich als Bonsai im Handel.

Die Wege. Jungpflanzen werden nur selten angeboten. Einige Baumschulen führen Ballenpflanzen. Vermehrt wird in der Regel durch Aussaat, Absenken oder Abmoosen. Eine Vermehrung durch Stecklinge im Juni ist möglich, doch liegt die Bewurzelungsrate sehr niedrig.

Aussaat. Die Samen reifen im November–Dezember. Nach der Ernte werden sie sofort ausgewaschen, kurz getrocknet und gleich ausgesät. Vor der Aussaat ist die Samenschale aufzurauhen. Der Samen bleibt etwa 2 Jahre lang keimfähig, so daß sich auch Handelssaatgut empfehlen läßt. Die Keimung erfolgt in der Regel erst im zweiten Frühjahr nach der Aussaat.

Standort. Zürgelbäume lieben helle, sonnige Standorte. In den Sommermonaten ist ein Schutz vor praller Sonne angebracht. *C. australis*
muß bei Temperaturen über 0 °C überwintern. Die beiden anderen Arten erweisen sich als bedeutend härter. Junge Pflanzen sind stets frostfrei zu überwintern.

Weitere Kultur-, Pflege- und Gestaltungshinweise siehe Zelkova.

Cercidiphyllum japonicum, Katsurabaum, Kuchenbaum

Der in China und Japan heimische Katsurabaum gehört ohne Zweifel zu den elegantesten Laubbäumen. Die herzförmigen, sommergrünen Blätter sind gegenständig angeordnet. Ihre großartigen Farbtöne wechseln von Scharlach-Karminrot nach Orange und schließlich im Herbst zu Gelb. In diesem Farbwechsel gibt es viele Übergänge. Im Herbst, unmittelbar vor

Dieser Katsurabaum, Cercidiphyllum japonicum, in Herbstfärbung dient als Vorbild für die Bonsaigestaltung. Er wurde im Bergpark Kassel-Wilhelmshöhe aufgenommen.

dem Blattfall, duften die Blätter nach Lebkuchen, daher auch der Name Kuchenbaum. Bei vorübergehender Trockenheit fallen die Blätter ab, ohne sich zu verfärben. Der Katsurabaum ist zweihäusig. Die kleinen Blüten bedeuten eine besondere Zierde. Die männlichen haben kleine Büschel roter Staubfäden, die weiblichen kleine Büschel dunkelroter, gedrehter, aufrechter Narben. Sie erscheinen im April vor dem Laubaustrieb. Die Krone wirkt in der Jugend schmal, graziös wie eine Birke, im Alter kugelförmig. Die Verzweigungen sind leicht und aufgrund der gegenständigen Knospenstellung sehr regelmäßig.

C. magnificum ist ebenfalls in Japan heimisch, hat größere Blätter, wird nur selten bei uns angeboten.

Die Wege. Jungpflanzen bietet der Bonsaihandel. In Baumschulen findet man meist nur größere Ballenware (80 bis 100 cm), die sich aber nach entsprechendem Rückschnitt gut zur Gestaltung eignet. Vermehrt wird durch Aussaat, Ablegen, Abmoosen. Eine Stecklings- oder Steckholzvermehrung ist möglich. Als Stecklinge verwendet man krautige Triebspitzen, die im Juni geschnitten werden.

Aussaat. Die Aussaat erfolgt im Frühjahr im Haus, die Samenschale ist aufzurauhen. Die optimale Keimtemperatur liegt bei 20 bis 25 °C. Die Keimfähigkeit liegt selbst bei frischem Saatgut selten höher als 20 %.

Standort. Der Katsurabaum fühlt sich im Halbschatten am wohlsten, gedeiht aber ebensogut an sonnigen Plätzen. Jüngere Pflanzen sind frostfrei zu überwintern.

Gießen und Düngen. Der Katsurabaum wächst in seiner Heimat auf ständig feuchten Böden, diesem Umstand ist beim Gießen Rechnung zu tragen. Gedüngt wird, wenn sich die Blätter voll entwickelt haben bis Ende August. Später nicht mehr düngen, weil sonst die Herbstfärbung leiden kann.

Umpflanzen. Vor dem Aufbrechen der Knospen im Frühjahr pflanzt man alle 2 bis 3 Jahre in Erdmischung I um. Ein Wurzelschnitt wird im allgemeinen gut vertragen.

Pflanzenschutz. Artspezifische Schädlinge und Krankheiten sind nicht bekannt.

Gestaltung. Der Katsurabaum bildet sowohl Lang- als auch Kurztriebe aus. Letztere sind geradezu Zwerge, vergleichbar mit den Kurztrieben des Ginkgo. Die Blüten sitzen auf der ganzen Länge der letztjährigen Triebe, dies ist beim Schneiden zu berücksichtigen, wenn man Wert auf die Blüte legt. Das Beschneiden der Äste und Zweige erfolgt nach der Blüte im Frühjahr (spätestens im Juni). Im Herbst nach dem Laubfall erscheint es angebracht, die diesjährig gewachsenen Triebe einzukürzen, damit die ganze Kraft in die verbliebenen Knospen geht. Im Frühjahr kann nur ein Auslichten der Krone empfohlen werden. Bevorzugt im Frühjahr, aber auch in der Zeit bis zum Herbst kann gedrahtet werden. Ein Blattschnitt ist möglich, in der Regel aber nicht notwendig, der Blütenbildung wegen auch nicht zu empfehlen.

Cercis, Judasbaum

Der Judasbaum ist leicht an seinen meist nieren- oder herzförmigen Blättern, die an karmesinroten Zweigen sitzen, zu erkennen. Sie entfalten sich sehr spät im Jahr, sind zuerst bläulich überlaufen, um sich im Herbst goldgelb zu färben. Nicht nur Blattform und Blattfärbung machen ihn so überaus interessant für die Bonsaigestaltung, sondern auch die Blüten. Sie sind hellpurpurlila, violettrosa oder rosenrot gefärbt und stehen zu mehreren in Büscheln. Sie erscheinen nicht nur an den jungen Zweigen, sondern auch an dicken Ästen und selbst am Stamm. Botaniker bezeichnen dies als Kauliflorie, was »stammbürtige Blüten« bedeutet. Ebenso wie die Blüten stellen die sich karmesinrot verfärbenden Früchte (Hülsen) im Herbst eine besondere Zierde dar. Beheimatet ist die Gattung im nördlichen Amerika, in Süd-Europa bis Ost-Asien (China).

Der bekannteste, der Gemeine Judasbaum *C. siliquastrum* besitzt purpurrosa oder dunkelviolette Blüten, die von März bis Mai vor dem Blattaustrieb erscheinen. Weniger bekannt ist der Kanadische Judasbaum *C. canadensis*, ein meist vielstämmiger Baum mit rosa Blüten im April–Mai. In China heimisch, in Japan durch Jahrhunderte alte Kultur verbreitet, ist der Chinesische Judasbaum *C. chinensis* mit violettroten Blüten im Mai. Er stellt von allen Arten wohl den schönsten Blüher dar, wird jedoch bei uns kaum angeboten.

Die Wege. Pflanzenmaterial wird man in der Regel nur in Baumschulen finden und dann auch nur von *C. siliquastrum.* Meist handelt es sich dann um Ballenpflanzen, die sich nach entsprechendem Rückschnitt zur Gestaltung eignen. Vermehrt wird in der Regel durch Aussaat, eine Stecklingsvermehrung im Frühjahr nach dem Austrieb ist möglich.

Aussaat. Samen kann man im Herbst selbst ernten. Die Aussaat erfolgt im Frühjahr (April) im Haus, zuvor wird die Samenschale aufgerauht.

Standort. Hell bis sonnig. An schattigen Standorten bleibt die Blüte aus. Die Überwinterung sollte weitgehend frostfrei erfolgen.

Weitere Kultur-, Pflege- und Gestaltungshinweise siehe *Cercidiphyllum.* Im Gegensatz zu *Cercidiphyllum* können die Triebe auch während der Vegetationsperiode immer wieder beschnitten werden, da ja ein Großteil der Blüten an Stamm und Ästen erscheint.

Chamaecyparis, Scheinzypresse

Schaut man sich eine Kiefer an und vergleicht sie mit den Laubgehölzen, so kann man einige Gemeinsamkeiten feststellen, und ihre Organe sind leicht zu vergleichen. Ein Zweig entspricht einem Zweig, eine Knospe einer Knospe, ein Blatt, wenn auch nadelförmig, wird als Blatt erkannt. Die Zypressen wirken dagegen ganz anders. Die schuppenartigen Blättchen sind so dicht und sich überlappend an die Zweige angedrückt, daß man zumindest an den jüngeren Trieben nur ihr Blattgrün sieht, Knospen gibt es scheinbar keine. Während die meisten Laub- und Nadelgehölze im Sommer ihren nächstjährigen Trieb ausbilden, das Wachstum einstellen und ihn mit einer Schuppendecke schützen, legt die Zypresse nur eine Pause ein, wenn es kalt ist.

Die »Echten Zypressen« *(Cupressus)* sind nur bedingt als Freilandbonsai geeignet. Hier sind die im allgemeinen winterharten, in gemäßigten

Eine Scheinzypresse, Chamaecyparis, in einer für Nadelgehölze ungewöhnlichen Wuchsform.

Zonen heimischen Arten und Formen der Scheinzypresse *(Chamaecyparis)* angesprochen. Die sieben Arten der Gattung sind alle auf der Nordhalbkugel beheimatet, drei Arten in den westlichen und südöstlichen Küstenregionen von Nord-Amerika und vier Arten in Japan und Taiwan. Es handelt sich in jedem Fall um hohe Bäume mit kegelförmigen Kronen und überhängenden Triebspitzen.

Von den Arten gibt es unzählige Gartenformen, angefangen von Zwergformen bis hin zu großen Bäumen in grünen, gelben, goldgelben oder blauen Tönen. Scheinzypressen spielen in der Bonsaikultur eine große Rolle, so mancher Bonsaigärtner hat mit einer Scheinzypresse seine ersten Gestaltungsversuche gemacht.

C. lawsoniana, Lawson-Scheinzypresse. Die Art bildet eine hohe, schmal kegelförmige, im Freistand dicht und bis zum Boden beastete Krone aus. Häufig ist der Stamm gegabelt, mitunter auch mehrfach gegabelt. Viele Formen der Lawson-Scheinzypresse sind in unseren Gärten weitverbreitet. Einige dieser Formen eignen sich auch zur Bonsaigestaltung unter anderem: 'Alumii', eine schmale Säulenform mit fächerartig aufstrebender Bezweigung und 'Columnaris Glauca' mit straff aufrechtem, blaugrün benadelten Zweigen. Bei 'Golden Wonder' und 'Lane' sind die Blätter goldgelb, bei 'Stewartii' intensiv gelb gefärbt.

C. nootkatensis, Nutka-Scheinzypresse. Ein schlank pyramidal wachsender Baum mit dichtstehenden Ästen. Die Art selbst wird selten angeboten. Sie ist nicht zu verwechseln mit der Form 'Pendula', die wohl schönste aller Scheinzypressen für die Gartengestaltung. Die Gestaltung zu einem Bonsai ist bei dieser Form mit von Natur aus hängenden Zweigen nicht ganz einfach und kann nur dem erfahrenen Bonsailiebhaber empfohlen werden.

C. obtusa, Feuer- oder Hinoki-Scheinzypresse. Die in Japan heimische Hinoki-Scheinzypresse ist einer der fünf heiligen Bäume der Shinto-Religion, die nur für religiöse Zwecke verwendet werden durften. Deshalb finden sich an vielen Tempeln alte Exemplare. Sie ist wohl die im Bonsaihandel am meisten angebotene Art und unterscheidet sich von den anderen Arten durch die kurzen, dicken, an den Enden abgerundeten Schuppenblätter, die auf der Unterseite weiße Linien aufweisen. Die Krone baut sich in freier Natur breit und oben spitz kegelförmig auf. Der walzenförmige Stamm wächst sehr gerade, mitunter gabelt er sich auch. Bei jungen Bonsai, die im Handel angeboten werden, handelt es sich in der Regel um die Zwergform 'Nana Gracilis'. Die unregelmäßig gestellten Zweige sind muschel- bis tütenförmig gedreht, daher der deutsche Name Muschel-Scheinzypresse. Eine weißbunte, kegelförmig wachsende Form ist 'Albospica', im Austrieb gelblichweiß, später vergrünend. Pyramidal wächst die goldgelbe Form 'Aurea'.

C. pisifera, Sawara-Scheinzypresse. Dieser in seiner japanischen Heimat bis zu 50 m hohe schmale, kegelförmige Baum zeichnet sich aus durch seine schöne, kastanienbraune Rinde, die sich in schmalen Streifen ablöst. Sie wächst in der gleichen Gegend und unter gleichen Bedingungen wie *C. obtusa.* Die Art selbst wird im Handel nur selten angeboten. Zur Bonsaigestaltung geeignet sind die Formen 'Dwarf Blue', eine dichtwachsende blaue Form, 'Plumosa Aurea', die Goldfederzypresse, mit schöner goldgelber Benadelung; 'Plumosa Compressa', die Zwergfederzypresse, gelblich grün und mit

dichtem Wuchs; sowie 'Squarrosa, Boulevard', dicht pyramidal wachsend und mit stahlblauer Färbung. Die Faden- oder Haarzypresse ('Filifera'-Formen), die in unseren Gärten weit verbreitet ist, eignet sich aufgrund ihrer fadenförmigen Verzweigung weniger gut zur Bonsaigestaltung.

C. thyoides, Zeder-Scheinzypresse. Die Zeder-Scheinzypresse ist an der Atlantikküste der Vereinigten Staaten zu Hause. Dort erscheint sie als ein schlanker, locker beasteter Baum, wird bis zu 25 m hoch und wächst sehr langsam. Zur Bonsaigestaltung besonders geeignet ist die Form 'Andelyensis' mit reichem, zierendem Fruchtbehang.

Die Wege. Bei den im Bonsaihandel angebotenen älteren Scheinzypressen-Bonsai handelt es sich in der Regel um die Hinoki-Scheinzypresse (Importware), bei jüngeren Pflanzen meist um die Form 'Nana Gracilis', die alle in Deutschland angezogen und gestaltet wurden. Jungpflanzen findet man in reicher Auswahl in Baumschulen und auch im Bonsaihandel. Beim Kauf sollte man den aus Samen und Stecklingen vermehrten Pflanzen den Vorzug geben. Veredelte Pflanzen können dann empfohlen werden, wenn die Veredlungsstelle tief ansetzt (Wurzelhals) und unsichtbar bleibt. Bei der Vermehrung spielen vegetative Methoden die größte Rolle: das Abmoosen, das Ablegen, die Stecklingsvermehrung und die Veredlung. Die Aussaat kommt nur für die reinen Arten in Betracht.

Aussaat. Geerntet wird der Samen im Herbst (August–September), von *C. nootkatensis* schon im März–April, kurz bevor sich die Zapfen öffnen und die Samen entlassen. Nach dem Ausklengen werden die Samen bis zum Frühjahr trocken aufbewahrt und im März–April ausgesät. Die Keimung erfolgt nach etwa 4 bis 5 Monaten. Der Samen von *C. nootkatensis* liegt in der Regel ein Jahr lang über. Die Keimfähigkeit, dies gilt insbesondere für gekauftes Saatgut, liegt nur bei etwa 10%.

Stecklinge. Der Baumschulgärtner vermehrt von September bis Dezember, doch ist eine Vermehrung auch von März bis August möglich. Geschnitten wird auf Astring. Vermehrt man Arten oder Formen mit aufrechtem Wuchs aus

Seitentrieben, ist zu beachten, daß diese flach und brettartig weiterwachsen, wie es dem Wuchs der Seitentriebe entspricht. Nur durch einen scharfen Rückschnitt lassen sich solche Stecklinge zu aufrechtem Wuchs verleiten.

Veredlung. Eine Veredlung ist aus den bekannten Gründen nicht sinnvoll, in der Regel auch nicht notwendig. Allein für die Form *C. obtusa* 'Nana Gracilis' kann sie empfohlen werden. Veredelt wird durch seitliches Einspitzen oder Anplatten auf Sämlinge von *C. lawsoniana*.

Standort. Scheinzypressen bevorzugen halbschattige Standorte. Alle grünnadeligen Arten und Formen erweisen sich als absolut winterhart. Die gelben und weißbunten Formen sind dagegen etwas empfindlicher und bevorzugen eine frostfreie Überwinterung.

Gießen und Düngen. Scheinzypressen wachsen in ihrer Heimat an kühlen, feuchten Stellen. Ganzjährig muß für gleichmäßige Feuchtigkeit gesorgt werden. Ballentrockenheit ist unter allen Umständen zu vermeiden. Gedüngt wird mit Beginn des Austriebs bis Ende September, aber nur in schwachen Konzentrationen. Dies gilt insbesondere für die stark wachsenden, pyramidenförmigen Arten und Formen, da das Wachstum sonst schnell außer Kontrolle gerät.

Umpflanzen. Alle 2 bis 4 Jahre wird im Frühjahr vor dem Austrieb umgepflanzt, bei frostfreier Überwinterung auch schon im Herbst in Erdmischung II.

Pflanzenschutz. Gefürchtet ist die Wurzel- und Stammfäule, die der Pilz *Phytophthora* verursacht. Die Pflanzen zeigen ein mattes, fahlgrünes Aussehen, später vergilben sie, welken und vertrocknen schließlich. Die Leitungsbahnen zeigen sich beim Anschneiden braun verfärbt und abgestorben. Der Pilz befällt die Pflanzen vom Boden aus über die Wurzeln. Eine Bekämpfung ist nur im Anfangsstadium möglich.

Jungpflanzen werden gelegentlich von der Einschnürkrankheit befallen. Stamm und Zweige zeigen Einschnürungen, die Rinde stirbt ab, oberhalb der erkrankten Stellen schwillt der Stamm an. Der Kronen- bzw. Zweigteil vergilbt und stirbt schließlich ab. Eine direkte Bekämpfung ist nicht möglich. Erkrankte Jungpflanzen

werden verbrannt, befallene Zweige bis ins gesunde Holz zurückgeschnitten.

In trockenen Sommern tritt verstärkt die Spinnmilbe auf. Die Nadelschuppen verfärben sich graugrün, bevor sie schließlich vertrocknen.

Gestaltung. Äste und Zweige werden im März–April oder auch schon im Herbst zum Ende der Wachstumsperiode beschnitten. Da Scheinzypressen ganzjährig Zuwachs bekommen, der nur durch die kalte Jahreszeit gestoppt wird, muß der Neuaustrieb von April bis September immer wieder abgezupft werden. Ohne Drahten kommt man bei der Gestaltung im allgemeinen nicht aus. Gedrahtet wird im Frühjahr vor dem Austrieb oder im Herbst nach Ende der Vegetationsperiode.

Choenomeles (syn. Chaenomeles), Zierquitte

Die Gattung *Choenomeles*, die zur Familie der Rosengewächse gehört, umfaßt vier Arten, die alle im ostasiatischen Raum beheimatet sind. Es handelt sich um sommergrüne oder halbimmergrüne Sträucher mit mehr oder weniger dornigen Zweigen, wechselständigen Blättern, fünfzähligen Blüten und schönen Früchten. Von den Arten gibt es aufgrund der intensiven Züchtung der Gärtner eine Vielzahl von Gartenformen mit besonders großen Blüten in leuchtenden Farben. Als Bonsai sind die Zierquitten wegen ihres reichen und regelmäßigen Blütenansatzes, ihrer Früchte und auch wegen ihrer Anspruchslosigkeit beliebt. Durch ihre Neigung, Ausläufer auszubilden, läßt sich aus einer einzigen Pflanze ein ganzer Wald gestalten.

C. cathayensis, Chinesische Zierquitte. Diese Art ist in Mittel-China beheimatet. Die elliptisch-lanzettlichen Blätter sind fein und scharf gesägt. Die weißen Blüten sitzen zu zweit oder zu dritt beisammen. Die Art wird im Handel nur selten angeboten.

C. japonica, Japanische Zierquitte. Diese in Japan beheimatete Art wächst in freier Natur als niederliegender Strauch. Die glänzenden, dunkelgrünen Blätter sind eiförmig und sitzen an dornigen Zweigen. Die ziegelroten Blüten trei-

Mehrstämmige Choenomeles speciosa, Scheinquitte. Die Bäume wachsen aus einem Wurzelsystem heraus. Für diese Gestaltungsform eignen sich ausläufertreibende Gehölze.

ben im zeitigen Frühjahr am vorjährigen Holz aus. Die gelblichgrünen Früchte duften sehr aromatisch und bleiben bis weit in den Winter hängen.

C. speciosa (syn. *C. lagenaria*). Diese in China beheimatete, in Japan eingebürgerte Art unterscheidet sich von *C. japonica* durch einen etwas stärkeren Wuchs. Ihre Blätter sind schmaler und spitzer, die Blüten scharlachrot und die länglichen, ebenfalls aromatisch duftenden Früchte sind leicht gerötet.

C.-Hybriden. Die durch Kreuzung der verschiedensten Arten entstandenen Gartenformen sind heute als *C.*-Hybriden im Handel. Für die Bonsaigestaltung eignen sich unter anderem: 'Andenken an Carl Ramcke', leuchtend zinnoberrot blühend; 'Brilliant', orangerot; 'Elly Mosel', feuerrot, besonders frühblühend; 'Crimson and Gold', dunkelrot mit goldgelben Staubgefäßen, reich fruchtend. 'Nivalis' blüht weiß, bevorzugt an den Enden der Triebe, 'Pink Lady' einfach dunkelrosa. 'Gartenbau-Direktor Ernst Finken' blüht leuchtendrot und 'Hollandia' scharlachrot.

Die Wege. Jungpflanzen bekommt man sowohl im Bonsaihandel als auch in den örtlichen Baumschulen. Die Arten und auch einige der oben genannten Sorten können durch Aussaat vermehrt werden. In der Regel wird vegetativ durch Stecklinge, Ableger oder Wurzelschnittlinge vermehrt.

Aussaat. Die Früchte müssen bis zur Ernte im Herbst vor Vogelfraß geschützt werden, will man nicht leer ausgehen. Sie werden gleich nach der Ernte zerdrückt und unter fließendem Wasser vom Fruchtfleisch getrennt. Die Aussaat selbst kann noch im Herbst stattfinden oder nach Stratifikation im Frühjahr.

Stecklinge. Der günstigste Zeitpunkt für die Stecklingsvermehrung fällt in die Monate Juni–Juli. Man verwende etwa 10 cm lange krautige Triebspitzen von diesjährigen abgeblühten Trieben. Die ganz jungen Triebspitzen werden ausgekniffen. Von ausschlaggebender Bedeutung für den Bewurzelungserfolg ist die Bodentemperatur, die 15° C nicht übersteigen sollte, da die Stecklinge gegen hohe Bodentemperaturen sehr empfindlich sind.

Standort. Zierquitten bevorzugen aufgrund der natürlichen Standortverhältnisse einen sonnigen Standort. Nur in den Sommermonaten bei intensiver Sonnenbestrahlung wird ein Schutz erforderlich. Stehen die Pflanzen zu schattig, wird ihr Wuchs sparrig, die Triebe vergeilen und die Blüten erscheinen spärlicher.

Gießen und Düngen. Die Erde wird gleichmäßig feucht gehalten. In den Sommermonaten reichlich gießen! Schon bei kurzfristiger Trockenheit vertrocknen die Blätter vom Rand her. Die Düngung setzt nach der Blüte im Frühjahr ein und setzt sich fort bis Ende September.

Umpflanzen. Alle 2 bis 3 Jahre wird im Frühjahr vor dem Austrieb umgepflanzt. Die Chinesische und Japanische Zierquitte setzt man auch schon im Herbst um. Erdmischung I verwenden.

Pflanzenschutz. Im allgemeinen bleiben Zierquitten von Krankheiten und Schädlingen weitgehend verschont. Gefürchtet ist das Gelbflecken-Virus. An älteren Pflanzen treten Blätter mit hellgrünen bis gelblichen Bandmustern oder Ringen auf. Eine Bekämpfung ist nicht möglich. Um eine Übertragung auf andere Pflanzen zu vermeiden, muß die befallene Pflanze, auch wenn es weh tut, verbrannt werden. Kleine schwarze Flecken auf den Blättern, welche später welken und vorzeitig abfallen, lassen sich auf den Befall mit der Blattfleckenkrankheit zurückführen.

Gestaltung. Das Dickenwachstum der Zierquitte ist sehr schwach. Aus diesem Grunde schneidet man Jungpflanzen in den ersten 2 Jahren während der Vegetationszeit immer wieder kurz zurück, ohne Rücksicht auf den Blütenansatz zu nehmen. Dadurch verliert die Zierquitte ihren sparrigen Wuchs, man erreicht eine reiche Verzweigung. Die Zierquitte gehört zu den Frühjahrsblühern, deren Blüten am zwei- und mehrjährigen Holz (dann an Kurztrieben) erscheinen. Dieses Blühholz bleibt mehrere Jahre am Leben. Da aber bei älteren Trieben die Blühfähigkeit immer mehr nachläßt, ist rechtzeitig für eine Verjüngung zu sorgen. Der Schnitt der Äste und Zweige sollte im Spätsommer erfolgen. Um diese Zeit kann man gut zwischen Blüten- und Blattknospen unterscheiden und der Schnitt stärkt die verbliebenen Knospen. Gleichzeitig wird die Krone ausgelichtet. Im Laufe der Wachstumsperiode werden die Neuaustriebe immer wieder auf ein bis zwei Nodien (Blattansätze) zurückgeschnitten, wenn sie auf fünf bis sieben Nodien herangewachsen sind. Auf ein Drahten, das während der gesamten Wachstumszeit möglich ist, läßt sich im allgemeinen nicht verzichten. Ein Blattschnitt ist möglich, aber nicht sinnvoll, da er auf Kosten der Blüte geht.

Cornus, Hartriegel

Die Gattung umfaßt 40 Arten meist sommergrüner Sträucher, seltener Bäume, die in der nördlich gemäßigten Zone verbreitet sind. Das Blatt, immer ein Oval mit bogig nach vorn verlaufenden Seitennerven, stellt das einzige deutliche Kennzeichen dar, das sie alle gemeinsam haben. Die Blätter sitzen in der Regel gegenständig, bei *C. controversa* wechselständig. Einige der Arten zeigen eine besonders üppige Blütenfülle. Je nach Art sind die eigentlichen Blüten

Selten findet man bei uns solch alte Exemplare von Cornus mas, Kornelkirsche, als Bonsai.

von weißen, roten oder auch andersfarbigen Pseudo-Blumenblättern umgeben, die der Gärtner als Hochblätter bezeichnet. Bei uns in den Gärten weitverbreitet sind Hartriegel-Arten, die wegen ihrer außerordentlichen schönen Rindenfärbung (z.B. *C. alba* 'Sibirica') die Aufmerksamkeit auf sich ziehen. Zur Bonsaigestaltung sind sie nur bedingt geeignet.

C. controversa, Pagoden-Hartriegel. Diese wohl schönste baumförmige *Cornus*-Art ist in China, Japan und am Ost-Himalaja heimisch. Die in waagerechten Lagen angeordneten Zweige stehen in getrennten Etagen übereinander. Im Gegensatz zu anderen Arten sind die Blätter wechselständig angeordnet. Die cremeweißen Blüten erscheinen im Mai–Juni in senkrecht stehenden Doldenrispen auf den waagerecht stehenden Zweigen.

C. florida, Blumenhartriegel. Die Blätter dieser baumartig wachsenden, in Nord-Amerika heimischen Art verfärben sich im Herbst rot bis violett, bevor sie abfallen. Auffallend sind die prachtvollen, sternförmigen weißen Hochblätter, die im Mai die unscheinbaren Blüten zieren, und die scharlachrote Frucht, die weit in den Herbst hinein an den Pflanzen haftet. Bei der Gartenform 'Rubra' sind die Hochblätter rosenrot gefärbt. Interessant ist auch die Zwergform 'Pygmy', die sich aber bei uns wohl kaum im Handel befindet.

C. kousa, Japanischer Blütenhartriegel. Dieser in Japan und Korea beheimatete baumartige Strauch zeigt eine glänzende dunkelgrüne Belaubung und eine sehr früh einsetzende, schöne Herbstfärbung in schreienden Farben von Rot bis Violett. Die kleinen, an sich unscheinbaren, im Juni erscheinenden Blüten erhalten ihre Wirkung durch die weißen, rosa überhauchten Hochblätter. Die Gartenform 'Rubra' hat karminrosa Hochblätter. Interessant scheint auch 'Xanthocarpa' mit gelben Früchten.

C. mas, Kornelkirsche. Das hervorstechende Merkmal dieser, bei uns heimischen Art sind die an kahlen Zweigen meist schon im Winter oder zeitigen Frühjahr erscheinenden gelben Blütensterne. Später im Jahr schmückt sich die Kornelkirsche mit roten Früchten, die eßbar sind. Sie trägt auch eine schöne Herbstfärbung.

C. officinalis, Japanische Kornelkirsche. In Wuchs und Blüte unterscheidet sie sich nur wenig von *C. mas*. Doch sieht ihr Laub sehr viel hübscher aus. Es färbt sich im Herbst prachtvoll mahagonirot. Die Früchte sind glänzend scharlachrot. Diese Art begegnet uns auf Bildern in Bonsaibüchern immer wieder.

Die Wege. Der Bonsaihandel bietet nur gelegentlich Jungpflanzen an. Reichhaltiger ist die Auswahl an Ballenpflanzen in verschiedenen Größen, die in Baumschulen zu haben sind. Die Vermehrung erfolgt durch Aussaat, Steckholz, Stecklinge oder auch Ablegen und Abmoosen.

Aussaat. Die Samen werden im September–Oktober geerntet. Nach dem Auswaschen wird noch im Herbst ausgesät. Eine Warmstratifikation von 6 bis 8 Wochen soll sich keimfördernd auswirken.

Stecklinge. Man verwendet Kopfstecklinge, die im Juni–Anfang Juli geschnitten werden. Zur Wurzelbildung sind Bodentemperaturen von 20 °C und der Einsatz eines Bewurzelungsmittels erforderlich.

Standort. Die *Cornus*-Arten lieben einen hellen, vor direkter Sonne geschützten Standort. Die Überwinterung sollte im Freien erfolgen, um das notwendige Kältebedürfnis zu erfüllen, damit die Arten blühen können.

Gießen und Düngen. Als Bewohner meist feuchter Standorte benötigen *Cornus*-Arten relativ viel Wasser. Ballentrockenheit muß unter allen Umständen vermieden werden. Bis sich die Blätter voll entfaltet haben, wird nur mäßig gegossen. Die Düngung setzt ein, wenn die Blätter voll ausgebildet sind, und wird bis Ende August fortgesetzt.

Umpflanzen. Alle 2 bis 4 Jahre wird im zeitigen Frühjahr vor dem Austrieb umgepflanzt. Die Kornelkirsche setzt man am besten schon im Herbst oder erst nach der Blüte zu Beginn des Blattaustriebs um. Erdmischung I verwenden.

Pflanzenschutz. Artspezifische Krankheiten sind nicht bekannt. Spinnmilben und Kommaschildläuse träten des öfteren auf.

Gestaltung. Bei *C. controversa* bilden sich die Blüten nach Abschluß des Wachstums in den Seitenknospen aus. Bei den anderen Arten sind die Blütenknospen an der Spitze der letztjährigen Sprosse vorgebildet, meist auch die folgenden Seitentriebe. Vereinzelt sind auch in Blütenknospen endende Kurztriebe vorhanden, so bei *C. mas* und *C. officinalis*. Legt man, nachdem die Grundform herausgestaltet ist, Wert auf Blüten, schneidet man die Äste und Zweige erst nach der Blüte. Im Herbst oder Frühjahr wird die Krone nur ausgelichtet. Bei der Kornelkirsche werden die Jahrestriebe im Herbst etwa um die Hälfte eingekürzt. Auf ein Drahten läßt sich in der Regel nicht verzichten. Gedrahtet werden kann den ganzen Sommer über. Ein Blattschnitt ist nicht zu empfehlen.

Corylopsis, Scheinhasel

Eine über und über blühende Scheinhasel als Bonsai gestaltet bietet schon einen erregenden Anblick. Die Gattung gehört wie *Hamamelis* zur Familie der Zaubernußgewächse. Der deutsche Name weist aber auch auf die Ähnlichkeit der Blätter mit der Haselnuß hin. Die Gattung umfaßt etwa zwölf Arten, die in China, auf den japanischen Inseln und im Himalaja beheimatet sind. Die Gattung *Corylopsis* zeichnet sich durch auffallend schöne Blüten aus, die in der Regel im zeitigen Frühjahr noch vor dem Laubaustrieb erscheinen. Die hellgelben, von zarten Tragschuppen in gleicher Farbe umgebenen Blüten stehen in hängenden Trauben oder Ähren in den Blattachseln der Triebe. Allen Arten ist ein zarter Blütenduft eigen. Aber selbst ohne Blüten geben die Scheinhaseln schöne Pflanzen ab. Vor allem die vielfältige und strahlende Herbstfärbung der Blätter in Gelb und Orange erscheint bemerkenswert.

C. pauciflora. Hier handelt es sich um einen in Japan heimischen, feintriebigen, buschigen Strauch. Aus den hellgelben Blüten, die im März–April erscheinen, schauen purpurfarbene Staubgefäße heraus. Sehr schön ist die goldgelbe Herbstfärbung der Blätter.

C. spicata, Ährige Scheinhasel. Die Ährige Scheinhasel wird am häufigsten zum Bonsai gestaltet. Sie unterscheidet sich von der vorigen Art durch ihre starken, mehr aufrecht wachsenden Zweige und der späteren Blüte (März–Mai).

Sehr schön sind die eirunden, kurz zugespitzten, metallisch glänzenden, unterseits blaugrünen, leicht behaarten Blätter. In den Blütentrauben sind bis zu zehn Einzelblüten vereint, die ebenfalls rote Staubfäden besitzen. Heimisch ist diese Art in den Bergwäldern um Nagasaki und in der chinesischen Provinz Kiangsi.

Drei weitere schöne, doch sehr seltene Arten sind *C. willmottiae*, *C. veitchiana* und *C. platypetala*.

Kultur-, Pflege- und Gestaltungshinweise siehe *Hamamelis*. Eine Aussaat ist im Frühjahr möglich, doch ist man auf importierten Samen angewiesen. Eine Vermehrung durch Stecklinge läßt sich im Juli durchführen. Die Blüten erscheinen in der Regel auf der ganzen Länge der letztjährigen Triebe.

Cotoneaster, Zwergmispel

Etwa 50 Arten und zahllose Gartenformen umfaßt diese Gattung sommergrüner, teils auch immergrüner Sträucher, die über Europa, Nord-Afrika, Vorder-Asien, China, Sibirien und dem Himalaja verbreitet sind. Allen Zwergmispeln gemeinsam sind die wechselständigen, ungeteilten, ganzrandigen Blätter, die bei den laubabwerfenden Arten eine schöne Herbstfärbung annehmen, aber auch die kleinen fünfzähligen Blüten und die zierlichen rot oder schwarz gefärbten Apfelfrüchte. Die Wuchsform der einzelnen Arten variiert auf mannigfaltige Weise. Zum Teil sind es aufrecht wachsende Sträucher, manche erscheinen mehr oder weniger baumförmig, andere sind dem Boden aufliegende kriechende Kleingehölze.

Cotoneaster sind als Bonsai sehr beliebt, einmal der kleinen, bonsaigerechten Blätter wegen, zum anderen lassen sie sich gut drahten. Und es gibt kaum eine Gestaltungsform, die nicht für die Zwergmispel geeignet wäre. Diese Pflanzenart läßt sich gerade dem Anfänger empfehlen. Auch in der Pflege stellt sie keine großen Ansprüche und Pflanzenmaterial ist leicht zu beschaffen. Nachfolgend sind nur einige wenige Arten und ihre Gartenformen aufgeführt, die sich zur Bonsaigestaltung eignen.

Zwergmispeln eignen sich für viele Gestaltungsformen. Hier eine frei aufrechte Form.

C. adpressus, Niedrige Zwergmispel. Der in seiner Heimat China kleine, niederliegende Strauch besitzt unregelmäßig stehende Zweige. Die Blätter sind sommergrün, die Frucht kegelförmig und lebhaft rot. Wächst sehr langsam.

C. congestus, Gedrängtwachsende Zwergmispel aus Nepal und dem östlichen Himalaja. Ein immergrüner, dem Boden eng aufliegender Zwergstrauch mit weißen, rosa überhauchten Blüten im Juni und hellroten Früchten.

C. dammeri, Niedergestreckte Zwergmispel. Diese immgergrüne Art und ihre vielen Gartenformen sind in unseren Gärten und öffentlichen Anlagen als Bodendecker weit verbreitet. Heimisch ist die Art in China (Hupeh). Interessant zur Bonsaigestaltung sind unter anderem folgende Gartenformen: 'Coral Beauty', Wuchs niedrig, reichfruchtend, Früchte orangerot; 'Jürgl', niedrig wachsend, Zweige ausgebreitet, reichfruchtend, korallenrot; 'Skogholm', eine

bekannte Gartenform, aber nicht so reichfruchtend wie die vorigen. 'Streibs Findling' nennt sich eine kleinblättrige Selektion, die sich vorzüglich für Landschafts- und Felsenpflanzungen eignet und sehr langsam wächst.

C. horizontalis, Fächerzwergmispel. Dieser bekannte, aus China stammende Steingartenstrauch mit weit ausladenden fächerförmigen Zweigen behält in milden Wintern seine sehr kleinen, fast kreisrunden, oberseits glänzendgrünen Blätter. Im Herbst ist er über und über mit roten Früchten bedeckt. Bei der Gartenform 'Coralle' sind die Blätter und Früchte doppelt so groß wie bei der Art. 'Saxatilis' hat bedeutend kleinere Blätter als die Art. Die Zweige sind fein fischgrätenartig. Kleine, aufrechte Kurztriebe geben den Zweigpartien eine besondere Note. Die Herbstfärbung ist leuchtendrot. Die Früchte sind mennigrot.

C. microphyllus, Kleinblättrige Zwergmispel. Sie wächst niederliegend, ist dicht bezweigt, immergrün und hat rote Früchte. Bei var. *cochleatus* (syn. 'Cochleatus') sind die eiförmigen Blätter auf der Unterseite locker behaart. Var. *thymifolius* mit zierlichen Blättern ist besonders gut geeignet für Felsen- und Landschaftspflanzungen.

C. salicifolius, Weidenblättrige Zwergmispel. Interessant wirkt sie durch ihre schmal-lanzettlichen, Weidenblatt-ähnlichen Blätter und dem überreichen Fruchtschmuck. Die Gartenform 'Gnom' ist besonders langsamwüchsig, die hellroten Früchte stehen in lockeren Büscheln. 'Herbstfeuer' zeichnet sich durch eine purpurrote Herbstfärbung und hellrote Früchte aus.

C.-Watereri-Hybriden. Die unter diesem Namen zusammengefaßten Hybriden stammen aus Kreuzungen der verschiedensten Arten. Es handelt sich in der Regel um wintergrüne, starkwachsende Pflanzen. Interessant zur Bonsaigestaltung sind unter anderem: 'Aldehamensis', aufrecht wachsend mit purpurroten Früchten; 'Cornubia', baumartig wachsend mit leuchtendroten Früchten, und 'Exburiensis' mit gelblichen Früchten.

Zu erwähnen wären noch *C. bullatus, C. divaricatus, C. praecox* und *C. sternianus.* Sie alle werden gelegentlich zur Gestaltung von Bonsai verwendet.

Die Wege. Die aufgeführten Arten und Gartenformen werden in reicher Auswahl in Baumschulen als Containerpflanzen angeboten. *Cotoneaster* lassen sich leicht durch Stecklinge vermehren, so daß man im Grunde genommen auf andere Methoden verzichten kann. Triebe, die den Boden berühren, bewurzeln sich von alleine.

Aussaat. Die Früchte werden bei Vollreife geerntet und nach dem Auswaschen sofort ausgesät. In der Regel erfolgt die Keimung erst im zweiten Frühjahr nach der Aussaat.

Stecklinge. Die sommergrünen Arten schneidet man bevorzugt im Juni–Juli, die immergrünen im Anschluß daran oder auch schon früher. Bei der Auswahl der Stecklingspflanzen sind die reichfruchtenden zu bevorzugen.

Standort. Die Zwergmispel liebt sonnige Standorte, obwohl sie durchaus auch im Schatten gedeiht. Jedoch leidet am schattigen Standort der Fruchtansatz. Die Überwinterung kann im Freien erfolgen. In strengen Wintern sind die immergrünen Arten besonders zu schützen. Auch die immergrünen Arten können ihr Laub verlieren. Die Pflanzen selbst leiden darunter in der Regel nicht, sondern treiben in Frühjahr wieder willig aus.

Gießen und Düngen. *Cotoneaster* vertragen wie kaum eine andere Pflanze Trockenheit, Ballentrockenheit mögen aber auch sie nicht. Eine gleichmäßige Feuchtigkeit bekommt ihnen am besten. Gedüngt wird nach dem Austrieb bis Ende August.

Umpflanzen. Alle 2 bis 4 Jahre wird im Frühjahr vor dem Austrieb umgepflanzt in Erdmischung I. Ein Wurzelrückschnitt wird im allgemeinen recht gut vertragen.

Pflanzenschutz. Gefürchtet bei *Cotoneaster* ist der Feuerbrand. Junge Triebe, Blüten und Blätter sind geschwärzt und sehen wie verbrannt aus. Die Triebspitzen sind meist umgebogen. An der Rinde treten nasse, braune Brandherde auf. Zunächst sterben nur einzelne Äste ab, bis schließlich die ganze Pflanze befallen ist. Diese durch Bakterien verursachte Krankheit läßt sich nicht bekämpfen. Wegen der Gefährlichkeit der Krankheit sind befallene Pflanzen sofort zu verbrennen.

Die *Phomopsis*-Blattkrankheit tritt insbesondere an geschwächten Pflanzen auf, vor allem bei Wassermangel. Die Krankheit verursacht zunächst Nekrosen an den Blatträndern, später vertrocknen die Blätter und auch die Seitentriebe von den Spitzen her.

Gestalten. Die Blüten bzw. Früchte sitzen in der Regel auf der ganzen Länge der letztjährigen Triebe oder auch an besonderen Kurztrieben am zwei- bis mehrjährigen Holz. Beim Beschneiden ist zu beachten, daß Zwergmispeln sich nur ungern aus schlafenden Augen an der Basis regenerieren. Da aber in der Regel ausreichend Seitenzweige angelegt werden, kann man auf Seitenzweige zurückschneiden. Es ist wichtig, frühzeitig für eine ständige Verjüngung der Krone zu sorgen. Äste und Zweige werden bevorzugt im Frühjahr beschnitten. Ein Schnitt ist aber auch die Vegetationsperiode über möglich. Neuaustriebe werden, wann immer es die Form erfordert, zurückgeschnitten. In der Regel läßt sich beim Gestalten auf ein Drahten nicht verzichten. Dabei ist darauf zu achten, daß keine Blätter unter den Draht zu liegen kommen. Es kann ganzjährig gedrahtet werden.

Crataegus, Weißdorn, Rotdorn

Die Gattung umfaßt etwa 200 Arten, von denen die meisten in Nord-Amerika heimisch sind, einige im Himalaja, in China, Japan und Europa. Es handelt sich um laubabwerfende, seltener halbimmergrüne Sträucher oder kleine Bäume mit wechselständigen, einfachen oder verschieden gelappten Blättern. Sie blühen im Frühsommer mit lebhaft weißen, rosa oder roten Blüten, die in Doldenrispen getragen werden. Die ovalen, reizvollen Früchte sind gewöhnlich scharlachrot, karmesinrot oder orange gefärbt. Manche Arten besitzen auch dunkelblaue, schwarze oder gelbe Früchte. Ein Vorzug aller *Crataegus*-Arten ist, daß sie zeitig im Frühling ergrünen.

C. crus-galli, Hahnendorn. Der in Nord-Amerika heimische Hahnendorn wird zu einem bis zu 10 m hohen Baum mit flacher, weit ausladender Krone. Seine starken Dornen werden bis zu 8 cm lang. Die glänzenden, lederartigen Blätter färben sich im Herbst orangerot. Aus großen, weißen Blüten entwickeln sich stumpfrote, lang haftende Früchte.

C. cuneata. Diese Art wird in Japan bevorzugt zum Bonsai gestaltet. Es ist ein kleiner, dicht verzweigter Strauch mit kleinen Blättern und kugeligen roten Früchten.

C. laciniata, Orientalischer Weißdorn. Diese Art ist von Griechenland bis Transkaukasien verbreitet. Der kleine, sparrig wachsende Baum hat eine breite Krone, trägt weiße Blüten und behaarte orangerote Früchte. In Japan befindet er sich in Bonsaikultur.

C. laevigata (syn. *C. oxyacantha*), Zweigriffeliger oder Gemeiner Weißdorn. Diese Art ist über ganz Europa und Nord-Afrika verbreitet. Von ihr gibt es eine Reihe von Gartenformen mit einfachen oder gefüllten weißen, rosa oder roten Blüten. Seine bekannteste Gartenform, der echte Rotdorn, wird in den Baumschulen als 'Paul's Scarlet' angeboten. Es handelt sich um einen kleinen Blütenbaum mit gefüllten, roten Blüten. In Baumschulen wird diese Form häufig noch unter dem falschen Namen *C. monogyna* 'Kermesina plena' angeboten. Interessant erscheint daneben die Form 'Aurea' mit gelben Früchten.

C. × lavallei (syn. *C. carrierei*). Der bis zu 7 m hohe Baum fällt durch seine frischgrüne Belaubung, die gelbrote Herbstfärbung, den rosa gefärbten Blüten und durch die relativ großen, orangeroten Früchte auf. In Japan wird bevorzugt die Gartenform 'Carrierei' zur Bonsaigestaltung verwendet. Sie trägt rosa Blüten mit rosa Antheren und orangeroten, sehr lange haftenden Früchten.

C. monogyna, Eingriffeliger Weißdorn. Die in Mittel-Europa heimische Art unterscheidet sich von der zweiten mitteleuropäischen Art *(C. laevigata)* durch tiefer gelappte Blätter, den einzeln stehenden Griffeln, den einsamigen Früchten und die spätere Blüte. *C. monogyna* begegnet man in der Natur in Gebüschen und Laubwäldern, in Hecken und an Zäunen. Der kleine Baum entwickelt eine niedrige, breite Krone. Sehr schön wirkt die dunkle, orangebraune oder mehr braune Rinde, die im Alter oft von oben bis unten tief gefurcht ist. Interessant erscheint auch die gedrungen wachsende Gartenform

Gesammelte Pflanze von Crataegus monogyna, dem Eingriffeligen Weißdorn.

'Compacta' mit relativ dicken und dornenlosen Zweigen.

Die Wege. Jungpflanzen werden nur selten angeboten. Ballenpflanzen als gutes Ausgangsmaterial erhält man in Baumschulen. Die Vermehrung der Arten erfolgt in der Regel durch Aussaat. Die Gartenformen vermehrt man durch Okulation im Sommer oder durch Kopulation im Frühjahr. Eine Vermehrung durch Stecklinge ist schwierig, Absenken und Abmoosen bilden weitere Möglichkeiten.

Aussaat. Die Früchte werden im Herbst geerntet, die Samen vom Fruchtfleisch befreit, anschließend stratifiziert. Ausgesät wird erst im Herbst des kommenden Jahres. Allerdings keimen im folgenden Frühjahr auch dann noch nicht alle Samen, allein *C. monogyna* keimt recht gleichmäßig. Nicht selten liegen die Samen noch ein weiteres oder sogar ein drittes Jahr über. Also Aussaatgefäße nicht vorschnell wegwerfen. Die Keimrate liegt zwischen 70 und 100%.

Standort. In der Regel bevorzugen alle Arten sonnige Standorte, obwohl sie auch an schattigen Standorten gedeihen können. Man muß dann allerdings auf eine kräftige Herbstfärbung verzichten.

Gießen und Düngen. Die Arten haben einen hohen Wasserbedarf. Trockenheit im Wurzelbereich führt zu vorzeitigem Blattfall. Die Düngung setzt mit Beginn des Austriebs ein und wird bis Ende August fortgesetzt.

Umpflanzen. Alle 2 bis 3 Jahre sollte man im Frühjahr vor dem Austrieb umpflanzen in Erdmischung I. Der pH-Wert sollte nicht unter 5,5 liegen. Ein Wurzelschnitt wird gut vertragen.

Pflanzenschutz. Raupen der Gespinstmotte und des Kleinen Frostspanners fressen nicht selten einen Weißdorn-Bonsai völlig kahl. In trockenen Jahren treten Spinnmilben auf, auch Blattläuse und die Weißdornblutlaus sind nicht selten. Wir müssen hier insbesondere auf die große Anfälligkeit der Arten gegenüber der Krankheit des Feuerbrandes (siehe *Cotoneaster*) hinweisen. Darüber hinaus tritt häufig der Echte Mehltau auf. Braune Flecken auf den Blättern und späterer Blattfall werden von der Blattfallkrankheit verursacht. Gallenartige Anschwellungen an jungen Trieben, darauf orangegelbe Fruchtkörper, an Blättern und Blattstielen gelbe Flecken, werden vom Weißdornrost verursacht.

Gestaltung. Die Blütenanlagen in Gestalt von Blütenknospen sind in der Regel auf der ganzen Länge der letztjährigen Triebe vorgebildet. Die Blüten und Blütenbüschel entwickeln sich dabei unmittelbar aus den Blütenknospen, oder aber es ist eine Achse mit Laubblättern zwischengeschaltet. Die Blütenknospen können aber auch an besonderen Kurztrieben am zwei- bis mehrjährigen Holz sitzen. Dieses Blühholz bleibt mehrere Jahre lang am Leben. Nachdem die Grundgestalt herausgearbeitet ist, sollte beim Schnitt mehr ausgelichtet und weniger zurückgeschnitten werden, damit sich von innen heraus ständig neues Blühholz bilden kann. Lange Triebe, die die Bonsaiform beeinträchtigen, werden erst nach der Blüte zurückgeschnitten. Bei jüngeren Pflanzen, die noch ein üppiges Wachstum und dementsprechend eine geringe Neigung zur Blühholzbildung zeigen, kommt ein

Dieser Weißdorn (Crataegus) wurde in Form einer Vollkaskade gestaltet.

frühsommerliches Entspitzen (Pinzieren) in Betracht, wodurch der Wuchs gebändigt, die Blütenbildung gefördert wird. Ein Blattschnitt ist in der Regel nicht erforderlich. Gedrahtet wird bevorzugt während der Sommermonate.

Cryptomeria japonica, Sicheltanne, Japanzeder

Dünne, krallenförmige, gelblichgrüne Nadeln, die sich bogenförmig zur Triebspitze hin ausrichten, sind das Kennzeichen der Sicheltanne, die als Bonsai sehr beliebt ist. Die Sicheltanne bildet das einzige Mitglied dieser Gattung, das aber in zwei geographisch getrennten Varietäten vorkommt: var. *japonica* ist – der Name sagt es – in Japan heimisch, var. *sinensis* in China. Die Varietät *japonica* hat einen dichteren Wuchs, besitzt die gestreckteren Zweige und kräftigere Nadeln. Bei var. *sinensis* wirkt die Form aufgelockerter, die äußeren Zweige hängen oft herab.

223

Die Varietät *japonica* wird wegen ihrer schmalen, leuchtend grünen, kegeligen Krone mit gerundeter Spitze als Zierbaum geschätzt. Sie ist nur stellenweise dicht beastet, oft mit starken, waagerecht stehenden oder etwas hängenden unteren Ästen, die gelegentlich auch ringförmig die Stammbasis umgeben. Der walzenförmige, sich verjüngende Stamm setzt sich bis hoch in die Krone fort. Von der Art gibt es eine fast unüberschaubare Fülle von Gartenformen. 'Compacta' wächst kegelförmig, ist dicht bezweigt und trägt kurze, derbe, blaugrüne Nadeln. 'Compressa' heißt eine Zwergform mit rotbrauner Winterfärbung. 'Nana' (in Japan unter dem Namen 'Chabo-sugi') ist eine Zwergform mit aufrechtem Wuchs. Sie bleibt im Winter grün oder verfärbt sich metallisch dunkelgrün. 'Jindai-sugi' ist dicht bezweigt mit hellgrünen Nadeln. 'Vilmoriana' (s. Abb. Seite 119) heißt eine in Deutschland häufig zur Bonsaigestaltung verwendete Form. Der Wuchs wirkt unregelmäßig, die Äste sind kurz und steif. Die hellgrünen Nadeln erscheinen im Winter bräunlich.

Die Wege. Die Art wird in der Regel durch Aussaat vermehrt, die Formen durch Stecklinge. Abmoosen, Ablegen und Veredeln sind möglich.

Aussaat. In der Regel muß man auf importiertes Saatgut zurückgreifen. Da der Samen nur kurze Zeit keimfähig bleibt, ist auf frisches Saatgut besonderer Wert zu legen. Die Aussaat erfolgt im Frühjahr unter Glas. Bei frischem Saatgut ist mit einer Keimfähigkeit von etwa 50 % zu rechnen.

Stecklinge. Die Stecklingsvermehrung erfolgt bevorzugt im August–September, ist aber auch früher möglich.

Standort. Aufgrund der klimatischen Gegebenheiten am heimatlichen Standort bevorzugen Cryptomerien kühle und feuchte Standorte. Standorte im leichten Schatten, in der Nähe eines Teiches, sind ideal. Die Überwinterung sollte möglichst frostfrei erfolgen. Temperaturen unter 5 °C können zu Schädigungen führen.

Gießen und Düngen. Es muß reichlich gegossen werden, Ballentrockenheit ist unter allen Umständen zu vermeiden. Gedüngt wird nach dem Austrieb im Frühjahr bis Ende September.

Eine Ölweide, Elaeagnus, in frei aufrechter Form gestaltet. Die Gattung ist für die Bonsaigestaltung sehr gut geeignet. Leider wird sie im Handel nur selten angeboten.

Umpflanzen. Alle 2 bis 5 Jahre wird im März–April umgepflanzt in Erdmischung II. Wurzeln nicht so stark zurückschneiden.

Pflanzenschutz. Artspezifische Krankheiten und Schädlinge sind nicht bekannt.

Gestaltung. Äste und Zweige beschneidet man bevorzugt im Februar–März, der Schnitt ist aber auch den Sommer über möglich. Neuaustriebe werden bis Anfang September immer wieder durch Zupfen zurückgenommen. Zunächst zupft man die Mitteltriebe, 2 bis 3 Tage später sind die kürzeren Seitentriebe zurückzunehmen. Bei richtiger Anwendung dieser Technik erhält man im Lauf der Zeit kuppelförmige Astprofile. Zu beachten ist allerdings, daß ein zu starkes Einkürzen Triebe mit langen Internodien zur Folge hat, die für die Bonsaigestaltung wertlos sind. Auf ein Drahten kann in der Regel nicht verzichtet werden. Bei frostfreier Überwinterung kann ab August den ganzen Winter über gedrahtet werden.

Deutzia, Deutzie, Maiblumenstrauch

Deutzien beherrschen mit ihrer Blütenfülle im Frühsommer so manchen Garten. Kaum bekannt ist, daß sich einige der Arten auch zur Bonsaigestaltung eignen. Die meisten der etwa 50 Arten sind in Ost-Asien verbreitet. Es sind kleine bis mittelgroße Sträucher mit gegenständigen, eirunden bis lanzettlichen Blättern. Ihre glockigen oder schalenförmigen weißen oder rosa bis rötlich angehauchten Blüten stehen in mehrblütigen Rispen.

D. gracilis ist der eigentliche 'Maiblumenstrauch'. Diese zierliche Art trägt reinweiße Blüten, die im Mai erscheinen. Heimat Japan.

D. × kalmiiflora blüht weißlichrosa im Juni.

D. × lemoinei ist besonders reichblühend. Sie blüht reinweiß im Juni.

D. scabra (syn. *D. crenata*), Rauhe Deutzie. Diese Art mit einfachen weißen Blüten, die im Juni–Juli erscheinen, ist in Japan heimisch. Von den vielen Gartenformen können 'Candissima' mit weiß gefüllten und 'Plena' mit rosa überlaufenen Blüten besonders empfohlen werden.

Die Wege. Im Bonsaihandel werden nur selten Jungpflanzen angeboten. Baumschulen bieten Ballenpflanzen in verschiedenen Größen an, die sich gut zur Gestaltung eignen. Vermehrt wird durch Aussaat (nur bei reinen Arten), Stecklinge (im Juni–August) und Steckholz. Ableger und Abrisse sind ebenfalls möglich.

Standort. Hell bis sonnig und vor Prallsonne geschützt sollen Deutzien stehen. Die Überwinterung sollte im Freien erfolgen, da die Blütenknospen für ihre Entwicklung niedrige Temperaturen benötigen.

Gießen und Düngen. Während des ganzen Jahres gleichmäßig feucht, aber nicht naß halten. Bei Trockenheit welken Deutzien sehr schnell, lassen ihre Blüten fallen und stellen das Wachstum ein. Dünger nach dem Austrieb bis Ende August verabreichen.

Umpflanzen. Alle 2 bis 3 Jahre wird im Frühjahr umgepflanzt. Erdmischung I verwenden.

Pflanzenschutz. Deutzien werden häufig von Spinnmilben befallen.

Gestaltung. Bei Deutzien sind die Blütenknospen in der Regel auf der ganzen Länge der letztjährigen Triebe vorgebildet. In den ersten Jahren der Gestaltung nimmt man auch bei Deutzien noch keine Rücksicht auf die Blüten. Später erfolgt der Schnitt der Äste und Zweige im Anschluß an die Blüte. Man läßt die Neuaustriebe heranwachsen und kürzt diese im Herbst zum Ende der Wachstumsperiode so weit ein, wie es die Gestaltungsform eben erfordert. Gelegentlich ist ein Rückschnitt (Auslichtungsschnitt) einzelner Äste bis zur Basis zu empfehlen, um für eine ständige Verjüngung zu sorgen. Gedrahtet werden kann in der Zeit von Frühjahr bis Sommer.

Elaeagnus, Ölweide

Die Gattung umfaßt teils sommergrüne, teils immergrüne Sträucher oder kleine Bäume mit wechselständig sitzenden Blättern und teils stachelbewehrten Zweigen. Ihre Beliebtheit, auch als Bonsai, verdanken die Ölweiden ihrer schönen Belaubung. Je nach Art sind die Blätter unterseits silbrig oder goldig beschilfert. Diese Beschilferung ist eine nützliche Einrichtung der Natur, um eine zu starke Verdunstung zu verhindern, welche die Ölweiden auf ihren extrem trockenen Standorten nicht überstehen würden. Die in der Regel kleinen, gelblichweißen, wohlriechenden Blüten stehen in den Achseln der Laubblätter. Heimisch sind die rund 40 Arten in Süd-Europa, Asien und Nord-Amerika.

E. angustifolia, Schmalblättrige Ölweide. Dieser baumartige Großstrauch wächst ziemlich sparrig, trägt graugrüne, unterseits silberschuppige Blätter und gelbliche, zart duftende Blüten im Mai–Juni. Die olivenförmigen gelben, silbrig beschuppten Früchte sind eßbar.

E. glabra ist ein in Mittel-China, Korea und Japan heimischer immergrüner Strauch, ähnlich *E. pungens*. Die weißen, braun beschuppten, duftenden Blüten erscheinen im Oktober–November. Diese Art muß frostfrei überwintert werden. Die Art ist hier aufgeführt, da sie in Japan als Bonsai kultiviert und gelegentlich bei uns angeboten wird.

E. multiflora, Vielblütige Ölweide. Diese sehr schöne sommergrüne Art ist in Japan heimisch und wird auch dort zur Bonsaigestaltung verwendet. Die schmal elliptischen Blätter sind am Rand oft gekräuselt, unterseits silbrig mit braunen Schuppen. Die jungen Triebe sind goldbraun. Die blaßgelben Blüten erscheinen im Mai in zahlreichen Büscheln. Die dunkelroten eßbaren Früchte (Scheinbeeren) hängen an relativ langen Stielen.

E. pungens. Der immergrüne Strauch hat dornige Zweige und am Rande wellige, oberseits glänzend dunkelgrüne und auf der Unterseite stumpf silbrige Blätter. Die silberweißen duftenden Blüten erscheinen erst im Oktober–November. Die Gartenform 'Maculata' (Blätter gelb panaschiert) wird gelegentlich als Bonsai angeboten.

E. umbellata, Doldige Ölweide. Der sommergrüne Strauch trägt gelbbraune, teils silbrige Triebe. Die Blätter sind oberseits grün, im Austrieb silbrig, unterseits braunschuppig auf silbrigem Grund. Die gelblichweißen, duftenden Blüten erscheinen im Mai–Juni. Heimisch ist diese Art im Himalaja, verstreut auch in Japan und China.

Die Wege. Der Bonsaihandel bietet in den letzten Jahren vermehrt Jungpflanzen einzelner Arten an. In Baumschulen erhält man jüngere Ballenpflanzen. Vermehrt wird durch Aussaat, Stecklinge, Absenken (im September–Oktober) und Abmoosen. Eine Vermehrung durch Veredlung kommt für die Bonsaigestaltung nicht in Frage.

Aussaat. Die Früchte der einzelnen Arten reifen zu unterschiedlichen Zeiten. Nach der Ernte werden die Samen ausgewaschen und sofort ausgesät. Handelssaatgut ist sofort nach Erhalt auszusäen und bis zur Keimung im Kühlschrank aufzustellen. Die Keimung erfolgt in der Regel erst nach einem Jahr.

Stecklinge. Der Schnitt der Stecklinge erfolgt bevorzugt im Juli, ist aber auch im Herbst möglich.

Standort. Um ihre Schönheit voll zu entfalten, benötigen Ölweiden sonnige Standorte. Die immergrünen Arten sollten frostfrei überwintert werden.

Gießen und Düngen. Die Ölweiden sind weitgehend unempfindlich gegen Trockenheit. Aber ganz ohne Wasser kommen auch sie nicht aus. Man hält sie stets mäßig feucht. Die Düngung setzt nach Ausbildung der Blätter ein und dauert bis Ende August.

Umpflanzen. Alle 2 bis 3 Jahre wird im Frühjahr vor dem Austrieb in Erdmischung I umgepflanzt. Die Wurzeln der Ölweiden leben in Symbiose mit Luftstickstoff sammelnden Strahlenpilzen. Diese Lebensgemeinschaft erkennt man an unterschiedlich großen, klumpigen Wucherungen an den Wurzeln. Also keine Angst: es handelt sich hier nicht um eine Krankheit oder einen Befall durch irgendwelche tierischen Schädlinge (z. B. Nematoden). Beim Wurzelschnitt ist darauf zu achten, daß möglichst viele dieser Wucherungen erhalten bleiben.

Pflanzenschutz. Artspezifische Krankheiten sind nicht bekannt.

Gestaltung. Ölweiden bilden ihre Blüten entlang der vorjährigen Triebe aus. Wer Wert auf Blüten- und Fruchtschmuck legt, muß dies beim Beschneiden berücksichtigen. Äste und Zweige sind nach der Blüte zu beschneiden. Im Herbst kürzt man zu lange Triebe ein, soweit sie über die angestrebte Gestaltungsform hinauswachsen. Gegebenenfalls wird jetzt auch ein Auslichtungsschnitt durchgeführt. Ohne Drahten kommt man in der Regel nicht aus, doch muß dies vorsichtig geschehen, um die Rinde nicht zu sehr zu schädigen. Ein Blattschnitt ist nicht zu empfehlen, im allgemeinen auch nicht nötig.

Euonymus, Spindelstrauch, Pfaffenhütchen

Das Pfaffenhütchen ist auch in der Bonsaigestaltung beliebt wegen seiner zierenden Früchte und der zauberhaften Herbstfärbung. Das Verbreitungszentrum der etwa 170 Arten umfassenden Gattung ist Ost-Asien. Es handelt sich in der Regel um laubabwerfende Sträucher oder Bäume mit gegenständiger Blattstellung. Auffallend bei manchen Arten sind die vierkantigen Triebe. Der Name Pfaffenhütchen rührt von den Fruchtkapseln her, die geöffnet einige Ähnlich-

Ein sehr junger Bonsai von Euonymus alata. Man hätte ihn besser noch für ein bis zwei Jahre auf einem Beet im Garten weiterkultiviert.

keit mit den viereckigen Hüten (Birett) der katholischen Geistlichen haben.

E. alata, Geflügelter Spindelbaum. Bei dieser in Ost-Asien heimischen Art fallen die Blüten und Früchte nur wenig auf. Die große Zierde bildet die prächtige Herbstfärbung in glühend dunkelroten oder rosa Tönen. Kaum ein anderes Gehölz färbt sich im Herbst so leuchtend wie dieses. Die Zweige sind mit dünnen, korkartigen Leisten versehen. 'Compactus' heißt eine Zwergform mit besonders gut ausgebildeten Korkleisten und intensiver Herbstfärbung.

E. europaea (= E. europaeus), Pfaffenhütchen. Unser heimisches Pfaffenhütchen zeichnet sich durch seine zierenden rötlichen Früchte und der feurigen Herbstfärbung aus. Die jungen Triebe sind grün, später mit zierenden Korkleisten besetzt. 'Aldehamensis' trägt rosarote, langgestielte Blüten. 'Red Cascade' zeichnet sich durch

besonders reichen Fruchtbehang aus, die Früchte sind opalrosa.

E. planipes ist eine der schönsten Arten. Sie treibt sehr früh aus und ist in Japan heimisch. Auffallend ist die orange bis violette Herbstfärbung. Die Samen sind orangefarben, sie befinden sich in relativ großen karminroten Früchten an langen Stielen.

E. nana var. *turcestanica,* Zwergspindelbaum. Ein kleiner, langsam wachsender Strauch mit relativ schmalen, langen Blättern, rotbrauner Herbstfärbung und rosa Früchten.

E. sanguinea ist in China heimisch. Der Austrieb ist rötlich, die Herbstfärbung braunrot. Die Früchte sind orangerot.

Die Wege. Im Bonsaihandel findet man Jungpflanzen nur selten. Baumschulen bieten kleinere Ballenpflanzen an. Vermehrt wird durch Aussaat oder Stecklinge; Ablegen und Abmoosen ist möglich.

Aussaat. Die Ernte der Samen erfolgt im September–Oktober. Samen auswaschen und gleich aussäen.

Stecklinge. Im Juni bis November aus leicht verholzten Trieben schneiden.

Standort. Die Pfaffenhütchen fühlen sich an hellen, sonnigen Standorten am wohlsten. An schattigen Standorten ist die Herbstfärbung nur mäßig ausgeprägt.

Gießen und Düngen. Auf gleichmäßige Feuchtigkeit achten. Gedüngt wird nach dem Austrieb im Frühjahr bis Ende August.

Umpflanzen. Alle 2 bis 3 Jahre wird im Frühjahr in Erdmischung I umgepflanzt.

Pflanzenschutz. Eingerollte Blätter sind die Folge der Saugtätigkeit von Blattläusen (meist die Schwarze Bohnenblattlaus). Neben Raupen oder Spindelbaum-Gespinstmotte, die einen Bonsai schnell kahlfressen können, tritt gelegentlich der Echte Mehltau auf.

Gestaltung. Pfaffenhütchen blühen an der Spitze der letztjährigen Triebe, zum Teil auch an den folgenden Seitenknospen. Äste und Zweige schneidet man im Frühjahr vor dem Austrieb. Dabei ist darauf zu achten, daß immer ein Teil der letztjährigen Triebe unbeschnitten bleibt, um den kommenden Fruchtschmuck zu sichern. Bei älteren Bonsai werden (Erhaltungs-

Knospen der Buche.

schnitt) im Frühjahr die Gipfelknospen ausgezupft. Ein Blattschnitt ist möglich, kann allerdings nicht empfohlen werden. Allein bei *F. europaea* ist er manchmal unumgänglich. Das Drahten kann für die Arten, die Korkleisten an den Zweigen ausbilden, nicht empfohlen werden.

Fagus, Buche

Die Buchenfamilie gilt unter den Laubgehölzen als die königliche Familie: der König ist die Eiche, die Buche die Königin. Die Gattung *Fagus* kommt in den gemäßigten Gebieten der nördlichen Erdhalbkugel vor. Sie unterscheiden sich von vielen anderen Bäumen durch lange, schmale Knospen, die an den Zweigen wechselständig angeordnet sind und ein lichtes, zartes Zweigmuster entwickeln, das zu dem starken Stamm mit seiner metallisch grauen Borke in gutem Kontrast steht. Die Blätter sind kurz gestielt, besitzen eine deutliche Nervatur und gewellte Ränder. Statt ihren Stamm mit einer dicken, korkigen Borkenschicht zu umhüllen wie die Eiche, bildet die Buche nur eine dünne, silbergraue und glatt bleibende, gegen Sonnenbrand empfindliche Stammrinde aus. Deshalb braucht sie den Schatten, den sie so gut selbst zu erzeugen versteht, indem sie waagerecht Laubschicht über Laubschicht breitet. Eine freistehende Buche ist bis zum Boden beastet (s. Abb. Seite 86).

Nicht wenige Bonsaigärtner meinen, am schönsten sei eine Buche als Bonsai im frühen Winter. Ihre Blätter färben sich, bevor sie abfallen, wie goldbraun zerlassene Butter, manchmal kupferrot wie ein Fuchsschwanz. In der Regel bleiben die Blätter noch weit in den Winter hinein hängen. Die Rotbuche ist eine der beliebtesten einheimischen Baumarten zur Bonsaigestaltung.

F. crenata, Kerbbuche, Japanische Rotbuche. Die Kerbbuche ist in Japan heimisch. Am natürlichen Standort wächst sie als ein hoher Baum mit rundlicher Krone, oft sogar mehrstämmig. Auffallend sind die im Austrieb seidig behaarten Blattnerven und Blattstiele und der gekerbte Rand der eiförmigen bis eirhombischen Blätter. Diese Art begegnet uns oft auf Bildern, auch der Bonsaihandel bietet ansehnliche Exemplare an.

F. sylvatica, Rotbuche. Die bekannte Rotbuche ist in Mittel-Europa weit verbreitet. Der hohe Baum entwickelt einen geraden, zylindrischen Stamm und eine dichte, stark verzweigte, domartig gewölbte Krone. Man findet aber auch Rotbuchen mit reisigbesenartig aufstrebenden Ästen. Die silbergraue Rinde ist glatt und bildet nur ausnahmsweise eine Borke. Der Name Rotbuche nimmt Bezug auf die rötliche Färbung des Holzes im Unterschied zur Weißbuche, *Carpinus betulus*, mit weißem Holz, die

Auszupfen der Triebknospen bei der Buche. Die Verästelung wird um so feiner, je früher das Auszupfen einsetzt.

Fagus sylvatica, die Rotbuche, wurde in einer Form gestaltet, die durch den Kronenumriß wirkt.

aber nicht zu den Buchen zählt. Von der Art gibt es im Handel eine große Zahl von Formen mit unterschiedlichen Blatt- und Wuchsformen sowie abweichender Blattfärbung. Geeignet zur Bonsaigestaltung sind 'Cochleata', eine langsamwüchsige Zwergform, mit elliptischen, tief gezähnten Blättern und 'Dawyck' mit straff säulenförmigem, schmal kegelförmigem Wuchs.

F. sylvatica f. *purpurea,* die Purpur- oder Blutbuche. Dies ist eine Sammelbezeichnung für alle Sämlinge von rotblättrigen Buchen, einschließlich wild aufgefundener Bäume. Die Blätter können sehr unterschiedlich in der Größe und in der Intensität der Rotfärbung sein. Hierzu gehören unter anderem die Gartenformen 'Riversii', 'Purpurea Latifolia', 'Purpurea

Nana', eine Zwergform; 'Swat Magret' und 'Spaethiana'.

Die Wege. Jungpflanzen für Waldpflanzungen und für die Weiterkultur werden im Bonsaihandel und in Baumschulen angeboten. Bei den angebotenen Bonsai handelt es sich in der Regel um Kerbbuchen. Die Vermehrung der Arten erfolgt durch Aussaat, die der Gartenformen durch Veredlung. Absenken und Abmoosen ist möglich.

Aussaat. Die Bucheckern, die im Oktober reifen, werden nach dem Abfallen vom Boden aufgelesen. An einen luftigen Ort gebracht, läßt man sie oberflächlich abtrocknen und lagert sie bis zur Aussaat im Frühjahr bei niedrigen Temperaturen. Vor der Aussaat im März–April wird das Saatgut für einige Wochen stratifiziert und bei beginnender Keimung, etwa Mitte April, ausgesät. Eine Aussaat der Blutbuche ergibt etwa 5% echte dunkle Sämlinge, 25% hellere rote Sämlinge, 60% schmutzigrote Sämlinge und 10% ganz grüne Sämlinge.

Veredlung. Veredelt wird durch Kopulation auf zwei- bis dreijährige eingetopfte Sämlinge der Art im Februar–März.

Standort. Benötigt die Rotbuche auch in freier Natur viel Sonne und Licht, ist in der Bonsaikultur leichter Schatten angebracht. Doch darf man auch nicht zuviel Schatten geben. Dies gilt insbesondere für die Blutbuche, die sonst vergrünt.

Gießen und Düngen. Buchen sind sowohl gegen Trockenheit als auch gegenüber stauender Nässe sehr empfindlich. Eine gleichmäßige Feuchtigkeit sagt ihnen am besten zu. Gedüngt wird, wenn sich die Blätter voll entfaltet haben bis zum Blattfall.

Umpflanzen. Alle 2 bis 3 Jahre wird im März–April umgepflanzt in Erdmischung I. Wie allgemein bekannt, lieben Buchen Kalk.

Pflanzenschutz. Auch Buchen-Bonsai werden von der wolligen Buchenblattlaus befallen. Die Läuse schützen sich durch dichte Massen weißer wolliger Ausscheidungen. Manchmal tritt die Buchenminiermotte auf, deren Raupen in den Blättern fressen und Flecken verursachen, die dem ganzen Baum ein verbranntes Aussehen geben. Treten an den Blattspitzen, seltener auch auf der Blattspreite unregelmäßige braune Flecken auf und sterben Triebspitzen ab, handelt es sich in der Regel um die Blattbräune, die von einem Pilz verursacht wird. Im Saatbeet werden die Sämlinge gelegentlich von der Wurzel- oder Wurzelhalsfäule befallen. Auf Keimblättern und dem ersten Laubblattpaar erscheinen zunächst dunkelgrüne Flecken, die bald braun werden, faulen oder eintrocknen. Begünstigt wird die Krankheit durch stauende Nässe.

Gestaltung. Äste und Zweige beschneidet man im März–April vor dem Austrieb oder auch schon im September nach Ende der Vegetationsperiode. Der Längenzuwachs der Triebe geht bei der Buche in zwei Perioden vor sich. Relativ lange Triebe entfalten sich sehr rasch in nur zwei Wochen im Mai. Ein zweiter Austrieb erfolgt nochmals Ende Juni. Um den Längenzuwachs in Grenzen zu halten, werden die Gipfelknospen, die bei der Buche stark ausgeprägt sind, ausgezupft, wenn die Knospen im Frühjahr zu schwellen beginnen. Es sei denn, man wünscht eine Verlängerung des jeweiligen Triebes. Neu entstehende Triebe zupft man den Sommer über immer wieder aus. Das gleiche gilt für Triebe, die nach einem starken Rückschnitt an Orten erscheinen, wo sie nicht erwünscht sind. Sie schneidet man sofort weg, man wartet hier nicht erst bis zum Herbst oder Frühjahr. Ein Blattschnitt ist möglich, in der Regel aber nicht notwendig. Auf das Drahten sollte man der glatten Rinde wegen weitgehend verzichten. Gedrahtet werden kann ganzjährig, außer im Winter und während des Austriebs.

Forsythia, Forsythie, Goldglöckchen

Die Forsythien, bekannte Blütensträucher des Vorfrühlings mit gegenständig angeordneten Blättern, sind bis auf eine Art alle in Ost-Asien heimisch. Wie Flieder, Zaubernuß und andere Blütensträucher wird auch das Goldglöckchen zum Bonsai gestaltet.

F. × intermedia ist die Forsythie unserer Gärten. Von ihr gibt es durch Züchtung und Auslese eine Vielzahl von Gartenformen. Geeignet zur Gestaltung sind 'Lynwood Gold' mit relativ großen, satt goldgelben Blüten. 'Nana' heißt eine Zwergform mit sternförmigen, sattgelben Blüten an kurzen Trieben. 'Spring Glory' blüht besonders reich in Hellgelb.

F. ovata, Korea-Forsythie. Diese in Korea heimische Art wirkt selbst nicht besonders attraktiv, um so mehr aber die zwergige Gartenform 'Tetragold' mit relativ großen, goldgelben Blüten. Sie stellt den frühesten Blüher unter den Forsythien dar.

F. suspensa, Hänge-Forsythie. Diese in China und Japan heimische Art wird dort auch zum Bonsai gestaltet. Sie eignet sich besonders für Kaskadenformen. Bei var. *sieboldii* sind die Blätter eiförmig, schwach kerbig gesägt, der Wuchs ist mehr oder weniger hängend. Var. *fortunei* wächst mehr aufrecht. Die Blätter sind eiförmig und scharf gesägt.

Die Wege. Der Bonsaihandel bietet nur gelegentlich Jungpflanzen an. In Baumschulen findet man gutes Ausgangsmaterial in Form von Ballenpflanzen, Pflanzen ohne Ballen oder als Containerpflanzen. Die Vermehrung ist einfach. Man vermehrt entweder durch krautige Stecklinge im Juni, durch Steckholz, Ablegen oder Absenken.

Standort. Hell bis sonnig wollen Forsythien stehen. Im Schatten blühen sie wenig. Die Überwinterung sollte im Freien erfolgen, da Forsythien niedrige Temperaturen brauchen, um blühen zu können.

Gießen und Düngen. Forsythien benötigen viel Wasser. Schon bei kurzfristiger Trockenheit lassen sie die Blätter hängen. Rechtzeitiges Wässern ist notwendig. Dünger geben, wenn sich die Blätter voll entwickelt haben bis Ende August.

Umpflanzen. Alle 2 bis 4 Jahre wird im zeitigen Frühjahr umgepflanzt. Es ist aber auch während der Blüte möglich. Erdmischung I verwenden. Selbst ein starker Wurzelrückschnitt wird gut vertragen.

Pflanzenschutz. Forsythien leiden so gut wie nicht unter Krankheiten und Schädlingen.

Gestaltung. Die Blütenknospen sind in der Regel auf der ganzen Länge der letztjährigen Trie-

be vorgebildet. Auch hier nimmt man in den ersten Jahren der Gestaltung keine Rücksicht auf die Blüte. Äste und Zweige schneidet man später erst nach der Blüte auf ein bis zwei Blattansätze zurück. Die Neuaustriebe werden im Herbst so weit eingekürzt, wie es die Gestaltungsform erfordert. Im Frühjahr kann ebenfalls ausgelichtet werden. Es ist auch auf Langtriebe zu achten, die häufig aus dem Wurzelstock austreiben oder auch sonst an ungewöhnlicher Stelle erscheinen. Sie unterdrücken nicht selten das übrige Wachstum. Daher entfernt man sie rechtzeitig an ihrer Entstehungsstelle, wenn sie nicht benötigt werden. Ein Drahten kann der hohlen, mit Mark gefüllten Zweige wegen nicht empfohlen werden. Besser greift man auf andere Gestaltungstechniken zurück. Ein Blattschnitt ist möglich.

Ginkgo biloba, Mädchenhaarbaum, Entenfußbaum, Silberaprikose

Der *Ginkgo biloba* ist einer der letzten Vertreter einer Flora, die im Erdmittelalter vor 225 bis 64 Millionen Jahren die Erde bedeckte. Dieser

Bonsai-Vorbild in der Natur. Mädchenhaarbaum, Ginkgo biloba.

Baum überlebte seine Verwandten und Abkömmlinge, er schaute zu, wie die Kontinente auseinandertrifteten, wie Gebirgsketten entstanden, wie Dinosaurier und Eiszeiten kamen und gingen. 200 Millionen Jahre hat er alle unverändert überstanden. Der Ginkgo soll heute noch wild in den Bergwäldern der Provinzen Tschekiang im äußersten Osten und in Szetschuan im äußersten Westen Chinas vorkommen. In Japan als Tempelbaum (heute auch als Straßenbaum) seit uralten Zeiten angepflanzt, ist er über das ganze Land verstreut. In Europa kommt er heutzutage überall als dekorativer Straßen- und Gartenbaum vor.

Ein junger Ginkgo reckt seine Äste steif und steil nach oben. Mit zunehmendem Alter neigen sich die Astenden und breiten sich fächerförmig aus. Seine entfernte Verwandtschaft mit den heutigen Koniferen scheint der Ginkgo selbst noch im hohen Alter mit seinem Habitus zu verraten. Nicht selten wächst er aber auch mehrstämmig und verzweigt sich stark. Dabei entwickelt er eine dichte Krone, die sich im Alter deutlich ausbreitet. Besonders auffällig sind die Blätter. Keilförmig sitzen sie auf einem langen Stiel. Die Blattadern sind fächerförmig ohne Zwischenverbindungen angeordnet.

Die Ginkgo ist zweihäusig, daher unterscheidet man zwischen weiblichen und männlichen Bäumen. Äußerlich sind die beiden Geschlechter nicht auseinander zu halten. Erst zur Geschlechtsreife können die männlichen von den weiblichen Bäumen unterschieden werden. Bei uns finden sich in den Parks meist männliche Vertreter des Ginkgo. Den Grund dafür bildet die nach ranziger Butter riechende Frucht der weiblichen Bäume.

Viele finden den Ginkgo im Spätherbst am schönsten, wenn sich das Grün seiner Blätter in ein reines Buttergelb ohne eine Spur von Orange- oder Brauntönen verwandelt. Der Ginkgo hat viele Namen, die farnähnliche Belaubung brachte ihm den Namen Mädchenhaarbaum ein, andere bezeichnen ihn aufgrund der Blattform als Entenfußbaum und die japanische Version des chinesischen Namens Yinkkuo bedeutet soviel wie Silberaprikose. Von der Art gibt es eine Reihe von Gartenformen, von

denen die buschig wachsende Zwergform 'Tit' interessant für die Bonsaigestaltung ist.

Die Wege. Jungpflanzen, meist zwei- bis dreijährige Sämlinge bietet der Bonsaihandel an. Jüngere Ballenpflanzen und Pflanzen ohne Ballen sind nach entsprechendem Rückschnitt zur Bonsaigestaltung geeignet. Vermehrt wird durch Aussaat, über Stecklinge, durch Abmoosen und Absenken. Der Baumschulgärtner vermehrt häufig durch Veredlung (Kopulation oder Geißfuß) im Frühjahr.

Aussaat. Da der Ginkgo auch in Mittel-Europa in vielen Parks, öffentlichen Anlagen und botanischen Gärten angepflanzt ist und auch bei uns Samen ansetzt, hat jeder Bonsailiebhaber die Möglichkeit, Samen selbst zu sammeln. Der große Vorteil von selbst gesammelten Samen besteht in garantiert frischem Saatgut. Diese Garantie hat man bei gekauftem Saatgut nicht. Da der Ginkgo zweihäusig ist, werden die Eizellen nur dann befruchtet, wenn männliche und weibliche Pflanzen in enger Nachbarschaft stehen. Ende Oktober ist der Samen reif und kann bis Dezember geerntet werden. Nach Entfernen des Fruchtfleisches wird sofort ausgesät. Die verhältnismäßig großen Samen werden mit Erde gut bedeckt. In der Regel liegt der Samen sehr lange über, nicht selten erfolgt die Keimung erst nach zwei Jahren. Wie oft schon haben Bonsaigärtner aus Unkenntnis über das Keimverhalten der Samen schon nach 4 Wochen die Aussaat weggeworfen, weil nichts aufgegangen war. Wichtig zu wissen ist auch, daß selbst frisches Saatgut nur zu 30% bis 70% keimt. Bei gekauftem Saatgut liegt der Prozentsatz keimfähiger Samen noch geringer.

Stecklinge. Eine Vermehrung des Ginkgo durch Stecklinge ist möglich, jedoch sollten Bonsaifreunde nicht allzu große Hoffnungen in diese Vermehrungstechnik setzen. Sofern man von einem günstigen Zeitpunkt für die Stecklingsvermehrung sprechen kann, liegt dieser Ende Juni bis Anfang Juli. Man verwendet kurze Seitentriebe, von denen man die weichen Triebspitzen entfernt.

Standort. Hell bis sonnig soll der Ginkgo stehen. In den Sommermonaten ist in den Mittagsstunden ein Schutz vor direkter Sonne notwendig. Die relativ fleischigen Wurzeln sind sehr frostempfindlich.

Gießen und Düngen. Der Wasserbedarf ist relativ hoch. Für eine gleichmäßige Feuchtigkeit ist Sorge zu tragen. Dünger wird mit Beginn des Austriebs bis Ende August verabreicht.

Umpflanzen. Alle 2 bis 5 Jahre im Frühjahr vor dem Austrieb umpflanzen. Es eignet sich Erdmischung I. Der Ginkgo bildet nur wenige, dafür aber fleischige Wurzeln aus, die vorsichtig zu beschneiden sind.

Pflanzenschutz. Der Ginkgo bleibt im allgemeinen frei von Krankheiten und Schädlingen. Dies zeugt von der enormen Widerstandsfähigkeit dieser Baumart.

Gestaltung. Der Ginkgo bildet sowohl Lang- als auch Kurztriebe aus, was bei der Gestaltung zu beachten ist. Die Kurztriebe sind geradezu Zwerge, der jährliche Zuwachs beträgt oftmals

Die junge Hamamelis mollis, Chinesische Zaubernuß, erhielt erste Gestaltungsmaßnahmen.

nur den Bruchteil eines Millimeters. So entwickelt sich nur ein Minimum an neuem Holz. Gerade so viel, wie zur Ausbildung der erforderlichen Knospen nötig ist. Interessant ist auch, daß die Blätter an den Langtrieben wechselständig angeordnet sind, während sie an den Kurztrieben in Büscheln erscheinen.

Gestaltet man seinen Ginkgo-Bonsai von klein an selbst, sei es aus Samen oder einer gekauften Jungpflanze, muß man den Haupttrieb frühzeitig zurückschneiden. Nur so wird eine reiche Verzweigung erzielt. Das Schneiden der Zweige und Äste führt man vor dem Austrieb im Frühjahr von Februar bis März durch oder auch schon im August–September. Neuaustriebe sind zwischen Mai und Ende Juni zu beschneiden. Wie weit jeweils zurückgeschnitten werden soll, hängt vom Alter der Pflanzen ab und ob ein Zuwachs erwünscht ist. Die Triebe der jüngeren Pflanzen werden auf drei bis vier, die der älteren Pflanzen auf ein bis zwei Blattansätze zurückgenommen. Nur wenn andere Gestaltungsmaßnahmen unwirksam bleiben, sollte man drahten. Gedrahtet wird zwischen Mai und September.

Hamamelis, Zaubernuß

Die Zaubernüsse gelten zu Recht als etwas Besonderes. Ihre Blüten sind sehr merkwürdig: In einem viereckigen Kelch liegen eingerollt vier gelbe oder andersfarbige, fast fadenförmige Blütenblätter. Bei günstigem Wetter öffnen sich die Blüten schon im Januar. Werden diese dann von Schnee und Kälte überrascht, rollen sich die Blütenblätter ein und öffnen sich wieder, sobald die Witterung es zuläßt. Dieser Vorgang kann sich bei entsprechendem Wetter mehrere Male wiederholen, bevor die Blüten Schaden nehmen. Die Gattung umfaßt etwa sechs Arten großer laubabwerfender Sträucher oder kleine Bäume, die in Nord-Amerika und Ost-Asien heimisch sind. Die wechselständig angeordneten Blätter gleichen denen des Haselnußstrauches. Unübertroffen ist die schöne Herbstfärbung, die von Gelb ins Rote übergeht. Die Zaubernuß gehört zu den interessantesten Winter- und Vorfrühlingsblühern. Bei uns in Deutschland noch selten zum Bonsai gestaltet, kennt man sie als Bonsai meist nur von Bildern.

H. × intermedia. Unter diesem Namen sind die durch Kreuzung von *H. japonica × H. mollis* entstandenen Hybriden zusammengefaßt. 'Allgold' hat buttergelbe, verdrehte Blumenblätter. Bei 'Carmin Red' sind die Blüten blaß bronze, an der Spitze mehr kupfrig, an der Basis rot. 'Diana' heißt eine der schönsten rotblühenden Formen mit karminroten, innen violetten Blüten. 'Feuerzauber' ist wohl die bekannteste Form mit kupfrig-orangen, rot überlegten Blüten. 'Winter Beauty' stammt aus Japan. Die Blüten sind gold- bis orangegelb, an der Basis braunrot.

H. japonica, Japanische Zaubernuß. Die Blätter dieser Art, die in den Bergwäldern der japanischen Inseln Kiuschu und Hondo heimisch ist, erinnern in der Form an Weißerlen. Sehr schön sind die goldgelben Blüten und die gelbe bis rote Herbstfärbung.

H. mollis, Chinesische Zaubernuß. Diese in West- bis Mittel-China heimische Zaubernuß gilt als hübscheste der Gattung. Die herzförmigen, anfangs graugrün behaarten, später matt dunkelgrünen, unterseits wollig filzigen Blätter zeigen eine schöne Herbstfärbung. Die goldgelben Blüten strömen einen zarten Duft aus. Folgende Gartenformen sind neben der Art für die Bonsaigestaltung geeignet: 'Goldcrest', Blüten goldgelb, an der Basis weinrot überlaufen; 'Pallida', Blüten schwefelgelb, innen weinrot, stark duftend.

In den USA werden *H. vernalis* und die schon im Herbst blühende Virginische Zaubernuß *H. virginiana* zum Bonsai gestaltet.

Die Wege. Junge Ballen- und Containerpflanzen werden in Baumschulen angeboten. Im Bonsaihandel findet man gelegentlich *H. mollis.* Alle Zaubernüsse sind kostbare Gehölze. Sie blühen nicht nur zu einer ungewöhnlichen Zeit, man muß für sie auch einen nicht geringen Preis bezahlen. Dies erklärt sich durch das langsame Jungendwachstum und durch die Tatsache, daß in der Regel nur vegetativ vermehrte Pflanzen (in Baumschulen meist Veredlungen) angeboten werden. Nur sie bieten die Gewähr für blühwillige Pflanzen. Wer selbst vermehrt, kann bei den reinen Arten trotzdem die Aussaat versuchen. Sonst kommen das Ablegen und Abmoosen (mitunter dauert es 2 Jahre bis zur Wurzelbildung) oder die Veredlung in Frage.

Aussaat. Ausgesät wird gleich nach der Reife der Samen im Herbst. (Die Früchte müssen geklengt werden.) Bis zur Keimung dauert es 2, mitunter auch 3 Jahre.

Veredlung. Im Juli–August oder im Februar–März wird veredelt auf im Topf eingewurzelte Unterlagen durch Geißfuß, Kopulation oder seitliches Einspitzen. Als Universalunterlage dient *H. virginiana.*

Standort. Zaubernüsse lieben helle Standorte. Pralle Sonne mögen sie auf Dauer ebensowenig wie ständigen Schatten. Eine Überwinterung im Freien erscheint sinnvoll, doch ist ein besonderer Schutz vor austrocknenden Winden notwendig.

Gießen und Düngen. Während des Austriebs wird nur mäßig gegossen, um die Blätter möglichst klein zu halten. Im Laufe der Wachstumsperiode für gleichmäßige Feuchtigkeit sorgen. Dünger wird verabreicht, wenn sich die Blätter voll entwickelt haben bis Ende August.

Umpflanzen. Es erfolgt alle 3 bis 4 Jahre im Herbst oder kurz vor dem Blattaustrieb im Frühjahr. Zaubernüsse gelten als verpflanzempfindlich. Der Rückschnitt der Wurzeln sollte sich in Grenzen halten. Es eignet sich Erdmischung I.

Pflanzenschutz. Artspezifische Krankheiten sind nicht bekannt.

Gestaltung. Für im Garten ausgepflanzte Zaubernüsse gilt: Am schönsten sind sie ungeschnitten und blühen dann auch am besten. Diesen Ratschlag kann man bei der Bonsaigestaltung nicht in dem Maße befolgen. Trotzdem gibt er uns einen Fingerzeig, daß man mit der Schere vorsichtig umgehen soll. Die Blütenknospen sind bereits im Herbst vorgebildet, in der Regel auf der ganzen Länge der letztjährigen Triebe oder auch an besonderen Kurztrieben am zwei- und mehrjährigen Holz. Auch bei den Zaubernüssen nimmt man in den ersten Jahren der Gestaltung noch keine Rücksicht auf die Blütenbildung. Es wird immer dann geschnitten, wenn es erforderlich erscheint und dem Erreichen der angestrebten Gestaltungsform dient. Wenn die Grundform herausgestaltet ist, werden im Herbst überlange Triebe eingekürzt. Der eigentliche Schnitt der Äste und Zweige erfolgt erst nach der Blüte im Frühjahr mit dem Blattaustrieb. Das Drahten wird nach der Blüte im Frühjahr durchgeführt. Ein Blattschnitt kann der Blüte wegen nicht empfohlen werden, ist aber möglich.

Ilex, Stechpalme, Hülse

Die Gattung umfaßt sowohl sommergrüne als auch immergrüne Bäume oder Büsche mit wechselständig angeordneten Blättern. Alle *Ilex*-Arten sind keine Pflanzen, die durch ihre Blüten Aufmerksamkeit erregen. Sie wirken durch ihre schönen, beerenartigen, roten, orangefarbenen, gelben oder schwarzen, lange haltende Steinfrüchte. Bei der Kultur muß man allerdings berücksichtigen, daß die Gattung zu den zweihäusigen Pflanzen zählt, die nur dann fruchten, wenn neben den weiblichen auch einige männliche Pflanzen stehen. Die meisten buntblättrigen Gartenformen sind übrigens männlich und tragen daher niemals Früchte.

I. aquifolium, Gemeine Stechpalme. Die Gemeine Stechpalme ist ein immergrüner, nicht sehr großer Laubbaum. Junge Bäume wachsen schmal kegelförmig mit kurzen, besenartig aufstrebenden Ästen. Ältere Bäume entwickeln eine breite, unregelmäßige, kugelförmige Krone. Mit ihrem dunkelgrünen, glänzenden, stacheligen Laub und den roten Beeren stellt diese Art eine attraktive Pflanze für die Bonsaigestaltung dar. Die Gemeine Stechpalme hat Dutzende von Varietäten, Sorten und Formen hervorgebracht, die eine faszinierende Kollektion verschiedener Blattformen und -farben ergeben. Bei 'Argenteomarginata' sind die Blätter weiß gerandet, bei 'Aureomarginata' gelbbunt, bei 'Baccifava' sind die Früchte gelb, bei 'Foxii' die Blätter fein gesägt, die Frucht orangerot und 'Pyramidalis' fruchtet besonders reich.

I. crenata, Kerbblättrige Hülse, Japan-Stechpalme. Der in Japan heimische Strauch hat kleine, immergrüne, verkehrt eiförmige, glänzende

Blätter und schwarze Steinfrüchte. Interessant sind die Gartenformen 'Convexa' mit blasig gewölbten Blättern und 'Rotundifolia' mit schönen dunkelgrünen, rundlichen Blättern. In Japan ist die Zwergform 'Mariesii' in Bonsaikultur.

I. serrata, Gesägte Hülse, Pflaumenblättrige Stechpalme. Von dieser in Japan auf Hondo und Kiuschu heimischen Art bietet bei uns der Bonsaihandel gelegentlich Pflanzen an. Diese sommergrüne Art trägt kleine, am Rand sehr fein und gleichmäßig gesägte Blätter, die sich im Herbst schön gelb verfärben. Die Blüten erscheinen im Juni. Die meist roten, aber auch gelben oder weißlichen Früchte haften nach dem Laubfall noch lange an der Pflanze. In Japan ist die Zwergform 'Koshobai' mit ihren winzigen roten Früchten beliebt als Miniaturbonsai.

Die Wege. Gutes Ausgangsmaterial findet man als Ballenpflanzen in verschiedenen Größen in der Baumschule. Der Bonsaihandel bietet nur gelegentlich Jungpflanzen an. Die Vermehrung der Arten erfolgt durch Aussaat, die der Gartenformen durch Stecklinge, Abmoosen oder Absenken.

Aussaat. Die Samen der Gemeinen Stechpalme reifen im November. Nach dem Auswaschen wird sofort stratifiziert oder ausgesät. Die Keimung erfolgt nur zögernd, oft erst im dritten Jahr nach der Aussaat. Deshalb darf man die Aussaatgefäße nicht vorzeitig fortwerfen.

Stecklinge. Der günstigste Stecktermin für die immergrünen Arten ist der August. Wer ein heizbares Zimmergewächshaus besitzt, kann schon den Winter über vermehren. Die sommergrünen Arten werden schon im Juni–Juli geschnitten. Eine Behandlung mit Bewurzelungshormonen empfiehlt sich für alle Arten und Formen.

Standort. Wie vielen anderen immergrünen Laubholzarten gibt man der Stechpalme einen ausgesuchten Standort, der durch leichte Beschattung, möglichst hohe Luftfeuchtigkeit, Schutz vor direkter Sonne und austrocknenden Winden gekennzeichnet sein sollte. Dies gilt insbesondere für die heimische Stechpalme. Die laubabwerfenden Arten können sonniger stehen. Eine Überwinterung im Freien ist nur an besonders geschützten Standorten zu empfehlen.

Gießen und Düngen. Stechpalmen benötigen gleichmäßige Feuchtigkeit. Trockenheit, aber auch stauende Nässe sind unter allen Umständen zu vermeiden. Die Düngung setzt nach dem Austrieb im Frühjahr ein und dauert bis Ende September.

Umpflanzen. Stechpalmen mögen es sowohl als Gartenpflanze als auch als Bonsai nicht, wenn man sie zu oft umpflanzt. Das heißt, daß auch der Rückschnitt der Wurzeln sich in Grenzen halten muß. In der Regel genügt es, alle 2 bis 3 Jahre umzupflanzen. Der günstigste Zeitpunkt ist der Spätsommer oder in der Mitte des Frühjahrs. *Ilex*-Wurzeln sind sehr fein und faserig, deshalb Vorsicht beim Entfernen der alten Erde. Erdmischung II wird hier eingesetzt.

Pflanzenschutz. Neben Blattläusen tritt gelegentlich die *Ilex*-Minierfliege auf. Sie ruft in den Blättern geschlängelte, meist aber mehr oder weniger unregelmäßige, flächige Minen hervor. Die Blätter vergilben schließlich und fallen im Spätsommer ab.

Gestaltung. Beim Schneiden ist zu beachten, daß die Stechpalme einen Rückschnitt in das mehrjährige, keine Blätter mehr tragende Holz nicht gut verträgt. Weiterhin werden die Blütenanlagen in Gestalt von Blütenknospen bereits im Herbst vorgebildet, und zwar auf der ganzen Länge der letztjährigen Triebe. Das Beschneiden der Äste und Zweige erfolgt im Februar–März. Bei Neuaustrieben werden, wenn sie die gewünschte Länge erreicht haben, nur die Gipfelknospen abgezupft. Ein gelegentliches Auslichten der Krone erscheint gerade bei Stechpalmen sinnvoll, um das Innere der Krone im Trieb zu halten. Zur Befruchtung stellt man die weiblichen Pflanzen in der Nähe einer männlichen Pflanze auf. Dies kann auch eine ausgepflanzte Stechpalme im Garten sein. Schnittmaßnahmen reichen bei den relativ steif wachsenden Stechpalmen in der Regel nicht aus und die Äste oder auch der Stamm müssen gedrahtet werden. Der günstigste Zeitpunkt dafür ist der Sommer. Bei älteren Pflanzen ist allerdings Vorsicht geboten, denn das sehr harte Holz läßt sich nur schwer biegen. Ein Blattschnitt ist im Juni möglich, er wird in der Regel aber nicht erforderlich.

Jasminum nudiflorum, Winterjasmin

Der Name Jasmin ist uns Inbegriff eines feinen Duftes. Diese Eigenschaft hat aber der hier behandelte, nacktblütige Winterjasmin leider nicht. Er stellt aber neben den Zaubernüssen einen der schönsten Winterblüher dar. Mit den ersten primelgelben und primelartigen Blüten kann man schon im Dezember rechnen. Sie werden zwar häufig bei einer Überwinterung im Freien durch die Januarkälte vernichtet, neue Blüten erscheinen dann aber bei entsprechender Witterung im Februar–März. Der Winterjasmin stammt aus China. An vierkantigen, glänzend grünen Trieben (sie sehen wie lackiert aus) sitzen gegenständig angeordnet sehr kleine, dreizählige Blättchen. In der freien Natur wächst der Winterjasmin als ein Strauch, der frei stehend mit langen, überhängenden Trieben einen lockeren Busch bildet. In unseren Gärten wird er an Spalieren oder Pergolen hochgezogen.

Die Wege. Bonsai und Jungpflanzen erhält man im Bonsaihandel. Baumschulen bieten Containerpflanzen als gutes Ausgangsmaterial für die Bonsaigestaltung an. Vermehrt werden kann durch Aussaat (nicht üblich) oder über Steckholz und Stecklinge (im Juni–Juli von krautigen Sommertrieben). Wer einen Winterjasmin im Garten stehen hat, wird feststellen, daß die Triebe, die den Boden berühren, von selbst Wurzeln schlagen.

Standort. Hell, besser sonnig will der Winterjasmin stehen. Die Überwinterung sollte im Freien an geschützter Stelle erfolgen.

Gießen und Düngen. Der Wasserbedarf ist aufgrund der spärlichen Belaubung nicht sehr hoch. Die Erde wird gleichmäßig feucht gehalten. Dünger wird nach dem Austrieb im Frühjahr bis Ende September gegeben.

Umpflanzen. Alle 2 bis 4 Jahre wird im Frühjahr nach der Blüte, kurz vor dem Austrieb der Blätter umgepflanzt in Erdmischung I.

Pflanzenschutz. Am frischen Austrieb sitzen im Frühjahr häufig grüne Blattläuse. Artspezifische Krankheiten sind nicht bekannt.

Juniperus communis, Gemeiner Wacholder. Nur selten sieht man diese heimische Art als Bonsai gestaltet.

Gestaltung. Der Winterjasmin bildet seine Blüten auf der ganzen Länge der letztjährigen Triebe aus. In den ersten Jahren der Gestaltung werden die Triebe immer wieder zurückgeschnitten, um zunächst aufrecht wachsende, reich verzweigte Pflanzen zu erhalten. Erst später wird Rücksicht auf die Blüte genommen. Hierzu werden die abgeblühten Triebe im Frühjahr auf ein bis zwei Augen zurückgeschnitten. Zu lange Triebe, die die Gestaltungsform beeinträchtigen, werden im Sommer entspitzt. Auf ein Drahten läßt sich in der Regel verzichten. Wer dennoch Drahten will, kann dies im Juni–Juli tun.

Juniperus, Wacholder

Die Gattung *Juniperus* umfaßt rund 60 Arten, die über die gesamte nördliche Erdhalbkugel verteilt sind. Ein Wacholder unterscheidet sich von anderen Koniferen durch die fleischigen, wohlriechenden Beeren. So unterschiedlich wie ihr Lebensraum ist auch der Wuchs der verschiedenen Wacholder. Neben kleinen und größeren Bäumen und reich verzweigten Sträuchern findet man Arten, die am Boden entlangkriechen. Die nadel- oder schuppenförmigen Blätter sind entweder gegenständig (kreuzständig) oder quirlständig (meist zu dritt) angeordnet. Jungpflanzen tragen stets nadelförmige Blätter. An alten Pflanzen sind entweder alle Blätter nadelförmig (z.B. bei *Juniperus communis*) oder alle schuppenförmig oder aber man findet beide Typen gleichzeitig an der Pflanze (z.B. bei *Juniperus chinensis*). Wacholder sind in der Regel zweihäusig und tragen nur männliche oder weibliche Blüten.

Der Wacholder gehört neben der Mädchenkiefer, den Zelkoven und Ahornen zu den beliebtesten Bonsaiarten. Durch ihre rauhe Benadelung und durch ihre Robustheit eignen sich die verschiedensten Arten und Formen gut zur Gestaltung. Es gibt eine fast unüberschaubare Fülle an Gartenformen. Unter ihnen findet sich eine Reihe rein weiblicher, sowie Jugend- und Altersformen.

J. chinensis, Chinesischer Wacholder. Der Chinawacholder ist in Japan, der Mongolei und in China heimisch. Die dunkle, zigarrenbraune, in schmalen Streifen abblätternde Rinde läßt im Alter einen ausbleichenden Stamm zurück. Die schuppenförmigen Blätter sind den Trieben dachziegelartig eng angedrückt. An der Basis junger Triebe findet man zuweilen Büschel von stechenden Nadelblättern. Es gibt aber Gartenformen, die diese Regel durchbrechen. Der einstämmig, manchmal auch mehrstämmig wachsende Chinawacholder bildet in der Jugend eine schmale, kegelförmige Krone, im Alter eine eher abgerundete Krone aus. Der Chinesische Wacholder ist der Stammvater vieler, in unseren Gärten weitverbreiteten Gartenformen, während die Art selbst nur selten anzutreffen ist.

Folgende Formen eignen sich besonders gut zur Bonsaigestaltung: 'Blaauw' (= 'Blaauw's Varietät') heißt eine Zwergform mit graublauen, schuppenförmigen Blättern. Sie ist besonders gut für alle aufrechten Gestaltungsformen geeignet. 'Columnaris Glauca' ist stahlblau, dicht bezweigt, hat stachelspitzige Nadeln und eignet sich gut für Waldformen. 'Echniformis' ist eine Zwergform mit hellgrünen, schuppenförmigen Nadeln. Sie eignet sich besonders gut zur Gestaltung von Landschaften. 'Femina' fällt durch ihre verschwenderische Fülle hübscher »Beeren« auf. 'Globosa Cinerea' ähnelt 'Blaauw' sehr stark und wird sehr gern für Landschaften verwendet. Die Nadeln sind in der Regel schuppenförmig. 'Hetzii' ist locker bezweigt, die Hauptäste steigen schräg an. Die Blätter sind schuppig, zum Teil auch nadelförmig und schön blaugrün. Diese weibliche Gartenform läßt sich gut für Mehrfachstammformen verwenden. 'Keteleeri' heißt eine ebenfalls weibliche Form mit blauweiß bereiften Früchten. 'Monarch' besitzt eine schmale, strenge Säulenform mit dichter, sternförmiger, leuchtend grünlich-blauer Benadelung. Sie ist besonders geeignet und beliebt zur Gestaltung von Wäldern und Einzelbäumen mit bis zum Gipfel durchgehender Stammverlängerung. 'Obelisk' nennt sich eine wunderschön gedrungene Säulenform mit blauen, stechenden Nadelblättern. Var. *sargentii* ist eine in Natur entstandene Zwergform des Chinesischen Wacholders. An den Jungtrieben sitzen hellgrüne, nadelförmige Blätter, die später alle durch blaugrüne Schuppenblätter ersetzt werden. Bei den im Handel angebotenen, aus Japan importierten Chinesischen Wacholder-Bonsai handelt es sich in der Regel um diese Varietät. Eine langsamwüchsige Zwergform, 'Shimpaku', wird in Japan häufig zur Bonsaigestaltung verwendet. Bei uns findet man sie wohl kaum als Jungpflanze im Handel. Ähnliche Formen sind bei uns als 'Plumosa' im Handel. Gelegentlich werden auch die in unseren Gärten weitverbreiteten 'Pfitzeriana'-Formen zur Bonsaigestaltung verwendet.

J. communis, Gemeiner Wacholder. Der Gemeine Wacholder, über die ganze nördliche Erdhalbkugel verbreitet, stellt eine der Charakterpflanzen unserer Heidegebiete dar. Die Blätter sind alle nadelförmig und stehen dreiquirlig. In den Baumschulen ist der Gemeine Wacholder meist nur in der einen oder anderen Gartenform zu finden. Zur Bonsaigestaltung eignen sich unter anderem 'Compressa', eine zauberhafte Zwergform. Sie erscheint geradezu ideal für Fels-, Wald- und Landschaftspflanzungen. 'Hibernica', der Irische Wacholder, sowie 'Suecica', der Schwedische Wacholder, werden auch zur Bonsaigestaltung verwendet. 'Hornibrookii' und 'Repanda' sind kriechende Formen, die sich deshalb besonders gut zur Gestaltung von Kaskadenformen eignen.

J. horizontalis, Kriechwacholder. Die Art, wie auch die Gartenformen, erscheinen ideal zur Gestaltung von Kaskadenformen. Bei 'Douglasii' färben sich die Blätter im Sommer leuchtend stahlblau, im Winter hellpurpurrot, ohne den bläulichweißen Reif zu verlieren. 'Glauca', intensiv blau, langsam wachsend, trägt nur schuppenförmige Blätter. Bei 'Plumosa' erinnern die winzigen Zweige an Farnwedel. Die Nadeln besitzen im Sommer eine hellgrüne, im Winter eine auffallend bronzepurpurne Färbung.

J. procumbens, Japanischer Kriechwacholder. Heimisch ist er in den Gebirgen Mittel-Japans, wo er niederliegend ausgebreitet, kaum kniehoch wächst. Die ziemlich kurzen, nadelförmigen, graublauen Blätter liegen den Zweigen dicht an. Besonders gut zur Bonsaigestaltung geeignet ist die Form 'Nana'. Sie verzweigt niedriger und dichter als die Art, die unteren Astpartien sind dicht kissenförmig mit aufrechten Kurztrieben besetzt.

J. rigida, Tempelwacholder, Nadelwacholder, Igelwacholder. Heimisch in Japan und Korea. Meist wächst er einstämmig, weder säulen- noch kegelförmig. Er bildet im Alter eine kleine, aber altehrwürdig wirkende, offene Krone aus. Die Bezeichnung »Igelwacholder« weist auf die spitzen, stechenden Nadeln hin. Neben der Art stellt *J. rigida* ssp. *nipponica* eine sehr populäre Bonsaiart in Japan dar und wird für alle möglichen Gestaltungsformen verwendet.

J. sabina, Sadebaum. Der niedrige Strauch trägt niederliegende oder schräg aufstrebende Zweige. Für die Bonsaigestaltung interessant sind die Gartenformen 'Blue Danube' (= 'Blaue Donau') und 'Tamariscifolia'. Beides sind flachwachsende Formen, die sich sehr gut zur Gestaltung von Kaskadenformen eignen.

J. squamata, Himalajawacholder, Schuppiger Wacholder. Der Vollständigkeit halber muß diese Art erwähnt werden, da einige der Gartenformen in der Bonsaigestaltung Verwendung finden. Vom Himalaja über West- und Mittel-China bis Taiwan ist diese Art zu Hause. Als ein Kennzeichen für die Art und für die Gartenformen verbleiben alte Blätter trocken und braun noch jahrelang an den Zweigen. Die stahlblaue, dicht bezweigte 'Blue Carpet' und 'Meyeri' (der Blauzederwacholder) sind zwei Formen, die häufig zum Bonsai gestaltet werden.

J. virginiana, Virginischer Wacholder, Rotzeder. Der Virginische Wacholder ähnelt dem Chinesischen Wacholder. Beliebt zur Bonsaigestaltung ist die dunkelgrüne Gartenform 'Canaertii', mit blau bereiften Beeren. 'Glauca' heißt eine blaugraue Form mit aufrechten Trieben. 'Globosa', eine kugelförmig wachsende Zwergform, ist für Landschaften beliebt.

Die Wege. Baumschulen und der Bonsaihandel bieten in der Regel nur die aufgeführten Gartenformen als Container- oder Ballenpflanzen in vielen Größen an. Die Arten findet man nur selten. Die Vermehrung erfolgt leicht über Stecklinge, Aussaat, Abmoosen, Absenken und Ablegen.

Aussaat. Die Früchte reifen im Herbst, geerntet wird ab November. Da es sich um beerenartige Früchte handelt, wird der Samen zunächst vom Fruchtfleisch getrennt (auswaschen!). Gleich anschließend wird ausgesät bzw. stratifiziert. Die ersten Samen keimen etwa 5 Monate nach der Aussaat. Während ein Teil der Samen schon früh keimt, brauchen andere bis zu 18 Monate. Die Keimfähigkeit liegt bei 30%.

Stecklinge. In Baumschulen wird von September bis Oktober vermehrt, aber auch im Juli und August ist eine Stecklingsvermehrung möglich. Leicht wurzelnde Arten wie 'Hetzii' lassen sich auch in den Frühjahrsmonaten vermehren. Man schneidet ein- bis zweijährige Triebe auf Astring. Zu lange Spitzen werden eingekürzt.

Standort. Eines haben alle Wacholder gemeinsam: sie sind ausgesprochen lichthungrig. Während viele andere Gehölze vor Sonne geschützt stehen müssen, bevorzugen Wacholder sonnige Standorte. Bei einem schattigen Standort leidet die Ausfärbung der Schuppenblättchen und die Triebe werden lang und unansehnlich. Die Wacholder sind winterhart, allerdings ist auch im Winter volles Licht unerläßlich. Eine Überwinterung im Keller oder am Kellerfenster kann auf keinen Fall empfohlen werden. Eine rötlichbraune Verfärbung der Nadeln im Winter bedeutet einen normalen Vorgang. Im Frühjahr, wenn es wärmer wird, nehmen die Nadeln wieder ein frisches Grün an.

Gießen und Düngung. In den Sommermonaten wird reichlich gegossen, doch muß vor stauender Nässe gewarnt werden. Insbesondere der Igelwacholder ist da empfindlich. Kurzfristige Trockenheit vertragen Wacholder ohne Schaden. Dünger wird nach dem Austrieb im Mai bis September verabreicht.

Umpflanzen. Alle 2 bis 4 Jahre pflanzt man im Frühjahr vor dem Austrieb um. Ein Wurzelrückschnitt wird gut vertragen. Wacholder lieben eine lehmige, dabei durchlässige Erde. Erdmischung I verwenden, der Sandanteil wird etwas erhöht.

Pflanzenschutz. Eine Krankheit, die insbesondere Jungpflanzen befällt, ist das Zweigsterben. Die Triebspitzen einjähriger Zweige verfärben sich gelb bis dunkelbraun, bei blauen Formen graugrün bis schwärzlich und sterben ab. Eine direkte Bekämpfung ist nicht möglich. Erkrankte Triebe schneidet man bis ins gesunde Holz zurück. Magnesium- und Manganmangel begünstigen die Krankheit. An tierischen Schädlingen lassen sich gelegentlich Blattläuse, Napfschildläuse und die Nadelholzspinnmilbe beobachten. Etwas gefährlicher ist die Wicklerraupe, deren Jungräupchen ab August in den Nadeln minieren und im folgenden Frühjahr von April bis Juni in den Gespinstnestern die Nadeln von innen nach außen abfressen.

Gestaltung. Die Äste schneidet man bevorzugt im Frühjahr vor dem Austrieb, aber auch den Sommer über ist ein Schnitt möglich. Neuaustriebe werden während der Wachstumszeit abgezupft, wann immer sie über den gewünschten Umriß hinauswachsen. Zum Herbst hin sollte man immer weniger auszupfen, damit die Pflanze rechtzeitig vor den ersten Frösten ihr Wachstum abschließen kann. Bei der Gestaltung kommt man im allgemeinen ohne Drahten nicht aus. Gedrahtet werden kann während des ganzen Jahres, bevorzugt zu Ende der Wachstumsruhe im März und April.

Larix, Lärche

Die Gattung *Larix* wirft als eine der wenigen Nadelgehölzgattungen ihre Nadeln im Winter

Die Waldform mit Larix decidua, der Europäischen Lärche, steht auf einer flachen Steinplatte.

ab. Heimisch sind die Lärchen in den kühleren Berglagen der nördlichen Erdhälfte: in Mittel- und Nord-Europa, in Nord-Amerika und in Asien vom Himalaja bis Sibirien und Japan. Obwohl Lärchen »nur« sommergrün sind, gehören sie zu den schönsten Nadelgehölzen. Frische Fiederung im April, goldenes Glühen im November und sogar ihre schwarze Takelage im Winter, wenn die anderen Nadelgehölze die Überlegenheit ihrer ledrigen Blätter demonstrieren, machen sie uns auch für die Bonsaigestaltung liebenswert.

L. decidua (syn. *L. europaea*), Europäische Lärche. Die in den gemäßigten Zonen Europas heimische Art bildet in der Jugend eine schmale, kegelförmige Krone aus. Die Hauptäste sind quirlig angeordnet mit kleineren Ästen in den Zwischenräumen. Wenn im Alter das Höhenwachstum aufhört, wird die Krone breiter, der Gipfel flach mit waagerecht stehenden Ästen an den Spitzen und abwärts gerichteten Ästen im unteren Teil. Von den Gartenformen sind für die Bonsaigestaltung interessant: 'Compacta', Wuchs kegelförmig gedrungen; 'Corley', kugelig, langsamwüchsig; 'Kellermannii', eine buschige Zwergform mit sehr kurzen, dicken, dicht beblätterten Zweigen. 'Repens', eine kriechende Form, ist besonders gut für Kaskadenformen geeignet.

L. kaempferi (syn. *L. leptolepis*), Japanische Lärche. Die am Fudschijama und den benachbarten Gipfeln sowie auf Hondo heimische Art bildet eine breit kegelförmige Krone aus, die selten so schmal ist wie bei der Europäischen Lärche. Die Triebe sind orangerot gefärbt im Gegensatz zu den blaßgelben Trieben der Europäischen Lärche. Zur Bonsaigestaltung eignen sich neben der Art die Zwergformen 'Nana', 'Prostrata', 'Wehlen' und 'Woltendinger'.

Die Wege. Jungpflanzen der Europäischen Lärche bietet der Bonsaihandel an. Bei der Japanischen Lärche ist man auf Ballenpflanzen aus der Baumschule angewiesen. Die Gartenformen erhält man meist nur in Spezialbaumschulen. Vermehrt wird durch Aussaat oder Stecklinge. Abmoosen und Absenken ist möglich.

Aussaat. Die Samen der hier beschriebenen Lärchen-Arten reifen relativ spät. *L. decidua*-Samen kann man von Dezember bis April ernten. Die Samen von *L. kaempferi* müssen bis Ende Dezember geerntet sein, da ihre Samen schneller ausfallen. Ausgesät wird Ende April-Anfang Mai nach vierwöchiger Stratifikation oder nach Einweichen der Samen für 12 Stunden in lauwarmes Wasser. Die Keimfähigkeit liegt bei etwa 50%.

Stecklinge. Die günstigste Zeit zum Schneiden der Stecklinge fällt in die Monate Juli-August. Man verwendet leicht verholzte, diesjährige Triebe, die man auf Astring schneidet.

Standort. Lärchen sind Bäume mit hohem Lichtbedarf. Sie benötigen auch als Bonsai einen hellen, sonnigen Standort. Standorte in der Nähe eines Teiches wären ideal, da Lärchen ihre volle Schönheit nur bei hoher Luftfeuchtigkeit entfalten. Dies gilt insbesondere für die Japanische Lärche. Die Überwinterung sollte im Freien erfolgen.

Gießen und Düngen. Gute Wüchsigkeit zeigen die Lärchen nur bei feuchtem Boden, stauende Nässe mögen aber auch sie nicht. Dünger nach dem Austrieb ab Ende Mai bis Anfang September geben.

Umpflanzen. Alle 2 bis 3 Jahre wird im Frühjahr vor dem Austrieb umgepflanzt. Lärchen lieben einen kräftigen, dabei humosen Lehmboden, daher verwende man Erdmischung II.

Pflanzenschutz. Gefürchtet ist die Lärchenschütte. Die Nadeln zeigen zunächst braune Flecken und fallen schließlich ab. An älteren Pflanzen werden die Nadeln büschelweise gelb, später braun und fallen zunächst nur an der Basis der Zweige ab. Die Vergilbung beginnt am äußeren Ende oder in der Mitte der Nadeln. Das Wipfelsterben wird vom Lärchenblasenfuß verursacht, der von Mai bis September bevorzugt an den Triebspitzen durch Saugen schädigt. Die Nadeln verfärben sich grau und fallen ab. Triebspitzen und Endknospen verkrüppeln und sterben schließlich ab. In trockenen Sommern tritt gelegentlich die in weiße Wachswolle gehüllte Grüne Fichtengallenlaus auf.

Gestaltung. Bei der Gestaltung ist zu berücksichtigen, daß Lärchen sowohl Lang- als auch Kurztriebe ausbilden (s. Abb. Seite 63). Bei den rosettenartigen Büscheln hellgrüner Nadeln, die an kahlen Lärchenzweigen im Frühjahr sitzen, handelt es sich um Kurztriebe, während an den Langtrieben die Nadeln noch einzeln stehen. Lärchen wachsen bis in den Oktober hinein (siehe Seite 64), was bei der Gestaltung zu beachten ist. Das Beschneiden der Äste und Zweige erfolgt im März oder während der Knospenruhe. Während der Wachstumszeit werden die jungen Triebe, wo es nötig wird, abgezupft. Drahten ist bei der Gestaltung meist erforderlich. Die günstigste Zeit dafür ist das Frühjahr oder der Abschluß des ersten Wachstums im Juni.

Ligustrum, Liguster, Rainweide

Viele kennen den Liguster als »lebende Hecke«. Vereinzelt sieht man ihn heute aber auch als Bonsai gestaltet. Die Gattung umfaßt etwa

Das Ligusterwäldchen in Herbstfärbung steht auf einer flachen Steinplatte.

50 Arten, die in Europa, Nord-Afrika und Ost-Asien beheimatet sind. Es sind sommer- oder immergrüne Sträucher, einige davon baumförmig, mit gegenständig sitzenden Blättern. Die weißen oder gelblichen Blüten stehen in der Regel in endständigen Rispen. Die Frucht ist rot, schwarz, bläulich oder weiß.

L. obtusifolium var. *regelianum*. Die in Japan heimische Art wird dort auch zum Bonsai gestaltet. Bemerkenswert erscheint der Blütenschmuck. In Juni–Juli entfalten sich zahlreiche Blüten in kurzen, dichten Rispen.

L. ovalifolium. Die immergrüne, ebenfalls in Japan heimische Art besitzt glänzend dunkelgrüne Blätter und entwickelt stark duftende, dicht in endständigen Rispen stehende, gelblichweiße Blüten. Die Früchte sind blauschwarz. 'Aureum' heißt eine Gartenform mit goldbunten Blättern.

L. vulgare, Gemeiner Liguster. Den in den Gebirgen Europas heimischen, sommergrünen (manchmal auch wintergrünen) Strauch erkennt man an den länglich eiförmigen Blättern und den glänzend schwarzen Früchten. 'Atrovirens' ist eine Gartenform mit tiefgrünen, im Winter dunkelpurpur-braunen, lang haftenden Blättern. 'Xanthocarpum' hat gelbe Früchte. 'Lodense' ist eine Form, die für Heckenpflanzungen verwendet wird, sich aber auch zur Bonsaigestaltung eignet.

242

Die Wege. Jungpflanzen findet man in reicher Auswahl für Heckenpflanzungen in Baumschulen. Die Vermehrung aus Stecklingen im Frühsommer oder durch Steckholz läßt sich leicht durchführen. Aussaat ist im Frühjahr möglich.

Standort. Sowohl sonnige als auch halbschattige Standorte sind geeignet.

Gießen und Düngen. Stets mäßig feucht halten, doch keine Nässe aufkommen lassen. Dünger nach dem Austrieb bis Ende August verabreichen.

Umpflanzen. Alle 2 bis 3 Jahre im Frühjahr umpflanzen in Erdmischung I.

Pflanzenschutz. Zeigen die Blätter im Frühjahr unregelmäßig verteilte, gelblichweiße Flecken und fallen ab, sind die später gebildeten Blätter wieder normal, dann handelt es sich um die sogenannte Buntblättrigkeit. Sie wird von einem Virus verursacht. Ist die Rinde an Zweigen und Ästen rötlichbraun verfärbt und zeigen sich eingesunkene Stellen, dann handelt es sich um das Zweigsterben. Verschiedene Raupenarten schädigen durch Fraß.

Gestaltung. Der Liguster kann praktisch zu jeder Zeit beschnitten werden, außer im Winter bei starken Frösten. Deshalb immer schneiden, wann neues Wachstum zu sehen ist, welches die Gestaltungsform beeinträchtigt. Wer Wert auf Blüten und Früchte legt, muß wissen, daß sich die Blüten nach Abschluß des Wachstums als End- oder Seitentriebe ausbilden. Ab Ende Juli darf dann nicht mehr geschnitten werden. Drahten ist ganzjährig möglich. Ein Blattschnitt ist meist nicht erforderlich, aber möglich.

Malus, Apfel

Rund 30 Arten und eine kaum mehr zu übersehende Zahl an Gartenformen kennt die Gattung *Malus*, deren natürliche Arten in Europa, Asien und Nord-Amerika heimisch sind. Es handelt sich um sommergrüne Bäume oder Sträucher, deren Seitenzweige mitunter verdornen und wechselständige, am Rande meist gesägte Blätter tragen. Spricht man vom Apfelbaum, dann denkt man zunächst nur an die Tafel-, Koch- und Mostäpfel, weniger an diejenigen Äpfel, die wegen ihres Zierwertes angepflanzt und kultiviert werden.

Apfelbonsai sind beim Bonsaigärtner sehr begehrt. Sie ziehen mindestens zweimal jährlich die Aufmerksamkeit auf sich. Einmal zur Blütezeit im Mai und dann wieder zur Zeit ihrer Fruchtreife im Herbst. In beiden Fällen bleiben sie in ihrer Wirkung oft unübertroffen. Das Farbspiel ihrer Blüten reicht von Weiß über Rosa zu den verschiedensten Tönen von Rot. Häufig erlebt man dieses Farbspiel an ein und derselben Pflanze, weil deren Blüte von der Knospe bis zur offenen Blüte immer weiter verblaßt. Die herbstliche Fruchtfarbe kann ebenfalls recht unterschiedlich sein, sie reicht von Gelb bis Rot mit allen Übergängen. Die Größe der Früchte,

Die Apfel-Art, Malus x micromalus, ist durch die von Natur aus kleinen Früchte besonders gut zur Bonsaigestaltung geeignet.

die sich ab September zu färben beginnen und oft bis weit in den Winter hängenbleiben, variiert je nach Art und Form sehr stark. Die kleinsten erreichen kaum mehr als die Größe einer Erbse, andere werden fast so groß wie Eßäpfel. Apfelbonsai rangieren unter den Blütenbonsai in der Bewertung gleich nach den Blütenkirschen. Obwohl sich auch Eßäpfel zum Bonsai erziehen lassen, spielen sie bei der Gestaltung keine große Rolle. Die folgende Auswahl nennt Zierapfel-Wildarten mit ihren Gartenformen, die sich zur Bonsaigestaltung eignen.

M. baccata, Beerentragender Apfelbaum, Kirsch-Apfel. Der kleine Baum umhüllt seine Zweige regelmäßig mit duftenden, weißen Blüten und trägt beerengroße, meist gelbe, manchmal auch rote Früchte.

M. domestica, Kultur- oder Gartenapfel. Zu dieser Art werden die meisten Kulturäpfel gerechnet. Die Apfelblüte ist zart und kurzlebig. Ihre Blumenblätter sind weiß, rosa oder außen rot und innen weiß.

M. floribunda, Reich- oder Vielblütiger Apfel. Eine der schönsten Wildformen dürfte diese aus Japan stammende Art sein. Ihre außergewöhnlich starke Wirkung beruht auf den kirschroten Außenseiten seiner innen weißen Blumenblätter. Er blüht erst nach der Blattentwicklung, so daß seine Krone dann ein Mosaik aus Weiß, Rot und frischem Grün bildet. Die gelben Früchte sind nur erbsengroß und verfärben sich an der Sonnenseite leicht nach Rot. In der freien Natur wächst die Art in der Regel als ein kurzstämmiger Baum mit weit überhängenden und abstehenden Zweigen.

M. halliana, Halls Apfel. Er stellt wohl in Japan die am häufigsten verwendete Apfelart zur Bonsaigestaltung dar. Wahrscheinlich handelt es sich um eine Züchtung, trotzdem wird sie als Art behandelt. Die Blätter sind schmal, eiförmig, an beiden Enden spitz zulaufend, oberseits glänzend dunkelgrün, unten heller. Die im Mai erscheinenden Blüten sind einfach bis halb gefüllt, in der Knospe tiefrot, aufgeblüht dunkelrosa gefärbt. Sie hängen in Büscheln zu vier bis zu siebt an langen, rötlichen Stielen. Die kaum 1 cm dicken, verkehrt eiförmigen Früchte verfärben sich rotbraun.

M. hupehensis, Hupeh Apfel, Tee-Apfel. Bei der in China heimischen Art erscheinen die duftenden Blüten (anfangs rosa, später reinweiß) sehr spät im Frühjahr (Mai–Juni). Die Früchte sind klein, grünlichgelb mit roter Backe.

M.-Hybriden. Unter dieser Sammelbezeichnung werden heute sowohl die einfachen, oft mit lateinischen Namen belegten Artbastarde als auch die Vielfalt der mit Phantasienamen belegten Sorten zusammengefaßt. Zur Bonsaigestaltung eignen sich unter anderem: 'Eleyi', Blätter rot, Blüten dunkelpurpurn, Früchte purpurrot; 'Fuji', Blüten grünlichweiß (gelegentlich mit rötlichem Anflug), anemonenartig, Früchte orangerot. 'Gracilis' bildet bonsaigerechte Blätter aus und wächst sehr langsam. 'Golden Hornet' besticht durch tiefgelbe, besonders lang haftende Früchte. 'Hillieri' hat dunkelrosa Blütenknospen; die halbgefüllten, rosa Blüten erscheinen im Mai–Juni. Die Früchte sind orangerot. 'Rosea' hat rosa, kirschblütenähnliche Blüten. Die Früchte sind gelb mit roter Backe.

M. × micromalus. In Japan ist diese Kreuzung aus *M. baccata × M. spectabilis* als Bonsai weit verbreitet. Auffallend sind die im knospigen Zustand intensiv karminrosa, aufgeblüht einfach rosa gefärbten Blüten. Die gelben Früchte werden an der Sonne rot.

M. sylvestris, Holzapfelbaum. Der Holzapfel ist in den Wäldern Europas heimisch, ein dichtbuschiger, breitkroniger bis 7 m hoher Baum. Die im Aufblühen rosa, später weißen Blüten erscheinen im April–Mai. Die Früchte sind relativ groß, bis 4 cm breit, gelbgrün mit rötlicher Backe. Typisch für diese Art sind Kurztriebe, die mehr oder weniger stark verdornen.

M. toringo (syn. *M. sieboldii*). Die in Japan auf Jesso und Hondo in den Wäldern des Hügellandes heimische Art wird häufig zum Bonsai gestaltet. Sie wächst als ein breit gebauter Strauch oder kleiner Baum mit überhängenden, purpurbraunen, oft verdornenden Zweigen. Beliebt ist die Art wegen der hellrosa, zuletzt fast weißen Blüten, den erbsengroßen, roten bis gelbbraunen, bis in den Dezember haftenden Früchten und die für Apfelarten ungewöhnlich schöne Herbstfärbung. Var. *sargentii*, der Sargent-Apfel, besticht durch seine hochroten erbsengroßen

Früchte, die meist bis zum Blattausbruch an der Pflanze bleiben. Die eiförmigen Blätter sind scharf gesägt, oft gelappt, lebhaft grün und zeigen eine schöne gelbrote Herbstfärbung.

M. toringoides. Die größte Auswahl an Wildarten bietet China. Eine von vielen dekorativen Arten (wohl die schönste) ist *M. toringoides.* Die tief gelappten Blätter bilden im Herbst eine schöne Hintergrundfarbe für die roten und gelben Äpfel. Die fast weißen Blüten erscheinen im Mai in drei- bis sechsblütigen, sitzenden Doldentrauben. Die gelben, verkehrt ei- bis birnenförmigen, rotbackigen Früchte und der starke Fruchtbehang, machen *M. toringoides* zu einer der begehrtesten Arten der Bonsaigestaltung.

Die Wege. Die Wildformen der hier aufgeführten Arten vermehrt man in der Regel durch Aussaat, die Gartenformen, dies gilt auch für die Kulturäpfel, durch Veredlung. Vermehrt werden kann auch durch Ableger, Abrisse, Wurzelschnittlinge und Steckholz. Etwas schwieriger gestaltet sich die Vermehrung durch krautige Stecklinge im Juni–Juli.

Aussaat. Erntet man die Samen selbst, ist zu beachten, daß es zu einer Vermischung von verschiedenen Arten kommen kann, wenn der Baum zwischen anderen Arten gestanden hat. Die Samen fallen nicht mehr echt. Man erntet die Früchte, wenn sie voll ausgereift sind. Nach dem Auswaschen wird noch im Herbst ausgesät oder man stratifiziert und sät erst im Frühjahr. Handelssaatgut wird stets stratifiziert.

Veredlung. Veredelt wird durch Okulation, Geißfuß oder Kopulation auf Sämlinge der Art. Als Universalunterlage dient *M. baccata.*

Standort. Alle Apfelbäume lieben helle, sonnige Standorte, doch sollte man in den heißesten Stunden des Tages Schutz vor direkter Sonne geben. Wichtig ist eine kühle Überwinterung. Niedrige Temperaturen sind nötig, um die Knospenruhe aufzuheben. Wird zu warm überwintert, so unterbleibt die Entfaltung der Knospen oder sie erfolgt nur spärlich.

Gießen und Düngen. Während der Laubentfaltung nur mäßig gießen. Dadurch kann man wesentlichen Einfluß auf die Blattgröße nehmen. Sonst ist für eine gleichmäßige Feuchtigkeit Sorge zu tragen. Gedüngt wird, wenn sich die Blätter voll entfaltet haben bis Ende August. Mäßig gedüngte Apfelbonsai blühen und fruchten besser als stark gedüngte.

Umpflanzen. Alle 2 bis 3 Jahre wird im Herbst oder im zeitigen Frühjahr in Erdmischung I umgepflanzt.

Pflanzenschutz. Die Zierapfelarten und Sorten werden von den gleichen Krankheiten und Schädlingen befallen wie die Obstsorten, so von der Obstbaumspinnmilbe, der Grünen Apfelblattlaus, vom Apfelmosaik-Virus, vom Apfelmehltau oder vom Apfelschorf. Sind junge Blätter, Triebe und Blütenknospen weiß gesprenkelt, die Blätter gekräuselt, so handelt es sich um einen Befall durch den Apfelblattsauger.

Gestaltung. Die Gestaltung eines Apfelbonsai ist nicht einfach. Einerseits will man eine gute Form, anderseits will man ja auch nicht auf die Blüte und die Früchte verzichten. Wenn man seinen Apfelbonsai von klein an selbst heranzieht, nimmt man in den ersten Jahren der Gestaltung noch keine Rücksicht auf die Blütenbildung. Die Blütenknospen sitzen beim Apfel an besonderen Kurztrieben am zwei- bis mehrjährigen Holz. Dieses Blühholz bleibt mehrere Jahre am Leben. Während der Wachstumsruhe sollte sich bei gestalteten Pflanzen der Schnitt auf das Auslichten der Krone beschränken. Das heißt, alle Äste und Zweige, die nach innen wachsen, werden entfernt. Wenn nicht schon im Herbst die langen Jahrestriebe pinziert worden sind, so kürzt man jetzt auch die im Außenbereich der Krone zu lang gewordene Äste etwas ein. Wenn nach der Blüte die Fruchtbildung einsetzt, beginnen die Pflanzen erst richtig zu treiben. Nach Triebabschluß, etwa Mitte Juli, werden alle Triebe zurückgeschnitten, die über die Form hinausgewachsen sind. In der Zwischenzeit muß man auf eine schöne Form verzichten. Schneidet man zu früh, wird die nächstjährige Blüte nur schwach ausfallen. Allerdings werden Triebe, die eine ungünstige Stellung in der Baumkrone einnehmen, schon frühzeitig entfernt.

Sollte nach dem Rückschnitt der Triebe ein erneuter Austrieb erfolgen, werden die Neuaustriebe pinziert. Ein solches Pinzieren im Spätsommer wirkt sich vorteilhaft auf das Ausreifen der Knospen aus. Ein starker Rückschnitt ins alte Holz (Verjüngungsschnitt) kann für Zieräpfel nicht empfohlen werden. Wenn ein Rückschnitt unausweichlich erscheint, verteilt man besser den Rückschnitt auf mehrere Jahre. Ein Blattschnitt ist im allgemeinen nicht erforderlich, häufig auch nicht immer erfolgreich und auch nicht zu empfehlen, da er auf Kosten der Blüte geht. Gedrahtet wird im Juli, wenn die Triebe sich verhärten und das Wachstum sich verlangsamt. Doch sollte man, wenn möglich, auf andere Gestaltungstechniken zurückgreifen.

Noch ein wichtiger Hinweis: Insbesondere bei den frühblühenden Arten und Formen ist die Bestäubung durch Insekten nicht immer gewährleistet. Dann muß man selbst Biene spielen, wenn man auf Früchte nicht verzichten will, und mit einem feinen Haarpinsel den Blütenstaub von der einen Blüte auf die Narbe einer anderen Blüte übertragen.

Metasequoia glyptostroboides, Chinesisches Rotholz, Urweltmammutbaum, Wasserlärche

Dieser dekorative, laubabwerfende Nadelbaum von malerisch pyramidalem Wuchs hat wie der Ginkgo als lebendes Fossil alle seine Feinde überlebt. Die Wuchsform mit ihrem völlig geraden, sich deutlich nach oben verjüngenden Stamm könnte als Vorbild für die streng aufrechte Form gedient haben. Der Urweltmammutbaum behält seine heitere leuchtend hellgrüne Nadelfarbe vom Frühjahr bis in den Herbst hinein. Dann verfärben sich die gegenständig sitzenden Nadeln bernsteinfarben, bis sie schließlich abfallen. Die Triebe lassen sich in vier Typen einteilen: in Lang-, Kurz- und Übergangstriebe sowie in Triebe ohne Endknospe. Letztere werden im Herbst samt den daran befindlichen Blättern abgeworfen. Ein weiteres Merkmal der *Metasequoia* ist ihre Eigenart, Knospen an der Unterseite der dünnen Zweige zu bilden. Sie zeigt aufgrund der Verhältnisse am heimatlichen Standort eine Vorliebe für das Wasser. Häufig wird der Urweltmammutbaum

mit der Sumpfzypresse *(Taxodium)* verwechselt, deren Nadeln aber wechselständig angeordnet sind. Gestaltungs- und Pflegehinweise siehe *Taxodium*.

Nothofagus antarctica, Scheinbuche, Südbuche

Die Südbuche stellt ein so faszinierendes Gehölz dar und hat so viele gute Eigenschaften, daß man sich fragen muß, warum sie so wenig zur Bonsaigestaltung verwendet wird. Wahrscheinlich liegt es daran, daß sie nicht bei uns, sondern in Chile heimisch ist und man sie selten in unseren Gärten antrifft. Die Arten der Gattung *Nothofagus* bezeichnet man auch als die Buchen der Südhalbkugel. Botanisch unterscheiden sie sich von den Buchen *(Fagus)* nur verhältnismäßig geringfügig, beträchtlich aber in ihrem äußeren Erscheinungsbild. Die Krone der Scheinbuche ist sehr locker und unregelmäßig, oft sehr breit aufgebaut. Die stärkeren Äste sind häufig gedreht. Ein markantes Kennzeichen sind die winzigen, bonsaigerechten, Blätter, die in zwei präzisen Reihen an den zarten Zweigen angeordnet sind. Jedes Blatt stellt ein gekräuseltes, nerviges, muschelförmiges Gebilde dar. Auch die Herbstfärbung der Blätter kann sich sehen lassen. Blatt für Blatt verfärbt sich in einer Reihe verschiedener Töne und ergibt ein Mosaik aus Grün, Rot, Orange und Braun. Nicht weniger schön ist die Scheinbuche im Winter, wenn die weißen Lentizellenbänder die schwarze Rinde der Zweige und Äste bedecken und die fischgrätenartige Verzweigung erst richtig zutage tritt.

Die Wege. Nur wenige Bonsaihändler bieten Jungpflanzen von Scheinbuchen an. Ein größeres Angebot, meist Ballenpflanzen, seltener Containerpflanzen, findet man in Baumschulen in verschiedenen Größen. Vermehrt werden kann durch Aussaat importierten Saatgutes im Frühjahr unter Glas, durch Stecklinge, Steckholz, Absenker oder Abmoosen.

Stecklinge. Man verwendet Kopfstecklinge, die man im Juni–Juli von wachsenden Trieben schneidet. Sie müssen aber an der Basis schon leicht verholzt sein. Sind sie zu krautig, faulen sie restlos weg.

Standort. Die Scheinbuche benötigt auch als Bonsai einen hellen, sonnigen Standort. Es ist eine weitgehend frostfreie Überwinterung zu empfehlen. Insbesondere junge Pflanzen sind äußerst empfindlich gegen Wintersonne und austrocknende Winde (Frosttrocknis).

Gießen und Düngen. Scheinbuchen erweisen sich gegen stauende Nässe als überaus empfindlich. Eine gleichmäßige Feuchtigkeit sagt ihnen am besten zu. Gedüngt wird nach dem Austrieb im Frühjahr bis September.

Umpflanzen. Alle 2 bis 4 Jahre wird im Frühjahr in Erdmischung I umgepflanzt.

Pflanzenschutz. Artspezifische Krankheiten sind nicht bekannt.

Gestaltung. Äste und Zweige schneidet man bevorzugt im Frühjahr vor dem Austrieb. Ein Schnitt ist aber auch während der Wachstumszeit möglich. Bei Neuaustrieben sollte man sich auf ein Pinzieren beschränken. Das Drahten ist für die Scheinbuche nicht zu empfehlen, da sich die Rinde als sehr empfindlich erweist. Statt dessen greift man besser auf andere Gestaltungstechniken zurück.

Das Auszupfen der jungen, noch weichen Triebe wie hier bei der Fichte regt die Bildung zahlreicher Nebentriebe an.

Picea, Fichte

Die Fichten sind mit etwa 50 Arten über die kühlen Gebiete der nördlichen Halbkugel verbreitet. China, die Wiege der Bonsaikunst, bildet die Heimat der Hälfte aller Fichtenarten. Europa bringt es dagegen nur auf zwei Arten. Fichten besitzen ein unverkennbares Merkmal, das holzige Nadelkissen am Grund jeder Nadel. Wenn man eine Nadel abzieht, reißt das Kissen mit ihr ab. Stirbt die Nadel natürlicherweise und fällt ab, hinterläßt sie das Kissen wie einen Hutaufhänger. So kommt es, daß die Zweige alter Fichten immer rauh aussehen. Fichten wachsen symmetrisch mit dichten, kegelförmigen Kronen (s. Abb. Seite 86). Die in regelmäßigen Quirlen stehenden Seitenäste hängen in Bögen herab. Die Endknospen sind rotbraun, oval, zugespitzt. Im Frühjahr kommen die leuchtendgrünen Nadeln zusammengebündelt zum Vorschein. Sie bleiben ungefähr vier Jahre lang erhalten, färben sich dann braun und fallen ab.

P. abies, Gemeine Fichte, Rotfichte. Unsere heimische Fichte ist von West-Europa bis Mittel-Asien in mittleren und höheren Berglagen weit verbreitet. Äußerlich gleicht sie einem hohen, schmalen Kegel. An der normal entwickelten Krone der erwachsenen Fichte stehen die oberen Zweige schräg aufwärts, während die mittleren rechtwinklig vom Stamm abgehen und sich die unteren mehr oder weniger tief abwärts neigen. Wie kaum ein anderer Nadelbaum neigt *P. abies* zu Abweichungen im Habitus bei Bezweigung und Benadelung. Neben standortbedingten Modifikationen gehören dazu auch zahlreiche, durch Mutation entstandene Gartenformen, unter denen sich auch sehr viele Zwergformen befinden.

Nachfolgend sind die wichtigsten dieser Zwergformen aufgeführt, die sich besonders gut zur Bonsaigestaltung eignen. Unter ihnen befinden sich echte Zwerge, die in Jahrzehnten nicht sehr hoch werden und ohne besondere Gestaltungsmaßnahmen wie kleine Bäume aussehen. 'Compressa' wächst gedrungen kegelförmig, hat dunkelgrüne, dicht gedrängte, nur 5 bis 10 mm lange Nadeln. 'Echiniformis', die Igelfichte, wächst kissenartig. Die feinen, frischgrünen Nadeln stehen rings um die Zweige igelförmig steif. 'Little Gem' ist sehr langsam wachsend, kurztriebig, mit frisch-hellgrüner Benadelung. 'Nidiformis', die Nestfichte, wächst mehr breit als hoch. Die Nadeln sind flach, kurz, hellgrün, später graugrün. Sie wird bevorzugt zur Gestaltung kleiner Bonsai mit kugelförmiger Krone verwendet. 'Ohlendorfii' hat dünne, fächerförmige Zweige. 'Pumila Glauca' ist eine besonders schöne Zwergform für Landschaften und zur Gestaltung von Miniaturbonsai. Die Nadeln sind glänzend dunkelgrün mit bläulichem Schimmer, unterseits leicht bläuchlichgrün.

P. glauca, Weißfichte, Schimmelfichte. Die Art selbst wird bei uns wohl nicht zum Bonsai gestaltet. Interessant und häufig verwendet werden dagegen die nachfolgenden Formen. Sie eignen sich aufgrund ihres aufrechten, kegelförmigen Wuchses besonders gut zur Gestaltung von aufrechten Formen wie auch für Wald- und Gruppenpflanzungen. 'Conica', die Zuckerhutfichte, ist beliebt zur Gestaltung von Floßformen. Sie wächst streng und regelmäßig kegelförmig, ganz dicht und schmal. Die Nadeln sind im Austrieb hellgrün, später leicht bläulichgrün. Diese sehr schöne Form hat allerdings sehr unter der Roten Spinne zu leiden. 'Gnom' ist eine Mutation aus 'Conica', im Wuchs straff kegelförmig. Die Jahrestriebe werden nur 3 bis 5 cm lang. Die Nadeln sind deutlich graugrün und nur 8 bis 10 mm lang. 'Laurin', ebenfalls eine Mutation aus 'Conica', zeigt einen geradezu zwergigen Wuchs. Die außerordentlich schwachwüchsige Art hat Jahrestriebe von nur 15 bis 25 mm Länge, die Nadeln stehen sehr dicht.

P. glehnii, Sachalinfichte. Ebenso wie die Ajanfichte ist *P. glehnii* (und ihre Formen) bei den Bonsaigärtnern in Japan, wo sie auch heimisch ist (Hokkaido), sehr beliebt. Sie unterscheidet sich von allen anderen Fichtenarten vor allem durch ihre schokoladenbraune Borke. Der Wuchs erscheint schmal kegelförmig. Die Jungtriebe sind mit feinen roten Haaren bedeckt.

P. jezoensis (P. ajanensis), Yedo- oder Ajanfichte. Die Ajanfichte entspricht aus der Sicht des Japaners unserer Rottanne. Sie ähnelt im Wuchs unserer Fichte, wirkt als junger Baum jedoch zierlicher. Die Äste sind in der Jugend schräg nach oben gerichtet, im Alter stehen sie fast waagerecht. Die Nadeln erscheinen oberseits silberweiß, unterseits frisch dunkelgrün glänzend. Ältere Nadeln drehen ihre Oberseite nach unten, so daß sich die silberweiße Oberseite der jungen Nadeln herrlich gegen das glänzende, dunkle Grün der älteren Nadeln abhebt. Das Bild einer im Frühjahr mit gelben Kätzchen und mit purpurroten Zäpfchen bunt beladenen Ajanfichte erscheint besonders reizvoll. Die Ajanfichte, die in der Mandschurei, in Sachalin und Nord-Japan verbreitet ist, wächst dort sowohl in sumpfigen Niederungen (Amurgebiet) als auch im Hochgebirge (Nord-Japan). Sie treibt früh aus und ist daher spätfrostgefährdet. Var. *hondoensis* ähnelt sehr stark der Art, wird aber nicht so hoch wie diese. Der Austrieb erfolgt später als bei der Art und ist daher weniger spätfrostgefährdet.

Geeignet zur Bonsaigestaltung sind auch *P. polita*, die Nadel- oder Tigerschwanzfichte, *P. orientalis*, die Sapindusfichte und *P. mariana*, die Schwarzfichte.

Die Wege. Im Bonsaihandel erhält man die eine oder andere der aufgeführten Arten und Gartenformen. Ein breites Sortiment bieten Baumschulen an. Schwierigkeiten macht aber die Beschaffung der japanischen Arten. Vermehrt werden kann durch Aussaat, Stecklinge und Veredlung. Eine Vermehrung durch Abmoosen und Absenken oder Ablegen (für Floßformen) ist möglich.

Aussaat. Durch Aussaat können alle natürlichen Arten vermehrt werden. Die Zapfen von *P. abies* sind um Neujahr zu ernten, zu klengen und bis zur Aussaat im Frühjahr (April–Mai) trocken zu lagern.

Stecklinge. Die Stecklingsvermehrung ist üblich und notwendig zur Anzucht der Zwergformen. Vermehrt wird von Ende Juni bis Anfang August, nachdem sich die Endknospe voll entwickelt hat. Man verwendet Triebe, die man auf Astring schneidet. Allerdings bedeutet die Vermehrung durch Stecklinge eine relativ langwierige Sache. Nicht selten dauert es 1 bis 2 Jahre bis zur Bewurzelung.

Veredlung. Veredelt werden sollte aus den bekannten Gründen nur in Ausnahmefällen. Als Unterlage verwendet man Sämlinge von *P. abies*. In Frage kommen das seitliche Einspitzen und das seitliche Anplatten.

Standort. Die Fichte meidet in der freien Natur trockene, zu heiße, aber auch zu nasse Lagen. Ein heller, sonniger Standort sagt ihr auch als Bonsai am besten zu, doch braucht sie im Sommer in den Mittagsstunden Schutz vor direkter Sonne.

Gießen und Düngen. Stets für gleichmäßige Feuchtigkeit sorgen. Ballentrockenheit hat vorzeitigen Nadelfall zur Folge. Düngen nach Beendigung des Streckungswachstums bis Ende September.

Umpflanzen. Alle 2 bis 5 Jahre im März–April oder auch schon im Herbst wird in Erdmischung II umgepflanzt. Fichten sind relativ empfindlich gegen einen starken Wurzelschnitt, da sie nicht über einen Überfluß an feinen faserigen Wurzeln verfügen.

Pflanzenschutz. Fichten werden von der Nadelholzspinnmilbe, der Sitkafichtenlaus (Fichtenröhrenlaus), von Woll- und Wurzelläusen und verschiedenen anderen Lausarten befallen. Den Befall durch die Nadelholzspinnmilbe erkennt man an den zunächst weißfleckigen, später rotbraunen Nadeln. Zwischen zahlreichen Gespinstfäden sind die kleinen Spinnmilben zu sehen. Besonders gefährdet ist die Zuckerhutfichte. Ein Befall durch die Sitkafichtenlaus ist an gelblichen Saugstellen an den alten Nadeln erkennbar, die schließlich nach rotbrauner Nadelverfärbung abfallen. Typischerweise tritt der Schaden zunächst nur im Innern der Krone auf.

Unter den pilzlichen Krankheiten ist die Fichtenschütte besonders gefürchtet. Sie fällt durch eine auffällige, rotbraune Verfärbung der vorjährigen Nadeln auf. Die befallenen Triebe sterben schließlich ab. Beim sogenannten Triebsterben werden die Nadeln an den Jungtrieben von der Basis her braun und die Triebspitzen biegen sich nach unten.

Gestaltung. Das Schneiden der Äste und Zweige läßt sich in der Regel ganzjährig durchführen. Die Knospen wachsen zunächst in Form von Kugeln, die dann länglicher werden, bevor sie sich zu Nadeln öffnen. Um die Form zu erhalten, werden die neuen, noch weichen Triebe, wenn sie etwa 2 cm lang geworden sind, abgezupft. (Sie haben dann zwei Drittel der Gesamtlänge erreicht.) Diese Arbeit verteilt sich auf ungefähr 4 Wochen, da sich die Triebe unterschiedlich entwickeln. Bei schwachen Pflanzen wird nur der Neuaustrieb der ganz starken Äste eingekürzt, damit sich im gesamten Baum Ausgewogenheit einstellt. Zunächst ist zu überlegen, welche Bereiche ausgefüllt und welche im Wachstum reduziert werden sollen. Zu beachten bleibt auch, daß sich neue Triebe verlängern, auch wenn sie pinziert sind – die Internodien strecken sich. Daher erscheint es manchmal ratsam, die Knospen nicht zu früh zu pinzieren, um die Internodien zu reduzieren. Dennoch darf man nicht warten, bis die Triebe so weit ausgereift sind, daß man sie nicht mehr mit den Fingern einkürzen kann. Das Pinzieren regt die Bildung zahlreicher Nebentriebe aus den Blattachseln an. In der Regel läßt sich bei der Gestaltung der Fichten auf ein Drahten nicht verzichten. Obwohl es möglich ist, den Draht ganzjährig anzulegen, drahtet man bevorzugt im Herbst oder Frühjahr.

Pinus, Kiefer

Würde man eine Hitliste der beliebtesten Bonsaiarten aufstellen, würde die Kiefer sicherlich mit weitem Abstand an erster Stelle liegen. Viele Bonsailiebhaber haben ihr Hobby mit einer als Bonsai gestalteten Mädchenkiefer begonnen. Die Kiefern bedeuten unter den Koniferen das gleiche, was die Eichen unter den Laubbäumen darstellen: sie sind die am weitesten verbreiteten, mannigfaltigsten und wertvollsten Bäume ihrer Familie. Die größte Nadelholzfamilie, die *Pinaceae*, zu der unter anderm die

Fichten, Zedern und Lärchen gehören, ist nach der Kiefer *(Pinus)* benannt. Allein die Gattung *Pinus* umfaßt etwa 100 Arten mit eindeutigen Merkmalen, unter denen das augenfälligste Merkmal im Vergleich zu anderen Vertretern der Familie die relativ langen, immergrünen Nadeln sind. Eine Tanne oder Fichte sieht sowohl in der Jugend als auch im Alter wie eine Kirchturmspitze aus. Die Kiefer dagegen baut sich in der Jugend kegelförmig auf. In ihren mittleren Lebensjahren dagegen ähnelt sie – wenn sich ihr genügend Wuchsraum bietet – eher den ausladenden Laubbäumen. Bei Kiefern stehen die Nadelblätter (es handelt sich um Kurztriebe) zu zweit, zu dritt oder zu fünft, manchmal sogar zu acht zusammen. Es kann auch ein Nadelblatt allein stehen.

Das natürliche Verbreitungsgebiet der Kiefern ist immens groß. Sie wachsen vom Polarkreis bis zum Äquator. In allen Teilen der Welt haben sich Kiefern den härtesten Bedingungen angepaßt. Man denke nur an Bilder der Grannenkiefer in den kalifornischen White Mountains, die auf Böden wächst, die für jede andere Vegetation keine Möglichkeit läßt, sich zu entwickeln. Die Hälfte des Baumes kann tot sein, die Rinde wurde von Sandstürmen weggescheuert und nur noch das bleiche Holz ist sichtbar.

P. aristata, Fuchsschwanz- oder Grannenkiefer. Bei der Aufzählung der zur Bonsaigestaltung geeigneten Arten darf die Grannenkiefer nicht unerwähnt bleiben, die bei der Bonsaigestaltung in den USA eine große Rolle spielt. Sie wächst in den Rocky Mountains von Colorado, Nevada und Arizona. Es gibt dort Bäume, die zu den ältesten Lebewesen der Erde gezählt werden und ein Alter von mehreren Tausend Jahren erreichen können. Die dunkelgrünen, bis zu 12 Jahre alten Nadeln stehen zu fünft in pinselartigen Büscheln. 'Shawood Compact' ist eine besonders beliebte Form zur Bonsaigestaltung.

P. cembra, Zirbelkiefer, Arve. Auch die in Mittel-Europa heimische Zirbelkiefer wird gelegentlich zum Bonsai gestaltet. Der Wuchs wirkt sehr malerisch mit breiter, unregelmäßiger, mehrwipfeliger Krone, in der Jugend schmal pyramidal mit geradem Stamm. Die Nadeln stehen zu fünft in großen Blattscheiden, sehr dicht,

zur Triebspitze hin gerichtet. Von den Gartenformen sind folgende interessant: 'Compacta Glauca', Nadeln blaugrün, sehr dicht stehend, und 'Pygmaea', eine Zwergform mit sehr kurzen, dünnen Zweigen.

P. densiflora, Japanische Rotkiefer, Akamatsu, Me-matsu. Im Kronenaufbau ähnelt diese zweinadelige Art unserer einheimischen Föhre. Zur Bonsaigestaltung eignet sich besonders die langsamwüchsige 'Umbraculifera' (in Japan 'Tanyosho').

P. mugo, Bergkiefer. Die bis zur oberen Waldgrenze vorstoßende zweinadelige Bergkiefer zeigt in ihrem natürlichen Verbreitungsgebiet ein unterschiedliches Erscheinungsbild. Normalerweise wächst sie zu einem kleinen, dicht bezweigten, mehrtriebigen Baum heran. Je näher sie an die Baumgrenze kommt, desto mehr ändert sie ihre Wuchsform bis hin zu niederliegenden, eigenwillig nach irgendeiner Richtung strebenden Ästen, die nach knieförmigen Bögen plötzlich ansteigen. Von der Art gibt es eine Reihe von Subspezies und Gartenformen, die sich besonders gut zur Bonsaigestaltung eignen. So unter anderem ssp. *mugo,* die Krummholzkiefer, Latsche oder Legföhre. Die in den südlichen und östlichen Alpen, aber auch auf dem Balkan heimische Gebirgsform wächst niedrig und geschlossen und bildet nur sehr kurze Jahrestriebe aus. Die Zwergkiefer, ssp. *pumilio,* ist in den Gebirgen Mittel- und Ost-Europas in Höhen bis 2600 m heimisch. Sie wächst stets niederliegend und breitet sich oft mit schlangenartigen Ästen aus. Die Gartenform 'Gnom' wächst sehr dicht und kugelig. Die Triebe sind zahlreich. Meist entspringen aus jedem vorjährigen Trieb drei bis fünf neue Triebe. Die tiefgrünen Nadeln stehen dicht gedrängt. 'Mops' heißt eine reichverzweigte, langsamwüchsige Zwergform.

P. nigra ssp. *nigra,* Österreichische Schwarzkiefer. Die zweinadelige, in Österreich heimische Art wird in Gärten häufig angepflanzt. Die Krone ist in der Jugend breit kegelförmig, im Alter schirmförmig ausladend. Der Stamm wächst immer gerade. Manchmal tritt sie auch als vielstämmiger Baum auf. 'Globosa', eine schwachwüchsige Gartenform, eignet sich wie 'Pygmaea' gut zur Bonsaigestaltung.

Pinus parviflora, die Mädchenkiefer, wurde hier mit einem geraden Stamm gestaltet.

P. parviflora, Mädchenkiefer. Die Heimat der Mädchenkiefer ist Japan. Sie wächst dort von 60 bis 2500 m Höhe. Der bis zu 20 m hohe Baum entwickelt im Alter eine flach ausgebreitete Krone. In der Jugend wächst die Mädchenkiefer dicht pyramidal und sieht von weitem einer Fichte ähnlich. Bei der fünfnadeligen Art sitzen die Nadeln pinselförmig gedrängt an den Triebspitzen. Die Nadeln sind entweder ziemlich steif und an den Innenseiten ausgeprägt blauweiß oder weich und mehr grasgrün. Manchmal sind die Nadeln stark gekrümmt oder gedreht. Die Mädchenkiefer fällt durch die feine Benadelung, eine dichte Verzweigung und einen frühen und reichen Zapfenbesatz auf.

In Japan teilt man die Art in *P. pentaphylla* und *P. pentaphylla* var. *himekomatsu* auf. Von der Art gibt es eine Reihe von Gartenformen, die sich im Wuchs, in der Länge der Nadeln und der Färbung unterscheiden. 'Bonsai' mit blauen Nadeln ist dicht verzweigt. 'Brevifolia' ist locker verzweigt mit blaugrünen, ziemlich steifen Nadeln. 'Glauca' wird in den Baumschulen häufig angeboten, ist meist wenig beastet. Die Nadeln sind steif, gebogen und gedreht, außen grün, innen stark blauweiß. 'Negishi' heißt eine japanische Selektion, die man auch bei uns erhält. Sie wächst aufrecht, ist locker verzweigt, hat mehr oder weniger gedrehte, graugrüne bis blaugrüne Nadeln. 'Tempelhof' ist eine raschwachsende, blaunadelige Form. Sie bildet schon in jungen Jahren einen relativ dicken Stamm aus.

P. pumila, Kriech- oder Zwergkiefer. Diese unter anderem in Japan heimische Art bildet das Gegenstück zu unserer Bergkiefer. Am natürlichen Standort wächst sie als ein mehr oder weniger niedergestreckter Strauch ohne Hauptstamm. Die Nadeln stehen zu fünft, sind sehr dunkel, blaubereift und leicht gekrümmt. Besonders fallen die tiefroten männlichen Blüten auf. Beliebt zur Bonsaigestaltung sind neben der Art auch folgende Gartenformen: 'Draijens Dwarf', 'Dwarf Blue', 'Glauca', 'Globe' und 'Saphir'.

P. sylvestris, Gemeine Kiefer, Föhre. Von allen zur Bonsaigestaltung verwendeten Kiefernarten wird die heimische Gemeine Kiefer wohl am wenigsten geschätzt. Dies hat wahrscheinlich zwei Gründe: Einmal den Mangel an Anregung, aufgrund fehlender Vorbilder und damit verbundener Unkenntnis über die Gestaltungsmöglichkeiten und die Anpassungsfähigkeit dieser Art. Die Krone der zweinadeligen Gemeinen Kiefer ist sehr veränderlich in Abhängigkeit von Standort, Klima und Boden. Sie wächst entweder mit geradem, schlankem, bis hoch hinauf zum Wipfel astfreiem Stamm oder viel niedriger, mit knorrigem, kurzem, gedrehtem Stamm und breit schirmförmiger Krone. Manchmal sieht man sie auch mehrstämmig wachsend. Von den Gartenformen sind 'Beuvronensis', 'Compressa' und 'Nana' für die Gestaltung interessant.

P. thunbergiana (syn. *P. thunbergii*), Japanische Schwarz- oder Thunbergskiefer. Die zweinadelige Japanische Schwarzkiefer kommt unseren europäischen Schwarzkiefern recht nahe. In der Jugend wächst sie steif aufrecht, kegelförmig, im Alter breit pyramidal, oft auch unregelmäßig und an der Spitze leicht übergeneigt. Die Äste tragen auf der ganzen Länge kurze, senkrecht wachsende Zweige, die sich nur wenig verzweigen. Besonders auffallend ist die dicke, in kantige Blöcke aufbrechende Borke, deretwegen sie unter anderem auch als Bonsai geschätzt wird.

Die Wege. Nicht von allen aufgeführten Arten und Gartenformen wird man Jungpflanzen im Bonsaihandel finden. Die größere Auswahl haben hier die Baumschulen. Alle Arten lassen

sich durch Aussaat vermehren. Anders verhält es sich bei der großen Zahl der Gartenformen. Für sie kommt in der Regel nur die Veredlung in Frage. Ein Abmoosen und Absenken ist möglich, jedoch vergehen nicht selten 2 Jahre bis zur Wurzelbildung. Einige Arten sollen sich auch durch Stecklinge vermehren lassen.

Aussaat. Die Ernte der Samen erfolgt je nach Art ab September, die Aussaat nach trockener Lagerung der Samen im April–Mai. Der Samen der Kiefern sind sehr vielgestaltig. In der Regel sind sie geflügelt, manchmal ungeflügelt und so groß wie kleine Haselnüsse (z.B. *P. parviflora*). Im Saatbeet verhalten sich die Samen sehr unterschiedlich. Manche Arten keimen schon sehr bald nach der Aussaat, andere wiederum können 1 bis 2 Jahre überliegen. Die meisten Arten werden nach trockener Lagerung ausgesät, doch fördert eine zwei- bis sechswöchige Stratifikation die Keimung.

Veredlung. Veredelt wird durch seitliches Einspitzen oder Anplatten von November bis Januar oder auch im März–April. Eine Veredlung im Sommer kann nicht empfohlen werden. Die Unterlage muß gut bewurzelt sein. Am besten verwendet man Containerpflanzen. Als Unterlage für *P. aristata, P. cembra* und *P. parviflora* dient in der Regel *P. strobus.* (Die Japaner verwenden *P. thunbergiana* und *P. densiflora.*) Für *P. densiflora, P. nigra* und *P. sylvestris* gelten Unterlagen von *P. nigra* und *P. sylvestris* als üblich.

Standort. Als Lichtgehölze verlangen Kiefern auch als Bonsai einen hellen, sonnigen Stand, um ihre Schönheit voll entfalten zu können. Bis auf *P. densiflora,* die frostempfindlich ist und frostfrei überwintert werden sollte, kann für die anderen Arten eine Überwinterung im Freien empfohlen werden.

Gießen und Düngen. Kiefern wachsen in der Regel auf trockenen und mageren Böden. Man könnte nun davon ausgehen, daß Kiefern wenig Wasser benötigen. Aber auch Kiefern kommen nicht ohne Wasser aus, zumal wenn man weiß, daß Kiefern Tiefwurzler sind und somit tiefere wasserführende Schichten erreichen. Die Erde hält man gleichmäßig feucht. Kurzfristige Trokkenheit wird ohne Schaden vertragen. Sämlingspflanzen der Mädchenkiefer sind äußerst empfindlich gegen stauende Nässe. Soll ihre blaue Nadelfärbung deutlich werden, dürfen sie nicht zu feucht stehen. Zuviel Wasser bedeutet auch lange Kerzen und lange Nadeln. Man kann die Nadellänge durch Regulierung der Wasserzufuhr beeinflussen. Die Wasserzufuhr wird herabgesetzt, wenn die Kiefernknospen sich zu strecken beginnen. Sie bleibt niedrig zur Zeit der Kerzenentwicklung, bis die Nadeln hart werden. (Das dauert also etwa von März bis Juni.) Später wird dann wieder normal gewässert. Gedüngt wird nach Ende des Streckungswachstums bis Ende September.

Umpflanzen. Alle 2 bis 5 Jahre wird bevorzugt im Frühjahr vor dem Austrieb umgepflanzt. Ein Umpflanzen im Herbst läßt sich dann empfehlen, wenn gewährleistet ist, daß sich vor Wintereinbruch ausreichend viele, neue Wurzeln bilden. Ein Wurzelrückschnitt wird im allgemeinen gut vertragen, doch ist zu beachten, daß Kiefern kein so ausgeprägtes, reichverzweigtes Wurzelsystem wie laubabwerfende Bäume haben. Besonderen Wert ist auf den Erhalt der Mykorrhiza zu legen (siehe Seite 167). Als Erde verwende man Mischung II.

Pflanzenschutz. Gefürchtet ist die Kiefernwollaus, die in dichte, weiße Wachsfäden gehüllt auf der Rinde jüngerer Zweige sitzt. Die Kiefernzweiglaus, eine braune Blattlaus, saugt an ein- und zweijährigen Zweigen. Der Kiefernknospenwickler legt seine Eier im Juli–August in die Knospenquirle. Die Raupe spinnt einige Knospen (Kerzen) zusammen und höhlt diese aus. Die Jungtriebe knicken im Frühjahr um, sterben ab oder wachsen verdickt und verkrümmt weiter. Die sicherste Bekämpfung bedeutet das Entfernen der befallenen Knospen und Triebe. An Jungpflanzen kann es zum Befall durch den Kieferritzenschorf (Kiefernschütte) kommen. Im Frühjahr werden die Nadeln erst braunfleckig, manchmal mit braunen Querstreifen, später völlig braun. Im April–Mai kommt es zum Abwerfen der abgestorbenen Kurztriebe. Nach dieser Schütte begrünen sich die entnadelten Jungkiefern meist wieder. Der Befall wird durch Feuchtigkeit (nasse Jahre) begünstigt. Ein schlagartiges Gelbwerden und Abfallen von älteren Nadeln im Herbst stellt einen natürlichen Vorgang

dar. Während bei sommergrünen Laubgehölzen die Blätter nur eine Vegetationsperiode lang am Leben bleiben, dauern die Nadeln der Kiefern drei bis vier Vegetationsperioden (Jahre) aus.

Gestaltung. Wenn man davon ausgeht, daß die Natur die Vorbilder zur Gestaltung liefern sollte, sind für Kiefern im fertig gestalteten Zustand Formen mit flach ausgebreiteter Krone anzustreben. Solche Kronenformen lassen sich auch in vielen traditionellen Gestaltungsformen verwirklichen.

Knospenform der Kiefer.

Zunächst etwas Grundsätzliches: Die jungen Knospen, aus denen sich die Triebe entwickeln, bezeichnet man bei Kiefern als Kerzen. Sie stehen gewöhnlich senkrecht, neigen sich aber, wenn sie schwerer werden, zur Seite und nehmen dann ihre endgültige Stellung ein. Sie befinden sich an den Spitzen (Terminalen) aller gesunden Äste und Zweige. Sie stehen je nach Art oder auch Form einzeln, zu zweit, zu dritt, viert, fünf oder zu noch mehreren zusammen. Sie sind pelzig, haarig oder schuppig. In der Regel werden sie im Juli–August angelegt und verbleiben so bis zur nächsten Wachstumsperiode. Sobald Tageslicht, Wärme und Wasser im Frühjahr ausreichend vorhanden sind, strecken sie sich. Wenn das Streckungswachstum der Kerzen stoppt, beginnen die Nadeln mit ihrer Differenzierung. Diese stehen in Bündeln oder Büscheln, je nach Art zu zweit, zu dritt oder zu fünft.

Ein starker Rückschnitt ist möglich. Er erscheint bei der Gestaltung von Baumschulpflanzen häufig unumgänglich, kann aber auch bei älteren Bonsai notwendig werden. Ein starker Rückschnitt regt einen Teil der sonst wenig entwickelten Knospen der Kurztriebe zu einer stärkeren Differenzierung und schließlich zum Austreiben an. (Jedes Nadelbündel stellt einen Kurztrieb dar, siehe auch Bild Seite 63.) Beim Schnitt ins alte Holz gibt es zwei Methoden. Man entfernt entweder den Trieb bis an den Stamm oder bis zu einem Seitentrieb, der die Astverlängerung bildet. Oder man läßt beim Entfernen einen Zapfen von 2 bis 3 cm Länge stehen. Bei der ersten Methode besteht die Gefahr des Verblutens durch schlechte Wundverheilung, bei der zweiten Methode trocknet der Zapfen bis zum Stamm zurück und wird nach einem Jahr völlig zurückgenommen.

Bei Verwendung von Jungpflanzen oder selbstvermehrten Pflanzen sind solche drastischen Schnittmaßnahmen nur selten erforderlich. Bei der Gestaltung der Grundform, aber auch bei der späteren Gestaltung zur Erhaltung der Form wird man sich auf ein Einkürzen oder Ausbrechen der Kerzen beschränken können. Bricht man die Kerzen aus, wenn das Streckungswachstum beendet ist (etwa Mitte Mai) und die Knospenbildung für das nächste Jahr am Triebende eingesetzt hat, werden in wenigen Wochen die Scheidenknospen zwischen den Nadelbüscheln (Kurztrieben) ausgebildet. Allerdings entwickeln sich nur an starken, besonders günstig stehenden Zweigen eine größere Zahl von Knospen. Schwächere Seitentriebe bilden häufig nur zwei bis drei Knospen aus.

Bei jungen Pflanzen läßt man die Kerzen unberührt, die eine Ast- oder Stammverlängerung bringen sollen. Jedoch sollte man als Ast- oder Stammverlängerung nicht die Hauptkerze (mittlere) stehen lassen, sondern eine günstig stehende Nebenkerze. Bei Pflanzen, deren Grundform weitgehend herausgeformt ist, werden die Kerzen, um den Zuwachs in Grenzen zu halten und die Form zu vervollkommnen, entweder noch vor der Streckung oder kurz vor dem Entfalten ganz entfernt oder nur eingekürzt. Dies regt die Kurztriebe zum Austrieb an und die Krone wird von Mal zu Mal dichter. Und was sehr wichtig ist: die neu erscheinenden Kerzen haben wesentlich kürzere Nadeln.

Bei Kiefern mit kräftigem Wuchs kann man die Kerzen völlig ausbrechen. Es werden dann relativ schnell neue Knospen gebildet (nicht bei allen Arten), die man noch im selben Jahr nochmals einkürzen kann. Hat man den richtigen Zeitpunkt zum Einkürzen versäumt, so daß sich die Nadeln bereits entwickeln, pinziert man die Kerzen auf die gewünschte Länge. Dabei sollen einige einhüllende Nadeln an der Spitze der pinzierten Kerze verbleiben.

Einige Bonsaigärtner kürzen die Terminalkerzen schon im Herbst bis auf einen kleinen Rest ein. Dies bewirkt einen späten Austrieb und regt zum anderen die Knospenbildung an weiter unten gelegenen Kurztrieben an, die dann im Frühjahr zu neuen Sprossen austreiben. Wenn im Frühjahr diese neuen Triebe zu wachsen beginnen, wird der Rest der vorjährigen Terminalkerzen (also der stehengebliebene Stummel) entfernt. Will man das Längenwachstum einzelner Äste und Zweige fördern, entfernt man zunächst nur die Kerzen an den anderen Trieben.

Anders geht man vor, wenn an schwachen Ästen und Zweigen eine reiche Verzweigung gewünscht wird. Hier werden die schwächeren Bereiche 6 bis 10 Tage später eingekürzt als die stärkeren Zonen. Die Kerzen werden jedes Jahr immer wieder eingekürzt oder gänzlich entfernt, solange sich der Bonsai in der Entwicklung befindet. Hat er erst einmal seine Form erreicht und wird nicht mehr so oft umgepflanzt, ist ein jährliches Pinzieren der Kerzen in der Regel nicht mehr erforderlich. Dies hängt aber auch davon ab, ob noch ein Längenzuwachs gewünscht wird oder nicht.

Störende Nadeln am Stamm und an den Hauptästen werden durch Zupfen entfernt. Ein Zupfen von störenden Nadeln muß sich bei Jungpflanzen in Grenzen halten. Durch das Zupfen von grünen Nadeln wird nämlich der

Populus nigra, die Schwarzpappel, wurde in einer Wuchsform gestaltet, welche schon durch die gesammelte Pflanze vorgegeben war.

Pflanze Wachstumsfläche genommen, die Photosyntheseleistung ist gemindert. Dadurch wird das Wachstum, insbesondere das Dickenwachstum des Stammes und der Äste stark eingeschränkt.

Viele Leute meinen, die Kiefer sei erst dann ein richtiger Bonsai, wenn sie mit möglichst viel Draht umwickelt ist. Viele importierte Mädchenkiefern gleichen eher einem Drahtknäuel als einer lebenden Pflanze. Ein Drahten des Stammes und der Äste sollte aber nur dann angewandt werden, wenn andere Gestaltungstechniken nicht zur gewünschten Richtungsänderung führen. Gedrahtet wird in der Zeit der Wachstumsruhe von Oktober bis März.

Populus, Pappel

Die Pappeln bilden eine Gattung schnellwüchsiger Bäume, die eine beträchtliche Größe erreichen. Ihr Verbreitungsgebiet erstreckt sich von Alaska bis Mexiko, von Nord-Afrika über Europa, Kleinasien und dem Himalaja bis China und Japan. Wie die Weiden sind auch die Pappeln entweder männlich oder weiblich. Wenn im Sommer die Samen ausfliegen, sind die fruchtenden weiblichen Exemplare in wahre Wolken von Wolle gehüllt. Als Bonsai sind Pappeln noch nicht sehr weit verbreitet, doch auch sie eignen sich gut zur Bonsaigestaltung, wie einige Beispiele zeigen.

Bonsai-Vorbild in der
Natur: Schwarzpappel,
Populus nigra.

P. alba, Weißpappel, Silberpappel. Die in Europa heimische Silberpappel besitzt eine glatte, helle Borke mit grüngrauer Tönung, die jedoch manchmal am Fuß des starken Baumstammes rissig, dunkelgrau und darüber schwarzfleckig sein kann. Die handförmig gelappten Blätter (wie Efeublätter) sind oberseits dunkelgrau, unterseits weiß (silbrig) und dicht mit glänzenden, weißen Haaren bedeckt. Diese Farbe behält die Silberpappel sogar bei, wenn die grüne Seite sich im Herbst gelb verfärbt. Die Krone ist meist rundlich, am breitesten nahe der Spitze, gewöhnlich nach einer Seite übergeneigt. Gelegentlich wachsen Silberpappeln mehrstämmig.

P. canescens, Graupappel. Die Blätter der Graupappel erscheinen bei der Entfaltung im Frühjahr dicht silbrig, später auf der Oberseite dunkel glänzend graugrün, auf der Unterseite dauernd dicht grauweiß behaart. Die Krone sieht in der Jugend schmal kegelförmig aus, im Alter entwickelt sich eine hohe, mehrteilige, gewölbte Krone. Der starke Stamm geht bis zum Gipfel durch.

P. nigra, Schwarzpappel. Die Schwarzpappel ist in der Jugend an der eiförmigen und dicht verzweigten Krone zu erkennen. Alte Bäume haben weit ausladende, teils bogenförmige und übergeneigte Äste. Die Rinde ist grauweiß und rissig, an alten Bäumen hat sie tiefe Längsfurchen. Bekannter als die Art ist die Kulturvarietät 'Italica', die Pyramiden-, Italienische- oder Napoleonspappel. Diese wächst schlank pyramidal oder schmal säulenförmig und behält bis ins hohe Alter einen spitz auslaufenden Gipfel. Dann entsteht ein flacher Gipfel aus mehreren Trieben. Der Stamm ist rund, tief gefurcht, an der Basis entspringen brettartige Wurzeln.

P. tremula, Zitterpappel, Aspe, Espe. Die rundlichen, an langen Stielen sitzenden Blätter geraten schon beim geringsten Luftzug ins Schwanken. (Sie zittern.) Dieser Erscheinung verdankt der Baum seinen Namen. Die Krone wächst in der Jugend kegelförmig, im Alter breiter und weniger regelmäßig verzweigt, die unteren Äste breiten sich waagerecht aus. Besonders schön wirkt die goldgelbe Herbstfärbung.

Die Wege. Jungpflanzen der Pappel werden so gut wie nicht angeboten. Etwas ältere Pflanzen erhält man in Baumschulen. Vermehrt wird durch Aussaat, Wurzelbrut (Ausläufer), Absenker, Abmoosen, Stecklinge und Steckholz (außer bei *P. tremula* und *P. canescens*). Die Aussaat muß unmittelbar nach der Reife der Samen im Mai–Juni erfolgen.

Standort. Pappeln bevorzugen helle bis sonnige Standorte, in den Sommermonaten ist ein Schutz vor direkter Sonne notwendig. Die Überwinterung sollte im Freien erfolgen.

Gießen und Düngen. Pappeln sind im allgemeinen Bewohner relativ feuchter Standorte oder stehen auf Plätzen mit hohem Grundwasserstand. Das heißt, daß man stets für ausreichende Feuchtigkeit zu sorgen hat. Stauende Nässe mögen aber auch Pappeln nicht. Die Düngung erfolgt – wenn sich die Blätter voll entwickelt haben – bis Ende September.

Umpflanzen. Alle 2 bis 3 Jahre wird im Frühjahr vor dem Austrieb umgepflanzt in Erdmischung I. Ein Wurzelschnitt wird gut vertragen.

Pflanzenschutz. Auffällige, kugelige oder schraubig gedrehte Gallen an Blättern oder Blattstielen weisen auf einen Befall durch Blasenläuse hin. Daneben gibt es eine Vielzahl von Raupenarten, so unter anderem den Pappelspinner, den Pappelknospenwickler und den Pappeltriebwickler, die alle durch Fraß schädigen. Kleine runde, olivgrüne bis schwarzbraune Flecken auf den Blättern werden von der Blattfleckenkrankheit verursacht. Den Pappelrost erkennt man an den orangegelben Pusteln auf der Blattunterseite. Der Pappelmosaikvirus befällt in der Regel nur die Schwarzpappel. An den Blättern treten hellgrüne bis hellgelbe Flecken auf, meist entlang der Adern. Der gefährliche Pappelkrebs bringt zunächst einzelne Äste zum Absterben, bis er schließlich die ganze Pflanze befällt.

Gestaltung. Siehe *Salix*.

Potentilla fruticosa, Fingerkraut

Staudige *Potentilla*-Arten gibt es mehrere Hundert, strauchige nur sehr wenige. Das Fingerkraut mit seinen erdbeerartigen, gelben oder weißen Blüten ist in unseren Gärten und öffentlichen Anlagen weit verbreitet. *P. fruticosa*, das Strauch-Fingerkraut, sieht man gelegentlich als Bonsai gestaltet. Es zählt zu den hübschesten und dankbarsten kleineren Blütensträuchern. Die Blüten ähneln in Form und Größe sehr den verwandten Erdbeeren. Sie werden in verschwenderischer Fülle produziert und die Blüte hält oft den ganzen Sommer über bis zum Herbst an. Alle diese guten Eigenschaften machen das Fingerkraut auch für die Bonsaigestaltung interessant. Der Name Fingerkraut oder

Diese Potentilla fruticosa entstand nach dreijähriger Gestaltung aus einer Jungpflanze.

Fingerstrauch bezieht sich auf die handförmig geteilten, ziemlich kleinen Blätter.

Von der Art, die gelb blüht, gibt es eine Reihe von Gartenformen, von denen unter anderem die nachfolgenden für die Bonsaigestaltung interessant sind: 'Abbottswood', weißblühend, mit blaugrüner Belaubung; 'Farreri', schwachwüchsig, feintriebig, Blätter zierlich frischgrün, Blüten goldgelb, in verschwenderischer Fülle. Sie stellt eine der besten Formen für die Bonsaigestaltung dar. 'Goldfinger' hat hellgrüne Blätter, die Blüten sind intensiv zitronengelb. 'Goldteppich' blüht reich und intensiv goldgelb, die Blätter sind dunkelgrün. 'Klondike' mit tief goldgelben Blüten hält das Laub im Herbst besonders lange. 'Maanelys' hat blaugrüne Blätter, blüht reich und zitronengelb. 'Tangerine' hat im Aufblühen eine satt orangegelbe bis kupfrigrote, später mehr goldgelbe Färbung. 'Red Ace' ist eine rot blühende Sorte.

Die Wege. Baumschulen bieten Jungpflanzen in großer Auswahl als Containerpflanzen an. Der Bonsaihandel führt *Potentilla*-Arten nur gelegentlich. Vermehrt wird durch Stecklinge oder Ableger, die Art gelegentlich auch durch Aussaat. Der Schnitt der Stecklinge erfolgt von Juli bis September. Bodentemperaturen um 20° C sind zur Wurzelbildung erforderlich.

Standort. Hell bis sonnig sollten Potentillen stehen. Im Schatten leidet die Blüte. Die Überwinterung sollte möglichst frostfrei erfolgen. Temperaturen bis −5° C werden vertragen.

Gießen und Düngen. Zwar verträgt das Fingerkraut als Gartenstrauch dank seines tiefgehenden Wurzelsystems relativ trockene Standorte. Als Bonsai sind *Potentilla*-Arten gegen Trockenheit sehr empfindlich. Eine gleichmäßige Feuchtigkeit sagt ihnen am besten zu. Dünger wird nach dem Austrieb bis Ende August verabreicht.

Umpflanzen. Alle 2 bis 3 Jahre wird im Frühjahr in Erdmischung I umgepflanzt.

Pflanzenschutz. Artspezifische Krankheiten sind nicht bekannt. Gelegentlich werden die Pflanzen vom Echten Mehltau befallen. An jungen Trieben saugen gelegentlich grüne Blattläuse.

Gestaltung. Die Blüten bilden sich im Laufe der Wachstumsperiode als End- oder Seitentriebe an den wachsenden Trieben. Wichtig ist bei der Gestaltung, durch fortgesetztes Auslichten für eine Verjüngung zu sorgen. Aus dem gleichen Grund werden die Blühtriebe des letzten Jahres im Frühjahr zurückgeschnitten. Die Blühwilligkeit läßt sonst nach. Im Laufe der Wachstumszeit werden alle Triebe entfernt, die die Gestaltungsform beeinträchtigen. Ein Drahten kann nicht empfohlen werden. Die Triebe sind sehr brüchig und brechen leicht an den Ansätzen aus. Besser greift man auf andere Gestaltungstechniken zurück.

Trotz der kurzen Blütezeit ist die Kirsche als Blüten-Bonsai sehr beliebt.

Prunus, Kirsche, Pfirsich, Mandel, Aprikose

Die Gattung *Prunus* mit ihren rund 200 Arten ist in den gemäßigten Zonen der nördlichen Erdhalbkugel beheimatet. Während für uns Europäer die Obstformen, wie Sauer- und Süßkirsche, Pflaume, Pfirsich und andere, von besonderer Bedeutung sind, verehren die Japaner schon seit über tausend Jahren die Gattung der Blüten wegen. Darüber hinaus nehmen *Prunus*-Arten in der Kunst und Literatur Japans und auch in der Bonsaikultur einen wichtigen Platz

ein. Festlich begehen die Japaner die Zeit der Kirschblüte. Für den Laien ist es nicht leicht zu verstehen, warum so unterschiedliche Pflanzen wie Pfirsich, Aprikose, Mandel, Süß- und Sauerkirsche, Pflaume und Zwetschge, Mandelbäumchen und die unübersehbare Zahl von Zierkirschen einer Gattung angehören. Aber alle diese Arten und Formen haben ein paar Gemeinsamkeiten, so daß der Botaniker sie zu einer Gattung zusammengefaßt hat. Sie tragen alle Blüten mit fünf Blumenblättern, nur einem Fruchtknoten und einsamige Steinfrüchte. Ein *Prunus*-Bonsai bildet während der Blüte im Frühjahr den ganzen Stolz seines Besitzers. *Prunus*-Arten

259

blühen gefüllt oder einfach, in Weiß und in vielen rosa Tönungen. Trotz der nicht sehr großen Farbskala begeistern gerade diese zarten Töne immer wieder. Bei aller Schönheit der Blüten sollte man nicht vergessen, daß einige Arten auch wegen anderer Merkmale interessant erscheinen. So unter anderem *Prunus serrula* wegen ihrer spiegelblanken, mahagonibraunen Rinde oder die Sargent-Kirsche wegen ihrer leuchtend orange-roten Herbstfärbung. Viele der Zierformen mußten ihre große Schönheit mit dem Verlust der Fruchtbarkeit bezahlen. Bei der Auswahl der *Prunus*-Arten zur Bonsaigestaltung sollte man die einheimischen Arten nicht vergessen. So kann sich die heimische Vogelkirsche mit ihren zahlreichen schneeweißen Blüten durchaus mit einigen japanischen Gartenformen messen.

P. armeniaca, Aprikose, Marille. Ursprünglich stammt die Aprikose aus dem Kaukasus und Nord-China. Inzwischen wird sie von Ost-Asien über Indien bis Nord-Afrika und in ganz Europa angebaut und ist dort überall verwildert. Der rundkronige Baum zeigt erst rötliche, später weiße Blüten, die vor dem Austrieb der Blätter im April erscheinen. In deutschen Baumschulen ist sie nur als Obstform erhältlich.

P. avium, Vogelkirsche, Süßkirsche. Der heimische Baum zeichnet sich aus durch eine bemerkenswert regelmäßige, kegelförmige Krone. Bei der echten Vogelkirsche geht der Stamm bis zum Gipfel durch. Die weißen Blüten erscheinen dicht entlang der vorjährigen Triebe in kurzgestielten Büscheln, unmittelbar vor dem Austrieb der Blätter (Mitte April). Sie bildet einen Vorfahre der Süßkirschen unserer Gärten. Neben der Wildart ist die kurztriebige Zierform 'Nana' für die Bonsaigestaltung interessant. 'Plena' ist eine reinweiße, gefülltblühende Form mit röschenartigen Blüten.

P. campanulata, Taiwan-Kirsche. In Japan ist diese Art in Bonsaikultur. Sie blüht im dunkelsten Rot aller *Prunus*-Arten und muß frostfrei überwintert werden.

P. cerasifera, Kirschpflaume. Sie wächst als ein niedriger, relativ breitkroniger, locker beasteter Baum. Die reinweißen Blüten erscheinen im Mai zwischen den frischgrünen, gerade austreibenden Blättern. Bekannter als die Art ist die Gartenform 'Atropurpurea'. Die Blätter sind zunächst rotbraun, werden allmählich trübpurpurn. Die weißen, mitunter leicht rosa getönten Blüten erscheinen vor den Blättern im April. Bei 'Nigra' sind die Blätter tief schwarzrot, die Blüten rosa. 'Woodii' hat relativ kleine Blätter. Im Austrieb erscheint die Sorte dunkel schwarzrot, die Blüten sind intensiv rosa. Die Sorte eignet sich besonders gut zur Bonsaigestaltung.

P. cerasus, Sauerkirsche. *Prunus cerasus,* die Stammart der Sauerkirschen unserer Gärten, ist ein locker beasteter Baum mit rundlicher Krone. Von der Art gibt es neben den Obstformen auch einige Zierformen unter anderem 'Persiciflora' mit blaßrosa, gefüllten Blüten. 'Salicifolia' hat weidenblattähnliche, gesägte Blätter.

P. domestica, Pflaume. Zwetschge. Von dieser Art stammen neben Pflaume und Zwetschge auch die Reneklöden und Mirabellen ab. Die weißen oder günlichweißen Blüten erscheinen kurz vor dem Laubausbruch im April.

P. dulcis, Mandelbaum. Der Mandelbaum wächst als ein breit kegelförmiger Baum, der durch mehr als 2000jährige Kultur im ganzen Mittelmeergebiet und weit nach Osten verbreitet und verwildert ist. Neben der Wildart sind die Zierformen 'Alba Plena' mit reinweiß gefüllten Blüten und 'Purpurea' mit purpurroten Blättern für den Bonsaigärtner besonders interessant.

P. incisa. Dieser in Japan auf Hondo heimische, kleine Baum mit rundlicher Krone blüht außerordentlich reich. Die weißen Blüten erscheinen Ende März–April. In Japan wird er als Bonsai kultiviert.

P. japonica, Japanische Mandelkirsche. Wächst wild in Mittel-China, in der Mandschurei und Korea. In Japan befindet er sich in Bonsaikultur. Obwohl sich die Art aufgrund der natürlichen Blattgröße und der feinen Verzweigung sehr gut zur Bonsaigestaltung eignet, wird der europäische Bonsaigärtner auf sie verzichten müssen, da er sie wohl bei uns nicht im Handel erhält.

P. mume, Japanische Aprikose. Sie ist in Japan als Bonsai weitverbreitet. Der kleine, in Süd-Japan heimische Baum wird in China von alters her kultiviert. Die weißen oder dunkelrosa, sehr stark duftenden (ein Erkennungsmerkmal) Blüten erscheinen im April vor den Blättern. Von der Art gibt es eine Vielzahl von Gartenformen: 'Alba', einfach reinweiß, reichblühend, starkwüchsig; 'Alboplena', weiß, halbgefüllt; 'Alphandii', Blüten rosa gefüllt; 'Benishidori', Blüten intensiv rosa, stark duftend, im Verblühen heller, Ende März–Anfang April. Letztere ist als Bonsai weit verbreitet, auch bei uns werden Importe angeboten. 'Rosemary Clarke' trägt weiße, halbgefüllte Blüten mit rotem Kelch.

P. persica, Pfirsichbaum. Die Heimat des Pfirsichbaumes ist wahrscheinlich China. Die rosa Blüten erscheinen im April–Mai, meist vor den Blättern. Neben den Obstformen gibt es eine Reihe von Zierformen. Bei 'Aurea' fällt die goldgelbe bis orangefarbene Rinde auf. Die Blüten sind klein, dunkelrosa, die Früchte orange mit roter Backe. 'Camelliiflora' zeigt dunkelweinrote, dicht gefüllte Blüten. 'Klara Mayer' trägt gut gefüllte, leuchtend rosarote Blüten und hellgrüne, leicht gerötete Früchte. 'Nana', eine Zwergform, hat hellrosa, dicht stehende Blüten und grünliche, leicht gerötete, eßbare Früchte. 'Pendula' breitet ihre Zweige waagerecht aus oder läßt sie hängen. 'Purpurea' zeichnet sich aus durch purpurrote Blätter und einfache rosa Blüten. 'Windle Weeping' breitet die Triebe schirmartig aus. Die Blüten sind becherförmig, kräftig rosa und halbgefüllt.

P. salicina, Japanische Pflaume. In Japan befindet sie sich gelegentlich in Bonsaikultur. Die weißen Blüten erscheinen im April. Die Früchte sind gelb, rot oder auch grün überhaucht.

P. sargentii, Sargent-Kirsche, Bergkirsche. Die Bergkirsche, ein aufrechtwachsender Baum, wächst wild in Japan, Korea und auf Sachalin. Die rosa Blüten erscheinen meist schon im April vor den Blättern. Auffallend sind die eirunden, glänzend purpurschwarzen Früchte. Die Blätter, im Austrieb rötlich, zeigen die feurigste Herbstfärbung aller Kirschen in roten und orangen Tönen. Sie setzt schon Ende September–Anfang Oktober ein. 'Accolade' heißt eine Form mit rosa halbgefüllten Blüten.

P. serrula, Tibet-Kirsche. Die aus West-China stammende *Prunus*-Art bildet eine breitgewölbte, oft mehrstämmige Krone aus. Besonders schön wirkt die glänzend mahagonibraune Rinde. Die weißen Blüten erscheinen zusammen mit dem jungen Laub im Mai.

P. serrulata, Japanische Blütenkirsche. Diese Art steht im Mittelpunkt der japanischen Kirschenverehrung. Aus ihr ist die Masse der japanischen Zierkirschen entstanden. Unterteilt wird die Art in folgende Varietäten: var. *hupehensis*, die Chinesische Bergkirsche; var. *pubescens*, die Koreanische Bergkirsche und var. *spontanea* (syn. *P. jamasakura*), die Japanische Bergkirsche. Es folgt eine kleine Auswahl an Gartenformen, die sich zur Bonsaigestaltung eignen und auch bei uns erhältlich sind. 'Amanogawa' hat hellrosa, einfach bis halbgefüllte, leicht duftende Blüten. Bei 'Kanzan' sind die Blätter im Austrieb kupferbraun, ausgewachsen leicht gerötet, unterseits blaugrün. Die Blüten sind dunkelrosa, gefüllt, sehr großblumig. 'Kiku-Shidare Sakura' entwickelt hängende Zweige und dunkelrosa, dicht gefüllte Blüten, die zusammen mit den Blättern erscheinen. Bei 'Shimidsu-Sakura' sind die Blätter im Austrieb bronzegrün, die Knospen rosa getönt. Die aufgeblühten, reinweißen, halbgefüllten Blüten haben am Rand gefranste Blütenblätter. Drei bis sechs Blüten hängen in Doldentrauben. Die Sorte blüht oft noch im Juni. Sehr schön sieht die goldgelbe Herbstfärbung aus. 'Shirofugen' hat im Austrieb kupferrote Blätter, rosa Knospen, die hellrosa aufblühen und später weiß, gefüllt blühen. Aufgrund der relativ großen Blätter ist sie nicht ganz einfach zu gestalten. 'Tai Haku' ist die »Große Weiße Kirsche« des alten Japan, die schönste aller weißen Sorten. Die Blüten sind einfach, schneeweiß, die Blätter relativ groß. 'Ukon' zeigt im Austrieb rotbraune Blätter. Die halbgefüllten, gelbgrünen Blüten erscheinen Ende April. Schön wirkt die Herbstfärbung.

P. spinosa, Schlehe, Schwarzdorn. Die heimische Schlehe ist ein verzweigter, dorniger Strauch mit sparrig abstehenden Ästen und Kurztrieben, die in Dornen enden. Die kleinen, weißen Blüten des Schlehdorns schmücken Ende März in Mittel-Europa viele Hecken und Waldränder. Daher bezeichnet man den um diese Zeit häufigen Kälteeinbruch als Schwarzdornwinter. Der Schlehdorn als Bonsai erfreut zu jeder Jahreszeit. Im Winter kontrastiert das pechschwarze Astwerk mit dem Weiß des Schnees, welches im Frühling durch den Blütenschmuck wiederholt wird. Noch vor dem Verblühen entrollen sich die frischgrünen Knospenspitzen zu Blättern. Sehr reizvoll ist auch die Herbstfärbung.

P. subhirtella, Higan-Kirsche, Schneekirsche. Die Schneekirsche ist heimisch auf der japanischen Insel Hondo. Der kleine, aufrecht wachsende Baum mit dichter Krone trägt eiförmige, tief und unregelmäßig scharf gezähnte Blätter. Die zartrosa Blüten stehen zu zweit bis fünft in Büscheln und erscheinen im April. Zur Bonsaigestaltung wird unter anderem 'Autumnalis', die Winterblühende Kirsche, verwendet. Die Blüten sind weiß, leicht gekraust. In kalten Wintern erscheint ein Teil der Blüten bereits im November (falls die Witterung dann mild ist) und der Rest blüht im April mit dem Austrieb der jungen Blätter. 'Autumnalis Rosea' trägt weiße Blüten mit rosa Mitte. 'Pendula Rosea' zeichnet sich aus durch zierliche, hängende, fleischrosa Blüten. 'Fukubana' blüht reich mit unterschiedlich gefüllten Blüten, die im Aufblühen dunkelrosa erscheinen und später heller werden. Sie ist eine der schönsten *P. subhirtella*-Formen.

P. tenella, Zwergmandel. Die bekannte Zwergmandel der Gärten mit lebhaft rosa gefärbten Blüten wird leider nur selten zum Bonsai gestaltet. Neben der Art gibt es eine Form mit weißen Blüten.

P. triloba, Mandelbäumchen. Das in unseren Gärten weitverbreitete Mandelbäumchen ist heimisch in den chinesischen Provinzen Hupeh und Schantung. Die rosa Blüten erscheinen je nach Standort und Witterung im März–April vor dem Blattaustrieb, und zwar auf der ganzen Länge der vorjährigen Triebe. 'Plena' ist das gefülltblühende Mandelbäumchen unserer Gärten.

P. yedoensis, Yoshino-Kirsche, Tokyo-Kirsche. Der in seiner Heimat breitkronige Baum trägt weit ausgebreitete, bogenförmig zur Erde strebende Äste. Die einfachen, anfangs rosa, voll erblüht reinweißen Blüten erscheinen oft schon Ende März in fünf- bis sechsblütigen, gestielten Trauben. Sehr schön sieht die goldgelbe, ins Ziegelrot übergehende Herbstfärbung aus. Die Art stellt sicherlich eine der schönsten Zierkirschen dar. Die Form 'Shidare Yoshino' ist aufgrund ihres hängenden Wuchses zur Gestaltung von Kaskadenformen besonders geeignet.

Die Wege. Von einigen der aufgeführten Arten und Gartenformen bietet der Bonsaihandel gelegentlich Jungpflanzen an. Ballenpflanzen der verschiedenen Arten und Formen findet man in Baumschulen. *P. mume* wird in Deutschland nur selten angeboten, französische Baumschulen bieten die Art in verschiedenen Größen an. Die Arten vermehrt man durch Aussaat (am besten gleich nach der Ernte im Herbst), die Formen in der Regel durch Veredlung (Okulation, Kopulation, Pfropfen), Ablegen und Absenken. Bei einigen Arten ist auch eine Stecklings- (*P. tenella, triloba, japonica, mume, armeniaca*) und Steckholzvermehrung (*P. cerasifera* 'Atropurpurea', *mume*) möglich.

Standort. Alle Arten und Formen bevorzugen helle, sonnige Standorte. In den Sommermonaten – dies gilt besonders für die Mittagsstunden – ist ein Schutz vor praller Sonne notwendig. Die Überwinterung der einheimischen Arten kann im Freien erfolgen. Arten, die zur Gruppe der Pfirsiche, Aprikosen und Mandeln gehören, überwintert man weitgehend frostfrei. Ab Ende Dezember–Anfang Januar kann ein *Prunus*-Bonsai durch langsame Erhöhung der Temperatur angetrieben und so vorzeitig zum Blühen gebracht werden. Da nach bzw. schon während der Blüte der Austrieb der Blätter erfolgt, darf ein angetriebener Bonsai nach dem Abblühen nicht wieder nach draußen gebracht werden. Er wäre dem Frost schutzlos ausgeliefert. Er wird bis zum Frühjahr so hell und so kühl wie möglich aufgestellt.

Gießen und Düngen. Alle Arten erweisen sich gegen stauende Nässe wie auch gegen Ballentrockenheit als sehr empfindlich. Ein Abstoßen der Knospen im Frühjahr ist meist die Folge von Ballentrockenheit. Im Sommer kann es aufgrund der starken Belaubung notwendig werden, mehrmals am Tag zu gießen. Die Düngung setzt ein, wenn sich die Blätter voll entwickelt haben, und wird bis Ende August fortgesetzt.

Umpflanzen. Alle 2 bis 3 Jahre wird rechtzeitig

vor der Blüte umgepflanzt. Arten, die frostfrei überwintert werden, setzt man schon im Herbst nach dem Laubfall um. Erdmischung I ist geeignet.

Pflanzenschutz. Gefürchtet, auch bei Bonsai, ist die von dem Pilz *Sclerotinia laxa* verursachte Spitzendürre oder Monilia-Fäule. Die Infektion erfolgt über die Blüten. Eine direkte Bekämpfung ist nicht möglich. Abgestorbene, beziehungsweise befallene Triebe werden bis ins gesunde Holz zurückgeschnitten.

Bei der als Gummifluß bezeichneten Krankheit handelt es sich um physiologische Störungen, die viele Ursachen haben können. An Stamm, Ästen und Zweigen tritt Gummi aus in Form honiggelber bis rotbrauner Tropfen oder Klumpen. Ein Wundverschluß durch Kallusbildung geschieht nur zögernd oder gar nicht. Eine Bekämpfung ist praktisch nicht möglich. Helfen kann ein Ausschneiden der Gummiflußstellen und Auswaschen mit verdünntem Essig und Verstreichen mit künstlicher Rinde.

Gelegentlich treten Rostpilze und Mehltau auf. Etwas häufiger erscheint die Sprühfleckenkrankheit. Im Frühsommer sieht man massenhaft kleine, rotviolette, später braune Flecken auf den Blättern, die schließlich vergilben und abfallen. Bei der Kräuselkrankheit zeigen die Blätter rote, erhabene Flecken, die sich zu großen, hellgrünen bis rötlichen, blasigen Deformationen entwickeln. Die Blätter kräuseln sich schließlich und fallen bald ab. Auch die jungen Triebe selbst können befallen werden und bringen dann unförmig verdickte, kräuselkranke Blätter hervor. Von Blattläusen und Spinnmilben einmal abgesehen, kann es zum Befall durch die San-José-Schildlaus kommen. Die grauen und schwarzen Schilde bilden auf der Rinde des Stammes und der Äste eine fast zusammenhängende, aschfarbene Kruste.

Gestaltung. *Prunus*-Bonsai werden in erster Linie der Blüten wegen gezogen. Diesem Umstand muß man bei der Gestaltung, insbesondere beim Beschneiden, Rechnung tragen. Ein Beschneiden zum richtigen Zeitpunkt und das Wie entscheiden darüber, ob der Bonsai im nächsten Jahr blüht oder nicht. Die Blütenanlagen sind bei allen Arten bereits im Herbst in

Prunus persica, ein Pfirsich-Bonsai mit Früchten.

Form von Blütenknospen vorgebildet. Allerdings kann die Lage der Blütenknospen bei den einzelnen Arten recht stark abweichen. Man unterscheidet folgende Varianten:

1. Die Blütenknospen sind auf der ganzen Länge des letztjährigen Triebes in den Blattachseln vorgebildet. In diese Gruppe gehören die Zierpfirsche, die Mandeln und die Sauerkirschen.

2. Die Blütenknospen sind am zwei- und mehrjährigen Holz angelegt, insbesondere an Kurztrieben. In diese Gruppe gehören alle Zierkirschen.

3. Die Aprikosen, Kirschen und Pflaumen stehen zwischen beiden Gruppen. Sie bilden sowohl am einjährigen Holz als auch an mehrjährigen Kurztrieben Blüten aus. Die Süßkirsche entwickelt nur an der Basis einjähriger Triebe Blütenknospen. Die Mehrzahl sitzt an Kurztrieben, den sogenannten Bukettrieben.

Wer seinen Bonsai von klein an selbst heranzieht, sollte während der ersten Jahre bei den Schnittmaßnahmen noch keine Rücksicht auf die Blütenknospen nehmen. In den ersten 3 bis 5 Jahren werden die Triebe, wann immer es notwendig erscheint, während der Wachstumszeit

263

Schnitt bei Prunus mume (Gruppe 3).

Erster Schnitt: Unmittelbar nach der Blüte werden die Triebe auf ein bis drei Knospen zurückgeschnitten. Ein stärkerer Rückschnitt ins alte Holz kann auch zu diesem Zeitpunkt erfolgen.

Zweiter Schnitt: Wenn der Neuaustrieb sein Längenwachstum eingestellt hat, werden die Triebe auf drei bis sechs Blätter eingekürzt.

zurückgeschnitten. Auf diese Weise erhält man reichverzweigte Pflanzen als gutes Ausgangsmaterial für viele Gestaltungsformen. Erst nachdem der Formschnitt weitgehend abgeschlossen ist, nimmt man Rücksicht auf die Blütenbildung.

Egal zu welcher Gruppe der Bonsai gehört, die Triebe werden nach der Blüte auf zwei bis fünf Augen zurückgeschnitten. Wird die Krone im Laufe des Jahres zu dicht, entfernt man überflüssige Triebe, lichtet also die Krone aus. Bei Arten der Gruppe 2 ist allerdings darauf zu achten, daß genügend mehrjähriges Holz (Kurztriebe) an der Pflanze verbleibt. Zu lang gewordene Triebe, die die Gestalt des Baumes beeinträchtigen, kürzt man schon im Sommer, nachdem die nächstjährigen Blütenknospen angelegt sind, ein.

Ein Blattschnitt ist bei allen Arten und Formen möglich, doch nicht zu empfehlen. Ebenso kann ein Drahten nicht empfohlen werden. Die Rinden der Arten erweisen sich als sehr empfindlich, besser greift man auf andere Gestaltungstechniken zurück.

Am Beispiel von *Prunus mume* (Gruppe 3) sind in den Abbildungen die erforderlichen Schnittmaßnahmen näher dargestellt.

Pyracantha, Feuerdorn

Die Gattung umfaßt sechs Arten, die von Südost-Europa bis zum Himalaja und in Mittel-China heimisch sind. Einige der Arten werden in Japan und auch bei uns zum Bonsai gestaltet. Es handelt sich durchweg um dornige, immergrüne Sträucher mit wechselständigen Blättern. Die in Doldenrispen stehenden weißen Blüten ähneln den Blüten des Weißdorns. Begehrt und beliebt aber ist der Feuerdorn wegen seiner roten, orangefarbenen, manchmal auch gelben, erbsengroßen Apfelfrüchte.

P. angustifolia ist in Südwest-China heimisch. Die weißen Blüten erscheinen im Mai–Juni. Die orangeroten, erbsengroßen Früchte bleiben bis zum Frühjahr haften.

P. coccinea. Über Italien und Kleinasien erstreckt sich das Verbreitungsgebiet dieser Art.

Die Art selbst ist wohl nicht im Handel, dafür aber eine Reihe von Gartenformen. 'Andenken an Heinrich Bruns' hat orangerote Früchte von besonderer Leuchtkraft. Unübertroffen ist die Fruchtbarkeit. 'Bad Zwischenahn' heißt eine reichfrüchtige Sorte mit orangeroten Früchten. 'Kasan' fruchtet reich, trägt mennigrote Früchte. 'Redd Column' mit glänzend dunkelgrüner Belaubung bringt orangerote Früchte hervor.

P. fortuneana (syn. *P. crenatoserrata*). Die in China heimische Art wird bei uns nicht kultiviert, dafür einige Gartenformen. 'Orange Glow' trägt leuchtend orangerote, 'Mohave' relativ große, brillant orangerote Früchte. 'Soleil d'Or' fruchtet reich, zeigt leuchtend gelborange Früchte.

Die Wege. Gutes Ausgangsmaterial zur Bonsaigestaltung in Form von Containerpflanzen findet man in reicher Auswahl in den örtlichen Baumschulen. Auch einige Bonsaihändler bieten Jungpflanzen an. Für den, der selbst vermehren will, kommen im Grunde genommen nur vegetative Vermehrungsmethoden in Betracht, da nur Gartenformen im Handel sind. In Frage kommen insbesondere die Stecklingsvermehrung, aber auch Absenken und Abmoosen ist möglich. Stecklinge sollten nur von reichfruchtenden Mutterpflanzen abgenommen werden. Vermehrt wird von Juli bis Oktober.

Standort. Der Feuerdorn gedeiht sowohl an schattigen als auch sonnigen Standorten. Für einen reichen Fruchtbesatz und intensive Farben stellt allerdings ein sonniger Standort eine Voraussetzung dar. Im Winter ist ein besonderer Schutz vor austrocknenden Winden und Wintersonne wichtig. Insbesondere *P. fortuneana* erweist sich als sehr frostempfindlich.

Gießen und Düngen. Der Feuerdorn gilt als trockenresistent, was allerdings nur für im Garten ausgepflanzte Exemplare zutrifft. Bei Bonsaischalen ist Ballentrockenheit stets zu vermeiden. In den Sommermonaten muß relativ viel gewässert werden. Dünger wird nach dem Austrieb bis Ende September verabreicht.

Umpflanzen. Alle 2 bis 3 Jahre wird im Frühjahr in Erdmischung I umgepflanzt. Der Feuerdorn ist empfindlich gegen das Verpflanzen. Vor allem bei älteren Exemplaren muß sich der Rückschnitt der Wurzeln in Grenzen halten. Die feinen faserigen Wurzeln sind zu schonen.

Pflanzenschutz. Gelegentlich tritt Schorf auf. Blätter, junge Triebe, Blüten und später auch die Früchte zeigen olivbraune bis schwarze Flecken. Bei starkem Befall tritt Blattverlust auf. Die Gartenformen 'Orange Glow', 'Golden Charmer' und 'Soleil d'Or' sind gegen Schorf weitgehend resistent. An jungen, krautigen Trieben findet man gelegentlich Blattläuse.

Gestaltung. Die Tatsache, daß der Feuerdorn heckenartigen Schnitt hinnimmt, zeugt von der guten Schnittverträglichkeit. Der Schnitt beeinflußt die Blüh- und Fruchtwilligkeit kaum. Die Blütenknospen befinden sich an besonderen Kurztrieben am zwei- bis mehrjährigen Holz

Pyracantha fortuneana 'Orange Glow', ein reichfruchtender Feuerdorn.

und bleiben mehrere Jahre lang am Leben. Den Schnitt der Äste und Zweige führt man im Frühjahr, vor Beginn des Austriebs, durch. Neuaustriebe werden bei jedem sichtbaren Wachstum immer wieder auf zwei Blattansätze zurückgenommen. An älteren Bonsai ist ein frühzeitiges Pinzieren der jungen Triebe zu empfehlen. Alle 2 bis 3 Jahre ist ein stärkerer Auslichtungsschnitt erforderlich, den man im Frühjahr vor dem Austrieb durchführt.

Pyrus, Birne

In der Regel werden Birnen der schönen eßbaren Früchte wegen angebaut. Als Bonsai führen sie dagegen noch ein bescheidenes Dasein. Birnen ähneln den Äpfeln, was Blüte, Laub und Frucht betrifft. Es handelt sich um laubabwerfende Büsche oder Bäume mit einfachen, gegenständig sitzenden Blättern und manchmal mit Dornen. Obwohl auch die Obstformen gelegentlich zum Bonsai gestaltet werden, sind die Wildarten mit ihren kleinen Früchten vorzuziehen.

P. communis, Gemeiner Birnbaum, Holzbirne. Die Holzbirne ist ein Vorfahre vieler Obstformen. Der in Europa heimische Baum bildet eine breit kegelförmige Krone aus mit sparrigen, aufrecht verzweigten Ästen. Im Gegensatz zu den Obstformen besitzt die Wildform an den Zweigen lange scharfe, braune Dornen. Auffallend

Nur selten findet man Pyrus communis, die Holzbirne, als Bonsai gestaltet.

sind die außergewöhnlich langen Blattstiele, die die eineinhalbfache Länge der Blattspreite erreichen können. Die ovalen, zugespitzten Blätter färben sich im Austrieb hellgrün, im Herbst goldgelb, kurz vor dem Blattfall schwarz. Die weißen Blüten erscheinen kurz vor dem Austrieb der Blätter im April–Mai.

P. salicifolia, Weidenblättrige Birne. Der kleine Baum trägt eine gewölbte, dicht verzweigte Krone und silbrig behaarte Blätter. Die reinweißen Blüten erscheinen im April–Mai in kleinen, mehrblütigen Doldentrauben. Reizend sehen die kleinen, in freier Natur selten größer als 2 bis 3 cm großen Früchte aus.

P. pyrifolia (syn. *P. serotina*), Chinesische Birne, Sandbirne. Ein in Mittel- und West-China hei-mischer, kleiner Baum, mit kleinen braunen, hell punktierten, fast kugeligen »Birnen«. In Japan wird die Sandbirne als Bonsai kultiviert.

Kultur-, Pflege- und Gestaltungshinweise siehe *Malus.*

Quercus, Eiche

Von unseren heimischen Bäumen ist keiner so mit Mythologie befrachtet wie die Eiche. Viele indogermanischen Völker verehrten sie, die Griechen weihten sie dem Zeus, die Römer dem Jupiter und die Germanen dem Donar. Und in der Bibel steht, daß Abraham die drei Engel unter einer Eiche empfing und bewirtete.

Gesammelte Pflanze von Quercus robur, Stieleiche, in Form eines Zwillingsstammes gestaltet.

Die Eiche gehört zu den begehrtesten einheimischen Bonsaiarten. Die Gattung umfaßt etwa 450 Arten, die alle auf der Nordhalbkugel beheimatet sind. Ein Erkennungsmerkmal sind die gehäuften Knospen an der Spitze der Zweige. Männliche und weibliche Blüten sitzen am gleichen Baum, die männlichen in hängenden Kätzchen, die weiblichen einzelständig oder in Ähren von zwei und mehr. Ein weiteres Bestimmungsmerkmal ist der Samen oder die Nuß, die in ihrem runden Becher nistende, wohlbekannte Eichel. Die Neigung, die Blätter – ob abgestorben oder lebendig – noch spät im Jahr zu tragen, ist in der Eichengattung weit verbreitet.

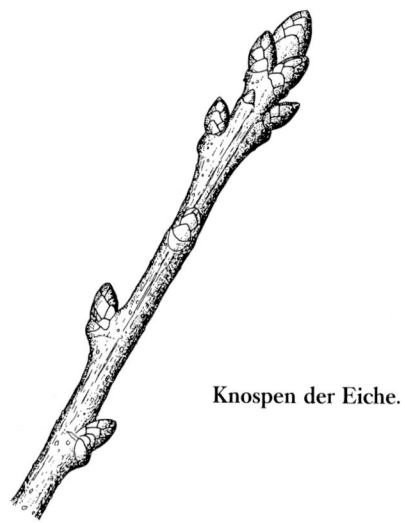

Knospen der Eiche.

Die Eiche wächst meist pyramidal, der Mitteltrieb strebt kraftvoll in die Höhe. Haben die Eichen ein gewisses Alter erreicht und nähern sie sich ihrer endgültigen Höhe, so läßt die Entwicklung der Spitze nach. Die Seitenäste erhalten dann eine größere Ausdehnung und die Krone nimmt eine gewölbte Gestalt ein. Die Eichen verfügen über ein relativ großes Vermögen, aus schlafenden Augen auszutreiben, was nicht ganz unbedeutend für die Bonsaigestaltung ist.

Eichen werden in Japan offenbar selten als Bonsai gezogen. Dies hängt sicherlich damit zusammen, daß im asiatischen Raum nur wenige Eichen heimisch sind. Auf Bildern sieht man gelegentlich *Q. acutissima* (syn. *Q. serrata*), *Q. glandulifera* und die relativ großblättrige Japanische Kaisereiche *Q. dentata* als Bonsai gestaltet. An alle drei Arten wird man bei uns wohl nicht herankommen. Wenn wir von Eichen sprechen, meinen wir meist zwei ganz bestimmte Arten – *Quercus petraea* und *Q. robur.*

Quercus petraea, Trauben- oder Wintereiche. Die Traubeneiche ist in Europa bis Kleinasien weit verbreitet. Der gerade Stamm, der bis zum Gipfel durchgeht, trägt eine hochgewölbte Krone mit strahlenförmig abgehenden Ästen. Das relativ spät im Frühjahr erscheinende Laub (daher Wintereiche) fällt erst sehr spät im Herbst ab, oft erst bei Neuausbruch im Frühjahr.

Quercus robur, Stiel- oder Sommereiche (»Deutsche Eiche«). Diese Art bringt jene sprichwörtlichen »tausendjährigen Eichen« hervor. Die Krone wird im Alter sehr breit, wächst unregelmäßig mit mächtigen, starken, oft knorrigen, vielfach gewundenen oder gekrümmten Ästen. Das Laub erscheint etwa 14 Tage früher als bei *Q. petraea* (daher Sommereiche) und fällt im Spätherbst oder bald im Winter ab. Die Blätter zeigen im Austrieb verschiedene Farbtöne von Gelb bis Kupferbraun. Die Herbstfärbung variiert sehr stark. Meist erscheint sie intensiv braun, aber in manchen Jahren auch mehr orangebraun. Die Sommereiche läßt sich an den langgestielten Früchten (daher Stieleiche) und den kurzgestielten Blättern leicht erkennen. Im Gegensatz dazu hat die Wintereiche kurze Frucht-, aber lange Blattstiele.

Die Wege. Der Bonsaihandel bietet gelegentlich Jungpflanzen der beiden Eichenarten an. In Baumschulen findet man in der Regel nur größere Ballenpflanzen. Vermehrt werden Eichen durch Aussaat. Eine Vermehrung durch Abmoosen und Ausläufer ist möglich. Auch soll es möglich sein, durch Stecklinge zu vermehren, die man im Juni von jungen Eichen schneidet. Empfohlen wird, Teilstecklinge mit einer Knospe zu verwenden.

Aussaat. Die Ernte der Eicheln erfolgt im Oktober–November. Nach der Ernte ist eine sorgfältige Behandlung des Saatgutes notwendig, da die Eicheln keinerlei Feuchtigkeitsentzug vertragen. Aus dem gleichen Grund sind bei Handelssaatgut die Keimergebnisse nur gering. Die geernteten »Eicheln« werden bis zur Aussaat im Frühjahr (April–Mai) in mäßig feuchtem Torfmull aufbewahrt. Etwa 5 bis 6 cm tief sollten die Eicheln im Saatbeet zu liegen kommen. Ein Schutz vor Mäusefraß ist notwendig. Die Keimung erfolgt nach etwa 5 bis 6 Wochen.

Standort. Man wähle einen hellen, in den Mittagstunden vor direkter Sonne geschützten Standort. Die Überwinterung sollte im Freien erfolgen.

Gießen und Düngen. Eichen sind empfindlich gegen stauende Nässe. Im Austrieb wird nur mäßig gegossen, später etwas mehr. Gedüngt wird, wenn sich die Blätter voll entwickelt haben, bis Ende August.

Umpflanzen. Alle 2 bis 5 Jahre wird im Frühjahr (März–April) in Erdmischung I umgepflanzt.

Pflanzenschutz. Es erscheint widersinnig, daß das so dauerhafte Eichenholz von einem Baum kommt, bei dem sich während seines ganzen Lebens eine Reihe ungebetener Gäste ansiedelt. Das ist zum Beispiel der Echte Mehltau, der vor allem junge Bäume befällt. Die Eichenzwerglaus schädigt durch Saugen auf der Blattunter- aber auch auf der Blattoberseite. An den Blättern entstehen zahlreiche kleine, gelbliche Gewebeflecke, oft mit dunklem Rand. Schließlich vertrocknen die Blätter und fallen ab. Gelegentlich kommt es zum Befall durch die Gallwespe. Man erkennt sie an den kugeligen 8 bis 10 mm großen, gelblichen Gallen und der rötlichen Bandmusterung auf der Blattunterseite. Lochfraß an den Blättern deutet auf einen Befall durch den Eichenerdfloh (einen Käfer) hin. Die graugrüne Raupe des Eichenwicklers frißt im Frühjahr an den noch zusammengefalteten Blättern.

Gestaltung. Eine Eiche treibt in der Regel nur zweimal im Jahr – im Frühjahr und noch einmal um den 26. Juni (Johannistrieb). Selbst beschnittene Pflanzen halten sich an diese Regel, nur in Ausnahmefällen erfolgt noch ein dritter oder vierter Neutrieb. Das Beschneiden der Äste und Zweige nimmt man im Februar–März vor. Die Gipfelknospen der nicht beschnittenen Triebe werden herausgebrochen. Dies ist auch später zu empfehlen, wenn der Bonsai seine endgültige

Größe erreicht hat und kein Längenzuwachs mehr gewünscht wird. Die Eiche hat eine Eigenschaft, welche unseren Bemühungen bei der Gestaltung nicht gerade entgegenkommt: Ihre Blätter sind relativ groß und stehen kreuz und quer in alle Richtungen des Raumes, anstatt schöne, schirmförmige Laubetagen zu bilden. Auch zeigen sehr viele Blätter mit ihrer Spitze gegen den Stamm statt mehrheitlich gegen die Peripherie der dadurch etwas zerzaust wirkenden Krone. Diese Blattstellung gehört aber eben zu den Eigenarten der Eiche und man sollte dieses Merkmal hinnehmen und nicht versuchen, etwa durch Drahten zu korrigieren. Ein Blattschnitt ist bis Ende Juli möglich. Gedrahtet werden kann ab April, den ganzen Sommer über.

Rhododendron, Alpenrose, Azalee

Die Rhododendron gehören zu den größten Gattungen im Pflanzenreich. Unüberschaubar ist die Zahl der Hybriden und Gartenformen. Das Verbreitungszentrum liegt in China, wenige sind in Nord-Amerika, dem Kaukasus und Europa heimisch. Der Name Alpenrose trifft eigentlich nur für die beiden in den Alpen heimischen Arten zu, für die fremdländischen Arten kennen wir keine deutsche Bezeichnung. Rhododendren sind immergrüne oder sommergrüne Sträucher, einige wenige wachsen auch baumartig. Die Blätter sitzen wechselständig, meist an den Zweigenden dicht gehäuft. Die Form ist meist schmal eiförmig, elliptisch, auch lanzettlich, nur bei einigen Arten rund. In der Regel sind die Blüten in endständigen, mehr oder weniger dichten Doldentrauben zusammengepreßt. Nur gelegentlich finden sich achselständige oder einzeln stehende Blüten.

Mit der richtigen Bezeichnung der einzelnen Arten hat es nicht nur der Bonsaigärtner schwer. In der Praxis teilt man die Rhododendren in zwei Gruppen ein. Das sind einmal die Rhododendren, darunter versteht man in der Regel großblättrige, immergrüne Arten, und zum anderen die laubabwerfenden Arten und Sorten, die man als Azaleen bezeichnet. Daß so eine Einteilung ziemlich willkürlich ist, machen die »Indischen Azaleen« deutlich, die im Winter unsere Wohnzimmer schmücken. Obwohl immergrün, zählt man sie zu den Azaleen. In Japan hat diese Gattung als Bonsai eine sehr alte Tradition, auch bei uns in Europa erfreuen sich Rhododendren-Bonsai steigender Beliebtheit. Es wird wohl kaum möglich sein, alle Arten aufzuführen, die sich zur Bonsaigestaltung eignen. Die folgende kleine Auswahl nennt Arten, die auch bei uns erhältlich sind.

R. calostrotum ssp. *keleticum (syn. R. keleticum)* Die immergrüne Art trägt glänzend dunkelgrüne Blätter. Sie blüht purpurrot im Juni.

R. camtschaticum. Immergrün. Die purpurvioletten Blüten stehen einzeln. Sie erscheinen nacheinander im Juli bis September.

R. canadense, Sumpfrose. Sie wirft ihr Laub ab. Die Blätter sind lanzettlich, graugrün, in der Herbstfärbung oliv. Die violett-rosa Blüten sind fein zerschlitzt und erscheinen vor dem Laubaustrieb. Die Art hat relativ dünne Triebe.

R. concinnum. Immergrün. Auffallend sind die goldgelben Triebe. Die Blätter sind glänzend sattgrün, unterseits bläulich weiß. Die Art blüht rosa-purpurn im April–Mai.

R. degronianum. Immergrün, dicht belaubt. Die Blüten stehen zu etwa 12 beisammen und erscheinen Anfang bis Mitte April. Die Farbe ist zartrosa oder gelegentlich reinweiß, ohne oder mit rötlicher Zeichnung.

R. ferrugineum. Heimische Alpenrose. Die immergrüne Art hat glänzend dunkelgrüne, unterseits rotbraune Blätter. Die purpurrosa Blüte erscheint im Juni-Juli.

R. hippophaeoides. Immergrün, Blätter schmallanzettlich. Blüht lila bis hellviolett im April–Mai.

R. hirsutum, Almrausch. Nur wintergrün, dicht beblättert. Die Triebe sind alle relativ kurz und reich verzweigt, die Blätter oberseits dunkelgrün. Blüht blaßrosa im Juni. Diese Art verträgt Kalk recht gut.

R. impeditum. Die immergrüne Art trägt sehr kleine Blätter und Triebe mit kleinen, schwarzen Schuppen. Die purpurblauen Blüten erscheinen Ende April. Sehr schön sind auch die Sorten 'Blue Tit' und 'Moerheim', die violett blühen.

R. intricatum. Die Blätter der Immergrünen bleiben unter 1 cm klein. Die Triebe sind rötlich beschuppt. Die lila Blüte erscheint im April. Die Heimat ist Szechuan.

R. kaempferi. Die wintergrüne Art zeigt einen zierlichen und dünntriebigen Wuchs. Die Blütenfarbe ist sehr variabel von weißlich und rosa bis orange und purpur. Blüht im Mai.

R. kiusianum. Die Blüte der Immergrünen spielt von Lachsrot oder Rosa bis Karmin. In Japan ist die Art als Bonsai weit verbreitet.

R.–Kurume–Hybriden. Hier handelt es sich um Formen, die meist in Japan durch Kreuzung und Auslese entstanden sind. Die Eltern sind nicht sicher bekannt (*R. kiusianum* und *R. kaempferi* ?). Interessant zur Bonsaigestaltung sind unter anderem 'Aladin', karminrot, früh blühend; 'Hatsugiri', Wuchs dicht gedrungen, feintriebig; außerordentlich reich, rein purpurviolett blühend; 'Hinocrimson', gestaucht wachsend, karminrote Blüten; 'Hinodegiri', gedrungener Wuchs, Blüten klein, rubin- bis karminrot; 'Hinomayo', zartrosa mit dunklen Punkten und 'Kermesina', Blüten intensiv rosa.

Unter dem Namen 'Diamant-Azaleen' sind seit einiger Zeit Neuzüchtungen im Handel, die sich sehr gut zur Bonsaigestaltung eignen. Ihr natürlicher Wuchs ist gedrungen, mit dichter Belaubung. Sie werden ohne Namen, nur als Farbsorten angegeben. Es gibt sie in Rosa, Lachs, Rot und Purpur.

R. metternichii. Die immergrüne Art trägt oberseits glänzend grüne, unterseits bräunlich oder rötlich filzige Blätter. Die Blüten stehen zu 10 bis 15 beisammen. Die Farbe ist rosa, innen mit dunklen Flecken. Blüht im April–Mai.

R. russatum. Die Immergrüne zeigt im Mai tiefviolette Blüten.

R. serpyllifolium. Immergrüne Art mit Blättern von nur 6 bis 18 mm Länge. Die hellrosa Blüten stehen einzeln. In Japan ist die Art häufig als Bonsai kultiviert. Besonders eignet sie sich für Fels- und Landschaftspflanzungen.

Die Wege. Gutes Ausgangsmaterial zur Bonsaigestaltung in Form von Container- und Ballenpflanzen bieten Spezialbaumschulen für Moorbeetpflanzen an. Der Bonsaihandel und die örtlichen Baumschulen führen nur wenige der aufgeführten Arten und Formen. Die Vermehrung der Arten kann durch Aussaat erfolgen. Für die Formen kommen nur vegetative Methoden in Frage, insbesondere die Stecklingsvermehrung und Veredlung, Ablegen und Abmoosen ist möglich.

Aussaat. Die Ernte der Samen erfolgt von September bis November. Nach trockener Lagerung wird im Mai unter Glas ausgesät.

Stecklinge. Die Stecklingsvermehrung wird Ende Juni–Anfang Juli durchgeführt. Es sind Seitentriebe zu schneiden und nicht wie sonst üblich die Spitzentriebe. Hohe Luftfeuchtigkeit und Bodentemperaturen um 20 °C sind Voraussetzung für die Bewurzelung. Ein Einsatz von Wuchsstoffen ist wichtig.

Veredlung. Veredelt wird durch seitliches Anplatten oder durch Kopulation. Die Sommergrünen werden im Juni–Juli, die Immergrünen von Januar bis Mai oder von Ende August bis Mitte September veredelt. Als Unterlage für die Sommergrünen verwendet man in der Regel *R. luteum*, für die Immergrünen dient *R. ponticum* als Unterlage.

Standort. Während der Vegetationsperiode wünschen Rhododendren Halbschatten. Standorte im Schutz größerer Bäume sind vorteilhaft, zumindestens dort, wo sie der Schatten um die Mittagszeit erreichen kann. Tiefer Schatten ist zu vermeiden, hier läßt die Blühwilligkeit nach, die Pflanzen werden locker und bilden weniger Blüten aus. Da sie hohe Luftfeuchtigkeit lieben, wäre ein Standort in der Nähe eines Teiches ideal. Ein großer Teil der Arten erweist sich im kontinentalen Europa als nicht winterhart oder nicht ganz winterhart. Daher ist eine frostfreie, aber kühle Überwinterung zu empfehlen.

Gießen und Düngen. Rhododendren benötigen viel Feuchtigkeit, vertragen aber keine stauende Nässe, an Ballentrockenheit gehen sie zugrunde. Rhododendren stellen an die Wasserqualität besondere Ansprüche. Die Wasserhärte sollte auf Dauer 8 dH nicht übersteigen. Gedüngt wird nach dem Austrieb bis Ende September. Vorzeitiger Laubfall im Sommer bei den Sommergrünen und stärkerer Laubfall bei Immergrünen im Spätsommer deuten auf einen Nährstoffmangel hin.

Rhododendron impeditum wurde hier in einer für diese Art typischen Wuchsform gestaltet.

Umpflanzen. Alle 2 bis 3 Jahre wird nach der Blüte umgepflanzt. Zwischen Umpflanzen und Beschneiden (oder umgekehrt) sollten mindestens 3 Wochen liegen. Ein Rückschnitt der Wurzeln sollte sich in Grenzen halten. Bei einem stark verfilzten Ballen wird die Neubildung von Wurzeln gefördert, indem man den Ballen mit einem scharfen Gegenstand an zwei bis drei Stellen von oben nach unten etwas aufreißt. Rhododendren sind in der Regel kalkfeindlich, zum guten Gedeihen benötigt man ein spezielles Substrat. Zu empfehlen ist folgende Erdmischung: 2 Teile Nadelerde (man versteht darunter die etwa 3 cm starke obere Bodenschicht der Nadelwälder), 2 Teile Düngetorf, 1 Teil Lehm und 1 Teil feiner Blähton oder Sand. Der optimale Reaktionsbereich für Rhododendren liegt bei pH 4 bis 5.

Pflanzenschutz. Gefürchtet ist das durch den Pilz *Phytophthora* verursachte Zweigsterben. Blätter und Endknospen werden braun, die Zweige welken und sterben ab. Die Infektion erfolgt in der Regel über die Wurzeln. Stauende Nässe fördern das Auftreten. Zeigen sich auf den Blättern zumeist braune Blattflecken und fallen im weiteren Verlauf die Blätter ab, dann handelt es sich um die Blattfleckenkrankheit. Bei der Ohr- oder Löffelkrankheit schwellen die

Spitzenblätter gallenartig an, die fleischigen Verdickungen sind gelblich oder rot gefärbt, im Endstadium mit weißer Bereifung. Die heimischen Alpenrosen werden gelegentlich vom Alpenrosenrost befallen.

Gallmilben schädigen durch Saugen an den Triebspitzen, welche verkrüppeln, was schließlich zum Absterben der Knospen führt. Bei einem Befall durch die Rhododendronwanze sind die Blätter oberseits hell gesprenkelt, unterseits findet man dunkle Kotflecken und die etwa 4 mm großen Wanzen und ihre Larven. Die Blattränder rollen sich nach unten, die Blätter vertrocknen und fallen schließlich ab.

Gestaltung. Rhododendren bilden die Blütensprosse, zum Teil auch die nachfolgenden Seitenknospen, an der Spitze der letztjährigen Triebe vor. Äste und Zweige werden nach der Blüte beschnitten. In den ersten Jahren der Gestaltung wird noch keine Rücksicht auf die Blüten genommen. Hier wird beschnitten, wann immer die angestrebten Gestaltungsform es verlangt. In diesem Zusammenhang erscheint es wichtig zu wissen, daß Rhododendren ein erstaunliches Regenerationsvermögen haben, auch bei einem Rückschnitt ins alte Holz. Allerdings muß bei einem Rückschnitt ins alte Holz der Neuaustrieb rechtzeitig gesichtet und in die Gestaltungsform eingeordnet werden.

Das Drahten der letztjährigen Triebe läßt sich im zeitigen Frühjahr gut durchführen. Bei älteren Trieben ist dabei Vorsicht geboten, da Rhododendren sehr schnell versteifen und spröde werden. Ein Blattschnitt ist im allgemeinen nicht erforderlich. Japanische Bonsaispezialisten empfehlen gelegentlich zur Förderung der nächstjährigen Blüten ein Abschneiden aller Blätter nach der Blüte. Diese Empfehlung wollen wir hier aber mit einem Fragezeichen stehenlassen.

Salix, Weide

Kennzeichnendes Merkmal der Weiden sind die langen, schmalen Blätter, die enganliegenden Knospen und die als Frühlingssymbol geltenden, an kahlen Zweigen erscheinenden Kätz-chen, die gelb, perlweiß oder rot sein können. Eine andere Spezialität der Weiden bildet die farbige Rinde junger Triebe. Sie kann scharlachrot, gelb, grün, orange, weiß, purpurfarben oder braun sein. Weiden sind zweihäusig, das heißt sie kommen als männliche und weibliche Pflanzen vor, wobei die männlichen Blüten (Kätzchen) in der Regel attraktiver und größer sind als die weiblichen.

Weiden sind bei deutschen Bonsaifreunden sehr beliebt, nicht zuletzt wegen ihrer guten Schnittverträglichkeit. Außerhalb Europas werden Weiden nur gelegentlich zum Bonsai gestaltet. In ihrem äußeren Erscheinungsbild (Kronenumriß) wirken die Weiden sehr mannigfaltig. Besonders beliebt für die Bonsaigestaltung ist eine Baumform, die keinem natürlichen Wachstum entspringt – die Kopfweiden. Kopfweiden prägen das Bild so mancher Landstriche in Deutschland. Diese Baumform kommt dadurch zustande, daß man die jungen Stämme »köpft« (stutzt) und ihnen alle Äste und Zweige nimmt. Am abgestutzten Ende bildet sich dann eine besenförmige Krone langer Zweige, wie sie der Mensch zu erhalten wünscht. Weil die Zweige nach Verlauf einiger Jahre immer wieder entfernt werden, schwillt das obere Ende des Stammes schließlich kopfförmig an.

S. alba, Weiß- oder Silberweide. Die heimische Silberweide ist seit Jahrtausenden Begleiter der Menschen und prägt als Kopfweide noch heute das Gesicht mancher dörflichen Landschaft. Sie ist mit lanzettlichen, auf der Unterseite seidig behaarten Blättern ausgestattet. Jüngere Bäume wachsen zunächst spitz-kegelförmig, um später eine weit ausladende Krone ohne bestimmten Umriß auszubilden. 'Chermesina' ist eine männliche Gartenform, die im Winter durch ihre leuchtenden, an der Sonnenseite roten, im Schatten orangeroten Triebe auffällt. 'Tristis' ist die Trauerweide unserer Gärten. Die hellgelben Zweige des sehr malerischen Baumes hängen senkrecht herab.

Salix babylonica, Chinesische oder Babylonische Trauerweide. Diese vom Kaukasus bis China und Japan verbreitete Art ist eine der wenigen Weiden, die man auch in Japan als Bonsai kultiviert. Im Wuchs hat sie gewisse Ähnlichkei-

Kopfweide, Salix, als natürliches Bonsai-Vorbild.

ten mit unserer Trauerweide. Sie muß frostfrei überwintert werden.

S. caprea, Salweide, Palmweide. Die Salweide unterscheidet sich von anderen Baumweiden durch einen dicken, meist kurzen, vielfach krummen, knorrigen Stamm und aufrechten, strauchigen Wuchs. Die Blätter sind oval, plötzlich zugespitzt. Männliche Kätzchen sind lebhaft golden, die weiblichen silbrig gefärbt. Die männliche Form der Salweide wird in den Baumschulen als *S. caprea* 'Mas' angeboten.

S. daphnoides, Reifweide, Schimmelweide. Die Reifweide fällt durch ihre rötlichen, blau bereiften jungen Zweige auf. Die relativ schwachwachsende Art eignet sich besonders gut zur Bonsaigestaltung. Sie stellt die früheste Kätzchenweide dar, reichblühend mit silberweißen Kätzchen.

S. fragilis, Knackweide, Bruchweide. Einjährige Triebe brechen durch ihre glasharte Basis leicht mit knackendem Ton von den Ästen ab. Die Krone ist regelmäßig kugelig, die Äste stehen waagerecht. Die Bruchweide wird als Kopfweide angebaut.

S. hastata 'Wehrhanii', Spießweide. Diese Form der Spießweide bietet der Bonsaihandel als Bonsai vereinzelt an. Der knorrig verästelte Strauch wird in der Natur selten höher als 1,5 m. Die eirundlichen Blätter sind beiderseits dicht behaart. Die männlichen, hellgelben Kätzchen stehen recht dicht.

S. phylicifolia, Gebirgsweide. Diese Art bildet relativ kurze Zweige aus, was sie für die Bonsaigestaltung interessant macht. Mitte April erscheinen unzählige, leuchtend gelbe Blütenkätzchen.

Man kennt eine Reihe von schwachwüchsigen, niedrig wachsenden Arten, die als Zwergweiden bezeichnet werden, unter anderem *S. alpina,* die Alpenweide; *S. helvetica,* die Schweizer Weide; *S. myrsinites,* die Myrtenweide, und *S. purpurea,* die Steinweide, hier eignet sich besonders die Form 'Gracilis' zur Gestaltung von Landschaften.

Die Wege. Örtliche Baumschulen bieten Jungpflanzen und größere Ballenpflanzen an. Da Weiden selbst einen stärkeren Rückschnitt vertragen, sind auch größere Pflanzen geeignet. Die Vermehrung der Arten kann durch Aussaat erfolgen. Einfach gelingt die Vermehrung durch Stecklinge oder Steckholz. Ablegen und Abmoosen ist möglich.

Aussaat. Die Aussaat kommt nur für denjenigen in Frage, der Saatgut selbst ernten kann, da nur frisch geernteter Samen ausreichend keimfähig ist. Die Keimfähigkeit erlischt häufig schon nach vier Wochen. Die Ernte der Samen erfolgt, je nach Art, Ende Mai bis Ende Juni. Es empfiehlt sich, den Samen direkt vom Baum zu ernten, denn bei den vom Boden aufgelesenen Samenkapseln hat die Keimfähigkeit meist schon deutlich nachgelassen. Der Samen, der nicht abgedeckt werden darf, keimt meist schon 12 Stunden nach der Aussaat.

Stecklinge. Man verwendet krautige Stecklinge, die man im Juni–Juli schneidet.

Standort. Weiden vertragen als ausgesprochene Lichtholzart auch als Bonsai keine schattigen Standorte. Im Sommer ist in den Mittagsstunden ein Schutz vor praller Sonne zu empfehlen.

Dieses Exemplar der Salweide, Salix caprea, hat eine Höhe von nur 25 cm. Die Pflanze wurde aus Samen herangezogen.

Gießen und Düngen. Weiden sind ausgesprochene Wasserverschwender. Als sehr lichtbedürftiges Gehölz brauchen sie dazu noch die volle Sonne, wodurch die Erde sehr schnell austrocknet. Ballentrockenheit ist unter allen Umständen zu vermeiden. In den Sommermonaten kann es notwendig werden, mehrmals am Tag zu gießen. Dünger wird nach dem Austrieb im Frühjahr bis Ende August gegeben.

Umpflanzen. Alle 2 bis 3 Jahre wird vor dem Austrieb oder auch schon im Herbst nach dem Blattfall in Erdmischung I umgepflanzt. Kaum eine Pflanze verträgt einen Wurzelschnitt so gut wie die Weide. Selbst 90 % der Wurzeln können entfernt werden.

Pflanzenschutz. Findet man an den Blättern und jungen Trieben dunkle Flecken und sterben Triebspitzen unter Schwarzfärbung ab, so handelt es sich um einen Befall durch den Rutenbrenner oder Schwarzen Krebs. Bei Befall durch den Weidenschorf findet man auf den Blättern unregelmäßige, dunkelbraune Flecken, die später einen olivgrünen Belag zeigen. Auf den Trieben sieht man schwarze Flecken. Im Endstadium tritt Blattfall auf und die Triebspitzen sterben ab. Gelegentlich kann es auch zu einem Befall durch den Weidenrost kommen. Von den tierischen Schädlingen richtet neben Blattläusen und der Weidenschildlaus vor allem die Weidenholzgallmücke sichtbaren Schaden an. Anschwellungen an den Trieben, darunter wabenartige Gallen, deuten auf einen Befall hin. Im weiteren Verlauf sterben die Triebe oberhalb der Befallsstelle ab.

Gestaltung. Weiden besitzen ein Ausschlagvermögen, das keine andere Baumart nur annähernd erreicht. Dies macht sie uns für die Bonsaigestaltung so interessant. Ihre Blüten legen sie entlang der vorjährigen Langtriebe an. Bei der Gestaltung natürlicher Baumformen werden die Äste und Zweige in den Frühjahrsmonaten vor dem Austrieb beschnitten. Im Laufe der

Wachstumsperiode schneidet man die Neuaustriebe immer wieder so weit zurück, wie es die Baumform verlangt. Auch ein ständiges Auslichten ist in dieser Zeit notwendig. Hat man seinen Bonsai in Form einer Kopfweide gestaltet, werden die Vorjahrestriebe jedes Jahr im Frühjahr auf Stammhöhe zurückgeschnitten. Man wird so in jedem Herbst und Winter durch frische, schön gefärbte Jahrestriebe belohnt. Im Sommer sind nur kleinere Korrekturen des Höhenwachstums und geringes Auslichten der Krone erforderlich. Ein Blattschnitt ist bei Weiden in der Regel nicht erforderlich (obwohl möglich), da durch den häufigen Rückschnitt sich meist bonsaigerechte Blätter ausbilden. Drahten sollte man nur, wenn andere Techniken nicht greifen, da die Rinden sehr empfindlich sind.

Sequoia sempervirens, Mammutbaum, Rotholz

Die Küstenregion Kaliforniens mit viel Regen und häufigen Nebeln ist die Heimat dieses prachtvollen, immergrünen Nadelgehölzes, das zu den größten Bäumen der Welt gehört. Typisch für den Mammutbaum ist der stets aufrechte, sich nach oben verjüngende, säulenförmige Stamm. Das eibenähnliche Laub weist zwei verschiedene Nadeltypen auf. Die Leittriebe sind mit einzelnen, flachen, dunkelgrünen Nadeln besetzt, die nach vorn gerichtet und spiralig angeordnet sind. Die Seitenzweige besitzen dagegen zweizeilig sitzende Nadeln. Wenn die Nadeln nach drei bis vier Jahren welken, fallen diese Zweiglein im ganzen ab. Die einzelne Nadel ist hart, scharf zugespitzt, obenauf dunkelgrün. Auf der helleren Unterseite weist sie zwei weiße Streifen neben der Mittelrippe auf, im Gegensatz zu den Nadeln der Eibe *(Taxus)*, die keine derartigen Streifen besitzt. Neben der Art eignet sich die Zwergform 'Adpressa' zur Bonsaigestaltung. Als Bonsai hat der Mammutbaum in Europa noch keine große Bedeutung. In den USA, seiner Heimat, findet man ihn öfter.

Die Wege. Der Bonsaihandel bietet gelegentlich Jungpflanzen an, Baumschulen führen Ballenpflanzen in verschiedenen Größen. Vermehrt wird in der Regel durch Aussaat. Eine Vermehrung durch Stecklinge im Juni–Juli soll möglich sein. Der Baumschuler vermehrt die Gartenform durch Veredlung.

Aussaat. Die Samen werden im Oktober geerntet. Die Aussaat erfolgt nach trockener Lagerung im Frühjahr. Die Keimfähigkeit liegt nur bei 20%.

Standort. Hell bis sonnig und vor praller Sonne geschützt soll der Mammutbaum stehen. Ideal erscheint ein Standort in der Nähe eines Teiches. Die Überwinterung muß frostfrei erfolgen. Die Gestaltungs- und Pflegehinweise entsprechen den ab Seite 283 bei *Taxodium* beschriebenen. Der Mammutbaum benötigt viel Feuchtigkeit, und zwar sowohl Boden- als auch Luftfeuchtigkeit.

Sequoiadendron giganteum, Riesenmammutbaum

Dieser Gigant unter den Bäumen, der auf der Westseite der Sierra Nevada im mittleren Kalifornien heimisch ist, wird bis zu 100 m hoch. Man sollte kaum glauben, daß ein solcher Gigant sich zum Bonsai gestalten läßt. Kennzeichnend für den Riesenmammutbaum ist die sehr dicke, weiche, rostrote, später rötlichgraue Borke. Merkwürdig wirken die Vertiefungen, die alte abgefallene Äste hinterlassen. Der Stamm verdickt sich an der Basis merklich. Er wächst stets kerzengerade und trägt eine symmetrisch aufgebaute, kegelförmige Krone mit bogig hängenden Ästen und aufstrebenden Gipfeltrieben. Das immergrüne Laub besteht aus einheitlichen, graugrünen, sich verjüngenden Nadeln, die sowohl die jungen Triebe als auch die kleinen Knospen vollständig verdecken. Baumschulen bieten Ballenpflanzen an, die sich als Ausgangsmaterial zur Bonsaigestaltung eignen.

Der Riesenmammutbaum liebt auch als Bonsai hohe Boden- und Luftfeuchtigkeit und einen hellen Standort. Im Schatten leidet die Baumform. Die Überwinterung muß frostfrei erfolgen. Weitere Gestaltungs- und Pflegehinweise siehe *Taxodium.*

Sorbus, Mehlbeere, Vogelbeere, Elsbeere, Eberesche

Die Gattung *Sorbus* mit ihren rund 100 Arten laubabwerfender Bäume und Sträucher zeigt sich sehr gestaltungsreich. Bei den Ebereschen sind die Blätter fiederblättrig zusammengesetzt, die Mehlbeere besitzt ungeteilte, einfache Blätter. Zwischen diesen Blattformen gibt es zahlreiche Übergänge von einfachen über gelappten bis zusammengesetzten Blättern als Folge von Kreuzungen innerhalb der Arten. Alle Arten haben weiße Blüten, die zu größeren Doldentrauben vereint sind. Ist auch die Blüte nicht besonders auffällig und schön, so haben *Sorbus*-Arten ihre große Zeit, wenn die apfelartigen Früchte reifen. Je nach Art sind sie weiß, gelb, orange, rot oder rosa gefärbt. Gesteigert wird die Attraktivität noch durch die reizvolle Herbstfärbung einiger Arten.

S. alnifolia, Japanische Mehlbeere. Diese Art mit ihren erlenartigen Blättern nimmt eine der schönsten Herbstfärbungen an. Sie wird aber auch geschätzt wegen der strahlendroten Früchte, die noch lange nach dem Laubfall am Baum haften. Der aufrecht wachsende Baum trägt eine rundliche Krone.

S. aria, Mehlbeere. Die Mehlbeere mit ihren ungeteilten, einfachen (manchmal auch fiederspaltig), an der Unterseite meist weißfilzigen Blättern stellt eine besonders attraktive Art dar. Die Blätter verfärben sich im Herbst nach Goldbraun. Bei dem kleinen Baum mit unregelmäßig gewölbter Krone streben die Äste strahlenförmig aufwärts. Die in flachen Doldenrispen stehenden, cremeweißen Blüten entfalten sich im Frühjahr. Die im Frühherbst reifenden Früchte verfärben sich von Grün über Gelb zu einem leuchtenden Rot.

S. aucuparia, Eberesche, Vogelbeere. Das typische Ebereschenblatt hat einen kurzen Stiel, dann acht Paare ungestielte, ovale Blättchen, schließlich ein Endblättchen. Die relativ großen Büschel leuchtend orangeroter Früchte sind eßbar und finden für Marmelade und Gelee Verwendung. Die regelmäßig eiförmige Krone trägt straff aufstrebende Äste.

Noch sind die Blätter der Eberesche im Vergleich zur Bonsaigröße zu groß. Erst nach und nach wird die Blattverkleinerung erreicht.

S. chamaemespilus, Zwerg-Mehlbeere, Zwerg-Eberesche. Der kleine Strauch kommt in den Alpen vor. Die sehr kurzgestielten, eiförmig–länglichen Blätter sind relativ klein. Reizend sehen die rosa angehauchten Blüten aus.

S. commixta. Der in Japan heimische, in der Jugend säulenförmig wachsende Baum wird dort auch zum Bonsai gestaltet. Die hellgrünen Blätter verfärben sich im Herbst gelbrot. Die Früchte sind scharlachrot.

S. folgneri. Als etwas Besonderes läßt sich diese in China heimische Art bezeichnen. Der kleine Baum mit unterseits schneeweißen Blättern entwickelt eine herrliche Herbstfärbung in orangen und scharlachroten Tönen.

S. × hybrida, Nordische Mehlbeere, Finnland-Mehlbeere. Der kleine Baum hat im Alter waagerecht abstehende Äste, die Spitzen der Triebe hängen über. Junge Blätter, wie auch die Triebe, sind flockig-filzig behaart. Die eiförmigen Blätter tragen an der Basis meist ein bis zwei Paar Fiederblättchen. Sehr schön sind die roten, bräunlich punktierten Früchte.

S. koehneana. Diese in Mittel-China heimische, strauchförmig wachsende Eberesche zeichnet sich aus durch ihre schönen rotbraunen Triebe und schneeweißen Beeren, die an roten Stielen sitzen. Die gefiederten, frisch grünen Blätter verfärben sich im Herbst rötlichbraun. Sie ist eine der schönsten Arten zur Bonsaigestaltung.

S. torminalis, Elsbeere. Die in fast ganz Europa heimische Elsbeere fällt durch ihre ahornähnlichen Blätter auf. In der freien Natur wächst sie als ein kleiner Baum mit kegelförmiger, im Alter hoch gewölbter, breiter Krone. Die sehr zierenden braunen Früchte sind rostig punktiert.

S. vilmorinii, Chinesische Vogelbeere. Bei der besonders exquisiten Art sind die graugrünen, farnartig feinen Blätter sparsam und elegant über die anmutig ausladende Krone verteilt. Auch nimmt das Laub eine prachtvolle Herbstfärbung ein – in Orange, Rot, Purpur mit allen Zwischentönen. Die relativ großen Fruchtstände mit den kleinen, perlartigen, lachsroten Beeren bilden eine besondere Augenweide.

Die Wege. Jungpflanzen der Ebereschen werden nur selten angeboten. Baumschulen führen ein relativ umfangreiches Sortiment allerdings meist größerer Ballenpflanzen, die sich nach entsprechendem Rückschnitt auch zur Gestaltung eignen. Die Vermehrung der Arten erfolgt durch Aussaat. Die Gartenformen veredelt der Baumschuler durch Okulation im Sommer oder Kopulation im März–April. Bei Arten mit Fiederblättern dient als Unterlage *S. aucuparia,* bei Arten mit einfachen Blättern *S. aria* oder Birnenwildlinge *(Pyrus).* Eine Vermehrung durch Absenken und Abmoosen ist möglich.

Aussaat. Gleich nach der Ernte im September–Oktober wird ausgesät. Handelssaatgut muß für 2 bis 3 Monate stratifiziert werden.

Standort. Alle *Sorbus*-Arten lieben helle sonnige Standorte, vertragen aber auch Halbschatten. Die in Europa heimischen Arten können im Freien überwintert werden, während die asiatischen Arten einen besonderen Winterschutz benötigen.

Gießen und Düngen. Obwohl sich ein Großteil der *Sorbus*-Arten durch einen haarfilzigen Überzug der Blätter vor größeren Wasserverlusten schützen, ist der Wasserbedarf relativ hoch. Im Frühjahr während des Austriebs wird nur sehr sparsam gewässert, dadurch läßt sich die Blattgröße merklich beeinflussen. Dünger wird gegeben, wenn die Blätter voll entwickelt sind, bis Ende September.

Umpflanzen. Es erfolgt alle 2 bis 4 Jahre im Frühjahr vor dem Austrieb. Erdmischung I verwenden.

Pflanzenschutz. Den Ebereschenrost erkennt man an den zunächst gelblichen, später rötlichgelben, rostigen Flecken auf den Blättern. An den entsprechenden Stellen erscheinen auf der Blattunterseite grauweiße kleine Bläschen, aus denen gelblicher Staub austritt. Auf der Blattunterseite weißliche, später bräunliche bis rötliche Filzhaare weisen auf einen Befall durch die Gallmilbe hin.

Gestaltung. Ebereschen sind als Bonsai noch nicht sehr weit verbreitet. Dies liegt nicht zuletzt an der nicht ganz einfachen Gestaltung. Einmal ist die Verkleinerung der Blätter nicht immer befriedigend, zum anderen erweisen sich Ebereschen als nicht besonders regenerationsfreudig. Sie lieben es überhaupt nicht, zu viele Zweige mit starken Knospen (Gipfelknospen) zu verlieren. Nach einem stärkeren Rückschnitt erscheint der neuzubildende Trieb spät und entwickelt sich nur schwach. Das Schneiden der Äste und Zweige sollte noch im Spätherbst oder im zeitigen Frühjahr erfolgen, um die verbliebenen Knospen zu stärken. Ein Schnitt während der Vegetationsperiode ist in der Regel nicht notwendig. Lange Triebe, die über die angestrebte Gestaltungsform herauswachsen, pinziert man. Die Blüten entwickeln sich an besonderen Kurztrieben am zwei- und mehrjährigen Holz. Ein Drahten ist (im Frühjahr) möglich, doch sollte man besser andere Gestaltungstechniken anwenden. Ein Blattschnitt kann ebenfalls durchgeführt werden, doch geht dieser in der Regel auf Kosten der Blüte und damit der Fruchtbildung.

Die Abbildung auf Seite 277 zeigt einen, auf der IGA München 1983 prämierten Ebereschenbonsai, der trotz der groß wirkenden Blätter dem Idealbild eines Bonsai schon recht nahe kommt.

Spiraea, Spierstrauch

Bei den Spiersträuchern handelt es sich um sommergrüne Sträucher mit wechselständigen, ungeteilten Blättern, die gezähnt, gesägt oder gelappt sein können. Das Verbreitungszentrum der etwa 100 Arten umfassenden Gattung liegt in Ost-Asien. Die kleinen weißen, rosa oder roten, sternförmigen Blüten sind zu Trauben, Rispen oder Doldentrauben vereint. Spireen sind wegen der kleinen, bonsaigerechten Blätter und der guten Schnittverträglichkeit zur Bonsaigestaltung gut geeignet.

S. albiflora, Weißblütiger Spierstrauch. Diese in Japan heimische Art trägt im Juli–August viele kleine weiße Blüten in endständigen Blütenrispen.

S. × arguta, Schneespiere. Die schneeweißen Blüten der Schneespiere erscheinen Ende April entlang der vorjährigen Triebe und zwar vor dem Blattaustrieb.

S.-Bumalda-Hybriden, Niedriger Spierstrauch. Die bekannteste Gartenform aus diesem Formenkreis ist die Hybride 'Anthony Waterer', ein Spierstrauch von sehr dichtem Wuchs. Die sehr schöne Belaubung ist an den Triebspitzen häufig weiß oder rosarot gefärbt. Von Juli bis September werden ununterbrochen karminrote, flache, endständige Blütenstände produziert. 'Crispa' unterscheidet sich durch schwächeren Wuchs, am Rande wellige, oft weiß panaschierte Blätter und rote Blüten. 'Froebeli' treibt braunrot aus, die dunkelpurpurnen Blüten stehen in großen, flachen Blütenständen.

S. japonica, Japanischer Spierstrauch. Diese in Japan heimische Art ähnelt im Wuchs den Bumalda-Hybriden. Dies ist nicht verwunderlich, stellt doch diese Art ein Elternteil der Hybriden dar. 'Little Princess' heißt eine besonders schöne Form. Sie blüht reich mit kleinen hellrosa Blüten, die in flachen endständigen Blütenständen im Juni–Juli die ganze Pflanze bedecken.

S. nipponica, Nippon-Spierstrauch. Diese Art gilt als eine der schönsten dieser Gattung. In Japan heimisch, zeichnet sie sich durch ihre gelblichweißen, rötlich überhauchten Blüten

Felsenform von Spiraea japonica, dem Japanischen Spierstrauch. Die Wurzeln umklammern den Felsen, um sich Nahrung aus der Erde darunter zu holen.

aus, die im Juni–Juli auf der ganzen Länge der Triebe erscheinen.

S. prunifolia, Pflaumenblättriger Spierstrauch. Etwas ganz Besonderes stellt diese in China und Japan weit verbreitete Art dar. Ihre großen Einzelblüten täuschen ein gefülltes, weißes Röschen vor. Sie blüht Anfang Mai. Das Laub verfärbt sich im Herbst rotbraun. Die Art muß frostfrei überwintern.

S. thunbergii, Thunbergs Spierstrauch. Als die früheste aller Spireen, blüht sie nicht nur zeitig (vor dem Blattaustrieb Ende April), sondern sie treibt auch sehr früh aus. Die schneeweißen Blüten stehen in dichten Blütenständen.

Die Wege. Jungpflanzen werden in reicher Auswahl von Baumschulen angeboten. Der Bonsaihandel verfügt dagegen über ein vergleichsweise kleines Sortiment. Vermehrt werden kann durch Aussaat im Frühjahr unter Glas. Leicht gelingt die Vermehrung durch Steckholz, Abrisse, Ableger und Stecklinge. Letztere schneidet man Anfang Juni von krautigen Triebspitzen.

Standort. Spireen benötigen helle, sonnige Standorte. Sie vertragen zwar auch halbschattige oder gar schattige Standorte, doch reagieren die Pflanzen mit langen Internodien und schlechter Blütenbildung. Spireen sind sehr empfindlich gegen Frosttrocknis. Bei einer Überwinterung im Freien ist besonderer Schutz notwendig. Eine frostfreie Überwinterung muß aber so kühl wie möglich erfolgen, um den Austrieb im Frühjahr möglichst lange hinauszuzögern.

Gießen und Düngen. Spireen gelten im Garten als sehr trockenresistent, doch Ballentrockenheit vertragen auch sie nicht. Ganzjährig muß für gleichmäßige Feuchtigkeit gesorgt werden. Die Düngung setzt nach Ende des Streckungswachstums im Frühjahr ein, bei den Frühjahrsblühern nach der Blüte und wird bis Ende August fortgesetzt.

Umpflanzen. Alle 2 bis 3 Jahre wird im Frühjahr vor dem Austrieb umgepflanzt in Erdmischung I. Ein Wurzelrückschnitt wird gut vertragen.

Pflanzenschutz. In feuchten Jahren befällt häufig der Echte Mehltau die Spireen. Ein weißer Belag erscheint auf Blättern und Trieben, die schließlich verkrüppeln. Die Blätter werden braun und fallen ab. Die Raupen der Blattwespe fressen nicht selten die ganze Pflanze kahl. An jungen Trieben im Frühjahr schädigt gelegentlich die schwarze Bohnenblattlaus durch Saugen.

Gestaltung. Bei der Gestaltung sind die unterschiedlichen Blütenbildungsverhältnisse der einzelnen Arten zu beachten. *S. × arguta, S. nipponica* und *S. thunbergii* bilden die Blütenanlagen in Gestalt von Blütenknospen bereits im Herbst vor, und zwar auf der ganzen Länge der letztjährigen Triebe. Bei diesen Arten schneidet man die Äste und Zweige nach der Blüte. Im Frühjahr wird die Krone ausgelichtet, gegebenenfalls werden die letztjährigen Triebe eingekürzt. Bei *S.*-Bumalda-Hybriden und *S. japonica* bilden sich die Blütenanlagen an den wachsenden Trieben. Im Winter sind keine erkennbaren Blütenknospen vorhanden. Auch bei diesen Arten schneidet man erst nach der Blüte zurück. Im Herbst werden die Neuaustriebe eingekürzt, wenn sie die Gestaltungsform beeinträchtigen.

Man kann aber auch den Rückschnitt auf das Frühjahr verschieben. In den ersten Jahren, wenn man noch keinen großen Wert auf die Blüten legt, schneidet man während der ganzen Vegetationsperiode, wann immer neues Wachstum dies erforderlich machen sollte. Ein Blattschnitt erscheint als nicht erforderlich. Gedrahtet werden kann den ganzen Sommer über.

Syringa, Flieder

Die Gattung umfaßt etwa 25 Arten, die in Asien und Südwest-Europa heimisch sind. Es sind in der Regel laubabwerfende Sträucher oder kleine Bäume mit gegenständigen Blättern, die gewöhnlich ganzrandig, selten gelappt oder gefiedert sind. Der Flieder ist sowohl im Garten als auch als Bonsai beliebt wegen der prächtigen, meist duftenden Blüten, die in end- oder seitenständigen Rispen an den vorjährigen, seltener an den diesjährigen Zweigen erscheinen.

S. emodi, Himalaja-Flieder. Er wird gelegentlich im Bonsaihandel als Bonsai angeboten. In seiner Heimat wächst er als ein straff aufrechter Strauch mit blaßlila Blüten, die im Mai–Juni in endständigen Rispen erscheinen.

S. microphylla, Kleinblättriger Flieder. Dieser in China heimische Flieder eignet sich aufgrund seiner bonsaigerechten Blätter besonders gut zur Gestaltung. In seiner Heimat wächst er als ein Strauch, der nicht höher als 1,5 m wird. Die lila, stark duftenden (ein Unterscheidungsmerkmal zu *S. emodi*) Blüten, stehen in kurzen, fein behaarten Rispen und erscheinen im Juni. Die Gartenform 'Superba' zeichnet sich durch eine sehr lange Blütezeit aus, die von Mai bis Oktober reicht.

S. reflexa, Hängeflieder, Bogenflieder. Diese interessante Art stammt aus der chinesischen Provinz Hupeh. Die walzenartigen, elegant überhängenden Blütenrispen zeigen ein besonders reizvolles Farbenspiel. Die Knospen sind leuchtend karminrosa, während die offenen Blüten außen dunkelrosa, innen aber fast weiß gefärbt sind.

S.-Vulgaris-Hybriden, Gartenflieder. Unter diesem Namen ist die fast unüberschaubare

Junger zweistämmiger Bonsai von Syringa microphylla, dem Kleinblättrigen Flieder, so wie er im Bonsaihandel angeboten wird.

Zahl der Gartenformen zusammengefaßt, die unsere Gärten in den unterschiedlichsten Blütenfarben zieren. Es gibt Formen mit weißen, lila, bläulichen, rötlichen und violetten Blüten, einfach und gefüllt. Beim Kauf ist auf die unterschiedliche Blütezeit der einzelnen Formen zu achten.

Die Wege. Von *S. emodi* und *S. microphylla* wird man außer Bonsai, die erste Gestaltungsmaßnahmen erfahren haben, kein Pflanzenmaterial in Europa bekommen. Aber wer im Besitz einer solchen Pflanze ist, kann es ja einmal mit der eigenen Vermehrung versuchen. Der Gartenflieder wird in Baumschulen in Form von Ballenpflanzen angeboten. In der Regel handelt es sich dabei allerdings um Veredlungen. Vermehrt werden die reinen Arten in der Regel durch Aussaat, sie lassen sich aber auch wie die Gartenformen durch Ablegen, Absenken, Abmoosen, durch Stecklinge und Veredeln vermehren.

Aussaat. Die Ernte der Früchte erfolgt erst sehr spät, und zwar im November–Dezember. An einen warmen, trockenen Ort gebracht (Heizungskeller), fallen die Samen schon bald aus. Die Aussaat erfolgt nach trockener Lagerung im Frühjahr (März–April). Handelssaatgut wird vor der Aussaat für ein bis zwei Monate stratifiziert.

Stecklinge. Stecklinge werden geschnitten, sobald die Triebe im Frühjahr lang genug ausgetrieben sind und noch keine Endknospen ausgebildet haben. Dies ist etwa Ende April–Anfang Mai der Fall. Man schneidet die Stecklinge auf zwei Blattpaare.

Veredlung. Veredelt wird Anfang bis Mitte Juli (die Unterlage sollte gerade mit dem Johannistrieb einsetzen) durch Okulation auf ein- bis zweijährige Sämlinge von *S. vulgaris*. Möglich ist es aber auch, durch Kopulation oder Spaltpfropfen im Frühjahr zu veredeln.

Standort. Flieder benötigen helle, sonnige Standorte, insbesondere nach dem Abblühen, wenn sie die nächstjährigen Blüten entwickeln. Die Überwinterung sollte im Freien erfolgen.

Gießen und Düngen. Der Wasserbedarf des Flieders liegt relativ hoch. Dies gilt insbesondere zur Blütenzeit. Gedüngt wird, nachdem sich die Blätter voll entwickelt haben, bis Ende September.

Umpflanzen. Alle 2 Jahre wird im Frühjahr vor dem Austrieb in Erdmischung I umgepflanzt. Der Flieder liebt lehmige Erde und Kalk.

Pflanzenschutz. Als eine gefürchtete Krankheit tritt die sogenannte Fliederseuche auf, die von Bakterien verursacht wird. Blüten und Triebe werden schwarz, die Blätter verdrehen sich. Eine Bekämpfungsmöglichkeit gibt es nicht, befallene Pflanzen müssen verbrannt werden, will man eine Ansteckung verhindern. Bei der Zweig- und Knospenkrankheit sterben zunächst die Blütenknospen unter Braunfärbung ab, bis schließlich die Rinde braun wird, die Triebe kümmern und absterben. Sind die Blatt- und Blütenknospen sichtbar verdickt, ohne daß sie austreiben, handelt es sich um einen Befall durch die Fliedergallmilbe. Der Fliederknospenrüßler frißt an den Knospen, seine weiße Larve schädigt die Wurzeln.

Gestaltung. Die Blütenknospen sind in der Regel am Ende der vorjährigen Triebe angelegt (s. Abb. Seite 65). Der Schnitt der Äste und Zweige sollte nach der Blüte erfolgen. Bei den wenigen sommerblühenden Arten schneidet man im Winter. Im Frühjahr erfolgt dann, wenn es notwendig erscheint, nur noch ein Auslichtungsschnitt. Verblühte Rispen sind übrigens zu entfernen. Die Fruchtbildung geht sonst auf Kosten der Bildung von Blütenknospen für das nächste Jahr.

Während der ersten Jahre nimmt man bei der Gestaltung – wie schon mehrmals an anderer Stelle betont – auf die Blüten noch keine Rücksicht. Wann immer neues Wachstum erscheint, werden die Triebe beschnitten. Da es aufgrund der gegenständigen Blattstellung zu einer gabeligen Verzweigung kommt, wird bei den Ast- und Stammverlängerungen das auf der falschen Seite sitzende Auge frühzeitig entfernt. Veredlungen haben leider die Neigung, aus den Wurzeln immer wieder Wildtriebe zu entwickeln. Diese müssen unbedingt an ihrer Entstehungsstelle restlos herausgeschnitten werden. Das gleiche gilt für sämtliche Austriebe an der Veredlungsstelle, soweit diese nicht unzweifelhaft zum veredelten Teil gehören, da sie sonst in wenigen Jahren die Veredlung zum Absterben bringen können.

Taxodium distichum, Sumpfeibe, Sumpfzypresse

Die Heimat der Sumpfzypresse ist der Süden und Südosten der Vereinigten Staaten. In den USA wird sie häufig zum Bonsai gestaltet, während man sie bei uns nur vereinzelt als Bonsai findet. Kennzeichnendes Merkmal dieses Nadelbaumes ist das fiedrige Laub, das im Herbst abfällt und wie bei der Lärche im Winter kahle Zweige hinterläßt. Im Gegensatz zur Lärche, die ihr Dunkelgrün in herbstliches Gold verwandelt, dunkelt die Sumpfzypresse ihr Hellgrün stufenweise ab und geht dann zu einen Fuchsrot über. In ihrer Heimat wächst sie in Süßwassersumpfgebieten. Um Sauerstoff für die Wurzeln zu bekommen, senden Sumpfzypressen, wenn sie in wassergesättigtem Boden wachsen, charakteristische, knieförmige Atemwurzeln nach oben. Sie sind als braune knubbelige Erhebungen über der Bodenoberfläche zu sehen. Das weiche, schwammige Gewebe im Innern der Wurzeln dient dem Lufttransport. In Anpassung an die besonderen Standortbedingungen in Überschwemmungsgebieten ermöglicht diese nach oben wachsende Atemwurzel auch bei monatelanger Überflutung die Versorgung der Wurzeln mit Luft. Ob solche Atemwurzeln auch in Bonsaikultur ausgebildet werden, was sicherlich interessant wäre, ist nicht bekannt.

Das Laub besteht in der Mehrzahl aus jährlich abfallenden, fiederblattähnlichen Kurztrie-

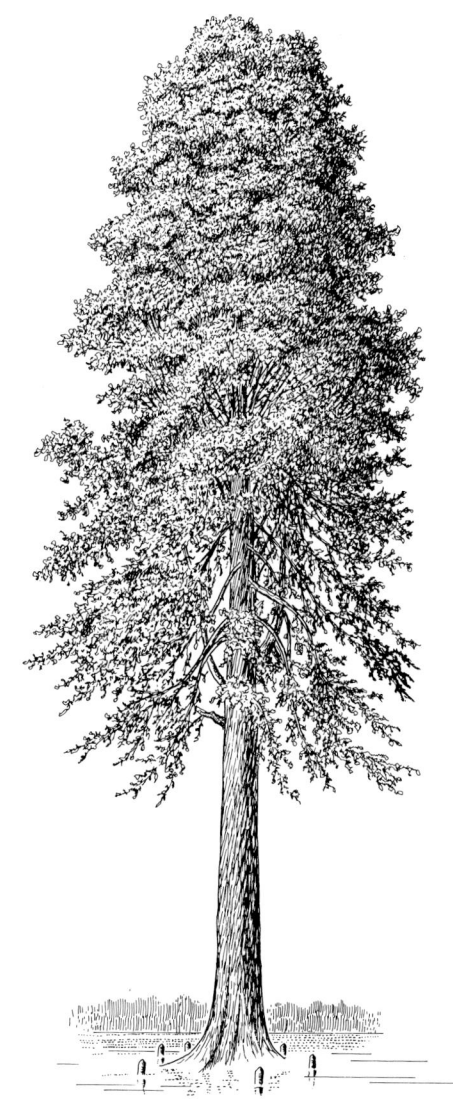

Sumpfzypresse, Taxodium distichum, als Bonsai-Vorbild aus der Natur.

ben. Spiralig sitzende Einzelnadeln kommen nur an den Zweigenden vor. Die Nadelblätter erscheinen sehr spät im Frühjahr. Die dünnen, leuchtend braunen Winterzweige tragen viele, von den abgefallenen Kurztrieben zurückgelassene Narben sowie kleine Seitenknospen, aus denen sich im nächsten Jahr die Kurztriebe entwickeln. Die rundlichen Knospen an den Zweigspitzen sorgen für das Längenwachstum. In der

Jugend bilden Sumpfzypressen schmale, kegelförmige, im Alter breite, unregelmäßige Kronen aus. Sumpfzypressen sind relativ leicht zu ziehen, reagieren gut auf Gestaltungsmaßnahmen und bringen weniger Probleme bei der täglichen Pflege als viele andere Bonsaiarten.

Die Wege. Jungpflanzen der Sumpfzypresse werden nur selten angeboten. In Baumschulen findet man aber junge Ballenpflanzen, die ein gutes Ausgangsmaterial für die Bonsaigestaltung abgeben. Die Vermehrung erfolgt in der Regel durch Aussaat. Absenken und Abmoosen ist möglich. Auch die Vermehrung durch Stecklinge soll möglich sein.

Aussaat. Die Ernte der Samen erfolgt im Oktober–November. Ausgesät wird im März–April unter Glas. Im Gegensatz zu anderen Nadelgehölzen sollte man die Samen erst kurz vor der Aussaat aus den Zapfen herausklengen. Eine Stratifikationsbehandlung von ein bis zwei Monaten bei 4 °C fördert die Keimung. Die Keimfähigkeit liegt bei etwa 50 %.

Standort. Sumpfzypressen benötigen für ein gutes Gedeihen volle Sonne. Ein Standort in der Nähe einer Wasserstelle oder eines Teiches sagt ihnen am besten zu. Die Überwinterung sollte möglichst frostfrei erfolgen.

Gießen und Düngen. Aufgrund der heimatlichen Standortbedingungen benötigen Sumpfzypressen viel Wasser und sind auf eine ständige ausreichende Wasserversorgung angewiesen. Das heißt aber nicht, daß die Schalen dauernd im Wasser stehen müssen. In den USA werden Sumpfzypressen gelegentlich in Schalen ohne Löcher gezogen, deren Wandungen aber porös und damit luft- und wasserdurchlässig sind.

Umpflanzen. Alle 2 bis 3 Jahre wird Ende April umgepflanzt. Erdmischung I erhält einen Zusatz von Nadelerde.

Pflanzenschutz. Artspezifische Krankheiten sind nicht bekannt. Gelegentlich schädigen Schildläuse durch Saugen.

Gestaltung. Sumpfzypressen treiben relativ spät aus und haben dementsprechend eine relativ kurze Wachstumsperiode. In der Jugend wachsen sie sehr langsam. Das Beschneiden der Äste und Zweige führt man im Frühjahr vor dem Austrieb durch. Im Laufe der Wachstumsperiode werden die Neuaustriebe pinziert, wann immer neues Wachstum erkennbar ist, in der Regel zweimal im Jahr. Ein Drahten im Sommer ist möglich, jedoch ist die weiche, sehr empfindliche Rinde zu achten, in der der Draht sehr schnell Druckstellen hinterläßt.

Taxus, Eibe

Eiben erkennt man leicht an ihrem dunkelgrünen, fast schwarzen Laub, das aus zweireihigen Nadeln besteht. Jeder Eibenbaum ist entweder nur männlich oder nur weiblich. Die männlichen Eiben weisen im Frühjahr zierliche Blütenbüschel auf, die die vom Wind getragenen, goldgelben Pollen verstreuen. An den weiblichen Bäumen entwickeln sich kleine, grüne Blüten, die nach der Befruchtung im Herbst charakteristische rosenrote Scheinbeeren bilden.

Durch diese Scheinbeeren unterscheiden sich Eiben von den anderen Nadelgehölzen. Wer Eiben als Bonsai gestaltet, sollte wissen, daß Rinde, Laub und Samen für den Menschen giftig sind. Der rosarote Samenmantel ist dagegen ungiftig.

T. baccata, Gemeine Eibe. Die Gemeine Eibe ist in Europa und Asien heimisch und hat einen sehr veränderlichen Wuchs. Einstämmige Bäume entwickeln eine kegelförmige Krone. Bildet die Eibe aber tief unten entspringende Tochterstämme, dann wird die Krone unregelmäßig breit. Der unregelmäßige Stamm mit den vielen Wülsten wächst meist nicht gerade. Die Nadeln sind an den aufrechten Trieben spiralig, an den seitlich abstehenden zweizeilig angeordnet. Von der Art gibt es eine Reihe von Gartenformen, von denen sich unter anderem folgende zur Bonsaigestaltung eignen: 'Adpressa' ist eine weibliche, besonders kleinblättrige Form mit dunkel-

Bonsai-Vorbild in der Natur: Eibe, Taxus baccata

grünen, unterseits bläulichgrünen Nadeln. 'Adpressa Aurea' unterscheidet sich von der vorigen durch goldgelbe Triebspitzen und gelbbunte Nadeln. Bei 'Adpressa Pyramidalis' wachsen die Triebe straff aufrecht. Sie eignet sich gut für Waldformen. Aus den Zwergformen 'Buttonensis', 'Cavendishii', 'Compacta', 'Knirps' und 'Nana' lassen sich besonders gut Wald- und Landschaftspflanzungen gestalten.

T. cuspidata, Japanische Eibe. Diese in Japan heimische Eibe (in den Gebirgen von Yokohama) befindet sich dort auch in Bonsaikultur. Sie wächst sehr gedrungen und bildet eine breit eiförmige Krone aus. Da die tiefgrünen Nadeln relativ steif und stachelig sind, wird sie auch als Stachelspitzige Eibe bezeichnet. Sie treibt früher als die Gemeine Eibe. Die Gartenform 'Nana' ist dicht bezweigt und trägt ziemlich kurze, stumpfgrüne Nadeln.

Die Wege. Jungpflanzen bietet gelegentlich der Bonsaihandel an. In Baumschulen erhält man Ballenpflanzen in unterschiedlichen Größen. Bei der Auswahl ist auf das Geschlecht zu achten, wenn man Wert auf die Beeren legt. Vermehrt werden die Arten in der Regel durch Aussaat, die Gartenformen durch Stecklinge. Abmoosen und Absenken ist möglich.

Aussaat. Die Samen werden bei beginnender Rotfärbung des Fruchtfleisches (August–Oktober) geerntet. Nach dem Auswaschen wird gleich ausgesät. Die Keimung erfolgt in der Regel erst im zweiten Frühjahr nach der Aussaat.

Stecklinge. Im August–September oder auch noch später werden Stecklinge auf Astring geschnitten. Die Bodentemperatur sollten 12 °C nicht übersteigen.

Standort. Mit ihrer Fähigkeit, Schatten zu ertragen, übertrifft die Eibe auch als Bonsai alle anderen Nadelgehölze. Sie gedeiht aber ebensogut an sonnigen Standorten. Bezüglich der Überwinterung erweist sich die Gemeine Eibe als frostempfindlicher als die Japanische Eibe.

Gießen und Düngen. Eiben meiden in ihren Heimatgebieten trockene wie auch sumpfige Standorte. Dies gibt uns Hinweise darauf, daß die Wasserversorgung gleichmäßig sein sollte. Die Düngung erfolgt nach dem Austrieb bis Ende September.

Umpflanzen. Alle 2 bis 3 Jahre wird im Frühjahr umgepflanzt in Erdmischung I. Wachstumsstörungen sind häufig die Folge von Kalkmangel.

Pflanzenschutz. Werden die Nadeln gelb, später braun und fallen sie schließlich ab, handelt es sich um die Wurzel- und Stammfäule. Die Knospengallmilbe nistet sich in jungen Trieb- und Blütenknospen ein und hindert sie daran auszutreiben. Eventuell noch austreibende derartige Knospen bilden stark gestauchte Nadelrosetten aus.

Gestaltung. Eiben haben ein enormes Regenerationsvermögen wie kaum ein anderes Nadelgehölz. Diese Eigenschaft macht sie uns für die Bonsaigestaltung so wertvoll. Eiben vertragen selbst einen starken Schnitt gut. Das Beschneiden der Äste und Zweige ist bei Eiben an keine bestimmte Jahreszeit gebunden. Jedoch wird nicht bei Frost und auch nicht mehr nach Ende August geschnitten. Während der Vegetationsperiode zupft man die Triebspitzen immer wieder aus, sobald neues Wachstum erkennbar ist. Das Drahten wird bevorzugt im Frühjahr durchgeführt.

Thuja, Lebensbaum

Bei den Arten der in Nord-Amerika und Ost-Asien heimischen Gattungen sind die Triebe charakteristisch in einer Ebene abgeflacht und mit schuppigen, kreuzweise gegenständigen Schuppenblättern bedeckt. Häufig werden Lebensbäume mit den Scheinzypressen *(Chamaecyparis)* verwechselt. Beide Gattungen weisen die gleichen flachen, fächerförmig gespreizten Zweige und die gleiche dichtgefüllte Kegelform auf. Die *Thuja* läßt sich aber nicht zuletzt durch ihren starken stechenden Geruch unterscheiden. Als Bonsai werden Lebensbäume noch selten gestaltet, obwohl sie in Gestaltung und Pflege nicht schwieriger sind als die Scheinzypressen.

T. occidentalis, Abendländischer Lebensbaum. Diese Art ist eine weit verbreitete Garten-, Hecken- und Friedhofspflanze und findet oft für Schutz- und Sichtschutzpflanzungen Verwendung. Für die Bonsaigestaltung sind neben der

Art folgende Gartenformen besonders interessant: 'Douglasii Pyramidalis' hat kurze, moosgrüne, farnwedelartige Zweige. Bei 'Rheingold' sind die Zweige fein, moosartig, und stehen sehr dicht. Im Austrieb wirkt die Sorte schön rosa, dann goldgelb, im Winter kupfergelb. 'Smaragd' zeichnet sich durch eine intensive, frischgrüne Benadelung aus.

T. orientalis, Morgenländischer Lebensbaum. Bei den aus Japan importierten Lebensbaum-Bonsai handelt es sich in der Regel um diese Art. Der kleine Baum, der häufig mehrstämmig wächst und eine rundliche Krone trägt, ist von Transkaukasien bis nach China, Korea und die Mandschurei verbreitet. Seine für *Thuja* feinen Zweige haben die Neigung, sich seitlich zu verdrehen. Er besitzt als einziger Lebensbaum nicht den unangenehmen Geruch. Neben der Art eignen sich folgende Gartenformen zur Bonsaigestaltung: 'Aurea Nana', eine gelblaubige Form, erscheint im Austrieb hell gelbgrün, später mehr hellgrün, im Winter bräunlich gelb. 'Rosedalis Compacta' fällt durch ihre feinen, nahezu nadelartigen Blätter auf. Im Austrieb goldgelb, verfärben sich die Blätter allmählich hell blaugrün, im Winter purpurblau.

T. standishii, Japanischer Lebensbaum. In seiner Heimat Japan wächst er als ein breit kegelförmiger Baum mit kräftiger, dunkelroter Rinde. Oft stehen die kräftigen unteren Äste U-förmig ab, das heißt sie sind in geringer Entfernung vom Stamm scharf aufwärts gerichtet.

Gestaltungs-, Pflege- und Kulturhinweise siehe *Chamaecyparis. T. orientalis* ist frostfrei zu überwintern.

Tilia, Linde

Die Linde gilt als einer der Lieblingsbäume der Deutschen. Der schnelle Wuchs in der Jugend, das ehrwürdige Alter und die gewaltige Höhe, die sie erreichen kann, die dichte Krone, das zarte Laub und die vielen Tausenden von Blüten, die weithin die Luft mit süßem Duft erfüllen, haben ihr diese Stellung in unseren Herzen erobert. An die Linde knüpfen sich zahlreiche Sagen und Lieder. Unter der ehrwürdigen Dorflinde berieten die Alten der Gemeinde, und die Jugend versammelte sich unter ihr zur Lust und Freude.

Ein solch traditionsbehafteter Baum konnte den europäischen Bonsaigärtnern nicht verborgen bleiben. Die Linde ist als Bonsai noch nicht sehr weit verbreitet, gehört aber sicherlich zu den begehrtesten einheimischen Baumarten zur Bonsaigestaltung. In Japan wird *T. japonica,* die nahe mit unserer Winterlinde verwandt ist, gelegentlich zum Bonsai gestaltet. Heimisch sind die etwa 30 Arten in der nördlichen gemäßigten Zone. Linden haben elegante, hohe Kronen, eigenartige Knospen, die nur zwei sichtbare äußere Schuppen besitzen, von denen eine größer ist als die andere. An den rötlichen Zweigen sind Knospen und Blätter wechselständig angeordnet. Das Blatt ist in der Regel langgestielt und hat die Form eines herkömmlichen Spielkarten-Herzens.

T. cordata, Winter- oder Steinlinde. Durch ihre dichte gelblichgrüne Krone läßt sich diese kleinblättrige Linde schon aus der Entfernung sicher erkennen. Die Krone wölbt sich im Alter hoch und unregelmäßig, ganz alte Bäume besitzen starke, abwärts gebogene Äste. In der freien Natur sind die vielen Maserknollen und Wasserreiser am Stamm typisch für die Art. Die zierlichen, herzförmigen Blätter erscheinen unterseits silbrig.

T. platyphyllos, Sommerlinde. Typisch für die Sommerlinde ist ihre hohe, turmförmige, aus relativ steil ansteigenden Ästen bestehende Krone, so daß man auch sie schon von weitem erkennt. Man könnte diese Wuchsform auch als typische Besenform bezeichnen. Die eirunden, im Austrieb gelblichgrünen Blätter mit schiefer Basis sind scharf kerbig gesägt. Die Sommerlinde blüht als erste unter den Linden. Wichtig zu wissen ist, daß sie nur bei ausreichender Luftfeuchtigkeit gedeiht. Während die Winterlinde erst Mitte Mai austreibt, entfaltet die Sommerlinde ihr Laub bereits Anfang Mai.

Die Wege. Jungpflanzen erhält man im Bonsaihandel, örtliche Baumschulen bieten meist nur größere Ballenpflanzen an. Vermehrt wird in der Regel durch Aussaat, gelegentlich durch Absenken zweijähriger Triebe oder durch Abmoosen.

Eine Vermehrung durch Stecklinge im Juni–Juli soll möglich sein.

Aussaat. Die Früche werden vor der Vollreife, Ende September–Oktober (bis November) geerntet und gleich ausgesät. Handelssaatgut oder trocken gelagertes Saatgut wird einer Warm-Kalt-Stratifikation unterzogen: vier Monate bei 15 bis 27°C, anschließend vier Monate bei 2 bis 4°C. Viele Samen keimen erst im zweiten Frühjahr nach der Aussaat.

Standort. Hell, in den Mittagsstunden vor direkter Sonne geschützt sollen Linden stehen. Gegen trockene Hitze erweist sich insbesondere die Sommerlinde als sehr empfindlich. Die aufgeführten Arten sind winterhart und werden im Freien überwintert.

Gießen und Düngen. Linden benötigen sehr viel Wasser, die gilt insbesondere während der Sommermonate. Während des Austriebs ist nur mäßig zu wässern, um die Blattgröße in Grenzen zu halten. Die Düngung erfolgt nach Ausbildung der Blätter bis Ende August.

Umpflanzen. Alle 2 bis 3 Jahre wird im Frühjahr vor dem Austrieb in Erdmischung I umgepflanzt.

Pflanzenschutz. Blattläuse und Rote Spinne, die Rußtaupilze nach sich ziehen, treten besonders in trockenen Sommern auf. Zeigen sich im Sommer hellbraune, dunkel umrandete Flecken auf Blättern und Blattstielen, das Laub fällt vorzeitig ab und welken die Triebe, so handelt es sich um einen Befall durch die Blattfleckenkrankheit.

Gestaltung. Die als Hecken angepflanzten Lindenwände, die in Norddeutschland zahlreiche Gehöfte schützen, zeugen von der guten Schnittverträglichkeit der Linde. Die Äste und Zweige beschneidet man im Frühjahr vor dem Austrieb. Im Laufe der Wachstumsperiode werden die Neuaustriebe so weit zurückgenommen, wie sie eben wachsen sollen. Bei Pflanzen mit herausgestalteter Grundform empfiehlt es sich, die Knospen, bevor sie sich voll entfalten, abzuzupfen. Gedrahtet werden kann im Juni-Juli, doch sollte nur dann gedrahtet werden, wenn andere Gestaltungstechniken nicht weiterhelfen. Insbesondere die Sommerlinde bildet relativ große Blätter aus. Hier ist ein Blattschnitt zu empfehlen, wenn nicht durch frühzeitiges Pinzieren der Knospen kleinere Blätter erreicht werden.

Tsuga, Hemlockstanne

Die im gemäßigten Nord-Amerika und in Ost-Asien vom Himalaja bis Japan heimischen Hemlockstannen sehen wie ein Mittelding zwischen Eiben und Fichten aus. Botanisch stehen sie den Fichten nahe, eibenähnlich wirken sie wegen ihrer flachen, dunkelfarbigen, stumpfen und verhältnismäßig breiten Nadeln. Das markanteste Merkmal der Hemlockstannen aber bildet ihre Wuchsform. Von allen Nadelbäumen dürfte sie in Textur und Detail die schönste sein. Ohne die unregelmäßig angeordneten Äste hängen oder baumeln zu lassen, strahlt sie elegante Ruhe aus. In der Bonsaigestaltung spielen die Hemlockstannen noch keine große Rolle, obwohl sie sich aufgrund ihrer guten Schnittverträglichkeit besser eignen als so manch anderes Nadelgehölz.

T. canadensis, Kanadische Hemlockstanne, Schierlingstanne. Diese im östlichen Nord-Amerika beheimatete Art bildet eine unregelmäßig breite, stumpf zulaufende Krone aus. Gelegentlich entwickelt sie sich auch mehrstämmig. Der Stamm wächst interessanterweise meist gebogen, sofern der Leittrieb noch vorhanden ist. Zu Bonsaigestaltung zu empfehlen sind neben der Art die Gartenformen 'Gracilis', eine sehr zierliche Form mit feinen Zweigen, und 'Nana', eine Zwergform mit niedergedrückten, waagerecht ausgebreiteten, etwas überhängenden Zweigen.

T. diversifolia, Nordjapanische Hemlockstanne. In ihrer Heimat Japan und Taiwan bildet diese Art eine schmale, kegelförmige Krone mit waagerecht abstehenden Ästen aus. Die Nadeln sind verschieden lang, oberseits auffallend glänzend dunkelgrün, deutlich gefurcht. Unterseits weisen sie zwei kreideweiße Spaltöffnungsbänder auf, die aus vielen Linien bestehen. Diese Art treibt relativ spät aus.

T. heterophylla, Westliche Hemlockstanne. Diese im westlichen Nord-Amerika heimische Art gilt als das zierlichste und graziöseste Nadelgehölz des amerikanischen Urwaldes. Der Stamm wächst kerzengerade, meist gedreht, bis in die höchste Spitze durchgehend. Die waagerechten Äste haben überhängende Spitzen. 'Conica' und 'Dumosa' sind interessante Zwergformen für Waldpflanzungen.

T. sieboldii, Südjapanische Hemlockstanne. Wie *T. diversifolia* wird auch diese Art in Japan zum Bonsai gestaltet. Der Baum trägt eine kegelförmige Krone mit waagerecht ausgebreiteten Ästen.

Die Hemlockstanne, Tsuga, wird bei uns nur selten als Bonsai gestaltet. Eine Pflanzenart, die aufgrund der guten Schnittverträglichkeit besonders gut zur Bonsaigestaltung geeignet ist.

Die Wege. Jungpflanzen werden nur selten angeboten, in Baumschulen findet man gutes Ausgangsmaterial in Form von Ballenpflanzen. Vermehrt wird in der Regel durch Aussaat, eine Stecklingsvermehrung sowie Absenken und Abmoosen ist möglich.

Aussaat. Die Samen werden im Oktober–Dezember geerntet. Nach dem Ausklengen wird noch im Herbst ausgesät oder auch erst im Frühjahr, dann werden die Samen 2 bis 4 Monate lang stratifiziert. Dies gilt auch für Han-

delssaatgut. Vorsicht! Die Sämlinge sind sehr anfällig für Vermehrungskrankheiten.

Stecklinge. Der Schnitt wird bevorzugt von September bis Dezember mit Kopfstecklingen von einjährigen Trieben durchgeführt. Nur bei ausreichender Bodenwärme (mindestens 20 °C) gelingt die Bewurzelung.

Standort. Hemlockstannen bewohnen in der Regel Gebiete mit hoher Luft- und Bodenfeuchtigkeit und windgeschützte Lagen. Dies ist bei der Auswahl des Standortes zu berücksichtigen. In freien sonnigen Lagen kümmern sie. Die Überwinterung sollte weitgehend frostfrei erfolgen, bei Temperaturen unter −10°C sind die Pflanzen gefährdet.

Gießen und Düngen. Als Bewohner feuchter Standorte benötigen Hemlockstannen viel Wasser. Dies ist beim Gießen zu beachten. Ballentrockenheit führt meist zum Verlust der Pflanzen. Dünger nach dem Austrieb im Frühjahr bis Ende September geben.

Umtopfen. Alle 2 bis 4 Jahre pflanzt man im Frühjahr vor dem Austrieb oder auch schon im Herbst um. Gelegentlich wird auch empfohlen, während des Austriebes im Mai–Juli umzupflanzen. Erdmischung II ist geeignet.

Pflanzenschutz. Artspezifische Krankheiten und Schädlinge sind nicht bekannt.

Gestaltung. Die Tatsache, daß Hemlockstannen gelegentlich für Hecken verwendet werden, zeugt von der guten Schnittverträglichkeit dieses Nadelgehölzes. Das Schneiden der Äste und Zweige erfolgt bevorzugt im Frühjahr vor dem Austrieb, ist jedoch auch während der Wachstumsperiode möglich. Junge Knospen werden pinziert, wann immer neues Wachstum erkennbar ist oder die Pflanzen aus ihrer angestrebten Form wachsen. Gedrahtet werden kann während der gesamten Vegetationsperiode. Allerdings muß man beachten, daß die Rinde an älteren Pflanzen besonders empfindlich ist.

Ulmus, Ulme, Rüster

Die in der nördlich gemäßigten Zone verbreitete Ulmengattung zeigt an ihren Blättern ein klares Bestimmungsmerkmal, nämlich die immer ungleiche (asymmetrische) Basis.

Hauptverbreitungsgebiet ist Europa, im fernen Osten sind Ulmen in China, Japan und Korea vertreten. Es handelt sich um hohe, sommergrüne Bäume mit wechselständigen, zweizeilig gestellten Blättern. Die zwittrigen, unscheinbaren Blüten erscheinen vor den Blättern oder auch erst im Herbst wie z.B. bei der für die Bonsaigestaltung besonders beliebten *Ulmus parvifolia*. Am schönsten sind Ulmen, wie viele andere laubabwerfende Gehölze, im Winter,

wenn sie die Struktur ihres Geästs zeigen. Nicht einmal die Licht- und Farbenfülle des Sommers kann sich mit dieser meisterhaften Federzeichnung der Natur vergleichen. Interessant für die Bonsaigestaltung sind Ulmen auch deshalb, weil sie schon sehr früh die Charakteristik alter Bäume entwickeln. Die Chinesische Ulme ist im Bonsaihandel schon weit verbreitet, während die heimischen Arten ein noch bescheidenes Dasein führen.

U. davidiana. Diese in China heimische Ulme wird in Japan zum Bonsai gestaltet. Auffallend sind die jungen, dicht gelb behaarten Triebe und die schon auf jungen Zweigen sitzenden Korkleisten. Leider ist diese Art bei uns wohl kaum im Handel erhältlich.

U. glabra, Bergulme. Die Bergulme bildet einen kurzen Stamm aus, der sich tief unten in starke Äste aufteilt, was zu einer breiten, unregelmäßig, mehrfach gewölbten Krone führt. Die silbergraue Rinde bleibt viele Jahre lang glatt (deshalb die Bezeichnung 'glabra' = glatt), später wird sie mattgrau und zeigt feine, schwarze Risse. Die Triebe tragen wechselständige, kräftige, ovale, kastanienbraune, zugespitzte Knospen.

U. elegantissima 'Jacqueline Hillier'. Von 'Jacqueline Hillier' bietet der Bonsaihandel häufig Jungpflanzen an. Der in freier Natur ausläufertreibende, schwachwüchsige, dicht bezweigte Strauch hat kleine, elliptisch-lanzettliche, doppelt gesägte, rauh behaarte, bonsaigerechte Blätter.

U. × hollandica. Bei *U. × hollandica* handelt es sich um die Sammelbezeichnung für eine Reihe von mutmaßlichen Hybriden, wahrscheinlich um Kreuzungen zwischen Berg- und Feldulme. Interessant zur Bonsaigestaltung ist die Zwergform 'Hillieri', die reich verzweigt und sich durch zierliche, kleine Blätter und eine schöne karminfarbene und gelbe Herbstfärbung auszeichnet.

U. minor (syn. *U. carpinifolia*), Feldulme. Die in ganz Mitteleuropa heimische Feldulme wächst in allem kleiner als die Bergulme. Die Blätter sind oberseits meist glatt und glänzend, während die Bergulme sehr rauhe Blätter hat. Die Krone wächst hoch und schmal gewölbt, mit zahlreichen fast waagerechten Zweigen. Die Rinde alter Bäume ist graubraun, mit tiefen, senkrechten Furchen. Der Bonsaihandel bietet gelegentlich die Goldulme *U. minor* 'Wredei' als Bonsai bzw. zur Bonsaigestaltung an. Aufgrund der aufwärtsstrebenden Zweige ist sie zur Gestaltung aufrechter Formen geeignet. Interessant erscheint auch var. *suberosa*, die durch ihre schon an relativ jungen Trieben markanten Verkorkungen auffällt.

U. parvifolia, Chinesische Ulme. Der zierliche Baum hat eine dicht gewölbte Krone. Die kleinen, glänzenden, dunkelgrünen, bonsaigerechten Blätter färben sich vor der sehr späten Entlaubung rot. Die Art wird, obwohl winterhart, gelegentlich als immergrüner Zimmerbonsai angeboten. Der Handel führt bisweilen die beiden besonders kleinblättrigen, weißbunten Gartenformen 'Frosty' und 'Chessins' als Bonsai. Die Art und ihre Formen eignen sich besonders gut zur Gestaltung von Miniaturbonsai.

U. procera, Englische Ulme. Diese Art erkennt man schon von weitem an ihrer sich türmenden Krone, die sich auf einem kräftigen, aufrechten Stamm aufbaut. Sie ist die größte aller Ulmen, trägt aber relativ kleine Blätter. Zur Bonsaigestaltung besonders interessant sind die Gartenformen 'Myrtifolia' mit kleinen, eiförmigen, scharf gesägten Blättern und 'Purpurascens', die Blätter wie die vorige trägt, welche aber rötlich getönt sind.

U. pumila, Zwerg- oder Sibirische Ulme. Diese in den Wüstengebieten von Turkestan bis Nord-China und Ost-Sibirien heimische Art wird in Baumschulen leider nur selten angeboten, sie eignet sich aber aufgrund der kleinen Belaubung sehr gut zur Bonsaigestaltung.

Die Wege. Jungpflanzen der einheimischen Arten findet man in gut sortierten Baumschulen. Örtliche Baumschulen bieten größere Ballenpflanzen an. Vermehrt wird durch Aussaat oder Stecklinge im Juni–Juli, gelegentlich auch durch Steckholz und Wurzelschnittlinge (z.B. *U. parvifolia*), Absenker und Abmoosen.

Aussaat. Das Saatgut ist bei den meisten Arten schon im Mai–Juni reif, bei *U. parvifolia* jedoch erst im Oktober (Spätblüher). Am besten wird gleich nach der Ernte ausgesät. Handels-saatgut wird einige Tage vor der Aussaat eingeweicht. Saatgut von *U. parvifolia* wird bis zum Frühjahr trocken gelagert und im Frühjahr ausgesät. Die Keimfähigkeit selbst frischer Samen ist nicht sehr hoch und liegt selten über 50%. Handelssaatgut keimt in der Regel nur 10 bis 25%.

Standort. Ulmen lieben helle, sonnige Standorte, die man in den Sommermonaten in den Mittagstunden vor direkter Sonne zu schützen hat. Dies gilt insbesondere dann, wenn die Pflanzen vor hellen Rückwänden stehen. Auch die Überwinterung der Chinesischen Ulme sollte im Freien erfolgen.

Gießen und Düngen. Ulmen lieben keine so große Feuchtigkeit, das heißt aber nicht, daß sie Ballentrockenheit vertragen. Ganzjährig ist für eine gleichmäßige Feuchtigkeit zu sorgen, stauende Nässe gilt es unter allen Umständen zu vermeiden. Bei den meist großblättrigen heimischen Arten wird während des Austriebs sehr angepaßt gegossen. Dünger wird gegeben, wenn sich die Blätter voll entwickelt haben, bis Ende August.

Umpflanzen. Die Ulmen, insbesondere die einheimischen Arten, sind von Natur aus sehr starkwüchsig. Dies macht sich nicht nur im Bereich der Äste, sondern auch bei den Wurzeln bemerkbar. Schnell haben die Wurzeln den vorhandenen Erdraum durchwurzelt. Umgepflanzt werden muß in der Regel alle 2 Jahre. Erdmischung I verwenden.

Pflanzenschutz. Gefürchtet ist bei Ulmen das sogenannte Ulmensterben. Die Blätter vergilben vorzeitig und fallen ab. Im weiteren Verlauf sterben einzelne Äste und schließlich der ganze Baum ab. Die Leitbündel kranker Zweige sind braunschwarz verfärbt. Jüngere Pflanzen sterben relativ schnell vollständig ab, während ältere oft über mehrere Jahre kränkeln. *U. parvifolia* und *U. pumila* bleiben weitgehend verschont von der Krankheit. Eine Bekämpfung ist nicht möglich. Befallene Pflanzen sind zu verbrennen. In trockenen Jahren kann es zum Befall durch Blattläuse, Schildläuse und Weichhautmilben kommen.

Gestaltung. Durch regelmäßiges Beschneiden auch während der Vegetationsperiode entwik-

Ulmus parvifolia, die Chinesische Ulme, wird häufig mit Zelkova serrata verwechselt und unter diesem Namen oft auch verkauft.

kelt man die für Ulmen typischen feine und reiche Verzweigung. Das Schneiden der Äste und Zweige führt man bevorzugt im Frühjahr vor dem Austrieb durch. Während der Wachstumszeit schneidet man die Neuaustriebe immer wieder zurück, wenn sie über die angestrebte Gestaltungsform hinauswachsen. Äste, die sich verdicken sollen, läßt man über das gewünschte Maß hinauswachsen, da unbeschnittene Äste sich schneller verdicken. Bei älteren, weitgehend geformten Bonsai zupft man die Knospen ab, sobald sie sich im Frühjahr zu strecken beginnen. Man erreicht hierdurch eine feine Verästelung der Baumkrone und kleine Blätter. Allerdings ist in solchen Fällen ein Auslichten der Krone im Sommer empfehlenswert. Einen Blattschnitt führt man durch, wenn die Blätter sich voll entwickelt haben. Gedrahtet wird im Juni.

Viburnum, Schneeball

Die verschiedenen Schneeball-Arten zieren mit ihren schönen Blüten im Frühjahr und im Herbst mit ihren Früchten und einer bemerkenswerten Herbstfärbung so manchen Hausgarten. Wenig bekannt dürfte sein, daß sich einige Arten auch sehr gut zum Bonsai gestalten lassen. Die artenreiche Gattung enthält sowohl sommergrüne als auch immergrüne Sträucher mit gegenständigen Blättern und vielgestaltigen Blütenständen. Die Einzelblüten sind in der Regel weiß oder rosa angehaucht, sie stehen in Doldentrauben oder Rispen zusammen.

V. betulifolium, Birkenblättriger Schneeball. In China heimisch ist dieser sommergrüne Strauch mit birkenähnlichen Blättern, die in gutem Kontrast zu den purpurbraunen Trieben stehen. Neben den zierenden Blüten im Juni bedeuten die leuchtend roten Früchte im Herbst eine besondere Attraktion.

V. × *bodnantense*. Bei dieser sommergrünen Art öffnen sich bei günstigem Wetter die rosaroten, geöffnet mehr weißlich erscheinenden und herrlich duftenden Blüten schon im November. Die eigentliche Blüte setzt im allgemeinen erst im Frühling ein. Ebenso schön ist die Gartenform 'Dawn'.

V. carlesii, Koreanischer Schneeball. Der sommergrüne Strauch hat unregelmäßig gezähnte Blätter, die im Herbst eine herrliche Herbstfärbung einnehmen. Die stark duftenden, rosa Blüten öffnen sich im April. Bei der Gartenform 'Compacta' ist der Wuchs schwächer, mehr gedrungen, ideal zur Bonsaigestaltung.

V. dilatatum ist in Japan heimisch und wird dort zum Bonsai gestaltet. Die schön blühende, sommergrüne Art entwickelt einen reichen, scharlachroten Fruchtbehang. Bei 'Xanthocarpum' sind die Früchte gelb.

V. farreri (syn. *V. fragrans*), Duftender Schneeball. Der in Nordchina heimische Strauch trägt an rotbraunen Zweigen spitz elliptische, derbe, sommergrüne Blätter. Die wohlriechenden rosaweißen Blüten stehen in dichten Rispen beisammen. Die ersten Blüten können schon im November oder Dezember erscheinen. Die Hauptblütezeit setzt dann im März–April ein. 'Nanum' hat besonders kleine Blätter, blüht aber nicht so reich.

Die Wege. Der Bonsaihandel bietet selten Jungpflanzen des Schneeballs an. In gut sortierten Baumschulen findet man dagegen gutes Ausgangsmaterial zur Bonsaigestaltung. Achtung! Die schöne *V. carlesii* wird häufig nur veredelt auf die starkwüchsige *V. lantana* angeboten. Die Vermehrung erfolgt durch Aussaat, Stecklinge, Absenken oder Abmoosen.

Aussaat. Das Saatgut wird sofort nach der Ernte ausgewaschen und gleich ausgesät. Nicht selten liegt der Samen zwei Jahre über.

Stecklinge. Stecklinge der immergrünen Arten schneidet man im August–September. Man verwendet leicht verholzte Triebe. Stecklinge von sommergrünen Arten werden bevorzugt im Frühsommer geschnitten, man verwendet dafür krautige Triebspitzen.

Standort. Die meisten Arten lieben auch als Bonsai sonnige Standorte, nur dort können sie ihre volle Schönheit entfalten. Die hier aufgeführten Arten sollten möglichst frostfrei überwintern. Temperaturen unter −10 °C können die Pflanzen schädigen.

Gießen und Düngen. Schneebälle mögen nicht zuviel Feuchtigkeit, stauende Nässe muß unter allen Umständen vermieden werden, ebenso wie Ballentrockenheit. Bei Trockenschäden ist mit vorzeitigem Laubfall zu rechnen. Im Frühjahr während des Blattaustriebs gießt man nur soviel, wie unbedingt notwendig ist. Später wird für gleichmäßige Feuchtigkeit gesorgt. Die Düngung setzt nach Ausbildung der Blätter ein und wird bis Ende August fortgesetzt.

Umpflanzen. Alle 2 bis 4 Jahre wird vor dem Austrieb im Frühjahr in Erdmischung I umgepflanzt.

Pflanzenschutz. Zeigen die Blätter braune, dunkelrot umrandete Flecken und fallen vorzeitig ab, handelt es sich um die Blattfleckenkrankheit. Der Schneeball-Blattkäfer schädigt im Sommer durch Fraß. In kurzer Zeit sind die Blätter skelettiert. An jungen Trieben findet man im Frühjahr, wenn es wärmer wird, häufig die Schwarze Bohnenlaus.

Gestaltung. Bei *Viburnum* sind die Blütensprosse an der Spitze der letztjährigen Triebe vorgebildet, zum Teil sind auch die nächstfolgenden Seitenknospen in Blütenknospen umgewandelt. In den ersten Jahren der Gestaltung erscheint es auch beim Schneeball nicht sinnvoll, auf die Blüte Rücksicht zu nehmen. Hier kann während der ganzen Vegetationsperiode geschnitten werden, wann immer es notwendig erscheint und der angestrebten Form dient. Bei älteren Pflanzen wird der Schnitt der Zweige und Äste erst nach der Blüte durchgeführt. Die abgeblühten Triebe schneidet man auf ein bis zwei Augen zurück. Legt man Wert auf den Fruchtschmuck, wird man wohl nur ein Teil der Triebe zurückschneiden. Im Frühjahr oder auch noch im Herbst wird, wenn es notwendig sein sollte, die Krone ausgelichtet. Gedrahtet werden kann den ganzen Sommer über. Ein Blattschnitt läßt sich nicht empfehlen, ist aber möglich, nachdem sich die Blätter voll entwickelt haben.

Wisteria, Glyzine, Wistarie, Blauregen, Traubenwinde

Die Glyzine gehört mit ihren 30 bis 90 cm langen Blütentrauben zu den prachtvollsten und vornehmsten Schlingern zur Begrünung von Hausfassaden, Pergolen und hohen Zäunen. Es handelt sich um sommergrüne, hochwindende Sträucher, deren unpaarig gefiederte Blätter wechselständig angeordnet sind. Eine Schlingpflanze als Bonsai? So wird mancher sagen. Die Glyzine hat in Japan als Bonsai schon eine lange Tradition. Auch wir werden feststellen, daß es gar nicht so schwer ist, auch einen windenden Strauch in den Griff zu bekommen und zu einem Bonsai zu gestalten. Das Beispiel der Glyzine zeigt aber auch deutlich, daß Japaner und Chinesen nicht nur Pflanzenarten verwenden, die in freier Natur zu Bäumen heranwachsen. Heimisch ist die Gattung in Nord-Amerika und Ost-Asien.

W. floribunda (syn. *Wistaria brachybotrys*). Im Mai-Juni entfaltet sie ihre 20 bis 50 cm langen, violetten Blütentrauben. Sie unterscheidet sich von *W. sinensis* unter anderem dadurch, daß sie von rechts nach links windet. Von den vielen Gartenformen meist japanischen Ursprungs sind bei uns leider nur wenige im Handel. Interessant erscheinen unter anderem 'Alba' mit weißen, mittelstark duftenden Blütentrauben. 'Shiro Node' blüht ebenfalls weiß. 'Rosea' blüht hellrosa und duftet vorzüglich. 'Macrobotrys' (syn. *W. multijuga*) blüht kobaltviolett, hat relativ lange Blütentrauben und duftet stark. 'Geisha' blüht blauviolett und entwickelt einen mittelstarken Duft.

W. sinensis. Der eigentliche Blauregen erweist sich als noch starkwüchsiger als die vorige Art und windet von links nach rechts. Die im April–Mai erscheinenden blauvioletten Blüten stehen in dichten 15 bis 30 cm langen, schwachduftenden Trauben. Diese in China heimische Art wird am häufigsten zur Bonsaigestaltung verwendet. Auch von ihr gibt es eine Reihe von Gartenformen. 'Alba' blüht weiß. 'Black Drajon' hat tiefpurpurne, gefüllte Blüten. 'Jako' blüht weiß und duftet vorzüglich.

Die Wege. Baumschulen und gelegentlich der Bonsaihandel bieten Containerpflanzen an. In den meisten Fällen handelt es sich dabei aber um veredelte Pflanzen. Vermehrt werden kann durch sehr verschiedene Methoden wie Aussaat, Stecklinge, Wurzelschnittlinge, Ableger, Abmoosen und Veredlung.

Wistaria floribunda, Glycine. Neben ihrer Blütenfülle sind die Wistarien wegen ihrer schönen Stammbildung besonders beliebt. Obgleich auch in blütelosem Zustand bemerkenswert, ist natürlich das Frühjahr die Zeit des Blauregens.

Aussaat. Eine Aussaat ist nicht zu empfehlen, da Sämlinge in der Regel sehr blühfaul sind und es Jahre dauert, bis sie die Blühfähigkeit erhalten. Die Aussaat erfolgt im Frühjahr bei mäßiger Bodenwärme, die Samenschale ist aufzurauhen.

Stecklinge. Hierzu werden Teilstecklinge mit etwa fünf Augen im Juni geschnitten. Eine Behandlung mit Wuchsstoffen ist zur Wurzelbildung unbedingt erforderlich.

Ablegen. Bei Wistarien legt man üblicherweise die Triebe in Wellenlinien so in den Boden, daß die Triebstücke, an denen die Augen sitzen, unter der Erde zu liegen kommen.

Veredlung. In Baumschulen vermehrt man in der Regel durch Veredlung (Kopulation oder Geißfuß) im Januar–Februar auf eingetopfte, fingerlange Wurzelstücke von *W. sinensis.*

Standort. Um ihre volle Schönheit zu entfalten, benötigen Wistarien sonnige Standorte. Im Schatten werden sie blühfaul. Die Überwinterung als Bonsai sollte kühl, aber frostfrei erfolgen. Nicht so sehr die oberirdischen Triebe, sondern die fleischigen Wurzeln erweisen sich als überaus frostempfindlich.

Gießen und Düngen. Im Frühjahr, wenn die Knospen zu treiben beginnen, muß viel gewässert werden. Dies gilt auch für die Blütezeit. Wistarien haben einen relativ hohen Nährstoffbedarf. Es wird nach dem Austrieb bis zum Blattfall Dünger gegeben.

Umpflanzen. Wistarien sind empfindlich gegen Verpflanzen. Ein Rückschnitt der fleischigen Wurzeln muß unter größter Vorsicht geschehen. Umgepflanzt wird alle 2 bis 3 Jahre im Frühjahr vor dem Austrieb. Erdmischung I verwenden, der Sandanteil wird auf Kosten des Lehmanteils etwas erhöht.

Pflanzenschutz. Artspezifische Krankheiten sind nicht bekannt. Junge Blütentriebe werden gern von Blattläusen befallen.

Gestaltung. Wistarien-Bonsai zieht man der Blüten wegen heran. Es ist schon schwierig genug, eine Kirsche oder andere Blütengehölze als Bonsai zu gestalten, weil man hier nicht nur auf die Form, sondern auch auf die Blüte achten muß. Doch Wistarien muß man auch noch das Klettern abgewöhnen.

Die Blütenknospen sind bei Wistarien in der Regel auf der ganzen Länge der letztjährigen Triebe vorgebildet. Seltener entwickeln sich die Blütenstände während des Sommers aus den wachsenden Trieben. In den ersten Jahren wird man wie bei anderen Blütengehölzen noch keine Rücksicht auf die Bildung von Blüten nehmen. Hier wird immer dann geschnitten, wenn es der Gestaltung der Grundform dient. Ist die Grundform herausgestaltet, sieht der Schnitt folgendermaßen aus: Im Juni werden nach der Blüte alle Triebe bis auf wenige Augen zurückgeschnitten. Triebe, die der Ast- oder Stammverlängerung dienen, werden nur eingekürzt. Die unteren, stehengebliebenen Knospen ergeben die Blütenanlagen für das nächste Jahr, die darüber stehenden treiben durch. Dieser Neuaustrieb wird im August wieder stark zurückgenommen oder auch nur pinziert. Im kommenden Frühjahr entfernt man dann den zweiten Sommertrieb bis auf die unterste Verzweigung ganz. Die verbliebenen Augen treiben dann aus. Die daraus hervorgehenden Triebe entsprechen den Trieben, die im vorigen Juni nach der Blüte auf wenige Augen zurückgeschnitten wurden.

Übrigens lassen sich die Blüten-Knospen von den Triebknospen leicht unterscheiden. Im Vergleich zu den eiförmig dicken Blütenknospen sind die Triebknospen spitz und erinnern an einen langgezogenen Wassertropfen. Ein Blattschnitt zur Verkleinerung des Laubes erscheint bei Wistarien nicht angebracht, da sich dieser nur auf Kosten der Blütenbildung durchführen läßt. Bei veredelten Pflanzen gilt es, auf Wildtriebe zu achten, die aus der Unterlage austreiben können. Sie sind frühzeitig und sorgfältig zu entfernen. Gedrahtet werden kann den ganzen Sommer über.

Zelkova, Zelkove

Ein kurzer Stamm mit einer stark ausgeprägten, dicht verzweigten Krone bedeutet die für die Zelkove charakteristische Baumform. Sie ist aber nicht charakteristisch für die als Bonsai gezogene, sondern auch für die in der freien Natur wachsende Zelkove. Es gibt nur wenige Pflanzenarten, die so konsequent nach dem natürlichen Vorbild als Bonsai gestaltet werden. Zur Gattung *Zelkova* gehören sechs bis sieben, in West- und Ost-Asien heimische Arten. Es sind sommergrüne Bäume mit wechselständigen, kurz gestielten Blättern und auffallend gezähnten Rändern.

Z. carpinifolia, Kaukasische Zelkove. Bei dieser im Kaukasus (Aserbeidschan) heimischen Art entspringen einem kurzen Stamm ähnlich wie bei Kopfweiden dicht gedrängt stehende Äste, die steil nach oben wachsen. Im Umriß ähnelt die Krone einem riesigem Ei. Die relativ glatte, rotbuchenartige Rinde hat eine grünlichgraue Farbe und blättert im Alter in kleinen Schuppen ab. Die elliptischen Blätter sind etwas kleiner und weniger stark gesägt wie bei *Z. serrata*.

Z. serrata, Japanische Ulme, Keaki. Die als Bonsai so beliebte Japanische Ulme ist in Japan, China und Korea heimisch. Der Stamm verzweigt sich schon in geringer Höhe über dem Boden und strebt mit mehreren Leitästen aufwärts. Im Umriß erscheint die Krone eiförmig gewölbt. Die Rinde ist relativ glatt (ähnlich der Rotbuche), hellgrau mit feinen, waagerechten, rötlichen Streifen. Die kleinen, bonsaigerechten Blätter sind scharf gesägt. Die Gartenform

Die Besenform ist für die Zelkove in der freien Natur typisch. Das Bild zeigt Zelkova serrata, die Japanische Ulme.

'Pulverulenta' mit zierlichen, gelbbunten Blättern wird gelegentlich im Bonsaihandel als Bonsai angeboten.

Neben diesen beiden Arten eignen sich auch *Zelkova sinica,* die Chinesische Zelkove, und *Zelkova abelicea,* die Kretische Zelkove, zur Bonsaigestaltung, doch sind Jungpflanzen dieser beiden Arten bei uns kaum erhältlich.

Die Wege. Der Bonsaihandel führt in der Regel Jungpflanzen der beiden aufgeführten Arten. Bei den in Baumschulen angebotenen Pflanzen handelt es sich meist um größere Ballenpflanzen, die sich nach einem entsprechenden Rückschnitt sehr gut zur Bonsaigestaltung eignen. Vermehrt wird in der Regel durch Aussaat. Eine Vermehrung durch Stecklinge, Absenker und Abmoosen ist möglich.

Aussaat. Früchte und damit Samen werden bei uns nur selten ausgebildet, so daß man auf importierte Samen angewiesen ist. Der Bonsaihandel und der einschlägige Samenhandel bieten Samen der Zelkove an. Schwierigkeiten kann es mit der Keimfähigkeit der Samen geben, denn ausreichend keimfähig ist nur frisches

Natürliche Wuchsform
der Zelkova. Ihr dichtes
Astwerk wirkt besen-
artig.

Saatgut. Sofort nach Kauf beziehungsweise Erhalt des Saatgutes muß deshalb ausgesät werden. Ein Vorkeimen oder kurzes Stratifizieren bringt Vorteile. Wird im Frühjahr oder Sommer ausgesät, müssen die Sämlinge, die bei guten Wachstumsbedingungen eine Höhe von bis zu 30 cm erreichen können, frostfrei, aber kühl überwintert werden.

Stecklinge. Stecklinge aus krautigen, bis leicht verholzten Trieben werden im Juni–Juli geschnitten.

Standort. Zelkoven bevorzugen einen hellen, sonnigen Standort, der im Sommer vor praller Sonne geschützt sein soll. Für Verbrennungen an den Blattspitzen, die bei Zelkoven häufig vorkommen, kann die Ursache zuviel Sonne, zuviel Dünger oder auch Ballentrockenheit sein. Die Überwinterung sollte im Freien erfolgen. Zelkoven sind winterhärter als allgemein angenommen.

Gießen und Düngen. Die Erde wird gleichmäßig feucht gehalten. In den Sommermonaten ist reichlich zu gießen. Zelkoven besitzen aufgrund ihrer starken Belaubung eine riesige Verdunstungsfläche. Gegen stauende Nässe sind sie ebenso empfindlich wie auch gegen Ballentrockenheit. Beim Austrieb im Frühjahr wird nur soviel gegossen, damit die Pflanzen nicht schlappen, dadurch werden die Triebe nicht zu lang und die Blätter nicht zu groß. Dünger wird gegeben, nachdem sich die Triebe voll entfaltet haben, bis Ende August.

Umpflanzen. Alle 2 bis 5 Jahre wird im Frühjahr kurz vor dem Austrieb im März–April umgepflanzt in Erdmischung I. Ein Wurzelschnitt wird gut vertragen.

Pflanzenschutz. Artspezifische Krankheiten und Schädlinge sind nicht bekannt.

Gestaltung. Die Flammen-, Besen- und verschiedene Kugelformen sind typisch für die als Bonsai gestaltete Zelkove, die ja auch im wesentlichen den natürlichen Baumformen in der Natur entsprechen. Das Schneiden der Äste und Zweige wird Ausgang des Winters vor dem Austrieb im März–April durchgeführt. Zelkoven müssen, um die Form zu erhalten, von Frühjahr bis Ende August–Anfang September, wann immer neues Wachstum erkennbar ist, beschnitten werden. Wenn man im Frühjahr rechtzeitig die Knospen auszupft, bevor sie sich entfalten, erreicht man eine besonders reiche und feine Verzweigung und kleine Blätter. Im Sommer kann es notwendig werden, einen Auslichtungsschnitt durchzuführen. Amerikanische Bonsaigärtner empfehlen, ältere Kronen alle 3 bis 4 Jahre bis auf kleine Stummeln an den Ästen zurückzuschneiden. Ein solch starker Rückschnitt ist dann zu empfehlen, wenn durch ständiges Kürzen der Triebspitzen die Krone innen verkahlt ist. Im allgemeinen entwickeln Zelkoven von Natur aus Blätter in bonsaigerechter Größe, so daß eine Korrektur nicht erforderlich ist. Ein Blattschnitt ist aber dennoch auch dann mögliche, wenn die Blätter voll ausgebildet sind. Bei der Gestaltung natürlicher Baumformen läßt sich auf ein Drahten weitgehend verzichten. Gedrahtet wird bevorzugt in den Sommermonaten.

Anhang

Bezugsquellen

Die Adressen sind nach Postleitzahlen geordnet.

Fachgeschäfte für Bonsai, Zubehör und Jungpflanzen

Bundesrepublik Deutschland

Bonsai-Garten Krötenheerdt-GbR, Hauptstraße 21, 07580 Linda/Gera, Tel. 0170/2 643941

Bonsai Park, Im Allhorn 12, 22359 Hamburg, Tel. 040/6 031130

Bonsai-Jörgensen, Blankeneser Chaussee 138, 22869 Hamburg, Tel. 040/8 305044

Bonsai-Centrum Elsholz, Röntgenstraße 3, 24537 Neumünster, Tel. 04321/53223

Bonsai-Centrum Hannover, Hebbelstraße 67, 30179 Hannover, Tel. 0511/691222

Bonsai-Garten Gilserberg, 34630 Gilserberg, Tel. 06696/480

Bonsai-Stübchen A. u. M. Sauermann, Dorfstraße 27, 31691 Helpsen, Tel. 05724/4972

Bonsai Schule Enger, Hermann Pieper, Feldstraße. 21, 32130 Enger, Tel. 05224/5879

Guido's Bonsai-Garten, Guido Müller, Auf dem Felde 10, 32676 Lüdge-Niese, Tel. 05283/8705

Blumen-Schmid, Fuldatalstraße 26, 34125 Kassel, Tel. 0561/8 73891

M. Härtl, Eckhardsborn 2, 34134 Kassel, Tel. 0561/41999

Bonsai Werkstatt, Werner M. Busch, Hammer Dorfstraße 167, 40221 Düsseldorf, Tel. 0211/3 06773

Bonsai Zentrum Neuss, Schwarzer Weg 19, 41466 Neuss, Tel. 02131/46 4478

Bonsai-Centrum Wuppertal, Wittener Straße 306, 42279 Wuppertal, Tel. 0202/661030

Bonsai Park, Schlosserstraße 14, 42899 Remscheid, Tel. 0291/59 0570

Bonsai-Galerie Kempchen, Weberstraße 3, 45127 Essen, Tel. 0201/235476

Bonsai Galerie Kempchen, Friedrich-Ebert-Straße 8, 45468 Mülheim, Tel. 0208/3 899362

Bonsai-Zentrum Rhede, Dännendiek 1, 46414 Rhede, Tel. 02872/98 0444

Bonsai-Zentrum am Niederrhein Kempchen, Bergweg 14a, 46519 Alpen, Tel. 02802/8 0135

Bonsai-Handel Ralf Beckers, Industriestraße 43, 47803 Krefeld, Tel. 02151/75 1715

Bonsai Zentrum Münster, Dipl. Ing. Wolfgang Klemend, Weseler Straße 57, 48151 Münster, Tel. 02 51/52 6499

Bonsai-Garten, Ringstraße 127, 56077 Koblenz, 0261/6 678031

Bonsai Zentrum Frankfurt, H. G. Rüger, Friedberger Landstraße 325, 60389 Frankfurt/Main, Tel. 069/55 3724

Bonsai Garten H. Peschmann, Adenauer Allee 9, 61440 Oberursel, Tel. 06171/5 7150

Bonsai-Garten Müller, Wilhelmsstraße 1, 66793 Saarwellingen, Tel. 06838/7069

Bonsai-Centrum Heidelberg, Mannheimer Straße 401, 69123 Heidelberg-Wieblingen, Tel. 06221/8 4910

Bonsai Veith, Mannheimer Straße 401, 69123 Heidelberg-Wieblingen, Tel. 06221/83 9480

Bonsai Zentrum Armbruster, Edelmannsweg 28, 72116 Mössingen (bei Tübingen), Tel. 07473/2 4625

Bonsai-Centrum, Brunnengasse 17, 75417 Mühlacker, Tel. 07041/2585

Bonsai Günter Beck, Josef-Schmitt-Straße 27, 76187 Karlsruhe, Tel. 0721/75 8918

Bonsai Stube Manfred Roth, Antogasterstraße 11, 77728 Oppenau, Tel. 07804/5 96

Bonsai Zentrum München, Peter Czapka,

Schleißheimer Straße 458, 80935 München, Tel. 089/3131026-27

Bonsai Garden, Ostpreußenstraße 15a, 81927 München, Tel. 089/9934 19 83

Bonsai-Atelier Walter Pall, Sonnenhamer Straße 6, 82544 Egling-Attenham, Tel. 08176/455

Bonsai-Winkler, Ergolsbacherstraße 13, 84098 Hohenthann, Tel. 08784/1347

Bonsai Schmitt, Stockaustraße 26, 85107 Baar-Ebenhausen, Tel. 08453/30911

Bonsai-Ecke, Roland Birkle, Bahnweg 2, 86424 Dinkelscherben, Tel. 08292/959912

Bonsai-Studio, Hans und Rosa Kastner, Eichenstraße 11, 86477 Adelsried, Tel. 08294/1525

Bonsai Garten Hofstetten, Seedorfstraße, 86928 Hofstetten, Tel. 08196/1273

Bonsai M. Holzmann, Steinbach 53, 91077 Kleinsendelbach (Steinbach), Tel. 0172/8111262

Bonsai Wehrl, Alexanderstraße 7, 95444 Donndorf, Tel. 0921/31788

Schweiz

Baumschule Zulauf AG, Bonsai- und Japangarten-Zentrum, CH-5107 Schinznach-Dorf, Tel. (0041) (0) 564636272

Bonsai-Centrum Russikon, CH-8332 Russikon, Tel. 0195404 06

Sämereien

Samenhandlung Albert Schenkel, Blankeneser Hauptstraße 53a, 22587 Hamburg, Tel. 040/861697

Exotische Sämereien Blossfeld, Postfach 1550, 23504 Lübeck, Tel. 0451/67979

Exotische Sämereien, Sascha Stindt, Essener Straße 1, 28844 Weyhe, Tel. 04203/1459

Spezialsämereien Gerhard Wißmann, Artilleriestraße 43, 49076 Osnabrück, Tel. 0541/682937

Spezialsämereien Lothar Seik, Pfalzgrafenring 2, 72119 Ammerbuch

Literaturverzeichnis

Adams, P. D.: Die Kunst Bonsai zu züchten. Heyne Verlag, München 1981.

Bärtels, A.: Der Baumschulbetrieb. Verlag Eugen Ulmer, Stuttgart 1985.

Behme, R. L.: Bonsai. Heyne Verlag, München 1980.

Braun, H. J.: Bau und Leben der Bäume. Verlag Rombach, Freiburg 1980.

Johnson, H.: Das große Buch der Bäume. Hallwag Verlag, Bern und Stuttgart 1978.

Kawollek, W.: Handbuch der Pflanzenvermehrung. Verlag Neumann-Neudamm, Melsungen 1987.

Koch, H.: Gehölzschnitt. Verlag Eugen Ulmer, Stuttgart 1981.

Krüssmann, G.: Die Baumschule. Verlag Paul Parey, Berlin und Hamburg 1981.

Krüssmann, G.: Handbuch der Laubgehölze. Verlag Paul Parey, Berlin und Hamburg 1976.

Krüssmann, G.: Handbuch der Nadelgehölze. Verlag Paul Parey, Berlin und Hamburg 1983

Lesniewicz, B.: Bonsai. Falken-Verlag, Niederhausen 1981.

Naka, J. Y.: Bonsai Technik 1. Verlag Bonsai Centrum Heidelberg, 1985.

Naka, J. Y.: Bonsai Techniques II. Bonsai Institute of California, Los Angeles, California, USA, 1982.

Oxford-Enzyklopädie: Bäume der Welt. DRW-Verlag, Stuttgart 1980.

Rücker, K.: Die Pflanzen im Haus. Verlag Eugen Ulmer, Stuttgart 1982.

Takayanagi Y.: Bonsai Große Liebe zu kleinen Bäumen. Verlag J. Neumann-Neudamm, Melsungen 1983.

Zander-Handwörterbuch der Pflanzennamen. Verlag Eugen Ulmer, Stuttgart 1984, 13. Aufl.

Zeitschriften

Bonsai
Zeitschrift des Bonsai-Club Deutschland e. V. Geschäftsstelle: Manfred Meimberg Postfach 101648, 44606 Herne.
BONSAI art
Weseler Straße 34, 48151 Münster, Tel. 0251/533644

Liebhabergesellschaften

Bonsailiebhaber haben sich im deutschsprachigen Raum in folgenden Gesellschaften organisiert:

Deutschland
»Bonsai-Club Deutschland e. V.«, Geschäftsstelle: Manfred Meimberg, Postfach 101648, 44606 Herne, Tel. 02323/10886, Telefax 02323/914472

Österreich
»1. Niederösterr. Bonsaiklub St. Pölten«, Kornelia Hackl, Steinbruch 2, A-3250 Wieselburg Tel. 07416/54231
»Österr. Bonsai-Club Linz«, Siegfried Pruscha, Am Bahnhofe 44, A-4222 Luftenberg, Tel. 07237/5622
»Bonsai-Club Tirol«, Albin Painer, Weingarten 17, A-6122 Fritzens, Tel. 05224/55581
»Bonsai-Club West-Bludenz«, Obdorfweg 16, A-6700 Bludenz, Tel. 05552/62044
»Verein österr. Miniaturbaumfreunde«, Lochbachstraße 20, A-6923 Lauterbach, Tel. 05574/84386

Schweiz
»Vereinigung Schweizer Bonsaifreunde«, Postfach, CH-5107 Schinznach-Dorf
»Schweizer Bonsai-Freunde-Luzern«, Benziwil 25/1, CH-6020 Emmenbrücke
Bonsai-Club Züricher Oberland, Postfach 1659, CH-8604 Volketswil

In vielen Arbeitskreisen auf örtlicher Ebene (die Adressen erfährt man bei den jeweiligen Clubs) hat man die Möglichkeit, den Kontakt zu Gleichgesinnten zu pflegen, Erfahrungen auszutauschen und noch mehr über die Bonsaigestaltung und Bonsaipflege zu erfahren.

Bildquellen

Die Zeichnungen fertigte Dietrich Bornhalm, Celle, nach Angaben des Verfassers an. Die Zeichnung auf Seite 298 stammt von Marco Kerkmann, Kassel.

Farbfotos
Armin Häupl, Kassel: Seite 85.
Alan Kirchgäßner, Konstanz: Seite 220, 265.
Wolfgang Kohlhepp, Oberwerrn: Seite 201, 204, 237, 242, 247.

Alle übrigen Farbfotos stammen vom Autor.

Besitzer der abgebildeten Bonsai
Peter Bier: Seite 292
Bonsai-Centrum Heidelberg: Seite 98, 138, 169, 295, 297
Bonsai-Studio König, Tuttlingen: Seite 89, 103, 125
Peter Gerl: Seite 266
Egon Hetsch: Seite 263
Wolfgang Käflein: Seite 100, 122, 205, 222, 255
Alan Kirchgäßner: Seite 220, 265
Wolfgang Kohlhepp: Seite 201, 204, 237, 242, 274
Peter Krebs: Seite 267
Wilfried Lütjerodt: Seite 2, 124
Wolfgang Schudde: Seite 111, 251

Sachregister

Seitenzahlen mit Sternchen * verweisen auf Abbildungen.

Umpflanzen 158, 160*, 167*, 168*, 170*
- Gründe für das 159
- Vorgang 167, 167*, 168*
- Zeitpunkt 160
Unterlage 37*, 38
Urweltmammutbaum 246

Varietäten 87
Vegetative Vermehrung 14, 24
Vektoren 186
Veredlung 37
- der Nadelgehölze 44, 45*
Veredlungsmethoden 39
Vermehrung, geschlechtliche 14
- ungeschlechtliche 14
Vermehrungsbeet 30*
Vermehrungseinrichtungen 29, 29*, 30*
Vermehrungskrankheiten 187
Vermiculit 28
Verzweigungssysteme 59, 59*
Viburnum 61, 293
- *betulifolium* 293
- × *bodnantense* 293
-- 'Dawn' 293
- *carlesii* 293
-- 'Compacta' 293
- *dilatatum* 293
-- 'Xanthocarpum' 293
- *farreri* 293
-- 'Nanum' 293
- *fragrans* 293
- *lantana* 293
Viola cornuta 145
- *odorata* 145
- *rupestris* 145
- *yakushimana* 145
Viren 185
Vitaliana primuliflora 145
Vogelbeere 277, s. auch *Sorbus*
- Chinesische 278
Vogelkirsche 260
Vollkaskade 106, 107*

Wacholder 237, s. auch *Juniperus*
- Chinesischer 238
- Gemeiner 238
- Irischer 238
- Schwedischer 238
- Virginischer 239
Wachstum 58
Wachstumsgesetze 66, 67*
Waldform 113, 119*, 240*
- Entwicklung 114*, 121*

- Pflanzvorgang 120
Waldmeister s. *Asperula*
Warmstratifikation 19
Wasserbedarf 175
Wasserenthärtung 173
Wasserhärte 173
Wasserlärche 246
Wassermangel 185
Wasserqualität 172
Weide 272, s. auch *Salix*
- Babylonische 272
- Chinesische 272
Weißbirke 202
Weißbuche 205
- Japanische 206
Weißdorn 221, s. auch *Crataegus*
- Eingriffeliger 222
- Orientalischer 222
- Zweigriffeliger 222
Weißerle 199
Weißfichte 248
Weißpappel 256
Weißweide 272
Windgepeitschte Form 101, 101*
Wintereiche 268
Winterhärte 157
Winterjasmin 236
Winterlinde 286
Winterquartier s. Überwinterung
Wipfelbäume 86*, 87
Wistaria brachybotrys 294
- *floribunda* 295*
Wistarie 294
Wisteria 294
- *floribunda* 294
-- 'Alba' 294
-- 'Macrobotrys' 294
-- 'Rosea' 294
-- 'Shiro Node' 294
- *multijunga* 294
- *sinensis* 294
-- 'Alba' 294
-- 'Black Drajon' 294
-- 'Jako' 294
Woodsia alpina 145
Wucherblume s. *Chrysanthemum*
Wuchsstoffe 26*
Wundbehandlung 75, 75*
Wurzelansatz 169*
Wurzelbildung 25*, 98*
Wurzelhaare 166, 166*
Wurzelschnitt 166, 168*
Wurzelsystem 166